全国城市轨道交通专业高职高专规划教材

Chengshi Guidao Jiaotong Cheliang Gouzao

城市轨道交通车辆构造

刘柱军　主　编

李　伟　谢旭方　副主编

佟关林[北京市地铁运营有限公司]
耿幸福[苏州大学城市轨道交通学院]　主　审

人民交通出版社

内 容 提 要

本书为全国城市轨道交通专业规划教材。主要内容包括:城市轨道交通车辆的基本知识,车体,转向架,车门,车体连接装置,制动系统,空调与制冷系统,电力牵引装置,列车通信系统,共分9个单元。

本书为高职和中职院校城市轨道交通专业教学用书,也可作为城市轨道交通行业岗位培训或自学用书,同时可供从事城市轨道交通管理和服务人员及工程技术人员学习参考。

本书配有多媒体课件,读者可通过加入职教轨道教学研讨群(QQ 群 129327355)索取。

图书在版编目(CIP)数据

城市轨道交通车辆构造 / 刘柱军主编. —北京 : 人民
交通出版社,2013.8
全国城市轨道交通专业高职高专规划教材
ISBN 978-7-114-10712-2

Ⅰ.①城… Ⅱ.①刘… Ⅲ.①城市铁路—铁路车辆—车体
结构—高等职业教育—教材 Ⅳ.①U270.3

中国版本图书馆 CIP 数据核字(2013)第 125340 号

全国城市轨道交通专业高职高专规划教材

书　　　名:**城市轨道交通车辆构造**
著 作 者:刘柱军
责任编辑:袁　方　闫吉维　于　佳
出版发行:人民交通出版社
地　　　址:(100011)北京市朝阳区安定门外外馆斜街 3 号
网　　　址:http://www.ccpress.com.cn
销售电话:(010)59757973
总 经 销:人民交通出版社发行部
经　　　销:各地新华书店
印　　　刷:北京市密东印刷有限公司
开　　　本:787×1092　1/16
印　　　张:16.25
字　　　数:376 千
版　　　次:2013 年 8 月　第 1 版
印　　　次:2023 年 5 月　第 15 次印刷
书　　　号:ISBN 978-7-114-10712-2
定　　　价:48.00 元

全国城市轨道交通专业高职高专规划教材
编 审 委 员 会

出版说明

21世纪初,随着我国城市轨道交通建设进入快速发展时期,各地职业院校面临这一大好形势,纷纷开设了城市轨道交通相关专业。为了满足我国城市轨道交通专业高职高专教育对教材建设的需求,我们在人民交通出版社2009年推出的"全国职业教育城市轨道交通专业规划教材"基础上,协同中国交通教育研究会职业教育分会城市轨道交通专业委员会,组织北京交通运输职业学院、南京铁道职业技术学院、上海交通职业技术学院、湖南铁道职业技术学院、广东交通职业技术学院、辽宁省交通高等专科学校等一线资深教师组成的编写团队,同时组建由北京交通大学交通运输学院、苏州大学城市轨道交通学院、香港地铁、北京地铁、京港地铁、上海地铁、南京地铁等资深专家组成的主审团队,联合编写审定了"全国城市轨道交通专业高职高专规划教材"。

为了做好教材编写工作,促进和规范城市轨道交通行业职业教育教材体系的建设,打造更为精品的城市轨道交通专业教材,我们根据目前职业教育"校企合作,工学结合"的教学改革形势,在多方面针求各院校的意见后,于2012年推出以下16种:

《城市轨道交通概论(第2版)》

《城市轨道交通客运服务英语(第2版)》

《城市轨道交通客运组织(第2版)》

《城市轨道交通行车组织(第2版)》

《城市轨道交通运营安全(第2版)》

《城市轨道交通票务管理(第2版)》

《城市轨道交通车站设备(第 2 版)》

《城市轨道交通客运服务(第 2 版)》

《城市轨道交通通信信号(第 2 版)》

《城市轨道交通车辆构造》

《城市轨道交通导论》

《城市轨道交通运营组织》

《城市轨道交通通信与信号系统》

《城市轨道交通安全管理》

《城市轨道交通设备管理》

《城市轨道交通调度指挥》

本套教材具有以下特点:

1. 体现了工学结合的优势。教材编写过程努力做到了校企结合,将北京、上海、广州、南京等地先进的地铁运营管理经验吸收进来,极大地丰富了教材内容。

2. 突出了职业教育的特色。教材内容的组织围绕职业能力的形成,侧重于实际工作岗位操作技能的培养。

3. 遵循了形式服务于内容的原则。教材对理论的阐述以应用为目的,以够用为尺度。语言简洁明了、通俗易懂;版式生动活泼、图文并茂。

4. 整套教材配有教学课件,读者可于人民交通出版社网站免费下载;单元后附有复习思考题,部分单元还附有实训内容。

5. 整套教材配有课程标准,以便师生教学参考。

希望该套教材的出版对职业院校城市轨道交通专业教材体系建设有所裨益。

全国城市轨道交通专业高职高专规划教材

编审委员会

2012 年 7 月

前言

当前,我国城市轨道交通事业正处于快速发展时期。随着越来越多的轨道交通线路的施工和投入运营,需要大量的城市轨道交通专业的技能型人才,而现在各职业院校缺少较系统与专业岗位所需理论知识及操作技能联系紧密的教材。因此,人民交通出版社组织编写了本套高职高专规划教材,以满足我国城市轨道交通人才培养的需要。

本书详细阐述了车辆相关理论知识和操作技能;参考了北京、上海、南京等城市的最新车型,介绍了目前国内最先进的轨道交通车辆设备;注重基础理论部分的深度和广度,突出教材内容上的系统性和科学性。教材的编写充分考虑了职业院校学生的认知特点,文字简洁明了,通俗易懂,版式生动活泼,图文并茂。

本书由黑龙江第二技师学院刘柱军担任主编,北京交通运输职业学院李伟和苏州大学谢旭方担任副主编,本书由北京市地铁运营有限公司佟关林和苏州大学城市轨道交通学院耿幸福担任主审。本书的具体分工:单元1、3、6由刘柱军编写,单元2、5由谢旭方编写,单元4、8、9由李伟编写,单元7由北京交通运输职业学院毛昱洁编写。本书还配有电子课件,可从人民交通出版社网站下载使用。

本书在编写过程中,得到北京地铁、哈尔滨地铁、长沙东风教具厂、天津维科车辆有限公司、上海地铁、南京地铁、浦镇车辆有限公司等单位在技术资料方面的支持,在此表示深深的谢意。同时,在编写过程中,编者参阅了大量专业书籍和杂志的专题文章,在此对其作者表示衷心的感谢。

由于编者水平有限，书中难免有一些错误和不足之处，敬请广大读者批评指正。

编者
2013 年 5 月

目录
MULU

单元 1

城市轨道交通车辆的基本知识

教学目标

1. 掌握城市轨道交通车辆的基本类型和车辆的组成；
2. 掌握城市轨道交通车辆的主要技术参数及其用处；
3. 了解城市轨道交通列车编组和标识；
4. 了解城市轨道交通车辆限界。

建议学时

6 学时

1.1 城市轨道交通车辆的类型和特点

一 城市轨道交通车辆的基本类型

❶ 按城市轨道交通车辆制式分类

随着城市轨道交通车辆设计制造技术的发展,出现了多种制式车辆,以满足不同线路条件和环境的要求。按走行部与行驶轨道之间的匹配关系来分,车辆的制式主要有钢轮钢轨制式车辆(包括直线电动机车辆)、胶轮制式车辆、独轨制式车辆、磁浮车辆等。通常,城市轨道交通车辆多指钢轮钢轨制式的车辆,主要应用于地铁或轻轨系统之中。

❷ 按牵引动力配置分类

按城市轨道交通车辆牵引动力配置,可分为拖车(Trailer)和动车(Motor)两大类:拖车(T),即本身无动力牵引装置的车辆,仅有载客功能,可设置驾驶室,也可带受电弓;动车(M),即本身装有动力牵引装置的车辆,动车又分带有受电弓的动车和不带受电弓的动车,由于动车本身带有动力牵引装置,因而它兼有牵引和载客两大功能。城市轨道交通车辆在运营时一般采用动拖结合、固定编组,从而形成电动列车组。

❸ 按适用范围和车体宽度分类

主要有地铁系统、轻轨系统、单轨系统,各系统的车辆分类如下:

地铁系统:车宽3m的A型车、车辆宽度为2.8m的B型车、直线电动机B型车。轻轨系统:车宽2.6m的C型车、车宽2.5m的直线电动机C型车,车宽小于或等于2.6m的有轨电车(单车或铰接车)、低地板的轻轨车辆等。单轨系统:车宽3m的跨座式单轨车,车宽2.6m的悬挂式单轨车。

在进行城市轨道交通车辆选型的时候,主要是根据线路远期高峰小时的运量要求来进行的:高运量—单向运能5万~7万人次/h,选择A型车;大运量—单向运能3万~5万人次/h,选B型或A型车;中运量—单向运能1万~3万人次/h,选择C型或B型车。

❹ 按车辆上安装设备的不同进行分类

在一列车组中,一般南方城市的地铁车辆按照欧系车辆的习惯分为A车、B车、C车三种类型。

A 车,带驾驶室的头车,它是拖车。本身无动力,依靠有动力的车辆推动或拖动。

B 车,无驾驶室,为动力车,其转向架上装有牵引电动机(一般一辆车装有 4 台牵引电动机),车顶装有受电弓或车下装有受电靴(第三轨受流)。

C 车,无驾驶室,为动力车,其转向架上装有牵引电动机,车下装有一组空气压缩机,也有的空气压缩机装在头车上。

我国的轻轨电动车辆有三种形式:4 轴动车、6 轴单铰接式和 8 轴双铰接式车辆,6 轴铰接式是双向运行的动车,车长 23m 或 28m,宽 2.65m。8 轴铰接式车长 26m,车宽 2.4m。

📖 查一查

A、B、C 型车的主要技术规格各是多少?

🖱 知识链接

轻轨与地铁的区别

城市轨道交通可分为地铁、轻轨两种制式。两者的区别,有人认为,地面下的轨道交通叫地铁,反之就是轻轨;也有人认为,钢轨轻的就是轻轨,重的就是地铁。这两种划分方式都是不科学的。无论是轻轨还是地铁,都可以建在地下、地面或高架桥上;虽然地铁的轨重一般要大于轻轨,但为了增强轨道的稳定性,减少养护和维修的工作量,增大回流断面和减少杂散电流,地铁和轻轨都趋向选用重型钢轨。划分两者的依据应是单向最大高峰小时客流量的大小。地铁能适应的单向最大高峰小时客流量为 3 万 ~6 万人次,轻轨能适应的单向最大高峰小时客流量为 1 万 ~3 万人次。由此设计的地铁和轻轨,它们的区别首先表现在地铁的轴重普遍大于 13t,而轻轨要小于 13t,其次,一般情况下,地铁的平面曲线半径不小于 300m,而轻轨一般在 100 ~200m 之间,另外,地铁每列车的编组数也要多于轻轨,车辆定员亦多。

从运输能力、车辆设计以及建设投资等方面来看,轻轨与地铁均有所差别。其实归根结底的区别,或者说本质的区别还是运量,地铁线在高峰小时内,其单向运输能力分别达到 3 万 ~7 万人次,而轻轨的运输能力为 0.6 万 ~2 万人次。运量的大小决定了编组数(地铁列车编组可达 4 ~10 节,轻轨列车编组为 2 ~4 节)、车型、轴重和站台长度。

如今的地铁已经不局限于运行线在地下隧道中的这种形式,而是泛指高峰小时单向运输能力在 3 万 ~7 万人的大容量轨道交通系统。运行线路多样化,地下、地面、高架三者有机结合。而事实上在国外一些城市中,地铁已经改名,比如纽约、旧金山等地,已经称之为“大容量铁路交通”或“快速交通系统”。这种轨道交通系统通常的建造规律是在市中心为隧道线,市区以外为地面或高架线。

二 城市轨道交通车辆的基本特点

不同城市、不同类型的城市轨道交通车辆各有其自身的技术特点,但车辆的总体技术都是向着轻量化、节能化、少维修、低噪声、舒适型、高可靠性和安全性以及低寿命周期成本的方向发展。城市轨道交通车辆的基本特点如下：

(1)因为城市轨道交通系统是特种大中运量快速交通系统,受列车运行环境条件的限制(城区、地下),所以对车辆的安全性能、噪声、振动和防火均有严格要求。

(2)城市轨道交通系统的线路都是全封闭的专用线路,双向单线运行,行车密度大,因此,对车辆的可靠性提出了很高要求,一些系统部件都必须是冗余设置的。

(3)运营中即使发生了列车不能起动的故障,也要预先制订简便的临时处理方案,使列车能凭自身的动力起动离开而进入最近的存车线,以便疏通线路。或列车确实无法起动,一般安排就近的另一列车前往救援,由两列车连挂推至最近的存车线。在万一发生意外事故的情况下,列车必须有旅客快速离车疏散的通道。

(4)车体向着轻量化发展。采用大断面铝合金型材或不锈钢材焊接车体的整体承载结构,在满足安全和强度的前提下,最大限度地减少车重。

(5)车辆间采用封闭式全贯通道,便于乘客走动及分布均匀。车辆相邻车厢连接处采用密接式车钩进行机械、电气、气路的贯通连接。

(6)为了在列车停站时能使大量的上下客流交换在尽可能短的时间内完成,车门数量比较多,每节车厢单侧车门数量 A 型车 4~5 个,B 型车 3~4 个。

(7)采用调频调压交流传动,制动采用电制动和空气制动的混合制动,以便降低能耗。

(8)列车控制和主要子系统的运行控制实现计算机和网络化,信息播放实现多样化、实时化和分层集中化。

(9)实现了信号控制和行车控制自动化。列车设有自动列车监控系统 ATS、自动列车驾驶 ATO 和自动列车保护 ATP 等自动控制设备,也配备了相应的车载设备,有个别车辆基本实现了无人驾驶。

1.2 城市轨道交通车辆的组成和技术参数

一 城市轨道交通车辆的组成

城市轨道交通车辆是按功能分类的多个子系统组成的紧密联系的综合系统,一般包括车体及客室内装、转向架、车门系统、车钩及缓冲装置、贯通通道、制动与风源系统、空调和通风系统、电气牵引系统、辅助电源系统、列车控制和故障诊断系统、列车广播和乘客信息显示系统、其他乘客信息和闭路监控系统、车载信号系统、车辆无线通信系统等。

① 车体及客室内装

车体是容纳旅客和司机驾驶(有驾驶室的车辆)的部分。是安装与连接其他设备和部件的基础。城市轨道交通车辆车体采用大断面铝型材或不锈钢材全焊接结构,一般均设有底架、侧墙(车窗、车门)、端墙、车顶棚等。分有驾驶室车体和无驾驶室车体。

客室内装包括地板、预制成型的顶板、侧墙板、端墙板、侧顶盖板、车窗、空调系统进、排风口等,客室内一般安装有乘客座椅、照明灯、立柱扶手、灭火器、乘客信息显示器和图像显示屏、广播喇叭、乘客与司机对讲装置、紧急开门装置及车门状态指示灯、安全监控摄像头、电气控制柜等。

② 转向架

转向架又称走行部,它是能相对车体回转的一种走行装置。转向架又分为动力转向架和非动力转向架两种。用来牵引和引导车辆沿着轨道行驶并承受和传递来自车体及线路的各种荷载,缓和其动力作用,它是保证车辆运行品质的关键部件。转向架一般由构架、一系悬挂装置、二系悬挂装置、轮对轴箱装置、基础制动装置(闸瓦制动或盘形制动)等组成。对于动力转向架还装有牵引电动机和传动装置。城市轨道交通车辆转向架大部分是由两台二轴转向架组成的。

③ 车门系统

车门包括客室车门、驾驶室侧门、客室与驾驶室通道门、驾驶室前端疏散门。目前,客室车门主要有内藏门、外挂门、塞拉门三种结构形式。客室门关系到乘客的安全,要求在运行中必须可靠锁闭,在设计上通过监测装置将车门状态与列车牵引指令电路联锁。同时,为了应对故障或意外的紧急情况,每个车门都配置了可现场操作切除装置和紧急开门装置。

④ 车钩缓冲装置

车钩缓冲装置装在底架牵引梁上,是车辆的一个安全部件。其作用是:将机车与车辆或车辆与车辆之间互相连接,传递牵引力缓和冲击力的作用,实现电路和气路的连接。车钩缓冲装置主要由车钩、缓冲器、解钩风缸及其他附属配件等组成。车钩一般分为全自动车钩、半自动车钩、半永久车钩(牵引杆)三种,自动车钩需要连接电气和空气管路,一般采用密接式自动车钩。缓冲器一般有橡胶缓冲器、弹性胶泥缓冲器、液压缓冲器等几种。

⑤ 贯通道装置

贯通道装置实现两节车客室之间的柔性连接,是车辆通过曲线的关键部位,使乘客可在车厢之间走动,从而使乘客均匀分布。贯通道具有防雨、防风、防尘、隔音、隔热等功能,使客室环境不受外部天气影响。两节车厢间贯通道由两半通道对接而成。贯通道由外部波纹形折篷和内板件组成,波纹形折篷上的两个连挂框架,一个装在车体端面,一个用于与另一节车厢的贯通道连挂框架连接,地面渡板由车钩上的滑动支撑板承载。城市轨道交通车辆一般采用宽体式贯通道装置。

❻ 制动与风源系统

车辆制动系统的主要作用是用以产生制动力,保证运行中的列车按需要减速或在规定的距离内安全停车以及防止静止的车辆溜走,保证行车安全。城市轨道交通车辆的拖车上只安装空气制动装置,动车除安装有空气制动装置外还有再生制动、电阻制动装置,此外有的车辆还装有磁轨制动装置、液压制动装置等。空气制动系统一般由电子制动控制单元、空气制动控制单元和基础制动单元(盘形制动或踏面制动)三部分组成。

风源系统一般由空气压缩机组(空压机、干燥器、油过滤器)、各类空气阀件、空气管路和储风缸等组成。

❼ 空调和通风系统

其作用是为客室和驾驶室的室内环境提供温度调节、空气除湿和通风。系统包括空调机组及控制单元、送风道/回风道、送风口/回风口、废气排口、温度传感器、紧急通风电源、驾驶室送风机、废气排风机等。空调机组一般安装在车顶。

❽ 电气牵引系统

电气牵引系统是由受流装置(受电弓或受电靴)、高速断路器、牵引逆变器及控制单元、牵引电动机、联轴节、齿轮箱等组成。其作用是将从电网输入的电能经转化后控制牵引电动机的运转,牵引电动机输出的功率传给轮对,驱动列车运行。受电制式上,我国一般有750V直流和1500V直流两种形式(市域快速采用单相交流25kV),第三轨受流有750V直流和1500V直流两种,架空线接触网供电一般是1500V直流。1500V直流供电的优点是可提高牵引电网供电质量,降低迷流数值,增加牵引供电距离,从而减少牵引变电所数量;便于地铁线路实现地下、地面和高架的联动。

❾ 辅助电源系统

辅助电源系统是指三相交流380V电源、低压直流电源和蓄电池,其中低压直流电源通常有110V直流电和24V直流电。380V交流电的负载:空气压缩机、空调系统、各类风机、220V插座;110V直流电的负载:有触点控制电路、各系统的电子控制电路、照明电路、指示灯、车门驱动系统、广播系统、乘客信息显示系统、紧急通风电源等。

❿ 列车控制和故障诊断系统

列车控制和故障诊断系统是指列车的计算机总线控制系统。列车的微机控制单元通过列车/车辆总线与各节车的各子系统/设备的微机控制单元连接在一起,以通信协议方式建立实时的通信联系,进行指令、状态信息的传输,实现对列车状态的控制、监测、数据存储、故障诊断、显示以及人机界面交流。列车微机控制单元通常在列车的两端对称设置,功能相同,工作时一个为主机,另一个为辅机。列车采用微机故障自诊断系统,用便携式数据采集器采集各种有关数据。

⑪ 列车广播和乘客信息显示系统

列车广播系统有对客室的集中广播、客室内装有乘客与司机对讲的设备,车门的关门动作提示声也由广播系统播出;乘客信息显示系统包括文字图形显示(如 LED)、指示灯到站显示、图像显示(如 LCD)等。为了安全的需要,有的城市轨道交通车辆上还装备了视频监控系统,通过客室内摄像头将客室内图像送到驾驶室和地面控制中心。

📖 找一找

在城市轨道交通车辆上找一找,车辆的车钩、缓冲器、转向架、制动装置、受流器、空调通风装置的安装位置。

二 城市轨道交通车辆的主要技术参数

车辆的主要技术参数分为性能参数与主要尺寸两部分,主要用来概括车辆技术规格的相关指标,从而从总体上对车辆性能及结构进行表征。

❶ 车辆的性能参数

(1)自重、载重:空车时,车辆自身的全部质量称为车辆的自重。车辆允许的正常最大装载质量称为车辆载重。

(2)速度:速度参数包括最高试验速度、最高运行速度、最大起动加速度、最大制动减速度。

①最高试验速度:指车辆设计时,按安全及结构强度等条件所允许的车辆最高行驶速度。

②最高运行速度:除满足上述安全及结构条件外,还必须满足连续以该速度运行时车辆有足够良好的运行性能。

③最大起动加速度:指在平直线路上,额定定员的荷载条件下,列车在起动过程中单位时间内速度的增加量(m/s^2)。

④最大制动减速度:在平直线路上,额定定员条件下,列车在制动过程中单位时间内速度的减少量(m/s^2)。

(3)轴重:车辆总重(自重 + 载重)和轴数的比值。轴重值一般不允许超过轨道线路及桥梁的容许值。线路容许轴重则与钢轨型号、每公里线路上铺设的枕木数量、线路上部结构的状态以及列车的运行速度有关。

(4)每延米重(每延米线路荷载):车辆总重与车辆长度的比值。是车辆设计中与桥梁、线路强度密切相关的一个指标,同时又是能否充分利用站线长度、提高运输能力的一个指标。

（5）通过最小曲线半径：指配备某种类型转向架的车辆在站场或厂、段内调车时所能安全通过的最小曲线半径。当车辆在此曲线区段上行驶时不得出现脱轨、倾覆等危及行车安全的事故，也不允许转向架与车体底架或与车下其他悬挂物相碰。

（6）轴配置或轴列数：指车辆在所配转向架动轴或非动轴配置情况。例如：4轴动车，设两台动力转向架，其轴配置记为B-B；6轴单铰轻轨车，两端为动力转向架，中间为非动力铰接转向架，其轴配置记为B-2-B。

（7）列车平稳性指标：反映车辆振动对人体感受造成影响的主要指标。其值越大，说明车辆的稳定性越差，一般要求车辆的平稳性指标值应小于2.7。

（8）冲击率：由于工况改变引起的列车中各车辆所受到的纵向冲击，以加速度变化率来衡量（m/s^3）。要求车辆的纵向冲击率不得超过$1m/s^3$。

（9）制动形式：有摩擦制动、再生制动、电阻制动、磁轨制动、液压制动等多种形式。

（10）转向架安全性指标：反映转向架运行平稳、稳定性能的指标，包括脱轨系数、倾覆系数、轮重减载率等。

（11）坐席数及每平方米地板面站立人数：坐席数一般为55～65人，站立数一般为250人。超载时乘客总数为9人/m^2计算。

2 车辆的主要尺寸

（1）车辆全长：车辆前、后两车钩连挂中心线之间的距离称为车辆全长。

（2）车体长度和底架长度：车体两外端墙板（非压筋处）外表面间的水平距离。底架长度为底架两端梁外表面间的水平距离。

（3）车辆宽度与最大宽度：车辆宽度指车辆两侧的最外凸出部位之间的水平距离。车辆最大宽度指车辆侧面的最外凸出部位与车体纵向中心线间的水平距离的两倍。

（4）车辆高度与最大高度：空车时，车体上部外表面至轨面的垂直距离为车辆高度。车辆最大高度指空车时车辆上部最高部位至轨面的垂直距离。

（5）车体内部主要尺寸：车体内长是指车体两端墙板内表面间的水平距离；车体内宽是指车体两侧墙板内表面间的水平距离；车体内侧面高是指地板上平面至侧墙上侧梁的上平面间的垂直距离；车体内中心高是指由地板上平面至车顶中央部内表面间的垂直距离。

（6）地板面高度：指空车时，底架地板上表面至轨面的垂直距离。取新造或修竣后空车的数值。上海地铁车辆地板面高为1130mm，北京地铁车辆地板面高为1053mm。

（7）车钩中心线高度：空车时，车钩中心线至轨面的垂直距离。取新造或修竣后空车的数值。列车中各车辆的钩高基本一致，从而保证车辆连挂和运行平稳。广州、上海地铁车辆钩高770mm，北京地铁车辆钩高660mm。

（8）车辆定距：一辆列车两个转向架中心之间的距离。车辆定距是车辆计算中不可缺少的技术参数。一般在制造车辆时，取车体长度与定距之比为1.4:1，比例过大时易引起牵引梁下垂。但也不可过小，否则会造成通过曲线线路时，车体中部偏移量过大。

（9）固定轴距：一个转向架最前位车轴和最后位车轴中心线间的水平距离。车辆转向架的固定轴距一般为：A型车为2200～2500mm，B型车为2000～2300mm。

1.3

城市轨道交通车辆的编组 标识

列车在运营时,都是以动车组的形式运行,多者 6～10 辆,少则 2 辆即可组成一列车组。地铁运营动车组一般都是固定编组,它没有机车和车辆的区别。对于城市轨道交通车辆来说,标识是指对车辆及其设备进行标记或编号。主要是为了车辆运用和检修等情况下管理和识别的方便。目前,我国城市轨道交通车辆没有统一的标识规定,各轨道交通公司的车辆标识不尽相同。

一 城市轨道交通车辆的编组

列车是不同类型的车辆通过车钩连接而成的一个相对固定的编组称为一个单元,一列车可以由一个或几个单元编组而成。

车辆编组需考虑的因素有:线路坡度、运营密度、站间距离、舒适度、安全可靠性、工程投资、客流大小等。

我国地铁列车编组形式为:六辆编组的主要有"四动二拖",个别也有"三动三拖",四辆编组主要有"二动二拖"。上海地铁、南京地铁有的线路采用 8 辆编组列车,主要有"六动两拖"。上海地铁 8 号线采用 7 辆编组。

广州地铁 1 号线采用 6 节编组,"四动二拖"形式,6 节车有 A、B、C 三类车各两辆,编组为:-A＊B＊C＝C＊B＊A-。A 车为拖车,一端设有驾驶室,车顶上装有受电弓,车下装有一套空气压缩机组。B 车和 C 车均为动车,结构基本相同。广州地铁 2 号线与 1 号线基本相同,只是受电弓装于 B 车车顶,而空气压缩机组装于 C 车车底。

上海地铁 1 号线采用 6 节编组,"四动二拖"形式,即:-A＝B＊C＝B＊C＝A-。上海地铁 2 号线采用 8 节编组,"六动两拖"形式,即:-A＝B＊C＝B＊C＝B＊C＝A-。A 车为拖车,一端设有驾驶室,B 车为动车,车顶上装有受电弓,C 车为动车,车下装有一套空气压缩机组。

天津滨海轻轨车辆采用的编组形式有:4 节编组,"二动二拖"形式,编组为:＝Mcp＊T＝T＊Mcp＝。6 节编组,"三动三拖"形式,编组为:＝Mcp＊T＝T＊M＝T＊Mcp＝。其中 Mcp 表示带驾驶室、受电弓的动车,T 表示拖车,M 表示动车。

上述编组表达式中,"-"表示全自动车钩," ＝"表示半自动车钩,"＊"表示半永久车钩。

二 城市轨道交通车辆的标识

❶ 车辆编号

一般每节车辆都有属于自己的固定编号,但各城市轨道交通车辆制造商的编号方式不尽相同。

[**实例1-1**]　上海地铁1号线车辆编号。

$$车号011762 \qquad 01 \qquad 176 \qquad 2$$

车辆线路号 ————————

序列号(176…235)————

车辆类型识别(A=1,B=2,C=3)——

列车的车辆编号实例:如图1-1所示。

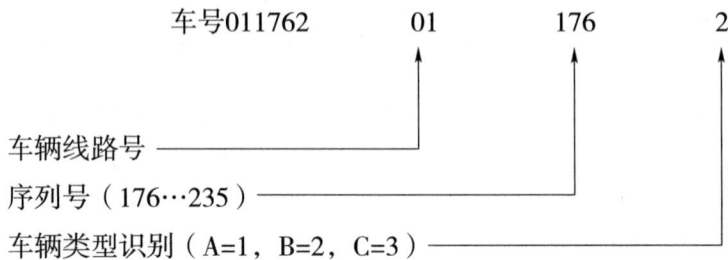

| 011751 | 011762 | 011773 | 011783 | 011792 | 011801 |

图1-1　列车的车辆编号

第1列车:011751、011762、011773、011783、011792、011801。
第2列车:011811、012291、011822、012302、011833、012313。
第10列车:011843、012323、011852、012332、011861、012341。

[**实例1-2**]　上海地铁2号线车辆编号。

车辆编号02A005:

02是指车辆所属线路为二号线;A是指A车;005是指单元车的连续编号(001,002,…)。

各编号车辆在该列车中的编组情况可表示为:

+02A005 — 02B005 — 02C005 = 02C006 — 02B006 — 02A006 +

❷ 车端和车侧的定义

(1)车端的定义

每辆车的车端的1、2位端按如下定义:A车1位端是全自动车钩的一端;B车1位端是与A车相连接一端;C车的1位端是连接半永久牵引杆的一端。相反的一端则为2位端。如图1-2所示。

(2)车辆车侧的定义

当人站立在2位端面向1位端时,人的右侧即为车辆右侧,人的左侧即为车辆的左侧。

如图 1-3 所示。

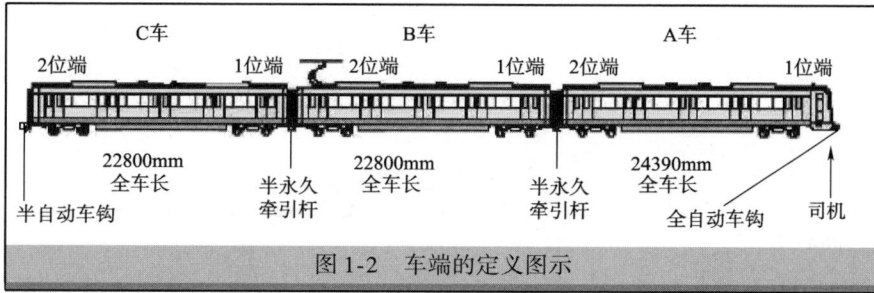

图 1-2　车端的定义图示

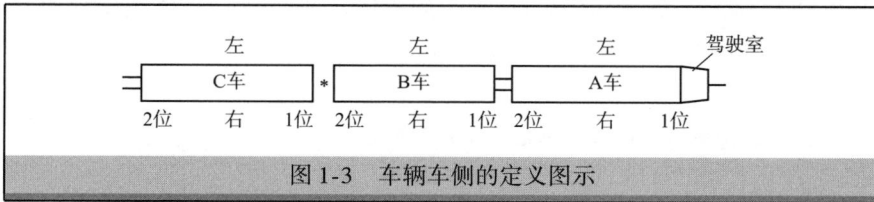

图 1-3　车辆车侧的定义图示

（3）列车车侧的定义

列车车侧定义与车辆车侧定义不同，列车的车侧是以司机驾驶列车的方位定义的。当司机驾驶列车时，司机的右侧即为列车的右侧，司机的左侧即为列车的左侧。如图 1-4 所示。

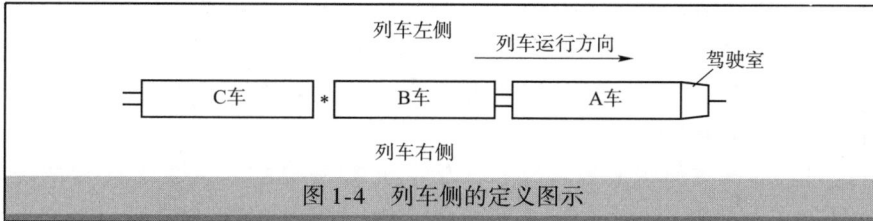

图 1-4　列车侧的定义图示

3 转向架、轴、车门和座椅的编号

（1）转向架和轴的编号

每辆车的转向架都分 1 位转向架和 2 位转向架。1 位转向架在车辆的 1 位端，2 位转向架在车辆的 2 位端。每辆车的 4 根轴是由一位端起顺次编号到二位端，分为轴 1 至轴 4。如图 1-5 所示。

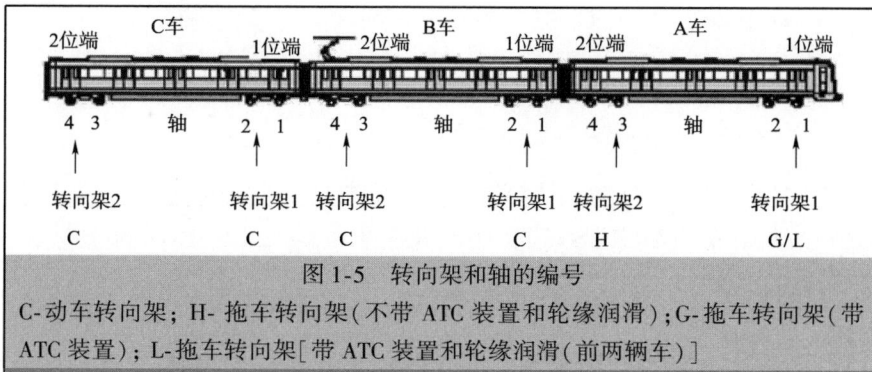

图 1-5　转向架和轴的编号

C-动车转向架；H-拖车转向架（不带 ATC 装置和轮缘润滑）；G-拖车转向架（带 ATC 装置）；L-拖车转向架［带 ATC 装置和轮缘润滑（前两辆车）］

（2）车门、座椅的编号（如图 1-6 所示）

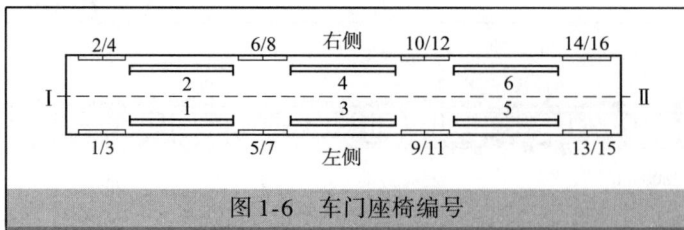

图 1-6　车门座椅编号

①门页和车门。

我国地铁车辆 A 型车每侧车门数为 5 个，B 型车每侧车门数为 4 个。

门页：从 1 位端到 2 位端，左侧为由小到大的连续奇数；右侧为连续偶数。

车门：由两个门页的号码合并而成。如 1/3、2/4 号门。

②座椅。

自 1 位端到 2 位端编号，左侧为奇数，右侧为偶数。

知识链接

1. 北京地铁列车编号的含义

北京地铁列车编号是由一个字母加后面三位数字组成的，如 G115。字母表示车辆所属的车辆段，如 G 表示古城车辆段；第一个"1"表示凸轮调阻车；后面的"15"表示是第 15 辆车。北京地铁线路的凸轮调阻车第一位是 1，斩波调阻车第一位是 2，斩波调压车第一位是 3，这三种车都已全部退役，变频调压车第一位是 4，目前使用的都是这类车辆。

2. 广州地铁列车编号的含义

广州地铁列车由数字加字母加后面两位数字组成，如 2A45，其中 2 表示车辆所属线路为 2 号线，A 表示车辆类型为 A 车，45 表示车辆连续编号。广州地铁 2 号线第二列车编组情况为：2A45、2B45、2C45、2C46、2B46、2A46。

1.4 城市轨道交通车辆限界

一 限界的概念及分类

限界是限定车辆运行轨道周围构筑物超越的轮廓线，是工程建设、管线和设备安装位置等必须遵守的依据。规定限界的目的,主要是防止车辆在线路运行时与各种建筑物及设备发生接触,以保证车辆安全通行。限界分车辆限界、设备限界、建筑限界3种。建筑限界和设备限界是限制线路两侧的建筑物或设备距轨道中心和轨面所允许的最小尺寸所形成的轮廓图形。车辆限界与建筑和设备限界之间,必须留有一定的确保行车安全的空间,这个空间简称安全空间,如图1-7所示。

1 车辆限界

车辆限界是一个限制车辆横断面最大允许尺寸的轮廓图形。无论空车或重车在直线地段运行时,所有突出和悬挂部分都应容纳在限界之内,因此车辆限界是车辆正常运行状态下形成的最大动态包络线。

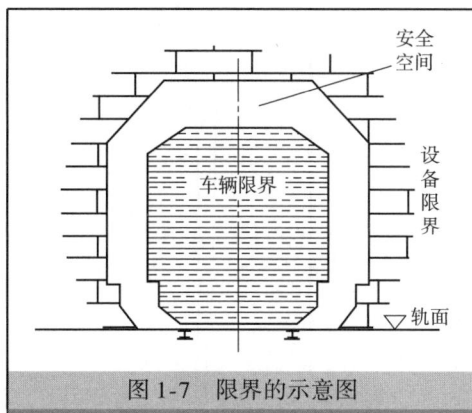

图1-7 限界的示意图

车辆及轨道线路各尺寸在具有最不利公差及磨耗时,车辆在运动中处于最不利位置,涉及了由各要素引起的车辆各部位的统计最大偏移后均应容纳在轮廓内。《地铁设计规范》(GB 50157—2003)规定了钢轨钢轮、标准轨距系列的地铁限界,包括车辆限界。直线地段车辆限界分为隧道内车辆限界和高架或地面线车辆限界,后者应在前者的基础上,另加当地最大风荷载引起的横向和竖向偏移量。受电弓或受流器限界是车辆限界的组成部分。

2 设备限界

地铁设备限界是基准坐标系中位于车辆限界外的一个轮廓线,是用以限制设备安装的控制线。除另有规定外,建筑物及地面固定设备的任一部分,即使涉及了它们的刚性和柔性运动在内,均不得向内侵入此限界,接触轨限界属于设备限界的辅助限界。A型车隧道内直线地段设备限界如图1-8所示,对应设备坐标如表1-1所示。

A型车辆设备限界坐标(单位:mm)   表1-1

坐标点	0″	1″	2″	3″	4″	5″	6″	7″	26″	27″
X	0	531	952	1016	1193	1477	1570	1644	1645	1700
Y	3938	3945	3848	3758	3686	3551	3452	3309	3074	3058
坐标点	28″	8″	9″	10″	11″	12″	13″	14″	15″	16″
X	1700	1703	1622	1593	1482	1308	1170	1170	859	856
Y	2498	1677	1007	368	371	71	74	50	52	−18
坐标点	17″	18″	18″	20″	23″	24″	25″	—	—	—
X	753	753	633	629	408	405	0	—	—	—
Y	−18	−69	−69	30	30	43	45	—	—	—
坐标点	0s″	1s″	2s″	3s″	4s″	—	—	—	—	—
X	0	465	765	851	1016	—	—	—	—	—
Y	4134	4134	4115	4079	3938	—	—	—	—	—

设备限界和车辆限界之间留有一定间隙,这个间隙主要作为未涉及因素的安全留量,按照限界制定时的规定某些偏移量计入此间隙。计算车辆曲线上和竖曲线上的曲线偏移也计入这个间隙内,因此,设备限界在水平曲线上需加宽,在竖曲线上需要加高。

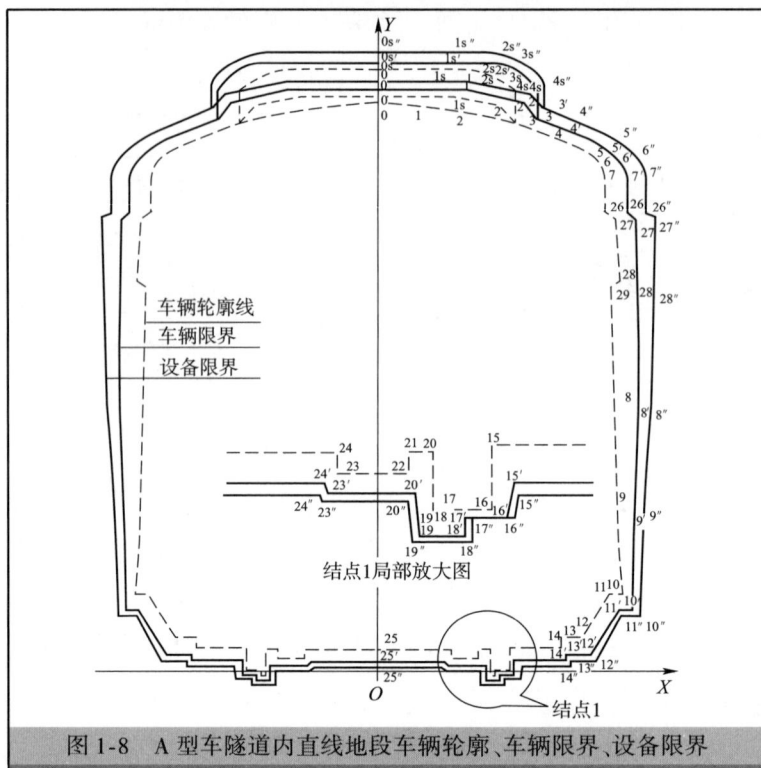

图 1-8　A 型车隧道内直线地段车辆轮廓、车辆限界、设备限界

3 建筑限界

地铁建筑限界是基准坐标系中位于设备限界以外的一轮廓线,是在设备限界基础上,考虑了设备和管线安装尺寸之后的最小有效断面。它规定了地下铁道隧道的形状、尺寸、位置以及地面建筑物(包括接触网支柱、站台屏蔽门等)的位置,涉及施工误差、测量误差及结构永久变形在内,任何永久性建筑物均不得向内侵入此限界。建筑限界和设备限界之间的空间应能安排各种电缆线、消防水管及消防栓、动力箱、信号箱及信号灯、照明灯、扩音器、通风管、架空线、接触轨及其固定设备。地铁建筑限界应理解为建筑物的最小尺寸,比地铁建筑限界大的隧道、高架桥等建筑应认为是符合地铁建筑限界的。

二 设置限界时应考虑的因素

设置限界时应考虑以下因素:

(1)车辆制造公差引起的上下、左右方向的偏移或倾斜。

(2)车辆在名义荷载作用下弹簧受压引起的下沉,以及弹簧由于性能上的误差可能引起的超量偏移或倾斜。

（3）由于各部分磨耗或永久变形而造成的车辆下沉，特别是左右侧不均匀磨耗而引起的车辆倾斜与偏转。

（4）由于轮轨之间以及车辆自身各部分存在的横向间隙而造成车辆与线路间可能形成的偏移。

（5）车辆在走行过程中因运动中力的作用而造成车辆相对线路的偏移。包括曲线区段运行时实际速度与线路超高所要求的运行速度不一致而引起的车体倾斜，以及车辆在振动中产生的上下、左右各个方向的位移。

（6）线路在列车反复作用下可能产生的变形，包括轨道产生的随机不平顺现象等。

三　限界的相关专业名词

1　基准坐标系

基准坐标系是与线路的纵向中心线相垂直的平面内的一个二维直角坐标，该坐标的第一坐标系轴与两根钢轨在名义位置且无磨耗时的顶面相切，第二坐标轴垂直于前者，并与左右两根钢轨的名义位置等距离。

2　车辆的偏移、偏移量、几何偏移量

在基准坐标系内，车辆横断面上各点，因车辆本身原因或线路原因，在运行中离开原来在基准坐标系中所定义的设计位置称为偏移，偏移的大小称为偏移量，以 mm 为单位。在第一坐标方向的偏移为横向偏移，在第二坐标方向的偏移称为竖向偏移。

车辆在曲线上运行时，线路的中心线是曲线，车辆的纵向中心线是直线，两者不能完全重合。车辆纵向中心线上各点在水平投影图上偏移线路中心线的距离称为曲线几何偏移，简称曲线偏移。车体的中央部偏向线路的内侧，车体的两端偏向线路的外侧，其偏移的多少分别称为内偏移量、外偏移量。车辆在曲线上的偏移量与曲线半径的大小和车体的长度有关，曲线半径越小或车体越长，则偏移量越大。车辆偏移量过大时，车体有可能侵入建筑和设备限界，并使车钩互相摩擦，或引起车钩自动分离以及不能摘钩等现象。

3　计算车辆

认定具有某一横断面轮廓尺寸和水平投影轮廓尺寸及认定结构的车辆在地铁及轻轨线路上运行，并使用该车辆作为确定车辆限界及设备限界尺寸的依据，这个车辆称为计算车辆。在地铁及轻轨线路上，实际运行的新车和旧车只要符合车辆限界及其纳入限界的校核，就能通行无阻，不必与计算车辆取得一致。

《地铁设计规范》（GB 50157—2003）对两种车型的车辆限界经计算做了新的界定，其中有接触网受电的 A 型限界（计算车辆车宽 3m）、接触轨受电的 B1 型限界（计算车辆宽 2.8m）和接触网受电的 B2 型限界（计算车辆宽 2.8m）3 类，适用于运行速度不超过 100km/h 的地铁工程。运行速度超过 100km/h 的地铁工程，亦可参照执行。图 1-8 是 A 型车隧道内直线地段车辆轮廓、车辆限界、设备限界图，对应车辆轮廓、车辆限界坐标如表 1-2、表 1-3 所

示。A型车高架或地面直线地段的车辆限界和 B1 型、B2 型车车辆限界参见《地铁设计规范》(GB 50157—2003)。

A 型车辆轮廓坐标(单位:mm)   表 1-2

坐标点	0	1	2	3	4	5	6	7	26	27
X	0	250	500	850	1031	1300	1365	1412	1425	1481
Y	3800	3790	3759	3677	3623	3504	3416	3313	3078	3064
坐标点	28	29	8	9	10	11	12	13	14	15
X	1507	1452	1500	1500	1500	1400	1250	1120	1120	811.5
Y	2621	2605	1800	1130	520	520	234	234	170	170
坐标点	16	17	18	19	20	21	22	23	24	25
X	811.5	708.5	708.5	676.5	676.5	626	626	450	450	0
Y	0	0	−28	−28	160	160	95	95	160	160
坐标点	0s	1s	2s	3s	4s	—	0k	1k	2k	—
X	0	325	615	678	850	—	0	466	772	—
Y	4040	4040	4022	3992	3856	—	3842	3842	3780	—

注:表中第 0 ~ 13 点是车体上的控制点;第 13 ~ 15 点是转向架上的控制点;第 16、17 点为车轮踏面上的控制点;第 18、19 点为轮缘上的控制点;第 22、23 点为连接在车轴上的齿轮箱点;第 20、21、24、25 点为连接在转向架上的车载信号设备的最低点;第 26 ~ 29 点为信号灯预留位置;第 0s、1s、2s、3s、4s 为隧道内受电弓控制点;第 0k、1k、2k 点是车顶空调器点。

A 型车辆限界坐标(单位:mm)   表 1-3

坐标点	0′	1′	2′	3′	4′	5′	6′	7′	26′	27′
X	0	525	916	984	1171	1437	1499	1544	1550	1606
Y	3878	3885	3794	3700	3630	3503	3414	3309	3074	3058
坐标点	28′	8′	9′	10′	11′	12′	13′	14′	15′	16′
X	1620	1642	1578	1565	1465	1303	1155	1155	846	841
Y	2498	1677	1007	399	401	122	125	80	82	−18
坐标点	17′	18′	19′	20′	23′	24′	25′	—	—	—
X	738	738	647	643	421	415	0	—	—	—
Y	−18	−54	−54	42	42	73	75	—	—	—
坐标点	0s′	1s′	2s′	3s′	4s′	—	—	—	—	—
X	0	464	753	824	984	—	—	—	—	—
Y	4084	4084	4066	4036	3900	—	—	—	—	—

复习思考题

1. 简述城市轨道交通车辆的类型和结构。

2. 城市轨道交通车辆是由哪几部分组成的?各组成部分的作用有哪些?

3. 城市轨道交通车辆是如何编组的?车辆编组与哪些因素有关?

4. 城市轨道交通车辆的主要性能参数包括哪些?

5. A 型车辆和 B 型车辆的主要尺寸各是多少?

6. 为何要对车辆进行标识?举例说明车辆是如何编号的?

7. 城市轨道交通车辆的车端、车侧是怎样规定的?车门、车座是如何编号的?

8. 城市轨道交通车辆有哪几种限界?它们之间的关系如何?

单元 2

车 体

教学目标

1. 掌握几种不同材质的车体结构和类型；
2. 掌握客室及驾驶室内部结构和设备；
3. 了解模块化车体结构的特点。

建议学时

6 学时

2.1 概　　述

一　车体的作用与分类

❶ 车体的作用

车体是容纳乘客和司机驾驶（对于有驾驶室的车辆）的部分，又是安装和连接其他设备及组件的基础。

❷ 车体的分类

（1）按照车体所使用的材料，可分为碳素钢车体、铝合金车体和不锈钢车体三种。早期的城市轨道交通车辆车体材料基本上是碳素钢（包括普通低碳钢和耐候钢），目前主要使用铝合金和不锈钢。

（2）按照车体结构有无驾驶室，可分为带驾驶室车体和无驾驶室车体两种。

（3）按照车体尺寸，可分为 A 型车车体、B 型车车体和 C 型车车体。如：广州地铁 1、2 号线和深圳地铁车辆采用了 A 型车；广州地铁 3、4 号线和天津滨海轻轨采用了 B 型车。

（4）按照车体结构工艺不同，可分为一体化结构和模块化结构。如：广州地铁 1 号线车辆采用的是一体化结构，而 2 号线采用的则是模块化结构。

二　车体的基本特征与结构

城市轨道交通车辆是用作城市或近郊客运的专门客运交通工具，因而车体有其独自的特征。

❶ 车体的基本特征

（1）城市轨道交通车辆一般为电动车组，主要有 6 节、8 节、4 节式等为主，个别车组有 7 节和 5 节，有头车（即带有驾驶室的车辆）和中间车，以及动车与拖车之分。

（2）由于城市轨道交通车辆是服务于城市内的公共交通，乘客数量多，旅行时间短，上下车频繁，因此车内设置的座位数量少、车门数量多而且开度大，服务于乘客的车内设备简单。

（3）对车辆的重量限制较为严格，特别是高架轻轨，要求列车重量轻、轴重小，以降低线路设施的工程投资。

（4）为减轻列车自重，车辆必须轻量化。对于车体承载结构一般采用大型中空截面挤压铝型材、高强度复合材料或不锈钢等，采用整体承载筒形车体结构，车辆的其他辅助设施也尽量采用轻型材料和轻量化结构。

（5）城市轨道交通车辆一般运营于城市人口稠密地区，并用于乘载旅客，所以对车辆的防火要求严格，特别是地铁车辆。通常车体的结构采用防火设计，材料需经过阻燃处理。

（6）对车辆的隔音和降噪有严格要求，以最大限度降低噪声对乘客和沿线居民的影响。

（7）用于城市内交通，车辆外观造型和色彩必须考虑城市文化、环境美化，与城市景观相协调。

2 车体的结构形式

按照车体结构承受荷载的方式不同，车体可分为底架承载结构、侧墙和底架共同承载结构和整体承载结构三类。

（1）底架承载结构：全部荷载由底架来承担的车体结构，也称自由承载结构。

（2）侧墙和底架共同承载结构：由侧、端墙与底架共同承担荷载的车体结构，也称侧墙承载结构。其侧、端墙与底架等连接成一个整体，具有较高的强度、刚度。

（3）整体承载结构：在板梁式侧、端墙上焊接由金属板、梁而成的车顶，使车体的底架、侧墙、端墙、车顶连接成一个整体，成为开口或闭口箱形结构，此时车体各部分结构均参与承受荷载，因而称这种结构为整体承载结构，如图2-1所示。

为满足安全运载旅客的需要，车体钢结构必须有足够的强度；为提高乘坐舒适度，车体必须具有足够的刚度，保证车体的自振频率与转向架的自振频率不一致，避免产生共振现象而降低乘坐舒适度。试验表明：转向架采用空气弹簧时，车体钢结构的自振频率应达到8Hz以上。

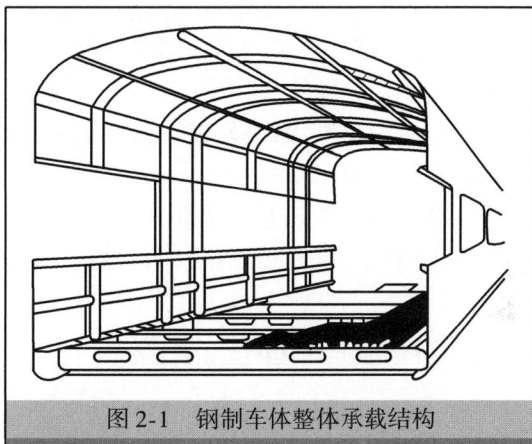

图2-1　钢制车体整体承载结构

3 车体的基本结构

近代城市轨道交通车辆车体均采用整体承载的钢结构或轻金属结构，以达到满足强度和刚度要求的同时降低车辆自重。我国地铁车辆的车体结构从20世纪80年代就开始采用耐候钢无中梁整体承载结构。车体侧墙、车顶的梁柱与蒙皮结合后与底架构成封闭断面，以增强车体的强度和刚度。到20世纪90年代又生产了断面为鼓形的地铁车辆，使其能更好地利用限界。《地铁车辆通用技术条件》（GB/T 7928—2003）规定了我国地铁车辆车体采用整体承载结构。

城市轨道交通车辆整体承载结构车体是由若干纵向梁、横向梁和立柱组成的钢骨架（也称钢结构），然后安装内饰板、外蒙皮、地板、顶板及隔热、隔音材料、车窗、车门及采光设施等组成。城市轨道交通车辆车体一般包括底架、端墙、侧墙、车顶、车窗、车门、贯通道和车内设施等部分。

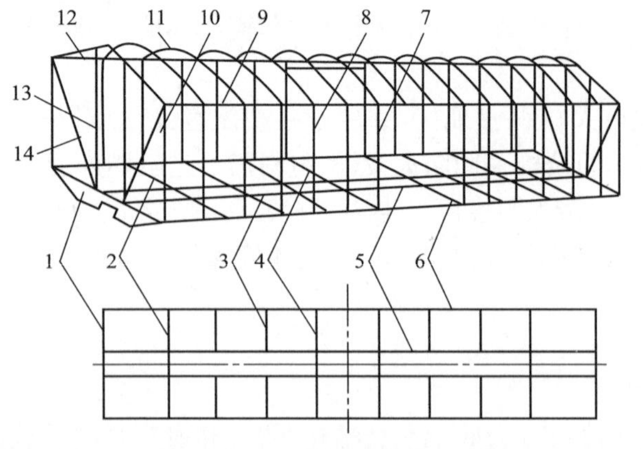

图 2-2　车体一般结构形式
1-缓冲梁(端梁);2-枕梁;3-小横梁;4-横梁;5-中梁;6-侧梁;7-门柱;8-侧立柱;9-上侧梁;10-角柱;11-车顶弯梁;12-顶端弯梁;13-端立柱;14-端斜撑

车体的一般结构形式如图 2-2 所示,底架是车体结构和设施的安装基础,承受主要的动、静荷载,因此底架必须具有足够的强度和刚度,是检修作业的重点。底架中部断面较大并沿其纵向中心线贯通全车的梁称为中梁,它是底架的骨干。底架两侧边沿的纵向梁称为侧梁,侧墙固定其上。底架两端部的横向梁称缓冲梁(或称为端梁),端墙固定其上。在转向架的支承处设有枕梁,为横向梁中断面最大的梁。在两枕梁之间设有两根以上的大横梁。为了吊挂设备,铺设地板,底架上还设有若干小横梁和纵向辅助梁,同时达到了增强底架强度和刚度的目的,其中,中梁和枕梁承担荷载最大,因而最为重要。

侧墙由杆件、墙板和门窗组成。杆件包括立柱、上弦梁、横梁和其他辅助杆件,它们与底架的侧梁构成一体。

墙板有蒙皮和内饰板,蒙皮是用钢板、不锈钢板或铝合金板制成,内饰板具有车内装饰的功能,经过阻燃处理。

端墙结构与侧墙基本相同,除端梁外,还设有角柱、端立柱、上端梁和墙板等。

车顶结构包括车顶弯梁、车顶横梁、车顶端弯梁及车顶板等。

三 车体结构的基本参数

(1)上海地铁 1、2 号线车辆车体规格(括号内为交流传动车辆的参数)(表 2-1)。

上海地铁 1、2 号线车辆车体规格　　　　　　　　　　　表 2-1

基 本 参 数		长度(mm)
两端车钩连接中心线	有驾驶室	24140
	无驾驶室	22800
车体最大宽度		3000
车顶中心线距轨面高度		3800
客室地板面距轨面高度		1130(1500)
车门高		1800(1860)
车门宽		1300(1400)
两转向架中心距(定距)		15700

(2)天津滨海轻轨车辆车体规格(表 2-2)。

天津滨海轻轨车辆车体规格　　　　　　　　　表 2-2

基 本 参 数		长度（mm）
两端车钩连接中心线长度	有驾驶室（DK38）	19000
	无驾驶室（DK39）	19500
车体最大宽度		2800
车辆高度（轨面到车顶高度、新轮、不含受电弓）		3800
转向架中心距		12600
可承受纵向压缩荷载为		800kN
最大纵向拉伸荷载为		650kN
车门高		2012
车门宽		1550

2.2　车 体 材 料

车体是车辆的主体结构，采用何种材料和结构形式的车体，对整车的结构、性能、制造、使用、维修以及经济性等，均将产生深远的影响。下面从几个方面分别对碳素钢车体、不锈钢车体和铝合金车体进行分析和比较。

1　车体轻量化

（1）碳素钢车体：一般车辆的车体大多采用普通碳素钢制成的骨架和外包板的结构，形成一个闭口的筒形薄壳整体承载结构，一般自重达 10～13t。为了提高车体的耐腐蚀性，延长车体的使用寿命，现在较多应用的是含铜或含镍铬等合金元素的耐腐蚀的低合金钢材料（或称耐候钢），可使车体钢结构自重减轻 10%～15%。

（2）不锈钢车体：采用半不锈钢（包板为不锈钢，骨架为普通碳素钢）或全不锈钢车体，免除了车体内壁涂覆防腐蚀涂料和表面油漆。在保证强度、刚度的前提下，通过调质压延而获得高强度不锈钢薄板，板厚可减小，同时也提高了使用寿命。一般不锈钢车体自重比普通碳素钢可减轻 1～2t（约 10%～20%）。

（3）铝合金车体：由于铝合金的密度仅为钢的 1/3，而弹性模量也是钢的 1/3，在铝制车体结构设计中，车体主要承载构件一般采用大型中空截面的挤压铝型材，以提高构件的刚度，充分发挥材料的承载能力，达到最大限度地减轻车体自重。全车的底板、侧墙、车顶均采用大型中空截面的挤压铝型材拼焊而成,与钢制相比焊接工作量减少40%,制造工艺大为简化,重量可减轻3～5t。

② 车体腐蚀状况

由于长期风雨侵蚀,温度、湿度的变化,空调造成的结霜以及清洗等,对车体结构产生较大的影响。

(1)碳素钢车体:以前的碳素钢车体,车体的雨檐周围,门口及车窗周围的立柱、墙板、地板等处容易被腐蚀,6年之后要进行局部修补,10年后要进行部分改造,20年后还要进行大的改造。如此反复修补、改造,30年后的车辆基本上就要报废了。

(2)不锈钢车体:不锈钢车体具有耐腐蚀、免维修等特点。全部采用不锈钢材料的车体是与铝合金车体大致在同一时期开发出来的。通过对运营车辆进行的定期检查,发现没有必要对外板进行修补、涂装。另外,对梁柱也没有必要进行修补,因此除了不需要车体维修费用外,还会减少由于维修而产生的烟雾、有机溶剂等在作业场所的散布,从而减少对相关电气设备的检查、维修等其他作业量。

不锈钢车体不需要同碳素钢车体一样预留腐蚀余量,全部使用调质压延钢板,55%使用薄板,以实现轻量化。而枕梁、牵引梁、弹簧座、车钩座等部位,由于形状复杂,采用弧焊结构,所以采用了耐候钢材料。像这样全车大部分都采用不锈钢材料的车体,除枕梁、牵引梁等涂漆部分需要适当修补之外,其余基本上没有腐蚀,根本不用修补,所以初期制造的不锈钢车体目前还在运用中。

(3)铝合金车体:铝合金车体除了车钩部分及车体内的螺钉座使用碳素钢外,其他部位均为铝合金。1962年开发的铝合金车体,已经历了30余年的实际应用。目前的铝合金车体已经使用大型铝合金挤压型材。通过对运营后铝合金车体腐蚀情况进行的调查表明:雨檐、门口、窗口周围及底架端部、车体侧面的焊接热影响区处发生了腐蚀,但和碳素钢车体相比较,腐蚀程度很轻,对车体的强度不会产生影响,只需对车辆进行定期维护。

③ 制造成本

(1)材料成本:在分析碳素钢车、不锈钢车、铝合金车的经济性时,必须先确定各种车的样式。现在以确定了形式、大小的城市通勤车为例,考虑到各种车的耐腐蚀性,分为碳素钢涂装车、铝合金涂装车、铝合金不涂装车(但外表面要打磨加工)和不锈钢不涂装车等几种。

不涂装车由于近来对外观的要求,也常贴上彩带,因此不涂装车的成本中还要包含彩带及涂于搭接处的防水密封胶。从材料来讲,车体的成本:碳素钢车体＜不锈钢车＜铝合金车。

(2)加工成本:在制造成本中,还要考虑加工因素的影响。由于SUS301L不锈钢材料须经过调质压延加工,需要专用加工设备,所以使成本增加;铝合金由于采用合金元素及大型挤压设备,而使加工成本增加。另外加工中还要考虑车体的焊接,焊接对每种车体是各不相同的。

①碳素钢车体:用CO_2气体保护的弧焊和用焊条的弧焊。

②铝合金车体:MIG焊和TIG焊。

③不锈钢车体:点焊、MIG焊和TIG焊。

碳素钢车体和铝合金车体都采用弧焊,所以修整工作较多。尤其是铝合金车体,为防止底架接头处的角部产生应力集中,要增加打磨加工焊缝的工作。不锈钢车体采用点焊,所用焊接材料少,焊接热量少,不容易发生变形,所以基本上不需要修整及加工焊缝。

在考虑到上述因素影响的前提下,可以看出车体的制造成本:碳素钢车体制造成本最低,不锈钢车体次之,铝合金车体制造成本最高。铝合金车体要比碳素钢车体高出70%,不锈钢车体要比碳素钢车体高出14%。

④ 维修管理

车体采用不锈钢和铝合金材料,主要是为了提高车辆的耐腐蚀性和轻量化,还有使车辆的维修管理及运营更加合理化。以前的车辆虽然也采用耐候钢,但是无法和不锈钢相比,经过10年,局部就会被腐蚀,必须进行修补,这样除了修理所需费用以外,由于车体更新会使运营效率下降,还会影响备用车数量。过去30年的运营实际已经验证,不锈钢车体和铝合金车体基本是不用维修的,所以选用不锈钢和铝合金车体的车辆后期费用明显减少。

⑤ 运营总成本

如将碳素钢车体制造成本定为1.0,则不锈钢车体为1.14,不涂漆铝合金车体为1.57,涂漆铝合金车体为1.66。但是由于碳素钢车体检查维修量大,其总成本明显增加,12年厂修时其总成本大幅上升,超过不锈钢车。20年时,再次大幅跃升,超出铝合金车。所以可以看出,最初的制造成本最低,但经过长年使用后,总成本变为最高。而不锈钢车维修量很少,所以最终总成本最低。

2.3 铝合金车体

铝合金车体是一种轻型整体承载结构,主体材料是铝合金型材,通常采用模块化结构或全焊接组装,是一种新型的车体结构。铝合金材料密度小、强度高,铝合金车体在满足车体强度和刚度的同时大幅度地减轻了车体的重量,因而备受青睐。

一 铝合金材料特性

(1)质轻且柔软。铝的密度为$2.7\lg/cm^2$,约为钢密度($7.87g/cm^2$)的1/3,杨氏模量也约为钢的1/3。

（2）强度好。纯铝的抗拉强度约为 $80MN/m^2$，是低碳钢的 $1/5$。但经过热处理强化及合金化强化，其强度会大幅增加。如铝合金车体常用的材质 6005A-T6，它的最低抗拉强度为 $360MN/m^2$，能达到低碳钢相应的强度值。

（3）耐蚀性能好。铝合金的特性之一是接触空气时表面会形成一层致密的氧化膜，这层膜能防止腐蚀，所以耐蚀性能好。若再实施"氧化铝膜处理法"，就可以全面防止腐蚀。

（4）加工性能好。车辆用型材挤压性能好，二次机加工、弯曲加工也较容易。

（5）易于再生。铝的熔点低（660℃），再生简单。在废弃处理时也无公害，有利于环保，符合可持续发展战略。

根据铝合金车体结构及制造、运用情况，选择材料时应遵循以下原则：

①从轻量化方面考虑，要求强度、刚度好，而重量轻；

②从寿命方面考虑，要求耐蚀性、表面处理性、维护保养性好；

③从制造工艺方面考虑，要求焊接性、挤压加工性、成型加工性高。

根据以上原则，铝合金车体主要使用 5000 系列、6000 系列、7000 系列的铝合金。3 个系列铝合金材料的特性及用途见表 2-3。

城市轨道交通车辆车体常用铝合金材料的特性及用途　　　　　表 2-3

铝合金种类	主要成分	特　　性	主要用途
5000 系列	Al Mg(0.2% ~5.6%)	耐蚀性、焊接性、成型性很好，强度也较高，代表合金有 5052、5083、5066、5N01 等	建筑、船舶、车辆机械部件、饮料罐等
6000 系列	Al Mg(0.45% ~1.5%) Si(0.2% ~1.2%)	耐蚀性、强度好，有的挤压加工性也好，代表合金有 6005A、6061、6063、6N01 等	车辆结构、结构杆件、建筑用框架、螺栓、铆钉等
7000 系列	Al Zn(0.5% ~6.1%) Mg(0.1% ~2.9%) Cu(0.1% ~2.0%)	焊接性、耐蚀性差，强度最高。Al-Zn-Mg 合金的焊接接头效率高，代表合金有 7005A、7005、7178、7N01、7003 等	车辆结构、飞机杆件、体育用品

二　铝合金材料车体的特点

世界上最早的铝合金车是 1952 年英国研制的伦敦地铁电动车组。铝合金车体的发展经历了板梁期、开口型材期和现在的大型中空挤压型材期三个阶段，现在逐渐走向成熟。

铝合金车体具有如下优点：

（1）能大幅度降低车辆自重，在车辆长度相同的条件下，与碳素钢车体相比，铝合金车体的自重降低大约 30% ~35%，强度重量比约为碳素钢车体的 2 倍。碳素钢车体、不锈钢车体、铝合金车体的重量之比约为 10:8:6。

（2）具有较小的密度及杨氏模量，所以铝合金对冲击荷载有较高能量吸收能力，可降低振动，减少噪声。

（3）可运用大型中空挤压型材进行气密性设计，提高车辆密封性能，提高乘坐舒适性。

（4）采用大型中空挤压型材制造的板块式结构，可减少连接件的数量和重量。

（5）减少维修费用，延长使用寿命。

三　铝合金车体形式

铝合金车体形式有纯铝合金车体和混合结构铝合金车体。

① 纯铝合金车体

纯铝合金车体大约可分以下四种形式：

第一种,车体由铝板和实心型材制成,铝板和型材通过铝制铆钉、连续焊接和金属惰性气体点焊等进行连接。除了车钩部分及车体内的螺钉座使用碳素钢外,其他部位都使用密度仅为碳素钢 1/3 的铝合金,实现了车体的轻量化。这些铝板和型材等多为拉延材料(板材、挤压型材、锻造材料)。最近,很多地方使用大型挤压型材,进行热处理后,其机械性能有很大的提高。大型挤压型材的组合使车辆制造时焊接大量减少,但制造成本增大。

第二种,车体结构是板条骨架结构,用气体保护的熔焊作为连接方法。

第三种,在车体结构中应用整体结构,板皮和纵向加固件构成高强度大型开口型材。

第四种,车体采用空心截面的大型整体型材,使其结构更加简单。型材平行放置并总是在车体的全部长度上延伸,通过自动连续焊接进行连接。该车体结构是以具有多种多样截面的型材为基础,并充分利用铝合金良好的机械性能。

② 混合结构铝合金车体

除了上述纯铝合金车体外,还有钢底架的混合结构铝合金车体。这种车体侧墙与底架的连接基本都采用铆接或螺栓连接的方式。其作用有两点:一是可避免热胀冷缩带来的问题,二是取消了成本很高的车体校正工序。

采用铝合金材料制造车体可最大限度地减轻车体自重,从而提高车辆的加速度,降低运能消耗,牵引及制动能耗低,减轻了对线路的磨耗及冲击,扩大了输送能力。此外,铝合金车体还具有以下优点:耐腐蚀性好(但在潮湿的环境下容易腐蚀,所以应特别注意排水和密封),外墙板可不涂漆,不仅节能,还节省涂装费,而且不需设置油漆场地,缩短制造周期,并可延长检修周期;可以采用长大宽幅挤压型材,与一般钢结构相比,人工费节省约 40%,车辆重量减少约 30%。

四　铝合金车体架车

车体架车

由于车体采用铝合金焊接结构,车体较碳素钢结构容易产生变形,因此在日常架车检修工作中应特别注意使用合适的顶车位置,以防车体翘曲变形。为此制造商制定了顶车位置,并在外墙下沿标有顶车标记,其标记为"▲"。

按不同的修程规定其架车点,架车点如图 2-3 所示。

(1)整车架起(带转向架)顶车点号为:3、4、5、6。

(2)无转向架架车的顶车点号可为:1、2、7、8 或 1、2、5、6 或 3、4、7、8 或 3、4、5、6 亦可用三点架车。其顶点号为:1、2、10 或 3、4、10 或 7、8、9 或 5、6、9。

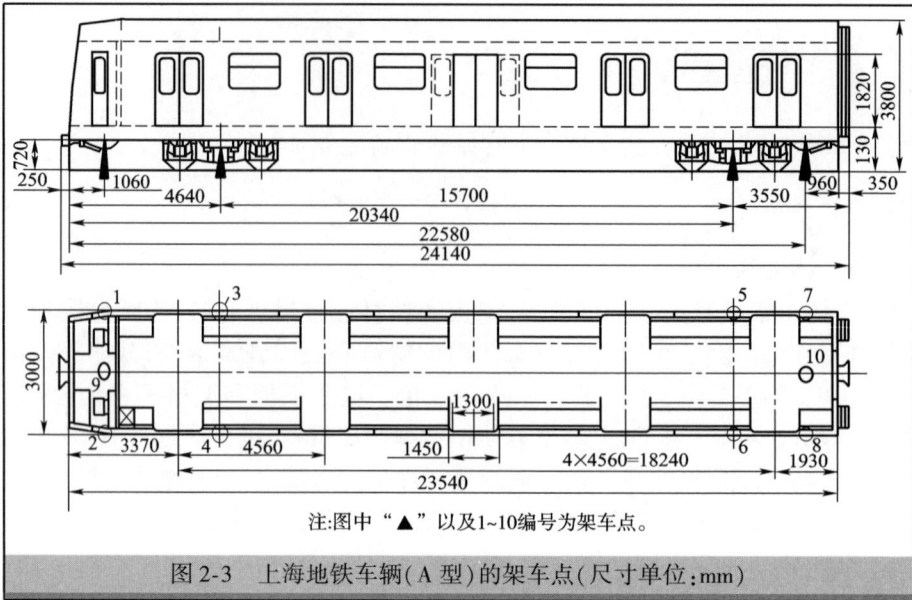

注:图中"▲"以及1~10编号为架车点。

图 2-3　上海地铁车辆(A 型)的架车点(尺寸单位:mm)

五 铝合金车体结构

图 2-4 为上海地铁车辆铝合金车体的断面,其形状类似鼓形,这种外形可以使车辆在圆形隧道内获得最大截面积(或称之为充塞比),增大车内空间,另一方面有利于提高车辆在圆形隧道内的活塞效应,加强隧道的自然通风能力。它是由底板、侧墙、车顶、端墙等组成整体承载的薄壳型结构。

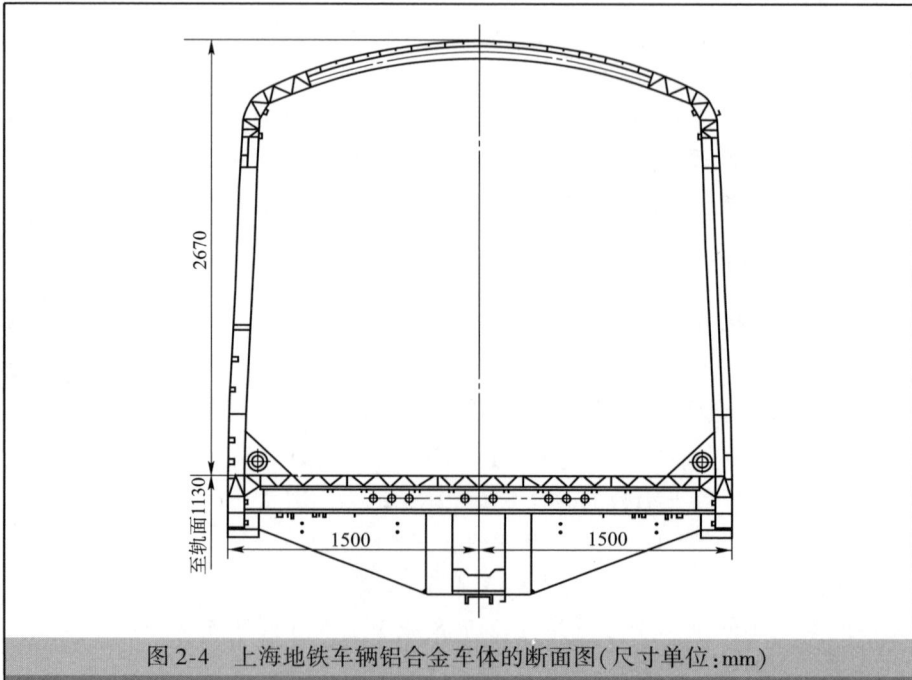

图 2-4　上海地铁车辆铝合金车体的断面图(尺寸单位:mm)

车底板由地板、侧梁、枕梁、小横梁和牵引梁组成,5 块宽度为 520mm、高度为 70mm 与车体等长的地板梁通过两侧的接口拼焊成车体地板,每块地板梁由上下翼板、腹板和 6 块筋板组成中空截面挤压铝型材,各板厚度仅为 2.5mm。底板侧梁为宽度 200mm、高度 324mm 与车体等长的薄壁中空截面挤压铝型材,壁厚 4~6mm。A 车底板的前端设有撞击能量耗散区,其上开有三排椭圆孔,当车辆受到意外撞击时,它能产生较大的塑性变形,从而吸收纵向冲击能量,起到保护司机、乘客和车辆的作用。底板的两端还设有牵引梁和横向承载梁,用来安装车钩牵引缓冲装置和传递车辆间的牵引力和冲击力。车顶、侧墙、端墙中部填充有玻璃纤维或矿物棉,以起到隔热作用。同时车顶、侧墙及其地板下涂有隔音及防水涂料、地板下部粘有隔音材料,起到噪音隔绝的作用。下面介绍一下车体结构各大部件的结构特点。

① 车顶

车外顶板两侧小圆弧部分采用形状复杂的中空截面挤压铝型材,中部大圆弧部分为带有纵向加强杆件的挤压成型的车顶板,其长度与车顶等长,车顶组装时仅留下几条与车顶等长的纵向长焊缝。

客室内顶板由三部分组成,中间为平板,平板两侧为多孔的通风口平板,最外侧为客室照明灯的灯箱。平板安装在悬挂的车顶吊架上。

② 侧墙、端墙

车体的侧墙,由于左右各有 5 扇车门和 4 个车窗,侧墙被分隔成 6 块带窗框、窗下间壁、左右窗间壁或门间壁的分部件,全车共 12 块,在组装时分别各自与底板、车顶拼接,各块分部件亦为整体的挤压铝型材。

客室内的侧墙、端墙都采用阻燃的密胺树脂胶合板。由于在组装焊接的侧墙、端墙的铝合金材料的内侧涂抹阻尼浆并敷贴保温材料,所以侧墙、端墙都具有隔热保暖的功能。

③ 地板

直流传动车与交流传动车客室地板的结构是不同的。直流传动车的地板是先在底板上纵向布置 4mm 厚的橡胶条,再铺设 16mm 厚的多层夹板,用螺钉将多层夹板固定在底架上,然后在多层夹板上粘贴 2.5mm 厚的灰色 PVC 材料地板。这是一种理想的具有耐磨、阻燃和防滑功能的地板面材料,但粘贴塑料地板的黏结剂在潮湿的环境中很容易丧失黏性,因此当多层夹板一旦受潮,塑料地板就很容易起泡,甚至脱落。这样制造商在生产交流传动车时做了改进,将多层夹板改换成表面很平坦的铝合金轻型型材,然后在铝型材表面直接粘贴 PVC 塑料地板,这就避免了塑料地板起泡和脱落的弊病。

六 铝合金材料在使用中应注意的问题

铝合金车体有许多的优点,但在设计、制造中尚需注意许多问题。如铝合金选材、大型铝型材料成型技术、铝合金结构焊接工艺的研究、铝合金材料疲劳特性和寿命的试验、结构优化设计、刚度的问题、防腐的问题等。

① 铝合金材料的合理选择

使用铝合金材料的车体多为焊接结构,且在大气条件下工作,因此要求铝合金材料不仅应具有适当的强度和刚度,而且要求有良好的焊接性能,特别是焊缝性能要接近母材性能水平。

最好在焊后的自然时效状态即能达到固熔处理加人工时效状态的性能水平。此外还要求材料的抗腐能力和抗应力强、应力集中敏感性低、焊接接头处的抗脆断能力和抗疲劳能力强。

② 铝合金车体的组装

铝合金的密度只相当于钢的1/3,弹性模量也只有钢的1/3。材料的刚度与弹性模量有关,因此,铝合金车体的设计不能采用钢质车体的结构形式,而应该充分利用新型铝合金性能的特点,采用大型中空挤压型材。

采用大型中空挤压型材应使大多数焊缝接头位于长度方向上,因此可以集中焊接;与板梁结构相比变形大大减少,并且机械化程度高,大大减少了人工,提高了劳动效率。

整体结构的铝合金车体有着非常好的耐冲击性能,因为其工作断面面积大,零件的长细比也明显地减小。

车体基本由六大部件即地板、车顶、两个侧墙及两个端墙装配而成。而铝型材的边缘设有通长的成型槽,即可供组合整个车体用。当型材沿边缘连接时,能自动形成适宜的焊接坡。

端墙完全采用板材,梁采用焊接结构,四角立柱及端顶弯梁采用弯曲型材,端顶横梁采用矩形铝合金型材,外端板选厚 5mm 的铝合金,并考虑大小风挡结构的需要。

底架各梁应设置座椅安装滑槽,侧门滑槽及底架吊挂滑槽,滑槽为 T 形。底架与转向架的连接件、车钩安装座使用铝合金锻件,锻件与底架型材开坡口焊接。

车顶边梁拟采用大型挤压型材,中间部分采用两种开口铝合金挤压型材,车顶上边梁与侧墙共用,并考虑边梁自带雨檐。组焊时,边梁焊在侧墙上,并由矩形横梁将两边梁连接,保证车顶有足够的刚度。车顶开口型材在总装时组焊即可。

2.4 不锈钢车体

不锈钢车体的制造始于美国,1934 年美国首次在车体车辆上采用不锈钢材料,但使这项技术得到发展的是日本。日本从 1950 年开始,在车辆上采用不锈钢材料,开始用量很少,只用于有室内装饰作用的管道等处。此后,于 1958 年,为了使车体外表面不用涂漆,仅外墙板使用不锈钢材料,称之为蒙皮不锈钢车体,也称为半不锈钢车体,所用不锈钢材料是 SUS304。这种车体的制造一直延续到 1980 年,在日本一共制造了 1800 辆。这种蒙皮不锈钢车体,其内部梁、柱、骨架仍采用普通碳素钢,这样的车体不能达到轻量化的目的。经过运用发现,车体表面维护减少,但普通碳素钢部分腐蚀依然严重,特别是门口、窗有缝隙处需要大量维修,因此费用还是无法降低。日本于 1962 年,开发出了所有零部件均为不锈钢材料的车体钢结构,称为全不锈钢车,此时所用的材料为 SUS301 和 SUS302。此后,随着制造焊接及材料加工技术的不断提高,日本于 1978 年开发出轻量化不锈钢车辆,所用材料为 SUS301L。轻量化不锈钢车体的开发,使车体钢结构的重量降为碳素钢车体的 1/2,在节能和降低维修费用方面的优越性得到了用户的肯定,越来越多的国家开始使用不锈钢车。

我国于 1987 年开始在地面客车上使用不锈钢材料,主要用于外墙板及易腐蚀的梁柱。

一　不锈钢车体的结构

如图 2-5 所示的天津滨海轻轨车辆的车体,除底架端部采用碳素钢材料外,其余部分均采用 SUS301L 高强度不锈钢材料。梁、柱间通过连接板相连接,各部件间采用点焊连接,形成不锈钢骨架结构。采用整体玻璃钢车头,金刚砂地板布直接粘贴在铝蜂窝地板上,头车的顶板、圆头、间壁做成一体,与贯通道连接,达到整体美观的效果。

1 车顶

车顶由波纹顶板、车顶弯梁、车顶边梁、侧顶板、空调机组平台等几部分组成。

车顶采用波纹顶板无纵向梁结构,顶板间搭接缝焊连接,与车顶弯梁点焊在一起,空调机组平台由纵梁、弯梁、顶板点焊组成部件,再与车顶通过点焊及塞焊组成一体。由于车顶是无纵梁结构、波纹顶板

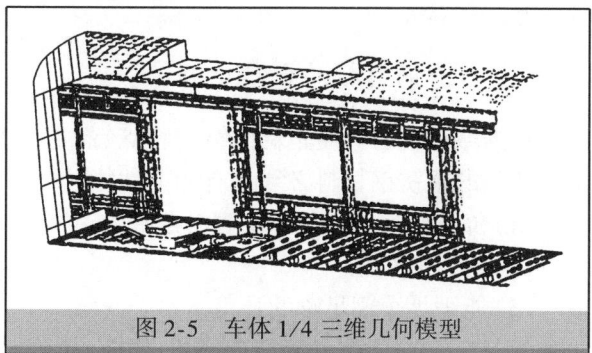

图 2-5　车体 1/4 三维几何模型

要传递车体纵向力,所以选择强度较高的 SUS301LMT 材料,厚度为 0.6mm。

车顶弯梁:采用 SUS301L-ST 材料、厚度为 1.5mm。

车顶边梁:车顶边梁是车顶也是整车主要承载部件,所以选用强度最高的 HT 材料,整体冷弯成型,材料厚度为 1.5mm。

2 侧墙

侧墙选用塞拉门、连续窗结构。为适应该要求,侧墙钢结构部分采取了比较特殊的方法,一扇连续窗全长 4070mm,在此范围内,钢结构必须便于车窗的安装、固定,不得有任何与车窗相干涉的结构。同时工艺性要好,结构上必须可实现点焊。设计中,将窗间有玻璃通过的侧立柱压出凹形,再通过窗带过渡与窗框相连接,为便于加工,压出凹形的立柱采用了强

度较低的 SUS301L-ST 材料,同时为保证该处强度,在其背面加了一根补强梁,为保证窗口及侧墙的平面度,窗口周围所有梁柱、补强部分均为点焊结构。

由于车门开口(宽 1550mm、高 2012mm)对钢结构的强度和刚度影响很大,为此需采取补强措施,比如加长门上框翻边长度,在门上加补强板,将底架碳素钢边梁延长过车门口等。为消除门角应力集中的问题,采用在门口外围进行补强及加过渡圆弧,在门角内加门角补强铁。通常采用上述这些措施来增加车体刚度及强度。

❸ 端墙

端墙的板、梁均采用点焊结构。

❹ 底架

底架采用碳素钢端底架与不锈钢底架塞焊连接,主横梁与边梁利用过渡连接板实现点焊连接,底架边梁采用 4mm SUS301L-HT 材料,以提高底架的整体强度和刚度。

二 不锈钢材料在使用中应注意的问题

不锈钢车体由于其耐腐蚀性较好,不用修补,使用寿命长等优点,因此,在保证强度、刚度的条件下,板厚可以大大减少,从而实现车体的轻量化。但在设计、制造中尚需注意许多问题,如:选材、制造技术、结构焊接工艺的研究、材料疲劳特性和寿命的试验、结构优化设计、刚度、防腐等。

❶ 不锈钢材料的合理选择

根据城市轨道交通车辆的结构特点、制造工艺以及使用环境,同时考虑到制造成本,要求所使用的不锈钢材料必须具有如下性能:
(1)价格便宜,通用性高,容易购买。
(2)耐腐蚀性好。
(3)能满足车辆足够的强度。
(4)加工性好,在对其进行剪切、弯曲、拉延、焊接等加工时,不会产生缺陷。

能满足以上条件的不锈钢材料有 30 ~ 40 种,其中具有代表性的是 SUS304(S30400)和 SUS301 材料。1983 年开发出的低碳不锈钢 SUS301L(L 表示低碳),其含碳量在 0.03% 以下,目前的城市轨道交通车辆都在使用这种强度高、耐腐性好的不锈钢材料。

SUS301L 这种不锈钢材料在进行冷压延加工时,如将加工量(也称压延率)在 5% ~ 20% 的范围内进行控制的话,可以得到不同强度等级的材料,SUS301L 一般分为以下 5 个强度等级:

①SUS30IL-LT:不进行冷压加工,其特点是强度较低与 SUS304 基本相同,多用于强度要求不高处,拉伸加工料件。

②SUS301L-DLT(1/4H):其特点是压延加工度低,板的平面度在几种调质材料中最好,多用于外板。

③SUS301L-ST(1/2H)：其特点是具有较高强度,同时拉伸性良好。多用于车顶弯梁、侧立柱、端立柱等处。

④SUS301L-MT(3/4H)：其特点是强度很高,但不易进行弧焊加工,加热至 600℃ 以上时,强度会大幅降低,系为冷弯型钢用料。

⑤SUS301L-HT(H)：其特点是屈服强度和强度极限在几种调质材料中都是最大的,与MT 相同,加热至 600℃ 以上时,强度会大幅下降,多用于底架边梁、主横梁、侧立柱等对强度要求很高的部位。

2　不锈钢材料的焊接

碳素钢车体采用弧焊组装钢结构,靠电弧产生的热量熔化填充金属,使两个构件熔敷接合。弧焊所产生的热量很大,对构件的热输入量也很大,这种焊接方法对于焊接不锈钢材料是很不利的。

不锈钢导热系数只是碳素钢的 1/3,而热膨胀系数是碳素钢的 1.5 倍,热量输入后散热慢而变形大,不利于对构件尺寸及形状的控制,但由于不锈钢材料的电阻较大,所以对不锈钢材料的焊接一般都采用电阻焊(即点焊)。点焊就是将 2 个或 2 个以上相叠加的金属用电极加电压,通过火电流利用金属的电阻,产生高热,使叠加的金属在加压区产生熔合,使金属连接到一起。点焊的特点是对构件的热输入量小,容易实现自动控制,焊接时不需要技能很高、很熟练的操作者也可以保证焊接质量。

不锈钢车体采用点焊结构,这就决定了不锈钢车体必须采用很多与以往碳素钢车体不同的特殊结构,以实现点焊连接的目的。不锈钢车体在组合外板、梁、柱时为了减少热量的输入,采用点焊代替弧焊,梁、柱的结合部位采用连接板传递荷载。但由于受到设备、工装、工序等各方面的限制,有些部位无法实现点焊,可以采用塞焊来减小热影响区。

轻量化不锈钢车体中几乎所有的零部件都是通过点焊连接的,所以焊点的质量将直接影响车体钢结构的质量和强度。为保证车体质量,在日常生产中必须控制焊点质量。

现在采取的方法是在每次作业前进行点焊拉伸试验和切片试验,检验合格后再按照试验的焊接规范进行作业。

2.5 车体的模块化结构

就车体结构形式而言,近几十年来国内外都是采用全组焊结构,即底架、侧墙、车顶和端墙均为焊接而成，然后这四大部件组装时也采用焊接工艺（见图2-2），这种车体结构称为整体焊接结构，也称为一体化结构。这种结构是大家比较熟悉的。随着技术的发展，近几年来，国外研制出了一种称为模块化的结构，我国深圳和广州地铁2号线车辆也采用了模块化结构。

模块化车体结构与整体焊接结构车体相比，最显著的特点就在于将模块化的概念引入到车体设计、制造与生产管理的各个环节之中。整体焊接结构车体是先制造车体结构的车顶、侧墙、底架、端墙、驾驶室等部件，然后进行整个车体总成焊接，车体总成后再进行内装、布管、布线。模块化车体设计是将整个车体分为若干个模块，如图2-6所示，在每个模块的制造过程中完成整车需要的内装、布管与布线的预组装（见图2-7）并解决相互之间的接口问题。各模块完成后即可进行整车组装。每一模块的结构部分本身采用焊接，而各模块之间的总成采用机械连接，如图2-8所示。

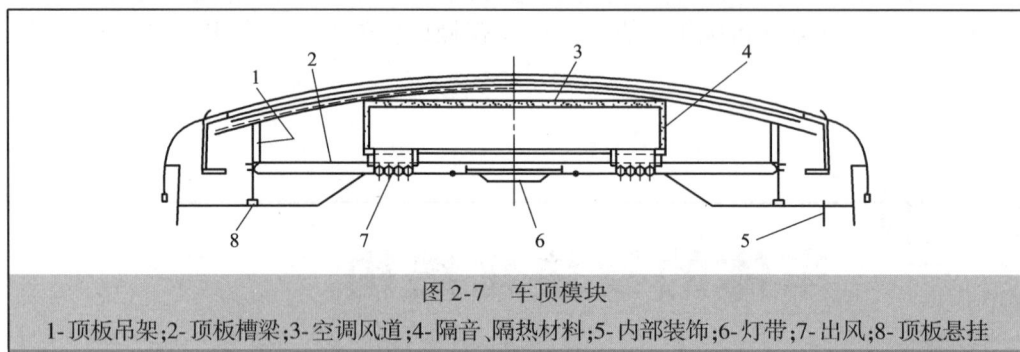

图2-6 车体模块组成

1-底架模块；2-侧墙模块；3-端部模块；4-车顶模块；5-牵引梁模块；6-枕梁模块

图2-7 车顶模块

1-顶板吊架；2-顶板槽梁；3-空调风道；4-隔音、隔热材料；5-内部装饰；6-灯带；7-出风；8-顶板悬挂

一 模块化结构的优点

（1）在每个模块的制造过程中均应注意验证其质量。模块制成后均须进行试验，从而保证整车总装后试验简便，保证整车质量。

（2）由于每个模块的制造可以独立进行，并解决了模块之间的接口问题，因此，部分模块和部件可以由国外引进，其余模块和部件可在用户本地生产。另外，对总装生产线要求不高，这均有利于国产化的逐步实施。

（3）可以改善劳动条件，降低施工难度，提高劳动效率，保证整车质量。

（4）可以减少工装设备，简化施工程序，降低生产成本。

（5）在车辆检修中，可采用更换模块的方式进行，方便维修。模块化车体的设计、制造、试验与生产管理过程中已形成了整套的经验，从而保证了批量生产的质量。

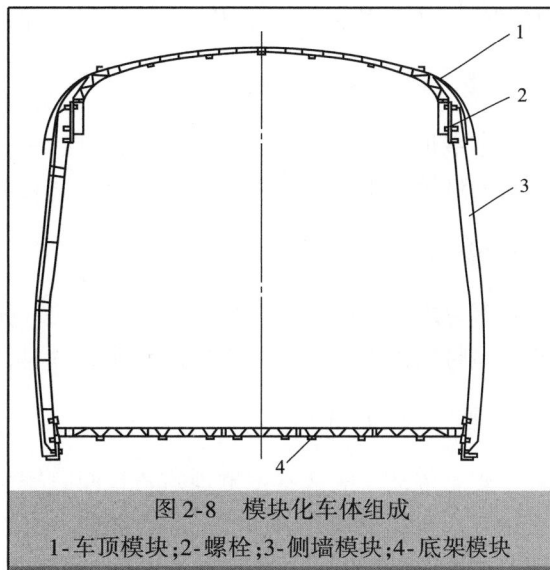

图2-8 模块化车体组成
1-车顶模块；2-螺栓；3-侧墙模块；4-底架模块

二 模块化结构的缺点

从车体结构局部来分析，存在的缺点有：模块化结构的个别部件（如驾驶室框架）有的采用了特殊钢材制造，各部件之间又采用了钢制螺栓连接，所以车体自重要比全焊结构稍重。

由于车体是容纳旅客的场所，就车辆结构而言，其强度是保证旅客安全的关键特性，因此在设计过程必须进行详细的强度、刚度计算，在此理论的指导下进行设计。试制完成后，必须进行相应的试验，证实确实满足要求后才能投入批量生产。

为保证隔热、隔音性能，在车体组装后，在内部应喷涂隔音阻尼浆和安装玻璃棉或其他隔热、隔音材料。

车体结构在使用中一般仅对表面涂装进行必要的维修，就结构自身而言，在正常工况下可以满足使用寿命30年的要求。如果由于事故和大修中需对车体某部件进行检修时，可以采用更换模块的方式进行，以减少维修工作量。

2.6
客室及驾驶室内部结构和设备

客室及驾驶室内部结构和设备主要有：地板，顶板，客室侧墙、端墙，客室车窗，驾驶室车窗,驾驶座椅,客室座椅,立柱、扶手,紧急疏散门,贯通道及其他。

① 顶板(俗称天花板)

客室顶板由三部分组成,中间为平板,平板两侧为多孔的通风口,平板最外侧为客室照明灯的灯箱。平板安装在悬挂在车顶的吊架上。

② 客室侧墙、端墙

客室内壁的侧墙、端墙都是阻燃的密胺树脂胶合板。由于在组装焊接的侧墙、端墙的铝合金型材的内侧涂抹阻尼浆并敷贴保温材料,所以侧墙、端墙都具有隔热保暖的功能。

③ 客室车窗

直流传动车的客室每侧均匀布置四扇楣窗式车窗,车窗的大小为 1540mm × 880mm。装有中空式双层玻璃,具有隔热、隔音功能。直流车的客室车窗上部 1/3 为可向内旋转开启的应急通风窗,以备通风设备发生故障时开启,以供紧急自然通风用。应急通风窗装有锁紧机构,要用方孔钥匙才能开启,即必须由乘务员操作,乘客不得随意打开。窗下部为固定式车窗玻璃,用环型氯丁橡胶条嵌入装配在侧墙内。双层玻璃的内侧四周还安放吸湿剂。

由于应急通风窗使用的几率极低,况且在事故状态下由蓄电池供电的事故通风能维持客室 45min 通风。因此交流传动车在设计时就将其取消了,交流传动车的车窗为一整块大玻璃。

④ 驾驶室车窗

在主驾驶台前的车窗玻璃为 12mm 厚的挡风玻璃,在玻璃内埋有的电加热丝,在冬季可进行加热除霜;另外在玻璃外侧还设有气动刮水器。

在副驾驶台前的车窗玻璃为 12mm 厚的真空钢化挡风玻璃。

⑤ 驾驶座椅

驾驶座椅是按人体工程学原理专门设计的驾驶专用座椅,可根据司机的重量和身材进行调节。

⑥ 客室座椅

为了适应城市轨道交通的短距离、大运量的特点,客室座椅采用靠侧墙纵向布置的方式。座椅采用经久耐用的玻璃钢材料制成。长座椅设置在两侧车门之间,车厢的两端则为短座椅(交流传动车将其取消)。每节车厢有 56 个座位。座椅高约为 425mm,宽约为 400mm。

⑦ 立柱、扶手

为了方便站立乘客的乘行,在客室内设有立柱及纵向扶手。在每节车厢的纵向中心线处,均匀设置了 13 根立柱,立柱上端与顶板吊架支座套接,下端与地板支座用螺纹法兰盘相接。在座椅的端板处也设有立柱以方便站立在门区的乘客,同时在这些立柱上还装有纵向扶手。立柱与纵向扶手都是用铝合金圆管制成,表面进行无色硬阳极处理。立柱的直径为

40mm,扶手的直径为35mm。

⑧ 紧急疏散门(或称紧急逃生门)

紧急疏散门设置在正、副驾驶台中间的前端墙上,主要用于车辆在隧道中发生火灾等紧急情况时,乘客逃生用的应急门。主要由带有铰接系统的铰接地板斜面、两个铰接扶梯元件、两个制动装置、固定扶梯的锁(在折叠位置)、盖住扶梯的罩子、弹簧、安装在驾驶室的门槛、控制扶梯开关的手柄、两根固定绳索和紧急疏散梯等组成。

⑨ 贯通道

车辆在车厢之间设有贯通道,设置贯通道的目的有:一是,能使车厢内的客流密度自动调节;二是,当某节车的空调出故障时,则在列车起动和制动时,车厢间的空气通过贯通道可达到流动调节的作用。

直流传动车的贯通道的渡板采用的是在两辆车端部各安装一铰接的拱形板,然后搭接起来,这样的渡板虽能在列车起动和制动时自由伸缩并在列车过曲线时也能自由旋转搭接,但由于拱形板自身存有一定的弧度,因此乘客在通过渡板时会产生绊脚现象。鉴于这种情况,在交流传动车设计时,制造商改用浮动式渡板,浮动式渡板是将两铰接的平板搁置在两节车端部的翻板上,使渡板与车厢的地板面基本保持在一个平面上,使乘客通过时不会绊脚,并且在贯通道的两侧用弧形工程塑料板将折篷封闭,从而使垃圾也不会落入折篷内。

⑩ 其他

在客室的座椅下面,安装有空气弹簧附加气室,受电弓升弓脚踏泵(仅 B 车有,A、C 车无)及灭火器等。在 B 车二位端右侧和 C 车一位端左侧各设有一个电气设备柜。

复习思考题

1.简述车体的作用与分类。

2.简述车体基本结构的组成。

3.按车体承载特点分,车体结构形式有哪几类?各有什么特点?

4.简述车体的基本特征。

5.试述铝合金车体的结构组成和各组成部分的结构特点。

6.画图说明铝合金车体的架车位置。

7.试述不锈钢车体的结构组成和各组成部分的结构特点。

8.试述不锈钢材料使用中应注意的问题。

9.什么是车体模块化结构?有何优缺点?

知识拓展

1.从互联网上了解世界上各国城市轨道交通车辆车体技术发展的现状如何?

2.从互联网上了解我国城市轨道交通车辆最新车体使用的技术有哪些?

单 元 3

转 向 架

教学目标

1. 掌握转向架的组成、种类；主要组成件的结构及作用；
2. 掌握弹簧减振装置的结构及作用原理；
3. 掌握牵引传动系统的结构和安装；
4. 掌握城市轨道交通车辆主型转向架的结构组成；
5. 了解磁悬浮架和独轨跨座式转向架的结构和作用原理。

建议学时

12 学时

3.1 转向架概述

转向架是城市轨道交通车辆最重要的组成部件之一,它是保证车辆运行品质、动力性能和行车安全的关键部件。转向架安装在车体与轨道之间、用来牵引和引导车辆沿着轨道行驶、承受与传递来自车体及线路的各种荷载并可缓和其动力作用。

城市轨道交通车辆运行于地下隧道或城市的高架线路上,要求转向架具有较低的噪声和良好的减振性能,并且具有适应车辆载质量变化较大的能力,所以广泛采用空气弹簧和橡胶弹簧作为弹性悬挂元件。

一 转向架的作用

(1)车辆采用转向架可以增加车辆的载重、长度和容积,提高列车运行速度。

(2)通过轴承装置使车轮沿着钢轨的滚动转化为车体沿线路的平动,并保证在正常条件下,车体都能可靠地坐落在转向架上。

(3)支撑车体,承受并传递来自车体与轮对之间或钢轨与车体之间的各种荷载及作用力,并使轴重均匀分配。

(4)保证车辆安全运行,能灵活地沿直线线路运行及顺利通过曲线。

(5)采用转向架的机构便于弹簧减振装置的安装,使之具有良好的减振性能,以缓和车辆和线路之间的相互作用,减小振动和冲击,提高车辆运行的平稳性和安全性。

(6)充分利用轮轨之间的黏着作用,传递牵引力和制动力。

(7)转向架是车辆的一个独立部件,在转向架与车体之间应尽可能减少连接件,并要求结构简单,装拆方便,以便转向架独立制造和维修。

(8)对城市轨道交通车辆的转向架来说还要便于安装牵引电动机及传动装置,以驱动车辆沿钢轨运行。

二 转向架的组成

转向架的类型较多,结构各异。各种转向架的基本组成和主要功能是相同的。转向架是由构架、轮对轴箱装置、弹性悬挂装置(一系悬挂和二系悬挂)、基础制动装置、牵引电动机与齿轮变速传动装置等部分组成。动车转向架的组成如图 3-1 所示,装有 ATP 天线和 TWC 天线的拖车转向架如图 3-2a)所示,不带 ATP 天线和 TWC(车地双向通信系统)天线的拖车转向架如图 3-2b)所示。

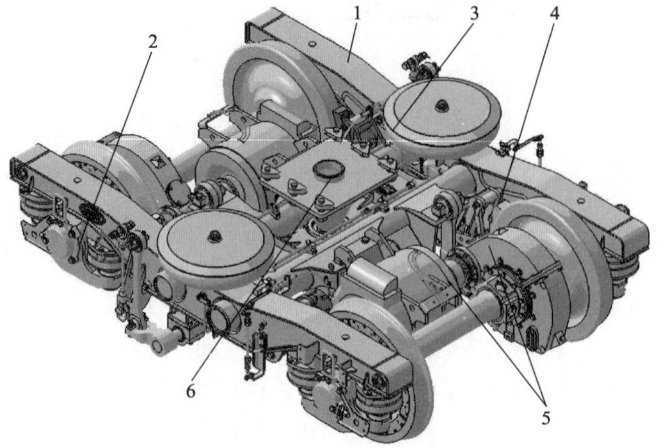

图 3-1　动车转向架的组成

1-构架;2-轮对轴箱装置;3-二系悬挂装置;4-基础制动装置;5-牵引电动机和齿轮传动装置;6-中央牵引装置

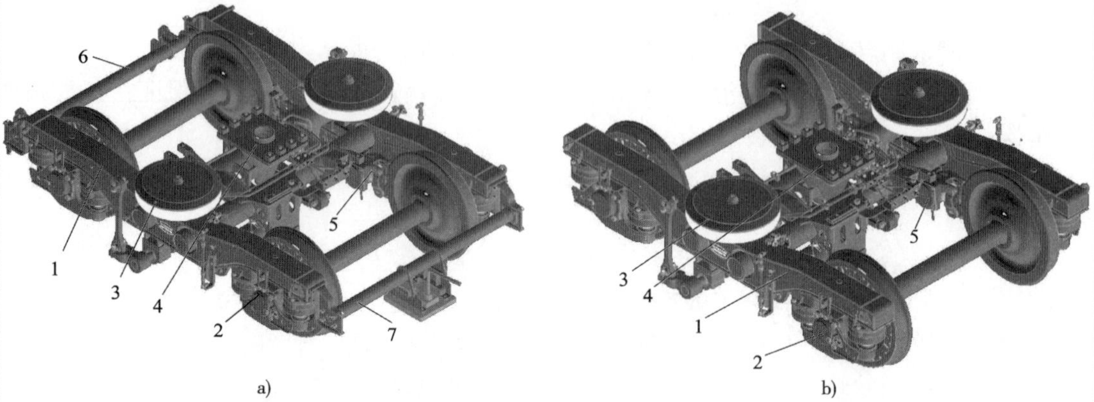

a)　　　　　　　　　　　　　　　　　　b)

图 3-2　拖车转向架的组成

a)带 ATP 天线和 TWC 天线的拖车转向架;b)不带 ATP 天线和 TWC 天线的拖车转向架

1-构架组成;2-轮对轴箱装置;3-二系悬挂装置;4-中央牵引装置;5-基础制动装置;6-ATP 天线梁;7-TWC 天线梁

❶ 构架

　　构架是转向架的基础,它把转向架的各零、部件组成一个整体。它不仅承受、传递各种荷载及作用力,而且它的结构、形状尺寸都应满足各零、部件组装的要求。

②轮对轴箱装置

轴箱与轴承装置是联系构架和轮对的活动关节,它使轮对的滚动转化为车体沿着轨道的平动。轮对沿钢轨的滚动,除传递车辆的重量外,还传递轮轨之间的各种作用力。

③弹性悬挂装置

为了保证轮对与构架、转向架与车体之间连接,同时减少线路的不平顺和轮对运动对车体的影响,在轮对与构架、转向架与车体之间装设有弹性悬挂装置。轮对与构架弹性悬挂装置又称一系悬挂装置,转向架与车体间弹性悬挂装置又称二系悬挂装置。弹性悬挂装置包括弹簧、减振器及轴箱定位装置。

④基础制动装置

为使运行中的车辆在规定的距离范围内停车,必须安装制动装置。其作用是传递和扩大制动缸活塞杆的推力,使闸瓦与车轮或闸片与制动盘之间的转向架内摩擦力转换为轮轨之间的外摩擦力(即制动力),产生制动效果。一般城市轨道交通车辆转向架采用单侧踏面制动单元(闸瓦制动)或单元制动夹钳装置(盘型制动)。

⑤牵引电动机与齿轮传动装置

动力转向架上设有牵引电动机与齿轮传动装置。它使牵引电动机的扭矩转化为轮对或车轮上的转矩,利用轮轨之间的黏着作用,驱动车辆沿着钢轨运行。

三 转向架的结构种类

由于转向架用途的不同,运行条件的差异,对转向架的性能、结构、参数和采用的材料工艺等提出了不同的要求,从而出现了多种形式的转向架。各种转向架主要区别在于:车轴的类型和数目、轴箱定位的方式、弹簧装置的形式、车体与转向架的连接装置的方式等。

动车转向架的结构总体

①按轴数分类

一般铁道机车车辆有2轴转向架、3轴转向架、多轴转向架(极少数)等,而对城市轨道交通车辆通常只有2轴转向架,但在轻轨车辆上有时可见单轮对(或轮组)转向架。

②按轴箱定位方式分类

目前,大多数城市轨道交通车辆转向架结构形式的不同主要体现在轴箱定位方式的差异上。

所谓的轴箱定位也就是轮对定位,限制轮对与构架之间纵横两个方向的相互位置关系。轴箱定位对转向架的横向动力性能,抑制蛇行运动具有决定性作用。轴箱定位装置在纵向和横向要求具有适当的弹性定位刚度值,从而避免车辆在运行速度范围内蛇行运动失稳,保证在曲线运行时具有良好的导向性能,减轻轮缘与钢轨的磨耗和噪声,确保运行安全和平稳性。轴箱定位形式有以下几种。

(1)转臂式轴箱定位(又称弹性铰定位)

转臂式轴箱定位是指定位转臂的一端与圆筒形轴箱体固接,另一端以橡胶弹性结点与构架上的安装座相连接。弹性结点允许轴箱与构架在上下方向有较大的位移,弹性结点内的橡胶件设计成使轴箱在纵向和横向具有适宜的不同的定位刚度要求。如图 3-3 所示。

图 3-3 转臂式轴箱定位

(2)金属层叠橡胶堆式轴箱定位

如图 3-4a)、b)、c)所示,在构架与轴箱之间装设压剪型层叠橡胶弹簧,其垂向刚度较小,使轴箱相对构架有较大的上、下方向位移,而它的纵、横向有适宜的刚度,以实现良好的弹性定位。

(3)双拉杆式 + 弹性结点轴箱定位

如图 3-5 所示,拉杆的两端分别与构架和轴箱销接,拉杆两端的橡胶垫、套分别限制轴箱与构架之间的横向与纵向的相对位移,实现弹性定位。拉杆允许轴箱与构架在上下方向有较大的相对位移。弹性结点中为橡胶件使纵、横向具有一定的刚度。

(4)拉板式轴箱定位

如图 3-6a)、b)所示,用特种弹簧钢材制成的薄片形定位拉板,其一端与轴箱连接,另一端通过橡胶结点与构架相连。利用拉板在纵、横向的不同刚度来约束构架与轴箱的相对运动,以实现弹性定位。拉板上下弯曲刚度小,对轴箱与构架上下方向的相对位移约束很小。

目前,城市轨道交通车辆转向架轴箱定位大多数都采用转臂式和层叠橡胶弹性定位,是为无磨耗的轴箱弹性定位装置,可以实现轴箱纵、横向不同定位刚度的要求,达到较为理想的定位性能。

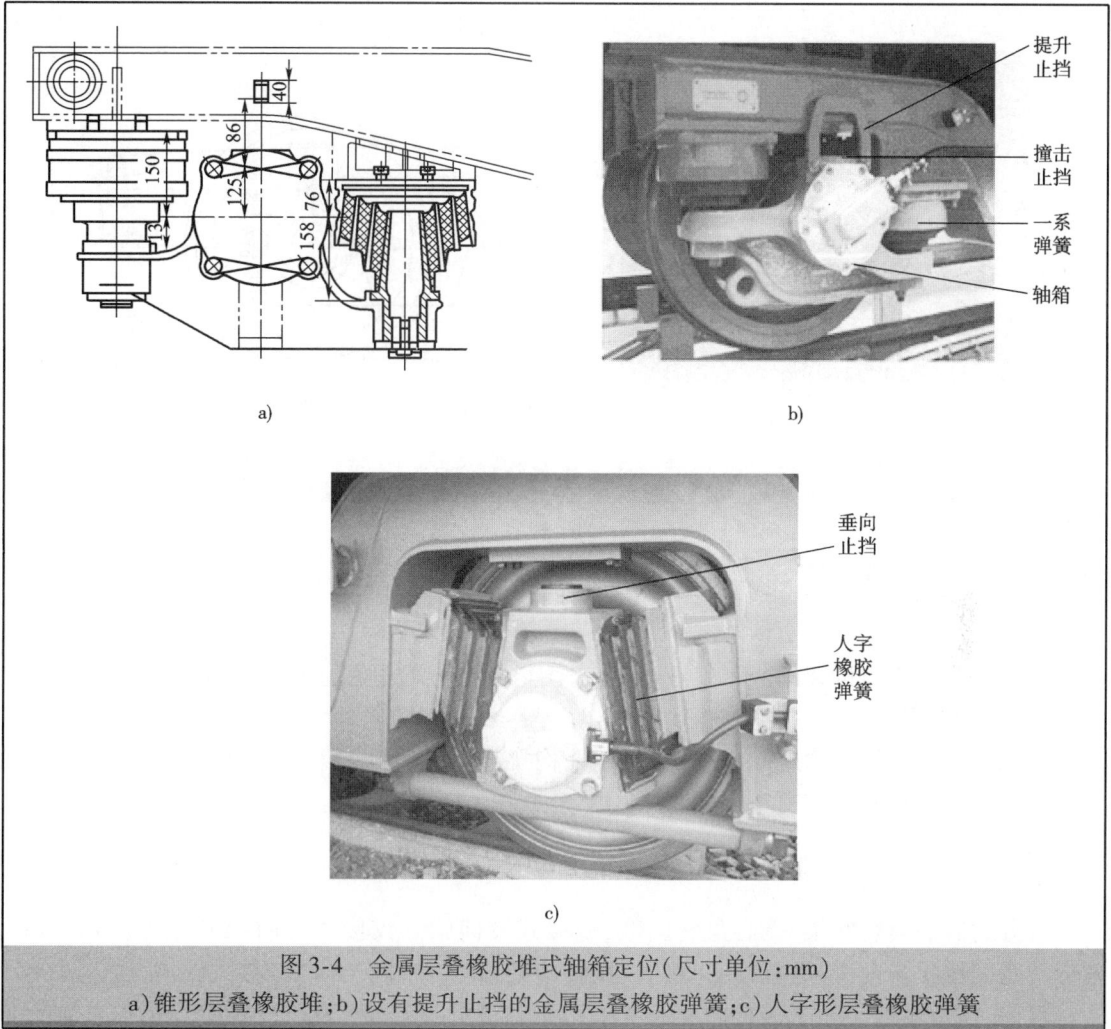

图 3-4 金属层叠橡胶堆式轴箱定位(尺寸单位:mm)

a)锥形层叠橡胶堆;b)设有提升止挡的金属层叠橡胶弹簧;c)人字形层叠橡胶弹簧

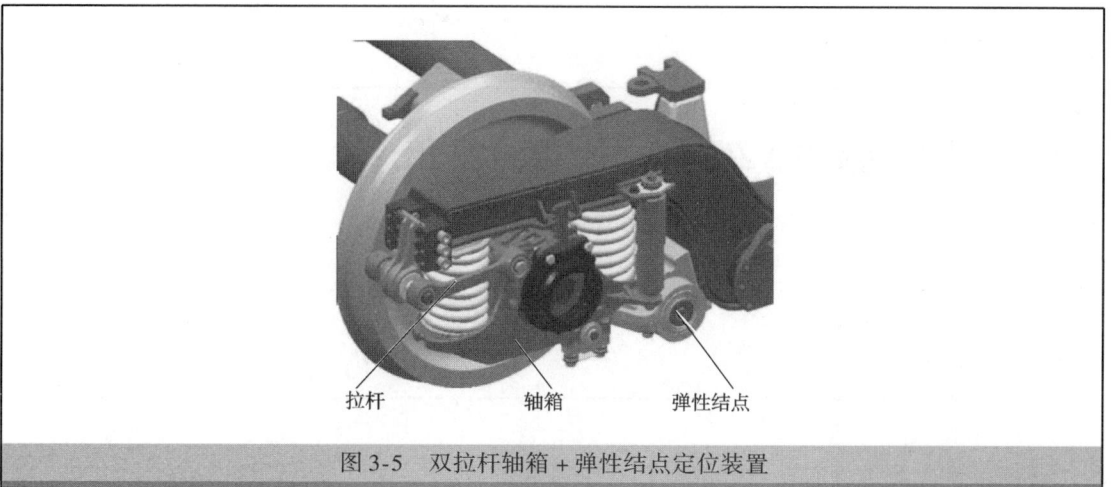

图 3-5 双拉杆轴箱 + 弹性结点定位装置

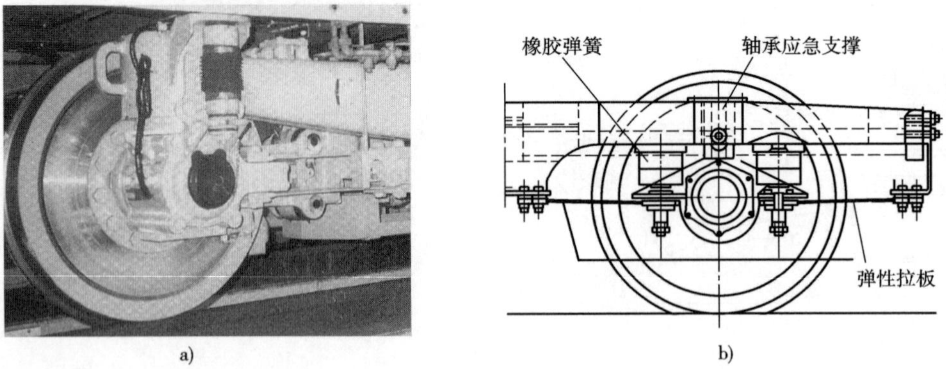

图3-6　拉板式轴箱定位装置

③ **按弹簧装置形式(悬挂方式)分类**

（1）一系悬挂

仅在轮对轴箱与构架间或者仅在构架与车体间有弹簧,适用于中低速车辆。

（2）二系悬挂

除了在轮对轴箱与构架间有弹簧外,还在构架与车体间设置第2系悬挂弹簧,适用于高速机车车辆。城市轨道交通车辆通常采用二系悬挂转向架。

④ **按车体与转向架连接装置的方式分类**

可分为有心盘转向架、无心盘转向架、铰接式转向架。铰接式转向架又分为:具有双排球形转盘的铰接转向架;具有球心盘的铰接转向架;高速列车(TGV)铰接式转向架。

目前,城市轨道交通车辆转向架通常采用无心盘空气弹簧承载(设有中央牵引装置)的转向架,而轻轨车辆往往采用铰接式转向架。

3.2 转向架的主要组件

转向架的主要组件有轮对和滚动轴承轴箱装置。

一 轮对

轮对是车辆的重要部件之一。它承受着从车体、钢轨两个方面传递来的各种作用力,并引导车轮沿钢轨上滚动完成车辆的运行。轮对性能的好坏,直接影响行车安全。因此,轮对必须坚固耐用,各部尺寸必须符合技术规定,以确保行车安全。

轮对由一根车轴和两个相同的车轮组成,组装时采用过盈配合,在轮轴顶压机(油压机)上将两车轮压装于车轴两端。如图3-7所示。

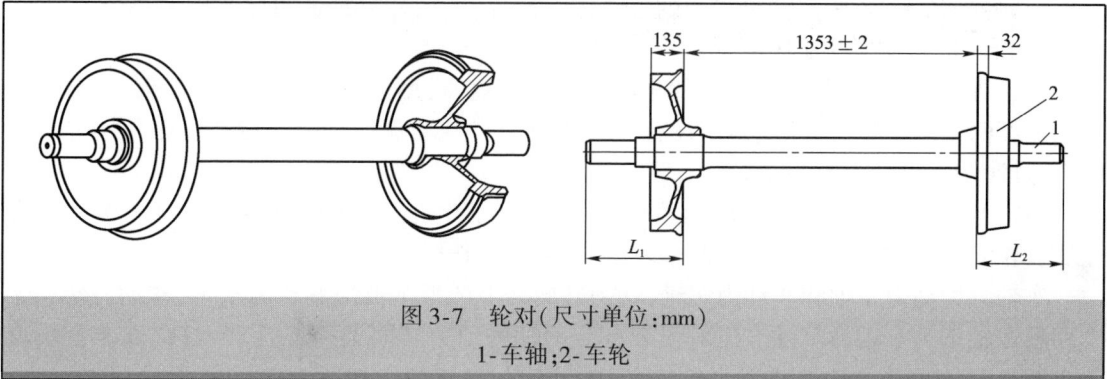

图3-7 轮对(尺寸单位:mm)
1-车轴;2-车轮

1 车轴

车轴采用优质碳素钢加热锻压成型,经过热处理和机械加工制成。车轴是轮对的主要配件,它除与车轮组成轮对外,两端还要与轴箱油润装置配合,保证车辆安全运行。国产车轴普遍采用代号为"LZ50"的车轴钢。进口车轴多采用型号为"A1N"车轴钢。如图3-8a)、b)、c)所示。

滚动轴承车轴的各部名称及作用如下:

图3-8 滚动轴承车轴
a)标准型滚动轴承车轴;b)带制动盘座车轴;c)动车车轴
1-中心孔;2-轴端螺栓孔;3-轴颈;4-轴颈后肩;5-防尘座;6-轮座前肩;7-轮座;8-轮座后肩;9-轴身;10-轴颈;11-防尘板座;12-轮座;13-制动盘座;14-轴身;15-轴颈;16-防尘板座;17-轮座;18-齿轮箱轴承座;19-齿轮座;20-轴身

（1）中心孔：方便车轴或车轮车削定位，校对车轴的圆度以及测量车轴的基准线。

（2）轴端螺栓孔：对称设有三个轴端螺栓孔，RD_3型车轴孔径为M_{22}，安装轴承前盖或压板。

（3）轴颈：安装滚动轴承，它承受着车辆重量，并传递各方向的静、动荷载。

（4）轴颈后肩：轴颈与防尘板座之间的过渡圆弧部分，半径为20mm，可防止应力集中。

（5）防尘板座：为车轴与防尘挡圈的配合部位，其直径介于轴颈和轮座之间，是轴颈与轮座的中间过渡部位，可以减小应力集中。

（6）轮座前肩：防尘板座与轮座之间的过渡圆弧部分，半径为30mm，可防止应力集中。

（7）轮座：固定车轮，是车轴受力最大的部位。

（8）轮座后肩：轮座与轴身之间的过渡圆弧部分，半径为75mm，可防止应力集中。

（9）轴身：车轴中间连接部分。

（10）制动盘座：安装有制动盘的车轴设有制动盘座，用于安装制动盘的盘毂，一般一根车轴上设两个制动盘座（高速列车设有三个或四个），制动盘的盘毂与制动盘座采用冷压静配合，过渡圆弧半径为55mm。

（11）齿轮座、齿轮箱轴承座：动车车轴的一端有齿轮座、齿轮箱轴承座，用于安装传动齿轮和齿轮箱。车轴的齿轮座部位凹槽较多，超声波探伤时应注意避开其影响。

车轴分为动力车轴和非动力车轴，动力转向架上两根车轴都是动力车轴，非动力转向架上两根车轴均为非动力车轴。但对于带有传动轴的动力转向架一根是动力轴（安装在转向架内侧），另一根是非动力轴。动车车轴和拖车车轴各部尺寸如图3-9a）、b）所示。

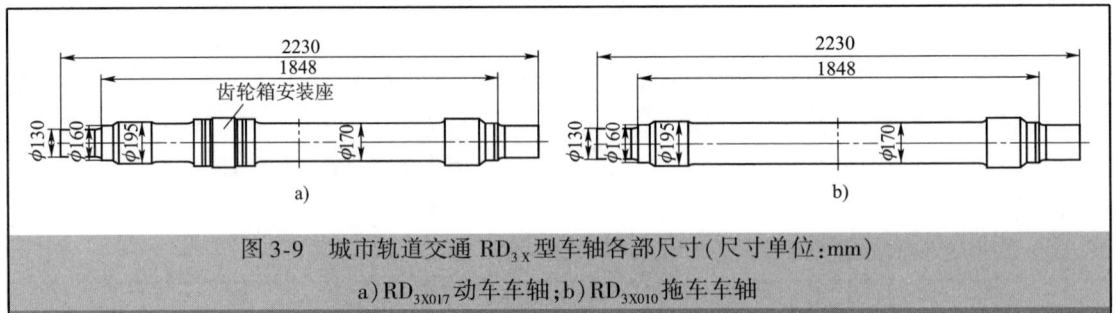

图3-9 城市轨道交通 RD_{3X} 型车轴各部尺寸（尺寸单位：mm）
a）RD_{3X017}动车车轴；b）RD_{3X010}拖车车轴

知识链接

空 心 车 轴

由于车轴主要承受横向弯矩作用，截面中心部分应力很小，制成空心后，对车轴强度影响很小，但可节省材料，空心车轴比实心车轴可减轻20%～40%的质量，一般可减少60～100kg，甚至更多。目前高速客车普遍采用空心车轴，对于降低车辆簧下部分质量，对改善车辆运行平稳性和减小轮轨间动力作用有着重要影响。空心车轴的制造可采用较完善的工艺方法，达到理想的质量要求，以提高其疲劳强度。

2 车轮

车轮是车辆最终受力配件，它把车辆的荷载传给钢轨，并在钢轨上转动，完成车辆的运行。其性能的好坏,直接影响行车的安全。

(1)车轮各部名称及功用

车轮各部名称如图 3-10 所示。

①踏面:车轮与钢轨面相接触的外圆周面。踏面与轨面在一定的摩擦力下完成滚动运行。

②轮缘:车轮内侧面的径向圆周凸起部分,为保持车轮在轨道上正常运行不脱轨。

③轮辋:车轮具有完整踏面的径向厚度部分,以保证踏面具有足够的强度和便于检修。

④辐板:连接轮辋与轮毂的部分,起支撑作用。

⑤轮毂:轮与轴互相配合的部分固定在车轴轮座上,为车轮整个结构的主干与支承。

⑥轮毂孔:安装车轴用的孔,与轮座过盈配合。

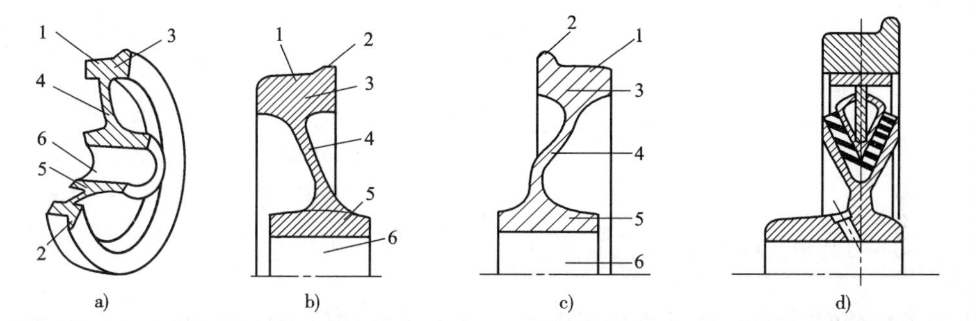

图 3-10 车轮

a)整体轮;b)直辐板形轮;c)S 形辐板轮;d)弹性车轮

1-踏面;2-轮缘;3-轮辋;4-辐板;5-轮毂;6-轮毂孔

(2)车轮的种类

城市轨道交通车辆上常采用辗钢整体轮和弹性车轮。

①辗钢整体轮。

城市轨道交通车辆上主要采用的是辗钢整体车轮,简称辗钢轮,有 S 形辐板和直辐板两种形式。

辗钢整体轮用圆钢锭切成轮坯,经锻压和加热辗轧后,再经机械加工而成,制造过程中对车轮进行淬火热处理,以提高强度。

其优点是:强度高,韧性好,适应载重大和速度高的要求;其次是自重轻,轮缘磨耗后可以堆焊,踏面磨耗后可以旋修,维修费用低。辗钢轮的缺点是制造技术较复杂,设备投资较大,踏面耐磨性较差等。

一般精加工的车轮需要进行静平衡试验,车辆运行速度低于 120km/h,车轮静不平衡量要求小于 125g·m,车辆运行速度大于等于 120km/h,车辆静不平衡量要求小于 75g·m。

②弹性车轮。

为了降低噪声、减小簧下质量,有些车辆还采用弹性车轮、消声车轮等新型车轮。在轮心与轮箍之间安装弹性元件——橡胶垫,使车轮在空间三维方向上的弹性与整体轮相比,比较柔软,称为弹性车轮。橡胶垫安装在轮箍与轮心之间,与车轮纵垂平面成一定斜角,在垂向荷载作用下,既受剪切又受压缩。在应用中适当改变橡胶垫的安装斜度和厚度,就可调其径向和轴向的缓冲性能。如图 3-10d)所示。

（3）车轮的材质要求

进口车轮普遍采用国际铁路联盟标准（UIC812-3 标准），其材质采用 R8 或 R9,国产 S 形辐板车轮普遍采用 CL60 钢,采用间歇淬火或三面淬火工艺提高其淬透性,其他钢种的含碳量、强度和硬度都稍高于 R8-T（R8 表示车轮钢的钢种,T 表示轮辋淬火）,车轮钢要求强度高,韧性好,运用中不会发生崩裂,且要求具有与钢轨相匹配的硬度,要尽量降低轮与轨的磨损,减少踏面疲劳剥离。

（4）磨耗型踏面

把车轮踏面一开始就做成类似磨耗后的稳定形状,即磨耗型踏面,可明显减少轮与轨的磨耗,减少车轮磨耗过限后修复成原形时旋切掉的材料,延长车轮的使用寿命,减少了换轮、旋轮的工作量,同时磨耗型踏面还可减小轮轨的接触应力,即能保证车辆直线运行的横向稳定,又有利于曲线通过。我国磨耗型踏面又叫 LM 型踏面如图 3-11 所示。

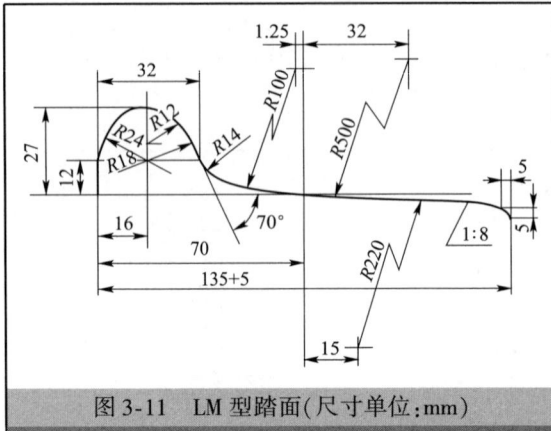

图 3-11 LM 型踏面（尺寸单位：mm）

由于车轮踏面有斜度,各处直径不相同,规定从轮缘内侧到踏面 70mm 处的点测量的直径作为车轮的名义直径,该圆为滚动圆。我国城市轨道交通车辆车轮直径一般为 840mm（也有 860mm）,直线电动机车辆 BM3000 柔性转向架上车轮直径（新轮）为 730mm。

（5）轮对内侧距离与轨道的关系

车辆轮对是在轨道上运行的,当线路处于正常状态时,轮对内侧距离的大小是影响行车安全的重要因素。为此规定城市轨道交通车辆轮对内侧距离为（1353 ±2）mm,其理由如下：

①减少轮缘与钢轨的磨耗。

为了减少车轮轮缘与钢轨轨头的磨耗,在它们之间必须留有适当的游间。按我国《铁路技术管理规程》规定,标准轨距的线路,在直线区段的最小轨距为 1433mm,而标准轮对的最大轮背内侧距离为 1355mm。

当车轮轮缘最大厚度为 32mm 时,轮缘与钢轨间的最小游间 δ 可由下式求得：

$$\delta = 1433 - (1355 + 32 \times 2) = 14mm$$

由计算可知,每侧轮缘与钢轨间的平均最小游间为 7mm,这样的游间完全可以保证在正常状态下、轮缘与钢轨不致发生严重磨耗。另一方面,从车辆运行品质上考虑,游间过大将增大蛇行运动的振幅。因此,从减少轮轨磨耗和提高车辆运行品质两方面考虑,游间不能过大也不能过小。

②安全通过曲线。

为便于车辆转向,曲线区段的轨距都要适当加宽,《地铁技术管理规程》规定,最小曲线半径处的最大轨距为 1456mm。当轮对运行到曲线区段时,由于离心现象,一侧车轮轮缘紧靠外轨,另一侧车轮踏面在内轨上应保证有足够的宽度,以防止轮对踏面单位接触应力过大而产生裂纹或变形,严重时会引起车轮脱轨。内侧车轮踏面在内轨上的这个必要的宽度,称为安全搭载量。

如图 3-12 所示,当轮对内侧距离最小为 1351mm、轮缘厚度最薄为 23mm、最小曲线半径区段的最大轨距为 1456mm 时,轮对踏面的安全搭载量(即理论搭载量)可由下式求得:

$$\lambda = 1351 + 23 + 135 - 1456 = 53mm$$

应考虑如下运用中的不利因素:

a. 钢轨头部圆弧半径最大为 13mm;

b. 轨距瞬时变形(即轨距瞬时挤宽)最大为 8mm;

c. 车轮踏面外侧倒角为 5mm;

d. 轮对负载后,内侧距离减小量为 2mm;

e. 钢轨内侧磨耗量 2mm。

按最不利条件累计后,轮对踏面的实际搭载量为:

$$\lambda' = 53 - 13 - 8 - 5 - 2 - 2 = 23mm$$

由以上计算可知,轮对在最不利的情况下仍有 23mm 的安全搭载量,不致引起脱轨。

一般最小安全搭载量不得小于 5mm。

③安全通过道岔。

《地铁技术管理规程》规定,辙叉心作用面至护轮轨头部外侧面的距离不小于 1391mm,而辙叉翼轨作用面至护轮轨头部外侧面的距离不大于 1348mm(见图 3-13 及图 3-14)。为此要求:

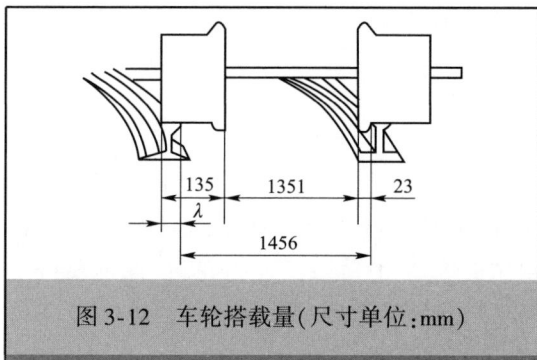

图 3-12　车轮搭载量(尺寸单位:mm)

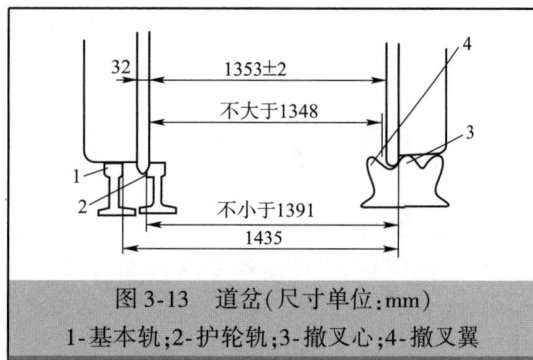

图 3-13　道岔(尺寸单位:mm)
1-基本轨;2-护轮轨;3-撤叉心;4-撤叉翼

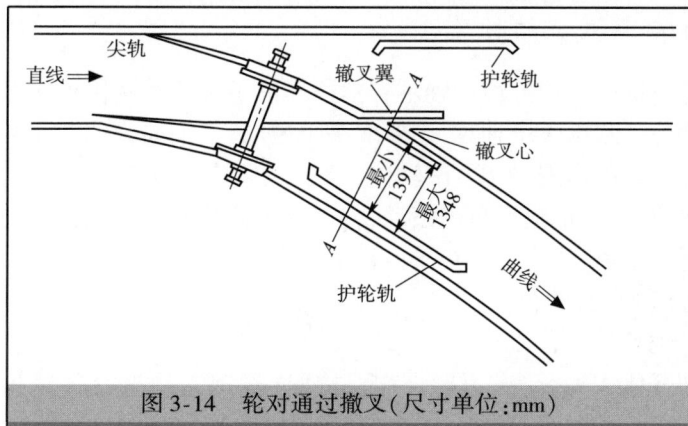

图 3-14　轮对通过撤叉(尺寸单位:mm)

a. 轮对最大内侧距离加上一个最大轮缘厚度,应小于或等于 1391mm（1355 + 32 = 1387mm）。如大于 1391mm,车轮轮缘将骑入辙叉心的另一侧面而导致脱轨。

b. 轮对最小内侧距离应大于 1348mm,否则,轮缘内侧面将被护轮轨挤压,不能安全通过道岔。

知识链接

地铁车辆转向架车轮降噪的方式

地铁车辆的噪声主要是转向架传递至车体的振动及车轮和钢轨的撞击和摩擦激发的振动所产生的辐射噪声。减小轮轨噪声有效的方法有采用弹性车轮、降噪车轮或橡胶车轮以及在车轮上安装降噪阻尼装置四种方法。弹性车轮是在轮缘和轮辐之间加装黏弹性橡胶衬垫。降噪车轮是在不改变车轮结构的情况下,在车轮表面敷设黏弹性材料。橡胶车轮也可显著降低噪声。车轮上安装降噪阻尼装置,车轮的振动会传递给降噪阻尼装置,引起降噪阻尼装置的谐振,阻尼装置将吸收车轮振动的能量,从而达到降低噪声的目的。降噪阻尼装置主要有两种:一种是降噪阻尼环,它是特殊材料制成的开口圆环结构,通过压缩安装在车轮轮辋内侧槽内,圆环通过本身弹性紧贴轮辋,并采用特殊设计的高阻尼弹性连接件或焊接封闭其接口,确保阻尼环在长时间使用周期下的良好降噪性能。另一种是降噪阻尼片,阻尼片由多层金属板和阻尼胶片叠加而成。地铁车辆转向架普遍安装有降噪阻尼装置,并且种类较多,但弹性车轮及橡胶轮国内很少采用,主要是出于成本和运营维护考虑;阻尼环具有组装、拆卸方便,使用寿命长的特点,目前在地铁车辆上应用较多。

二 滚动轴承轴箱装置

车辆的轴箱、轴承及其附属配件,统称为滚动轴承轴箱装置。它是转向架的重要组成部分,它的作用是:将轮对构架连接在一起,把车辆的垂直、水平荷载传递给轮对;保证良好的润滑性能,减少摩擦,降低运行阻力;防止热轴,限制轮对过大的横向移动;防止雨水、灰尘等异物侵入,保证车辆安全可靠运行。

1 滚动轴承轴箱装置的种类

城市轨道交通车辆上使用的滚动轴承有圆柱形滚子轴承和圆锥形滚子轴承两种。至于采用圆柱滚子轴承还是圆锥滚子轴承,则要取决于径向力、轴向力的大小和作用的时间。滚动轴承的基本结构一般由内圈、外圈、滚动体（滚子）、保持架组成。滚子与内、外圈之间有一定的径向和轴向间隙,以保证滚子自由滚动,合理分布荷载和传递轴向力与径向力。保持架使滚子之间保持一定距离,防止相互挤压而被卡住。

（1）圆柱形滚子轴承与轴箱

①圆柱形滚子轴承。

一般属于双列分体式轴承,采用聚合物保持架（塑钢）,用迷宫环对润滑脂非接触式密封。轴承滚子既能承受径向力,又能承受轴向力。但圆柱形滚子轴承的轴向力主要靠滚子端面和挡边承受,滚子端面与挡边之间的摩擦是滑动摩擦,摩擦力较大,容易导致轴温升高,降低润滑脂使用寿命,轴承的使用寿命也会受到影响。

圆柱形滚子轴承由内圈、外圈、滚子、保持架等组成,外圈两侧带有挡边,内圈只有一侧有固定单挡边(或无固定挡边而带活动平挡圈),保持架、滚动体和外圈组合成一个组件,与内圈可以互相分离。内、外圈采用 GCr18Mo 轴承钢,电渣重熔法制造,并使用贝氏体等温淬火方法进行热处理,表面硬度为 58 ~ 62HRC;滚子采用 GCr15 轴承钢,电渣重熔法制造,并采用马氏体淬火、回火方法进行热处理,表面硬度 59 ~ 63HRC;保持架是用塑钢制成的。圆柱形滚子轴承分解件如图 3-15 所示,滚动轴承轴箱内部各零部件如图 3-16 所示。

图 3-15 圆柱形滚子轴承
1-外圈;2-内圈(带固定单挡边);3-滚子(14 个);4-保持架(塑钢)

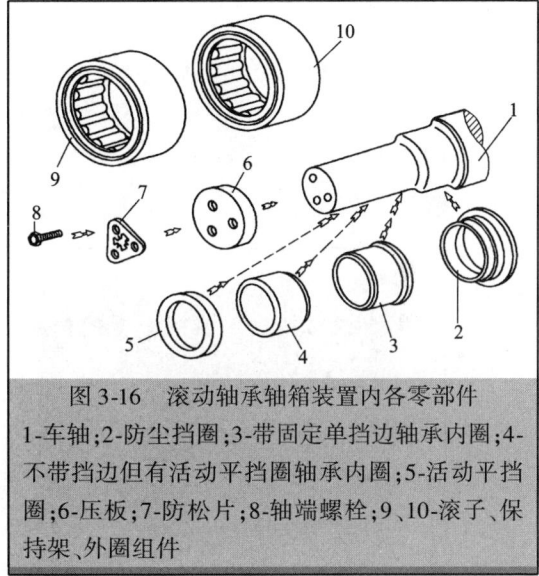

图 3-16 滚动轴承轴箱装置内各零部件
1-车轴;2-防尘挡圈;3-带固定单挡边轴承内圈;4-不带挡边但有活动平挡圈轴承内圈;5-活动平挡圈;6-压板;7-防松片;8-轴端螺栓;9、10-滚子、保持架、外圈组件

②轴箱装置。

城市轨道交通车辆圆柱形滚动轴承轴箱装置一般采用金属迷宫密封式轴箱装置。这种结构的轴箱,不带轴箱后盖,在轴箱体后端设有迷宫槽,迷宫槽的底部设有排水孔。在圆筒内后端设有凸台,以支承内侧轴承的外圈。其结构如图 3-17a)、b)所示。防尘挡圈上设有迷宫槽,与轴箱体上迷宫槽配合。轴箱后部的密封是靠轴箱与防尘挡圈形成间隙很小的迷宫槽配合,而起密封作用的,为无接触式密封。防尘挡圈和两个轴承内圈都与轴颈采用热配合组装。

(2)圆锥形滚子轴承与轴箱

城市轨道交通车辆一般使用 SKF 自密封双列圆锥形滚动轴承或 TBU 型滚动轴承。

①圆锥形滚子轴承(如图 3-18 所示)。

圆锥形滚子轴承一般为整体式轴承,塑钢保持架。SKF 自密封双列圆锥滚动轴承,属于自密封、自带润滑脂结构,在正常运行条件下运行 5 年不需要润滑和维护。TBU 型圆锥形滚子轴承采用传统的接触式橡胶密封,卡紧式密封件,因而提高了润滑脂的污染的防护能力,延长了油脂的寿命,并使轴承具有更好的性能和更长的寿命。TBU 型滚动轴承主要由 1 个外圈、2 个内圈及滚子组件(包括塑钢保持架)、1 个中隔圈、2 个密封座、油封圈和后盖等组成。圆锥形滚子轴承采用整体冷压装方式。

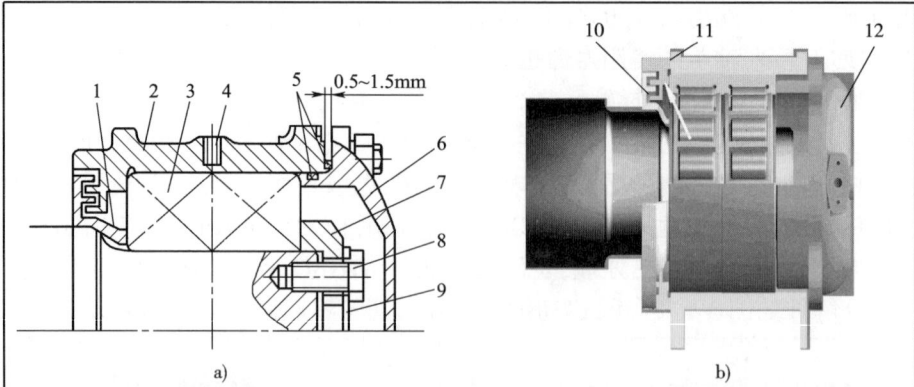

图 3-17　金属迷宫式轴箱装置

a) 带弹簧托盘轴箱剖视图；b) 分体转臂轴箱装置组装图

1-防尘挡圈；2-轴箱体；3-圆柱滚子轴承；4-轴温报警器安装孔；5-密封圈；6-轴箱前盖；
7-压板；8-压板螺栓；9-防松片；10-防尘挡圈；11-轴箱体迷宫槽；12-轴箱前盖

图 3-18　圆锥形滚动轴承

a) 带速度传感器圆锥滚动轴承；b) 不带速度传感器圆锥滚动轴承

图 3-19　圆锥形滚动轴承轴箱装置

1-轴箱后盖；2-O 型密封圈；3-轴箱体；4-双列圆锥滚动轴承；5-轴端压板；6-轴箱前盖

②轴箱装置。

轴箱为整体铸钢结构（ZG25MnNi），安装轴承的同时还作为定位转臂。采用自密封轴承后，轴箱上轴承座设计成通孔，取消了复杂的油脂迷宫密封结构，只简单地在轴箱的前盖和后盖上设置了橡胶O 型密封圈，以防止粉尘和水进入轴箱体内，优化了轴箱的加工工艺。

在列车编组中，通过轴端压板的接口设计可以在轴端安装各种不同用途的传感器。轴箱装置结构如图 3-19 所示。

❷ 滚动轴承的游隙

轴承游隙包括径向游隙和轴向游隙。

（1）径向游隙。径向游隙是内、外圈滚道与滚子之间的内部间隙。其作用是保证滚子受力均匀，转动灵活。轴承径向游隙对轴承工作性能有着重要影响，每一种轴承在一定的作用条件下，都有最佳的径向游隙，使轴承寿命高，摩擦阻力小，磨损小。

径向游隙分为原始游隙、配合游隙、工作游隙。原始游隙是未装配的轴承内、外圈间的径向游隙，轴承装配后，内圈胀大，径向游隙减少，轴承工作后，随后温度升高，润滑油膜形成，径向游隙还要进一步减小。游隙过小，会使轴承工作温度升高，不利于润滑，影响力的正常传递，甚至会使滚子卡死；游隙过大，使轴承压力面积减小，压强增大，使轴承寿命减少，振动与噪声增大。所以，选择合适的径向游隙是重要的。一般荷载大的轴承要求游隙较大。

（2）轴向游隙。轴向游隙是指轴承内外圈沿其轴线的相互位移量。它的作用是避免滚子端部与内外圈挡边的经常摩擦，保证挡边与滚子端面接触处的润滑条件，以减少滑动摩擦所产生的热量。所以轴向游隙也不宜过小，圆锥滚子轴承的径向游隙和轴向游隙有一定的几何关系，径向游隙可通过轴向游隙来反映，因而只规定了轴向游隙。

3.3 弹簧减振装置

车辆在轨道上运行时，由于线路的不平顺、轨隙、道岔，轨面的缺陷和磨耗以及车轮踏面的斜度、擦伤和轮轴的偏心等原因，必将伴随产生复杂的振动和冲击。为了提高车辆运行的平稳性，保证乘客的舒适，必须设有弹簧减振装置。

一 弹簧减振装置的分类

车辆的悬挂方式分为一系悬挂和二系悬挂两种，其中二系悬挂有轴箱悬挂装置和中央悬挂装置。轴箱悬挂装置设置在转向架构架与轴箱之间，中央悬挂设置在车体底架与转向架构架之间。采用二系悬挂可减小整个车辆悬挂装置的总刚度，增大弹簧静挠度，改善车辆垂向运动平稳性，减小车辆与线路之间的动作用力。地铁、轻轨车辆一般都采用二系悬挂装置。

车辆上采用弹簧减振装置按其作用不同，大体可分为三类：第一类为主要起缓和冲击的弹簧减振装置，如空气弹簧和钢制弹簧；第二类为主要起衰减振动的减振装置，如垂向、横向减振器；第三类为主要起弹性约束作用的定位装置，如轴箱定位装置，心盘与构架的纵、横向缓冲挡等。

二 弹簧的结构及特性

车辆上采用的弹簧种类很多,主要采用螺旋钢弹簧、橡胶弹簧、环弹簧、空气弹簧等几种。

1 弹簧的特性

弹簧的主要特性以挠度、刚度、柔度来衡量。挠度是指弹簧在外力作用下产生的弹性变形量(单位:mm)。刚度是指弹簧被压缩单位长度所需外力的大小(单位:N/mm)。柔度是指单位荷载下弹簧产生的变形量(单位:mm/N)。

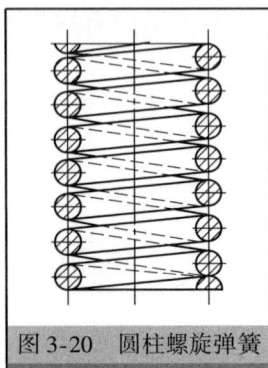

图 3-20　圆柱螺旋弹簧

2 弹簧的结构

(1)螺旋钢弹簧

螺旋钢弹簧呈螺旋状,有圆柱形和圆锥形两种,车辆上主要以圆柱形为主,如图 3-20 所示。车辆上应用的圆弹簧有单卷圆弹簧和双卷圆弹簧,圆弹簧的旋向分为左旋和右旋两种,注意必须使内外两个圆簧的旋向相反,以防止因振动而使小簧嵌入大簧中。

(2)橡胶弹簧

随着城市轨道交通车辆的不断发展及车速的进一步提高,橡胶弹簧在车辆上的应用也越来越广泛。车体与摇枕、摇枕与构架、轴箱与构架、弹簧支承面等金属件接触部位之间,经常采用橡胶衬垫、衬套、止挡等橡胶元件。常见橡胶元件形式如图 3-21 所示。

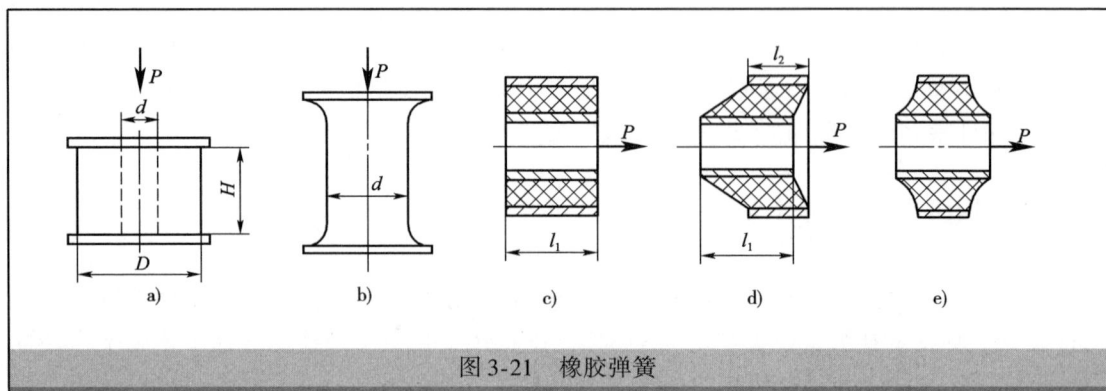

图 3-21　橡胶弹簧

3 环弹簧

由多个具有锥面配合的弹性环组成的弹簧叫做环形弹簧,简称环簧。环弹簧是由多组内外环簧组成,彼此以锥面相互接触,当受到轴向荷载后内环受压缩小,外环受拉伸长,从而使内环的锥面产生轴向变形,同时内外摩擦面做功吸收能量。环簧常用于缓冲器中,其结构如图 3-22 所示。

❹ 空气弹簧

（1）空气弹簧的组成

空气弹簧本体是由上盖、胶囊、下座、节流阀、定位座、橡胶垫等组成，如图 3-23 所示。

图 3-22　环弹簧

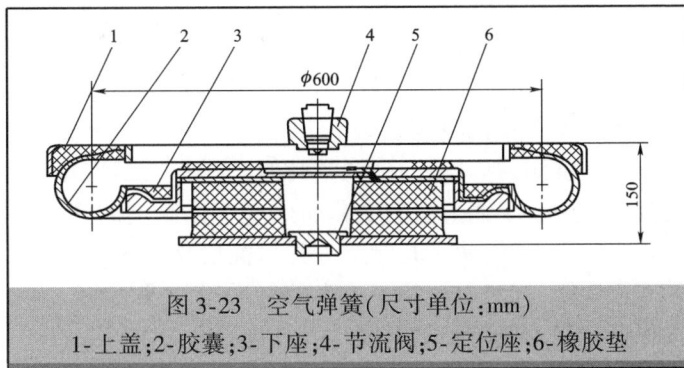

图 3-23　空气弹簧(尺寸单位:mm)
1-上盖;2-胶囊;3-下座;4-节流阀;5-定位座;6-橡胶垫

车辆上一般都采用自由膜式、压力自封式的空气弹簧。这种空气弹簧结构简单，组装检修方便。

空气弹簧橡胶囊是由内、外橡胶层，帘线层和成型钢丝圈组成。内层橡胶主要用于密封，需采用气密性和耐油性较好的橡胶材质，外层橡胶除了密封外，还起保护作用。因此，外层橡胶应采用能抗太阳辐射和臭氧侵蚀并耐老化的橡胶材质，还应满足环境温度的要求，一般采用天然橡胶。帘线的层数为偶数层，一般为两层或四层，层层帘线相交叉，并与空气胶囊的经线方向成一定角度布置。由于空气簧上荷载主要是由帘线承受，而帘线的材质对空气弹簧的耐压性和耐久性起着决定性的作用，故采用高强度的人造丝、维尼龙或卡普隆作为帘线。

（2）空气弹簧装置的系统组成

空气弹簧装置的整个系统组成如图 3-24 所示。主要是由空气弹簧本体、高度调整阀、差压阀、滤尘器和附加空气室等组成。

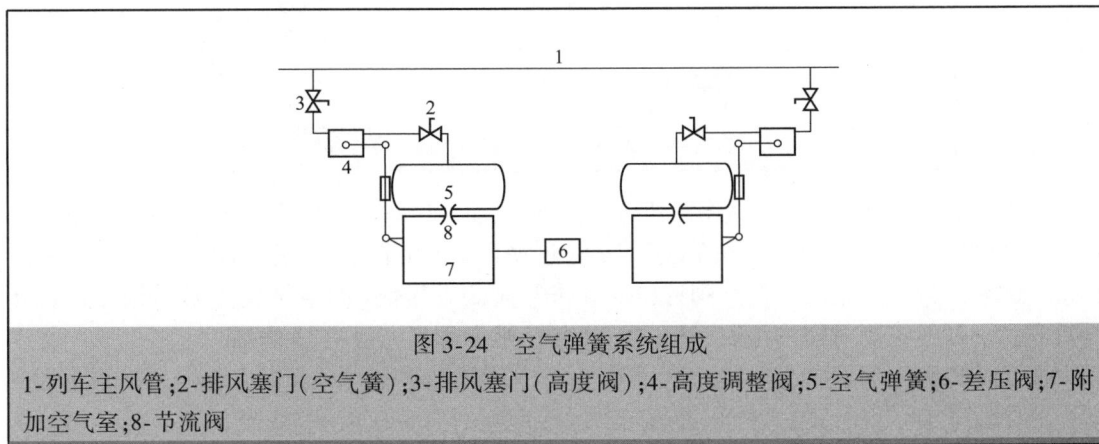

图 3-24　空气弹簧系统组成
1-列车主风管;2-排风塞门(空气簧);3-排风塞门(高度阀);4-高度调整阀;5-空气弹簧;6-差压阀;7-附加空气室;8-节流阀

三 空气弹簧的附件

1 高度调整阀（又称高度控制阀，简称高度阀）

车辆上使用的高度调整阀分为日系和欧系两个系列，LV-3 型（日本产）、VN6P 型（法国产）、SV1205 型（德国产）。高度调整阀是空气弹簧悬挂系统装置中一个重要组成部件，空气弹簧的优点只有在采用良好的高度调整阀情况下，才能充分体现出来。

（1）LV-3 型高度调整阀

①高度阀的作用：高度调整阀的主要作用是维持车体在不同荷载下都与轨面保持一定的高度。由于车辆荷载的变化而引起车体高度的变化，高度阀能够自动地充入或排出空气弹簧中的空气量，使左右侧空气弹簧高度保持基本一致，从而减少车体的倾斜，以保证车辆的安全运行，同时也提高了乘客的舒适感。另外空气弹簧有漏泄时，高度阀也可自动补风，以保证空气弹簧的正常高度。

②高度阀的结构：高度阀一般是由高度控制机构、进排气机构和延时机构等部分组成。LV-3 型高度调整阀的结构如图 3-25 所示。主要部件有调整阀体、液压缓冲器、活塞、吸入阀、缸盖、主轴、缓冲弹簧、弹簧支架、减振器支架、过滤网、空气节流阀、进气阀体、进气阀、单向阀、排气阀体、排气阀、连杆、连杆套筒。

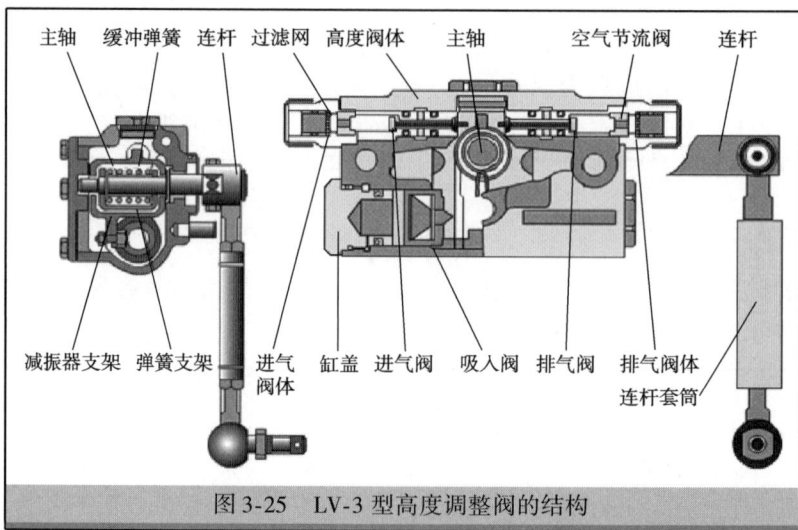

图 3-25　LV-3 型高度调整阀的结构

高度阀的控制机构主要包括连杆套筒、连杆和主轴。它们主要是完成进排气的控制作用。

高度阀的进、排气机构主要由高度阀体、过滤网、空气节流阀、进气阀体、进气阀、单向阀、排气阀体、排气阀组成。进气阀低压侧和排气阀的高压侧（即空气弹簧侧）组成通道，并进行联系。通过控制机构的控制，打开或关闭进、排气阀来完成进、排气作用。

高度阀的延时机构主要包括液压缓冲器、活塞、吸入阀、缸盖、缓冲弹簧、弹簧支架和减振器支架。延时机构以硅油作为阻尼介质，使得车辆运行时，空气弹簧在正常的振动情况下，即空气弹簧高度虽有变化，但不发生进、排气作用，仅是该机构的缓冲弹簧扭转变形，而进、排气阀并不工作，这样一方面可减少高度阀的误动作,另一方面可起到节约压力空气的作用。如图 3-26。

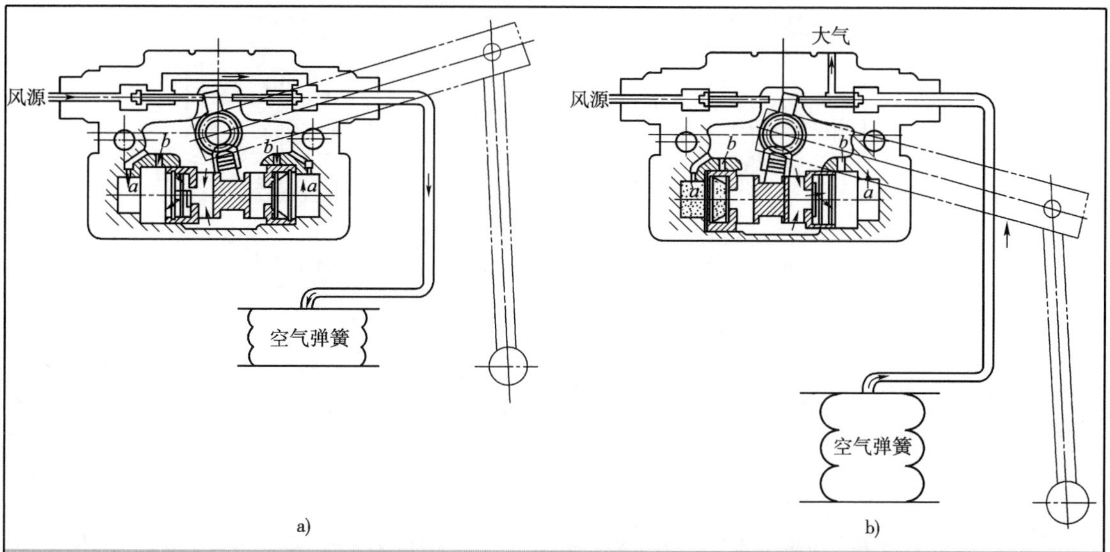

图 3-26 高度调整阀的进排气图
a)进气图;b)排气图

另外,高度阀的主轴、液压缓冲器活塞、吸入阀和缸盖等部件,全部浸泡在硅油中。在主轴上装有弹簧支架和减振器支架,可在主轴上自由回转,弹簧支架和减振器支架同时接触缓冲弹簧。在主轴旋转时,转动缓冲弹簧,由此产生的力,带动减振器支架,连动突起的活塞,使进气阀和排气阀动作。连杆在水平位置 ±45°范围内回转时,设在本体内的限位机构能够限制缓冲弹簧产生过度动作。

③高度阀的作用原理:高度阀的作用原理如图 3-26 所示,空气弹簧在车体荷载增加(减少)时,空气弹簧的内压将不足(过剩),因而被压缩(伸长),高度降低(增加)。此时控制机构的连杆向上(向下)动作,带动主轴旋转,由于延时机构的作用,一定时间后打开进气阀(排气阀),空气弹簧高度随之升高(下降),并使连杆逐渐恢复到水平状态,此时,进气阀(排气阀)迅速关闭,空气弹簧恢复到原来设定高度。

(2)VN6P 型高度调整阀

①结构特点:VN6P 型高度阀是 SABWABCO 公司法国分部生产的,其结构如图 3-27 所示。它主要由进气阀、排气阀和高度控制机构组成,无液压延时机构,故结构简单,零部件少、故障率低,冬季不需要对油液采取保温措施。该高度阀质量只有 1.3kg(包括安装支架),且结构紧凑,易于安装;该阀通过法兰安装在架子上,进气口用 O 型密封圈密封,风管直接连接在架子上,故维修方便,VN6P 型高度阀设置一个“不灵敏区”,其有效值范围可由杠杆长度调节。设置“不灵敏区”的目的是防止车辆在运行中产生瞬间振动时引起不必要的空气浪费。

②作用原理:VN6P 型高度阀的作用原理如图 3-28 所示。空气弹簧充气前,先将阀杆调至一定高度,随着系统内压力升高,压力空气将通过进气口打开进气阀,从通路进入空气弹簧,使空气弹簧拉伸变形,并将车体和高度阀相对于构架提高,直到杠杆处于水平位置,这时进、排气阀均关闭。

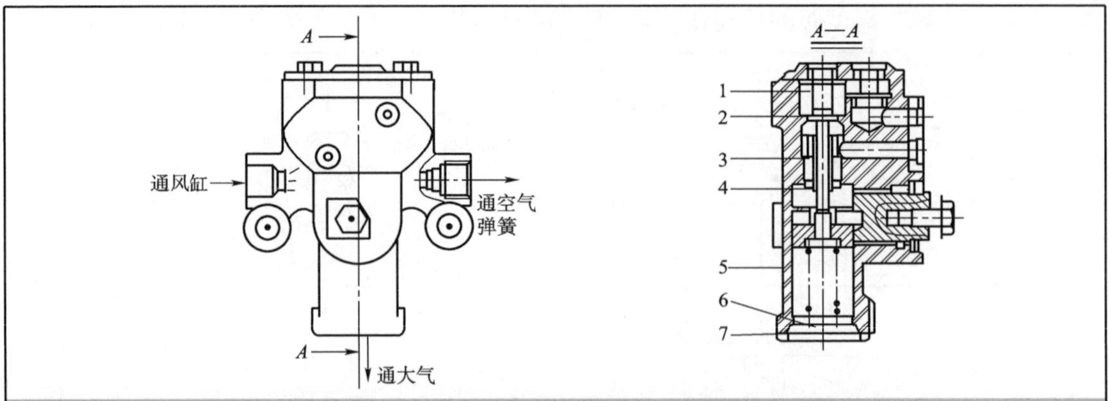

图 3-27　VN6P 型高度调整阀的结构
1-弹簧;2-进气阀;3-阀座;4-O 型密封圈;5-阀体;6-过滤网;7-排气阀

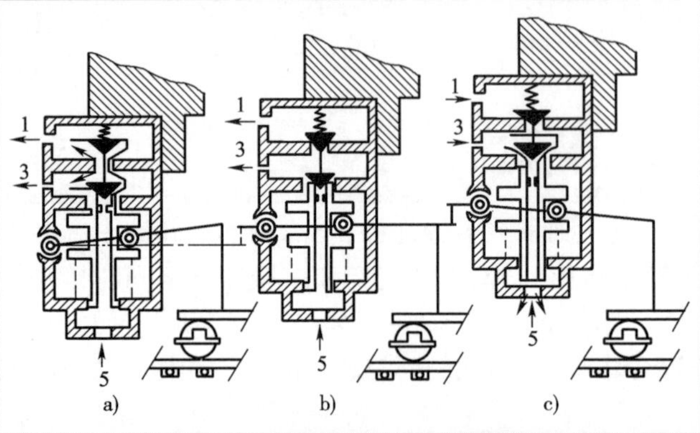

图 3-28　VN6P 型高度阀作用原理图
a)荷载增加;b)平衡位置;c)荷载减少

当车辆荷载增加时,空气弹簧被压缩车体下降,由于阀杆长度一定,迫使杠杆转动将进气阀打开,压力空气通过进气阀进入空气弹簧,使空气弹簧压力增加,车体随之上升,直到杠杆处于水平位置,这时进气阀关闭。

当车辆荷载减少时,空气弹簧伸长,车体抬高,杠杆转动使排气阀打开,空气弹簧压力空气通过排气阀从排气口排出,使空气弹簧压力下降,车体随之下降,直到杠杆处于水平位置,这时排气阀关闭。由于进气阀弹簧的作用,进气阀一直处于关闭状态。

（3）德国 KNORR 公司的 SV1205 型调整阀(如图 3-29 所示)

①结构特点:主要由进气阀、排气阀和杠杆调整机构组成。部件少,质量只有 1.5kg,结构简单,性能稳定。由于无液压延时机构,故不需要换油,因而维修周期长。

②作用原理:SV1205 型高度阀的作用原理与 VN6P 型阀基本相同。

当车体荷载增加时,高度阀随车体下移,由于调整杆高度一定,迫使高度阀杠杆发生转动,从而打开进气阀,风缸内压力空气经进气阀进入空气弹簧,使空气弹簧压力增加,车体随之上升,杠杆恢复水平位置。

当荷载下降时,车体上升,迫使高度阀杠杆发生转动,排气阀打开,这时由于进气阀的作用,进气阀处于关闭状态。空气弹簧压力空气经排气阀排入大气,空气弹簧压力下降,车体随之下降,直至杠杆恢复水平位置。

2 差压阀

（1）功用

差压阀是保证一个转向架两侧空气弹簧的内压之差不超过保证行车安全规定的某一定

值(120kPa 或 150kPa)的装置。左右两空气弹簧内压之差超过定值时,差压阀自动沟通左右空气弹簧,使压差维持在该定值以下。

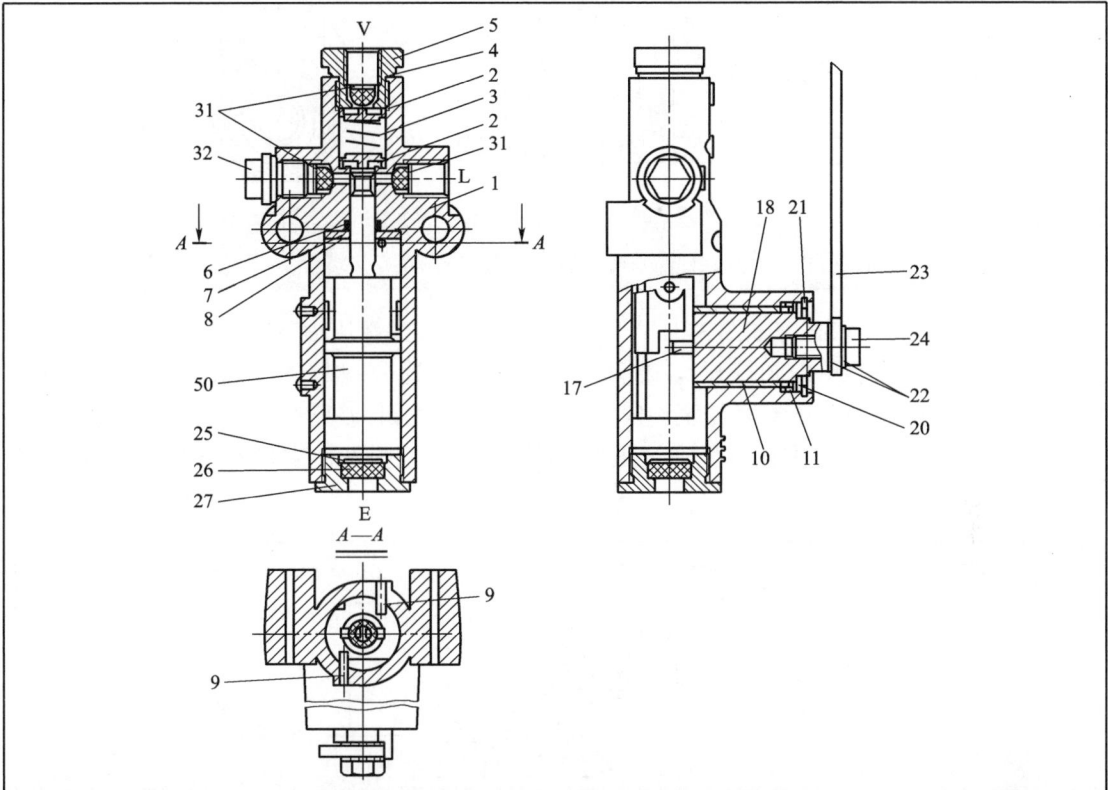

图 3-29　SV1205 型高度调整阀的结构和作用原理

1-壳体;2-阀头;3-压缩簧;4-密封环;5-适配器螺纹接套;6-O 型环;7、8-盘;9-接合销;10-刷;11-密封环;17-滚轮;18-传动轮;20-盘;21-定位环;22-齿刷;23-触发杆;24-六头螺栓;25-齿环;26-金属丝网过滤器;27-过滤螺钉;31-过滤网;32-螺旋塞;50-活塞总成;E-排风口;L-空气弹簧风箱管端口;V-辅助存储管端口

由于空气弹簧在进、排气时间和速度上的差别,线路不平顺,各高度调整阀的高度控制杆有效长度的不同及车辆荷载的不均衡等原因,使得静止或运行中的转向架左右两侧空气弹簧内压力有区别,以及一侧空气弹簧泄漏或破损,可能造成车体的异常倾斜,使车辆脱轨稳定性降低。当不采用差压阀时,其压差可达 0.1 ~ 0.15MPa 左右。因此,为了保证车辆安全运行,在空气弹簧悬挂系统中必须设有差压阀。

（2）结构

CYF-1 型差压阀的结构如图 3-30 所示,阀体上有两个 $\phi 11$ 的螺栓孔,可用两个 M10 螺栓固定在转向架上。从空气弹簧来的管道,通过活节连接阀体上压入阀座,用橡胶制的单向阀被弹簧顶住在阀座上。另外接头将过滤网四周固定,接头穿过密封体固定在阀体上。活节和连接螺母通过密封件紧固在接头上。此外单向阀和弹簧之间有垫片(厚 0.1mm)、(厚0.2mm),改变垫片的数量,可进行压力值的微调。

（3）作用原理

①通常状态。如图 3-31a)所示为差压阀的通常状态,两个单向阀分别在阀座中就位,维

持左右两侧空气弹簧的压差在规定值以下。

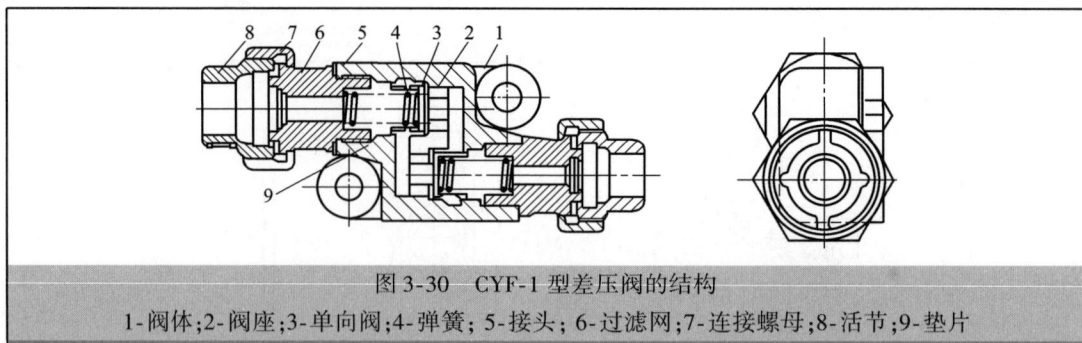

图 3-30　CYF-1 型差压阀的结构

1-阀体；2-阀座；3-单向阀；4-弹簧；5-接头；6-过滤网；7-连接螺母；8-活节；9-垫片

②产生异常压差状态。如图 3-31b) 所示，当右侧空气弹簧压力下降；左右侧空气弹簧压差超过规定值时，右侧单向阀打开，左右两空气弹簧被沟通，左侧空气弹簧的压力空气向右侧空气弹簧充气，当两侧压差降低至规定值时，单向阀 2 关闭，差压阀又处于通常状态。

如图 3-31c) 所示，当左侧空气弹簧压力下降，右侧空气弹簧向左侧空气弹簧充气，其工作原理同上，方向相反。

图 3-31　CYF-1 型差压阀的作用原理

a)通常状态；b)产生异常压差状态(右空气弹簧压力下降)；c)产生异常压差状态(左空气弹簧压力下降)

四 弹簧减振装置的作用及特点

弹簧减振装置主要由弹簧和减振器组成。弹簧主要起缓冲作用,缓和来自轨道的冲击和振动的激扰力。而减振器的作用是减小振动,它的作用力总是与运动方向相反,起阻止振动的作用。通常减振器有变机械能为热能的功能,减振阻力的方式和数值不同,直接影响到振动性能。车辆一般装有一系、二系垂向油压减振器和二系横向油压减振器及纵向油压减压器(抗蛇行运动)。目前,车辆上广泛使用 SACHS 系列减振器和 KONI 系列减振器,这两种减振器的内部结构有很大不同,但工作原理基本是一样的。

1 萨克斯型油压减振器(产自德国)

(1)结构

萨克斯油压减振器的安装如图 3-32 所示,SACHS 型油压减振器的组成如图 3-33 所示。在工作缸 1 中带复原及压缩阀的可移动活塞 2、活塞杆 3、防尘罩 4、带焊接底座的外筒 5、带有压缩阀和回油阀的底阀 6 和活塞杆导向器 7 其形成工作缸的终端、螺纹环 8、活塞杆密封件 9、工作缸密封件 10 和阀片 11 以及上端和底端安装接头。

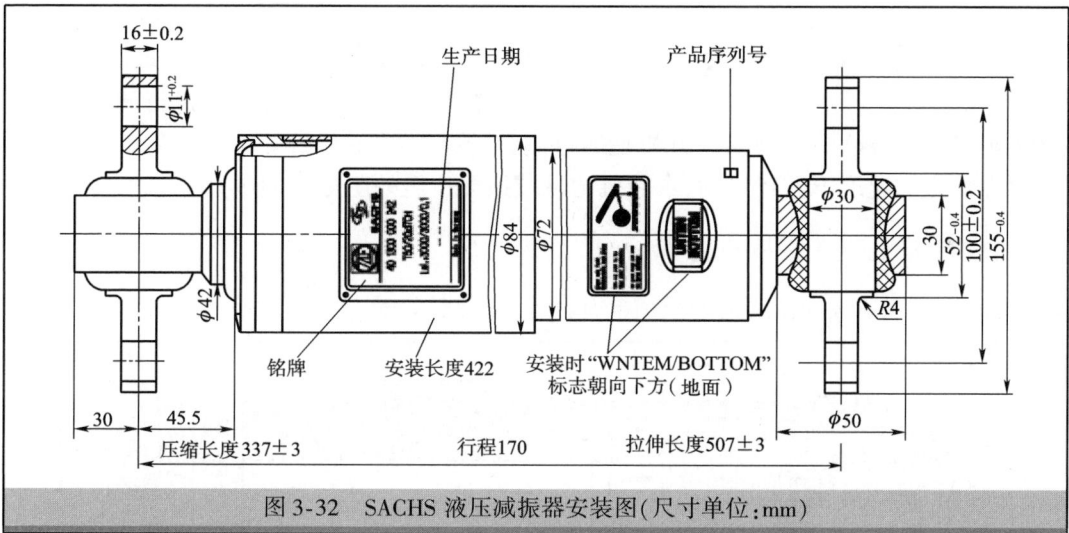

图 3-32 SACHS 液压减振器安装图(尺寸单位:mm)

(2)工作原理

工作缸由活塞分隔为一个高压缸 A 和一个低压缸 B,在复原阶段,活塞杆被拉出,在压缩阶段,活塞杆被压入,由于活塞上下的工作缸 A、B 的压力差而产生了阻尼力。工作缸内的压力随着活塞速度和工作油通过活塞 2 和底阀 6 时的流动阻力自动调整。

在活塞运动期间,迫使阻尼油(工作油)流入或流出环型贮油腔,此腔上部是空气,下部是工作油。

减振器工作时,活塞杆(3)的移动产生了泵油过程,此过程由底阀控制。

在拉伸期间(复原阶段),活塞杆拉出,工作油通过底阀(6)上的补油阀从贮油缸(C)内吸入,工作油的体积与活塞杆拉出的体积相同。同样,在压缩过程活塞杆压入,排开的一部分工作油通过底阀上压力阀被压进贮油缸。这样,在任何状态下,车辆底阀压力阀都能以这种方式调节保证比活塞压力阀更大的阻力。这种结构在任何时候都能确保上工作腔内(A)的压力始终大于贮油缸压力,因此,就可避免从活塞杆与活塞杆导向器之间的间隙吸入空气。

图 3-33　SACHS 液压减振器

1-工作缸;2-活塞;3-活塞杆;4-防尘罩;5-外筒;6-回油阀(底阀);7-导向器;8-螺纹环;9-活塞杆密封件;10-工作缸密封件;11-阀片;A-高压缸;B-低压缸;C-贮油缸

(3)阻尼力

减振器阻尼力基于活塞速度,也就是说,活塞速度增加时,阻尼力的增加取决于各个阀设置所确定的阻尼特性。组装减振器时,对每一个减振器必须非常仔细地进行调整和测试。减振器阻尼力的准确调整的唯一方法是通过测试。减振器在专用示功机上测试期间,减振器活塞在预定的速度下循环运动,示功机记录减振器产生的阻尼力曲线。

② KONI(柯尼)油压减振器

垂向一系、二系 KONI 减振器的组成如图 3-34 所示。各组成介绍如下:

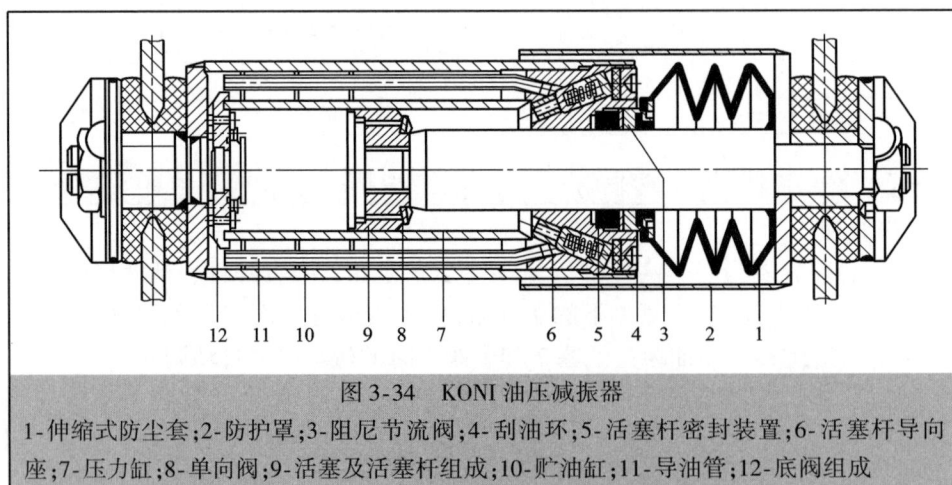

图 3-34　KONI 油压减振器

1-伸缩式防尘套;2-防护罩;3-阻尼节流阀;4-刮油环;5-活塞杆密封装置;6-活塞杆导向座;7-压力缸;8-单向阀;9-活塞及活塞杆组成;10-贮油缸;11-导油管;12-底阀组成

(1)伸缩式防尘套:防止尘埃侵入活塞杆及端部的密封装置。

(2)防护罩:防止砂石及异物碰撞而伤及活塞杆及防尘套。

（3）阻尼调节阀：又称节流阀，当活塞上下运动时，油液流经此阀而产生减振阻力。调节弹簧的预紧力即可改变减振阻力的大小和特性。

（4）刮油环：在压缩行程中清除活塞杆表面上脏油膜。

（5）活塞杆密封装置：密封效果不受油压影响。

（6）活塞杆导向座：用特殊珠光体铸铁制成，其油压消除孔通向贮油缸，以保持活塞杆密封部分不受压。

（7）压力缸：用无缝精密钢管制成。

（8）单向阀：由精密加工的阀片组成，用于活塞及底阀上，只允许油液由上而下单向流动。

（9）活塞及活塞杆组成：活塞是用珠光体铸铁制成，活塞上设有两个细长的节流孔与单向阀 8 相通，安装于活塞杆下。

（10）贮油缸：缸中储有油液，保证减振器工作时的储油和排油；缸中包含有一定数量的空气。

（11）导油管：引导经阻尼调节阀流来的压力缸的油液进入贮油缸。

（12）底阀组成：由阀体、阀片及预紧弹簧组成单向阀，阀体上有大的通油孔，便于贮油缸向压力缸迅速充油。

3.4 牵引连接装置和驱动装置

一　牵引连接装置

城市轨道交通车辆转向架普遍采用无摇枕结构。由于没有摇枕，车体直接坐落于空气弹簧上，必须靠牵引装置来实现摇枕所具有的传递纵向力和转向功能。牵引装置为车体和转向架之间提供了合适的纵向刚度，减少牵引中心销牵引和制动时的冲击，使列车运行平稳。

如图 3-35 所示是一种典型的城市轨道交通车辆的中央牵引装置，每台转向架设有一套牵引装置。牵引装置包括中央牵引销、牵引销座、复合弹簧、中央牵引梁、牵引拉杆等部件。牵引装置呈 Z 形，牵引装置承担列车牵引力及制动力的同时还承担横向力（通过侧挡），并通过中央牵引梁限制车体与转向架的垂向位移。

图 3-36 所示是几种中央牵引连接装置的结构，它们都有各自的特点，例如，图 3-36a）的中央牵引装置结构，由于牵引杆两端与中心销和转向架的连接部位都有橡胶关节，橡胶关节的弹性定位能保证转向架绕中心销在各个方向上有一定程度摆动，这既保证了转向架抗蛇

行运动的性能,又能实现转向架与车体之间的转角,保证车辆顺利通过曲线。

图 3-35　中央牵引装置(尺寸单位:mm)
1-牵引销;2-牵引销座;3-牵引梁;4-复合弹簧;5-牵引杆;6-下压紧盖;7-螺母

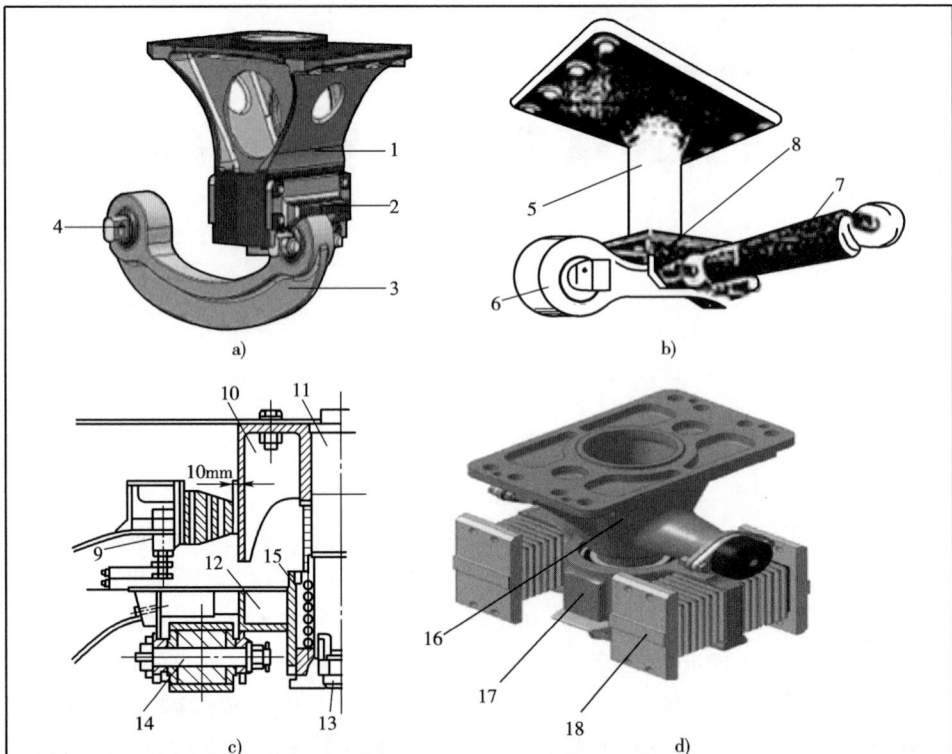

图 3-36　牵引连接装置
1-中心销;2-提升止档;3-牵引杆;4-橡胶弹性定位套;5-连接座;6-轴;7-减振器;8-牵引座;9-起吊保护螺栓;10-中心销导架;11-中心销;12-中心架;13-定位螺母;14-牵引杆;15-复合橡胶衬套;16-中心牵引销;17-牵引销座;18-牵引橡胶堆

二 驱动装置

驱动装置实际上是指将动车传动系统传来的能量最后有效地传给轮对(或车轮)的执行装置。一般驱动装置包括牵引电动机、车轴齿轮箱和驱动机构等。驱动装置的作用是将牵引电动机的扭矩有效地转化为转向架轮对转矩,利用粘着机理,驱使动车沿着钢轨运行。驱动装置是一种减速装置,使高转速、小扭矩的牵引电动机驱动具有较大阻力矩的动轴。

根据牵引电动机在转向架上悬挂方式的不同,牵引驱动装置的结构形式分为三类:轴悬、架悬、体悬。按牵引电动机的布置方式分为以下几种形式:

(1)牵引电动机横向布置

①轴悬式驱动;

②电动机空心轴架悬式驱动;

③轮对空心轴架悬式驱动;

④挠性浮动齿式联轴节式架悬式驱动。

(2)牵引电动机纵向布置

①单电动机弹性轴悬式驱动;

②单电动机架悬式驱动(全弹性驱动);

③对角配置的万向轴驱动(架悬式)。

(3)牵引电动机体悬式驱动装置

①半体悬式;

②全体悬式。

现代地铁车辆和轻轨车辆转向架大多数采用电动机横向布置架悬式驱动机构(采用金属挠性板式联轴节),而旧型的轻轨车辆转向架一般采用单电动机架悬式驱动机构。

1 牵引电动机横向布置——轴悬式驱动机构

轴悬式是将牵引电机一端与车轴相连,另一端与构架相连,其全部质量的大约一半由车轴承担,另一半由转向架承担。而驱动扭矩传递,则由安装在电动机输出轴上的小齿轮,直接驱动由固定在车轴上的大齿轮来实现。

(1)刚性轴悬式驱动机构

刚性轴悬式驱动机构的结构如图 3-37 所示,其结构原理图如图 3-38 所示。

牵引电动机的一端通过两个抱轴轴承刚性地支承在车轴的抱轴颈上;另一端通过一根弹性吊杆吊于构架的横梁形成三点支撑。而齿轮箱除了同样通过两个抱轴承支承在车轴上外,其靠近电动机一侧则用螺栓与电动机壳体固定在一起,由电动机壳体提供第二点支撑。这样,除了满足齿轮箱的三点稳定支撑要求外,还能保证大、小齿轮啮合过程的良好随动性和平稳性。特点是结构简单,但簧下质量较大,仅适用于 120km/h 以下的运行速度。

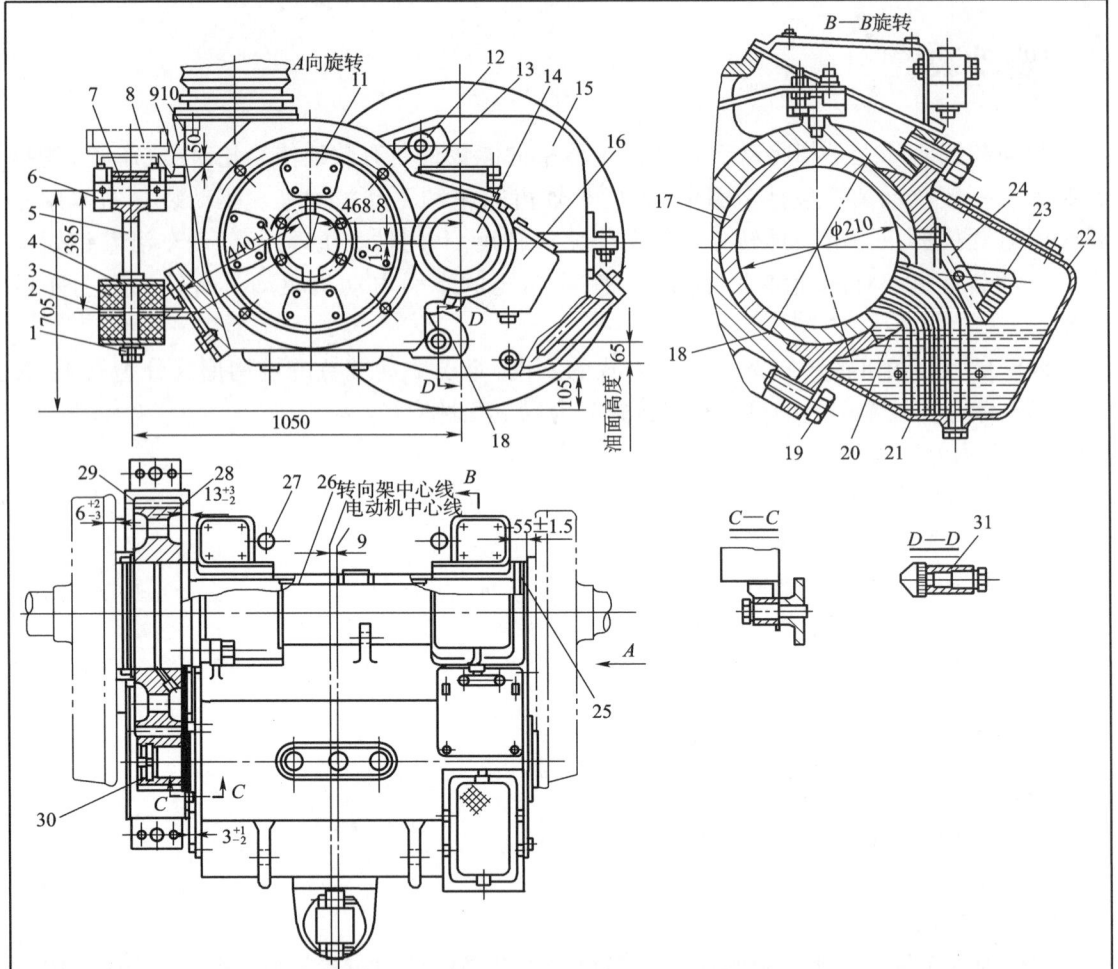

图 3-37　刚性轴悬驱动装置(尺寸单位:mm)

1-螺母;2-吊杆座;3-橡胶垫;4-垫板;5-吊杆;6-橡胶套;7-心轴;8-转向架横梁;9-安全托;10-电动机托座;11-牵引电动机;12、19-螺栓;13-座;14-动轴;15-齿轮箱;16-抱轴轴承;17-抱轴瓦;18-键;20-刷架框;21-毛线垫;22-抱轴轴承盖;23-弹簧;24-刷架;25-密封圈;26-防尘罩;27-油杯;28-齿轮箱下箱体;29-大齿轮;30-小齿轮;31-调整垫片

(2)弹性轴悬式驱动机构

与刚性轴悬式驱动机构相比,只是在车轴和电动机抱轴承间加了一根空心轴,而该空心轴两端通过弹性元件(六连杆机构及橡胶关节)与左右车轮相连,而大齿轮与空心轴固结在一起,结构如图 3-39 所示,驱动原理图如图 3-40 所示。其特点与刚性轴悬驱动机构基本相同,只是轮轨动作用力经弹性元件缓冲后再传给齿轮和电动机,但结构较复杂。

2 牵引电动机横向布置——架悬式驱动机构

架悬式是指将牵引电动机整个悬挂在构架上,其全部质量由转向架构架承担,不再与车轴发生直接的联系,而驱动扭矩则通过一套灵活的机构传递给车轴(或车轮)。

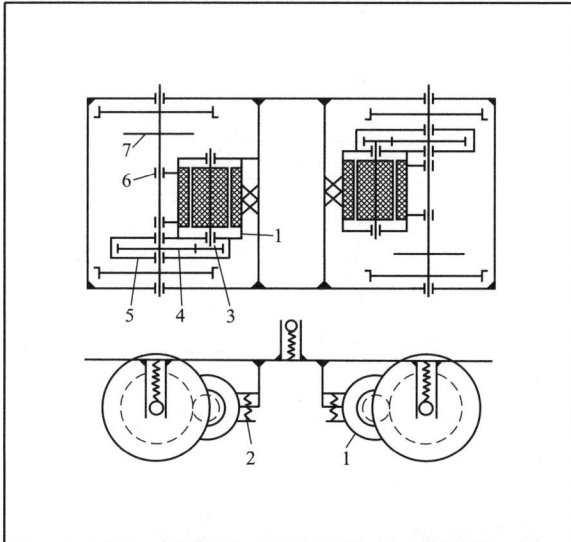

图 3-38 牵引电动机横向布置—轴悬式
驱动装置原理图
1-牵引电动机;2-电动机弹性悬挂;3-驱动小齿轮;4-车轴上大齿轮;5-减速齿轮箱;6-爪形轴承;7-制动盘

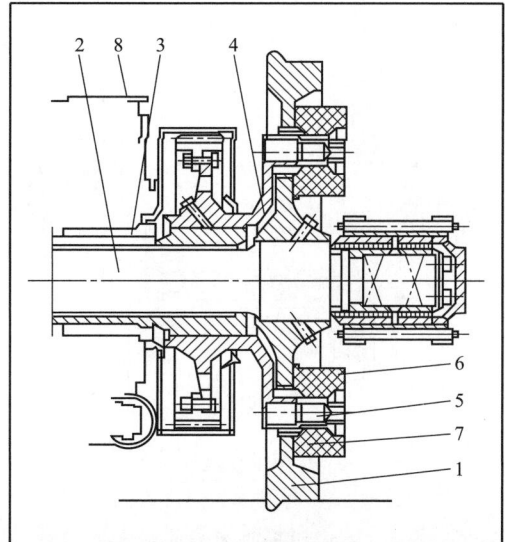

图 3-39 弹性轴悬驱动装置
1-动轮;2-车轴;3-空心轴;4-驱动盘;5-驱动销;6-固定于车轮上的盒;7-橡胶垫;8-牵引电动机

（1）电动机空心轴架悬式驱动装置

结构原理如图 3-41 所示。牵引电动机的两端均通过弹性吊挂与转向架构架横梁相连，但电动机内部将转子铁芯挖空,并通过齿形联轴器将扭矩传给弹性扭轴,再通过联轴节与驱动小齿轮输入轴连接。电动机空心轴结构如图 3-42 所示。

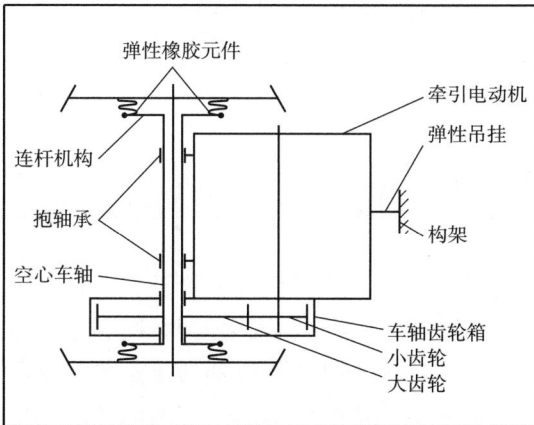

图 3-40 弹性轴悬驱动装置原理图

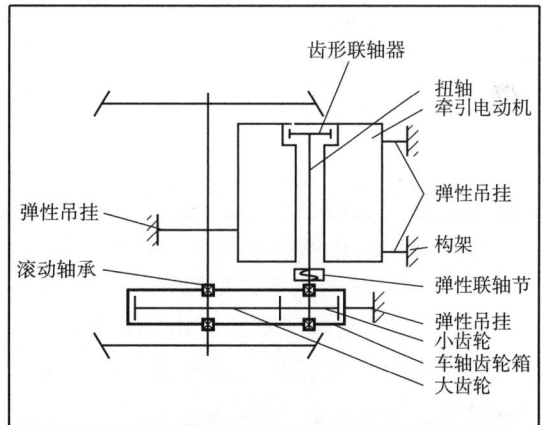

图 3-41 电动机空心轴架悬式驱动装置原理图

（2）轮对空心轴架悬式驱动机构

牵引电动机的两端均通过长、短吊挂与转向架横梁或端梁相连,并在车轴上加上了一根空心轴,其一端通过弹性元件(六连杆机构和橡胶关节)与车轮连接,另一端同样通过弹性元件与驱动大齿轮连接。工作原理如图 3-43 所示。而详细结构如图 3-44 所示。

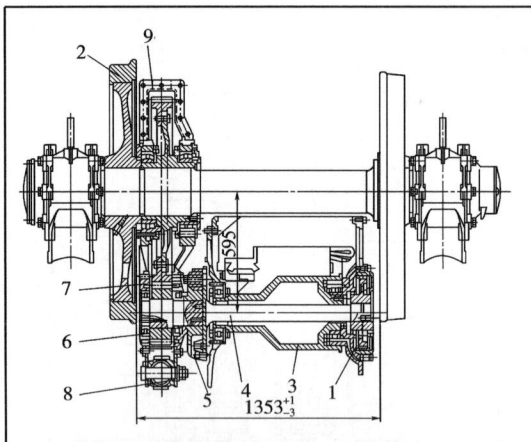

图 3-42　电动机空心轴架悬驱动装置(尺寸单位:mm)
1-齿形连接器;2-车轮;3-电动机空心轴;4-电动
机轴(扭轴);5-弹性联轴器;6-小齿轮;7-大齿轮;
8-齿轮箱吊杆;9-齿轮箱

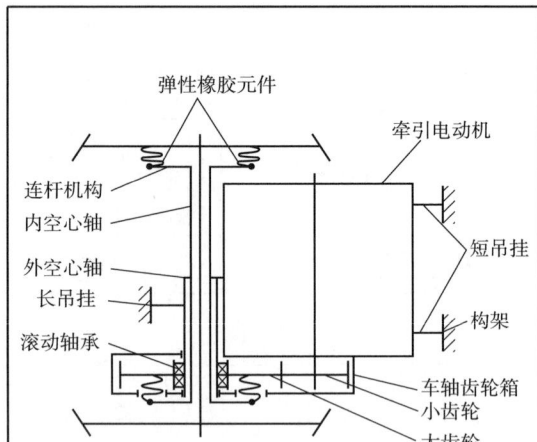

图 3-43　轮对空心轴架悬驱动装置原理图

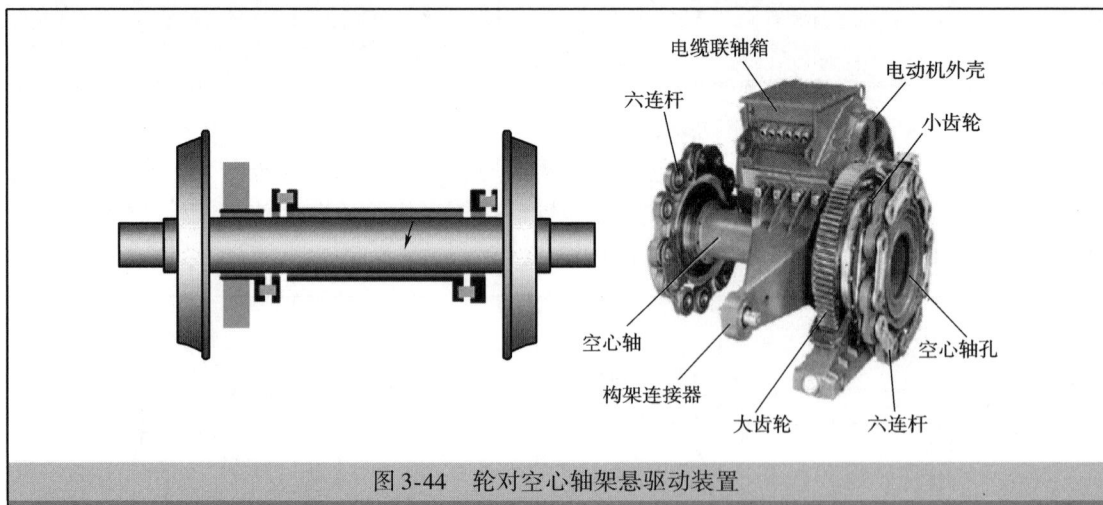

图 3-44　轮对空心轴架悬驱动装置

（3）大变位联轴器电动机架悬驱动装置

大变位联轴器电动机架悬驱动装置的牵引电动机为架悬,小齿轮、大齿轮及齿轮箱为轴悬,齿轮箱尾部吊挂承载。在电动机电枢轴输出端和齿轮箱小齿轮输入端的两轴间,通过布置大变位联轴器来适应电动机轴与车轴间的各方向变位。我国地铁和市郊列车组普遍采用这种形式,如图 3-45 所示。

③ 牵引电动机纵向布置——单电动机架悬式驱动机构

牵引电动机与齿轮减速箱连成一体完全弹性地悬挂在转向架构架的横梁上,电动机驱动轴以减速齿轮(锥齿轮)驱动空心轴,再经橡胶连杆机构将扭矩传递给轮对。其结构原理如图 3-46 所示。其特点是可较大地缩短轴距;两轮对由同一电动机驱动;可最大限度地减轻簧下重量,能明显改善电动机及齿轮的工作条件;两轮对的直径差对运行阻力和轮轨磨耗影响较大。

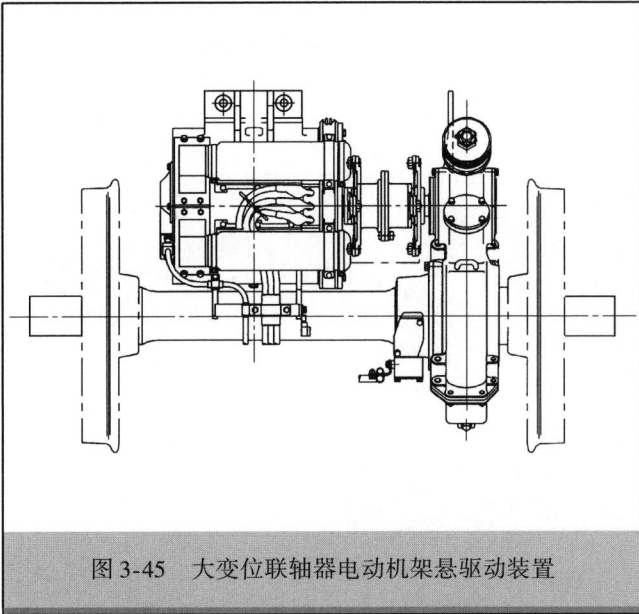

图 3-45　大变位联轴器电动机架悬驱动装置

图 3-46　牵引电动机纵向布置——单电
动机架悬式驱动装置原理图
1-牵引电动机;2-联轴节;3-驱动伞齿
轮;4-万向接头空心轴;5-联轴器;6-轮
轴;7-减速箱;8-制动盘

④ 牵引电动机体悬式驱动装置

体悬式是将牵引电动机完全安装在车体底架下面,其全部质量都由车底架承担。而驱动扭矩则由万向驱动机构(通常是万向轴)来传递。

牵引电动机体悬式驱动装置有多种结构形式,图 3-47 是一种万向轴驱动的牵引电动机体悬式驱动装置原理图。

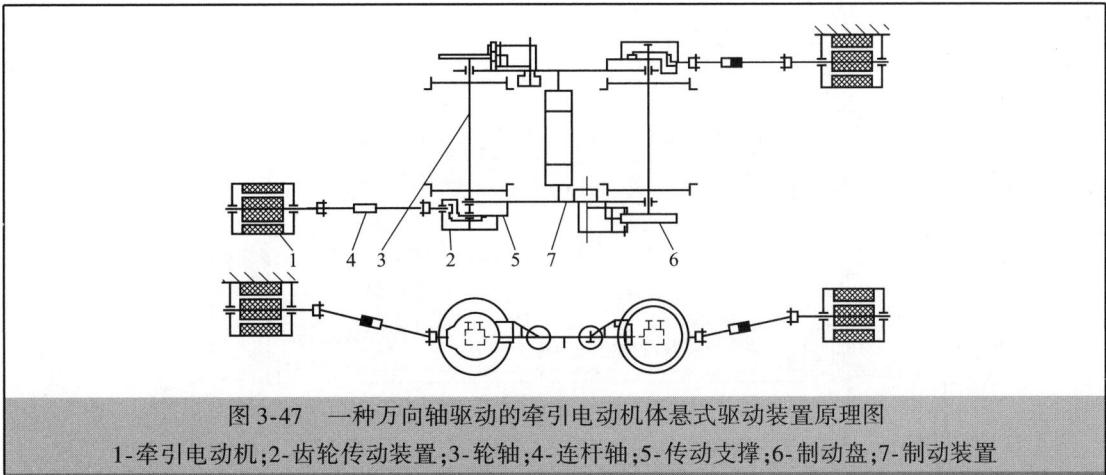

图 3-47　一种万向轴驱动的牵引电动机体悬式驱动装置原理图
1-牵引电动机;2-齿轮传动装置;3-轮轴;4-连杆轴;5-传动支撑;6-制动盘;7-制动装置

体悬式的牵引电动机完全悬挂于车体底架下面,通过万向轴将牵引电动机扭矩传递给安装在车轴上的齿轮传动装置,并且采用一对圆锥齿轮作为牵引齿轮以实现万向轴和车轴之间的直角传动。而齿轮箱一端通过吊杆弹性悬挂于构架的侧梁(或横梁)上,另一端则借助于滚动轴承抱在轮对车轴上。万向轴在传递扭矩的同时,能较好地补偿牵引电动机与车轴齿轮箱之间各个方向的相对运动。其特点是牵引电动机完全悬挂于车体之上,可减轻转向架质量,提高转向架高速运行时的平稳性和稳定性,同时充分改善了牵引电动机的工作条件。牵引齿轮的工作条件并未有所改善,万向轴和圆锥齿轮传动系统的传动效率有所降低,万向轴的制造工艺要求高,整个驱动装置结构复杂。图 3-48 和图 3-49 是两种典型的体悬式驱动装置。

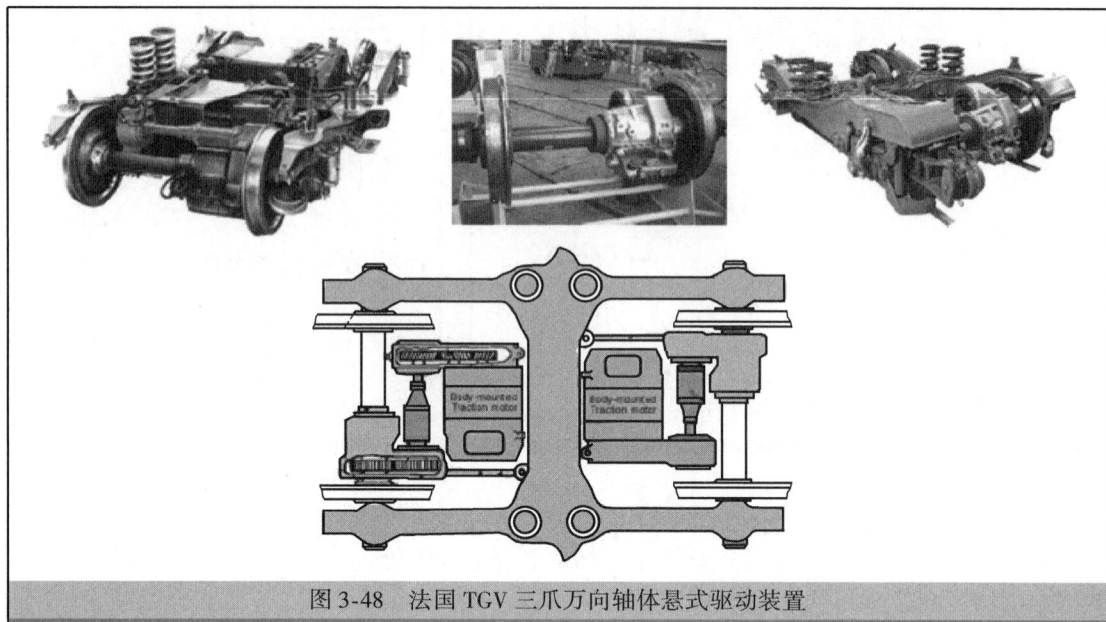

图 3-48　法国 TGV 三爪万向轴体悬式驱动装置

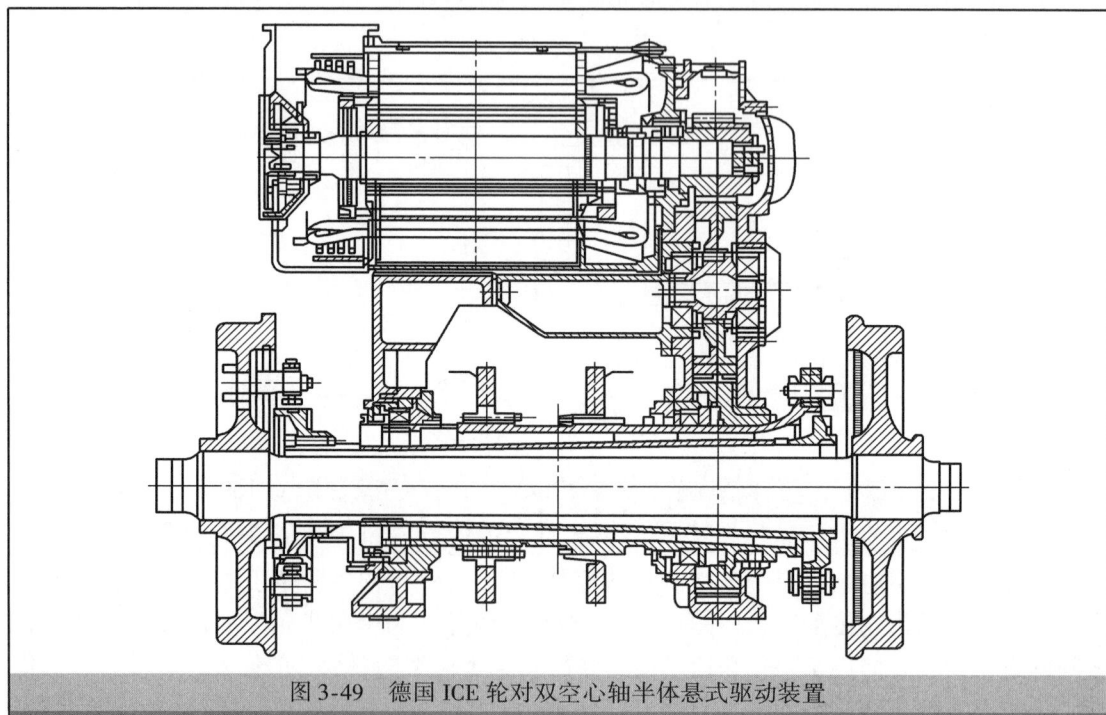

图 3-49　德国 ICE 轮对双空心轴半体悬式驱动装置

3.5 ZMA080 型转向架

ZMA080 型转向架是南车集团株洲电力机车有限公司生产的一种城市轨道交通车辆转向架。该转向架最大轴重 16t，最高运营速度为 80km/h。转向架共有 4 种：动车转向架 1 和动车转向架 2，拖车转向架 1 和拖车转向架 2。动车转向架 1 和动车转向架 2 的区别是空气弹簧的高度调整阀和控制杆的位置数量不同。拖车转向架 1 和拖车转向架 2 的区别除高度调整阀和控制杆的位置、数量不同外，拖车转向架 1 还装有 ATC 天线及轮缘润滑装置，且轴端布置在两个拖车转向架之间也不同。

一 ZMA080 型转向架的特点

ZMA080 型转向架具有以下特点：
(1) 构架采用"H"形、侧梁带有导框，无摇枕全焊接结构。
(2) 一系悬挂采用人字形金属橡胶弹簧，二系悬挂采用空气弹簧结构。
(3) 动车转向架牵引电动机架悬在构架横梁上，每个构架反对称地布置两台牵引电动机；驱动装置由电动机、联轴节、齿轮箱等组成。
(4) 牵引装置采用无磨耗的中心销、Z 字形拉杆牵引方式。
(5) 基础制动装置采用踏面制动单元。
(6) 动车转向架、拖车转向架各自间可互换，所有转向架的构架可完全互换。

二 ZMA080 型转向架的组成

ZMA080 型转向架主要由构架、轮对轴箱装置、一系悬挂、二系悬挂、中心牵引装置、驱动单元 (动车转向架)、基础制动装置、轮缘润滑装置、垂向减振器、转向架空气管路、抗侧滚扭杆、转向架电器装置、ATC 装置 (拖车转向架 1) 等部件构成。ZMA080 型转向架的结构如图 3-50 所示。

1 构架 (如图 3-51)

构架是由两根侧梁和中间横梁组成，两根侧梁由中间横梁连接，构成无摇枕的"H"形结构,采用低合金高强度的钢板。构架的侧梁在转向架中间降低以便安装空气弹簧。侧梁上有制动单元的安装座,中间横梁上有支撑电动机和齿轮箱的托架。

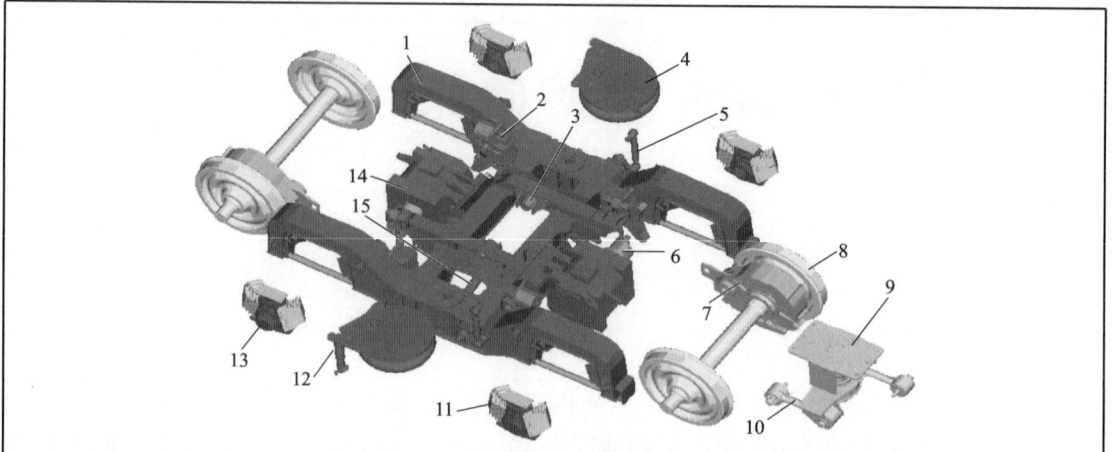

图 3-50　ZMA080 型转向架结构图

1-构架;2-基础制动装置;3-横向橡胶缓冲挡;4-空气弹簧;5-抗侧滚扭杆;6-联轴节;7-齿轮减速箱;8-轮对;9-中央牵引装置;10-Z 形拉杆;11-叠层橡胶弹簧;12-垂向液压减振器;13-轴箱轴承装置;14-牵引电动机;15-横向液压减振器

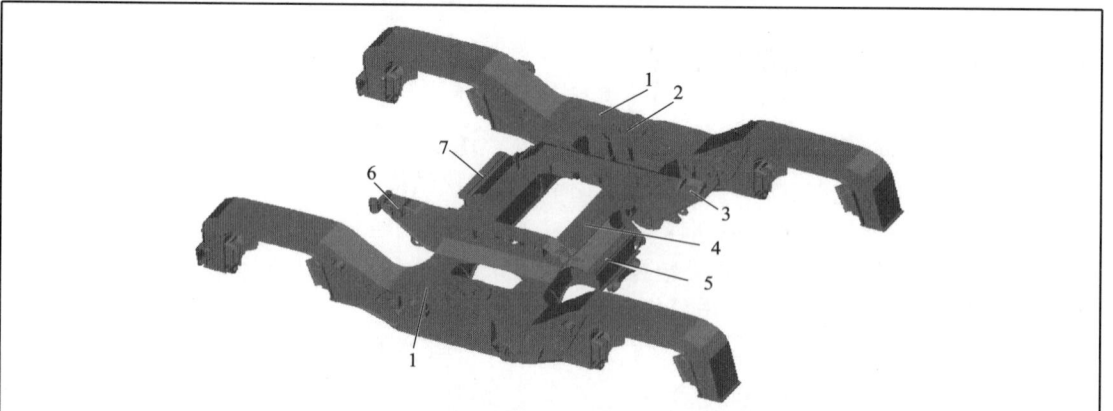

图 3-51　构架

1-侧梁;2-空气弹簧座;3、6-齿轮箱悬挂座;4-中间横梁;5、7-电动机悬挂座

动车转向架和拖车转向架采用相同构架,带有动车转向架和拖车转向架需要的安装座,以保证可以完全互换。

❷ 轮对轴箱装置

车轴材料为 EA4T(25CrMo4V)。动车和拖车车轴结构基本相似,不同之处是动车的车轴有驱动齿轮的安装座。

车轮为整体辗钢轮,材料为 R9T。车轮辐板为 S 形,踏面为磨耗型(LM)踏面。车轮滚动圆直径为 840mm,允许磨耗最小直径为 770mm。车轮设有压装时用的注油孔和踏面磨耗到限标志。

轴箱包括轴箱体、轴承、密封端盖、防尘挡圈等。轴箱体采用铸造铝合金结构,轴承为分体式圆柱滚子轴承。如图 3-52 所示。

图 3-52 轴箱装置

车轴轴端共有 4 种结构:第一种为普通轴端,第二种为设有防滑器的速度传感器轴端,第三种为设有 ATC 速度传感器的轴端,第四种为设有接地装置的轴端。这些设备均装在轴箱的外侧。

③ 一系悬挂装置(如图 3-53)

一系悬挂装置采用人字形金属橡胶叠层弹簧,该弹簧不易磨损、破裂,能安全、可靠地对轮对进行导向。一系悬挂装置还传递从轮对到转向架构架的三个方向上的作用力。由于橡胶弹簧的特征,在一系悬挂装置中无需再安装减振器。

橡胶弹簧各向刚度的选择及其布置,除需要保证车辆具有良好的动力学性能外,还确保了轮对的径向调节,最大限度地减少了车轮和轨面的磨损。

④ 二系悬挂装置

每个二系悬挂装置配有两个空气弹簧,左右两侧各一个,两个空气弹簧布局的差别在于空气弹簧安装顶板左、右的形状不同。车体被支撑在这两个空气弹簧上。空气弹簧位于转向架构架的侧梁上,其上安装座位于车体主横梁下方。

每一空气弹簧串联一个附加的辅助弹簧(层叠橡胶垫),当空气弹簧泄气(破损)时,辅助弹簧可作为保护装置保证车辆能够继续运行,但是会降低乘坐舒适度。

当车体负载变化时,空气弹簧通过高度阀调节进行充排气,确保车体地板高度限制在允许的范围内。

⑤ 中心牵引装置(如图 3-54)

车体和转向架之间纵向(驱动方向)作用力的传递是通过牵引装置来实现的。牵引装置由连杆组装、牵引座、中心销等组成。对角安装的连杆(Z 型双拉杆形式)不易磨损且免维修。

⑥ 驱动单元(如图 3-55)

每个动车车轴上装有一套驱动单元,包括电动机、联轴节、齿轮箱和齿轮箱吊杆。牵引电动机横向布置并以全悬挂的方式直接安装在转向架构架上。齿轮箱的一端是由滚动轴承支撑在车轴上,另一端由齿轮箱吊杆连到转向架构架上。牵引电动机和齿轮箱之间力的传递由柔性齿形联轴节实现。

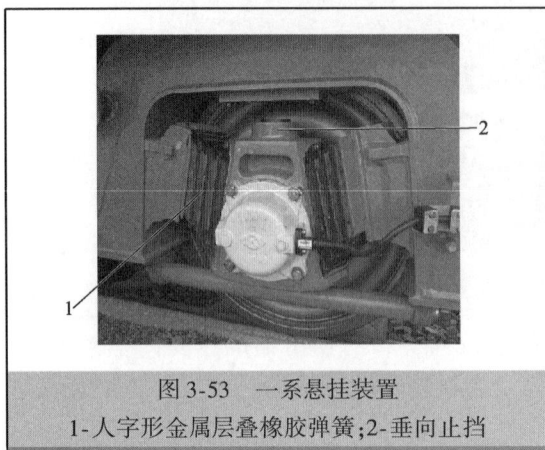

图 3-53 一系悬挂装置
1-人字形金属层叠橡胶弹簧;2-垂向止挡

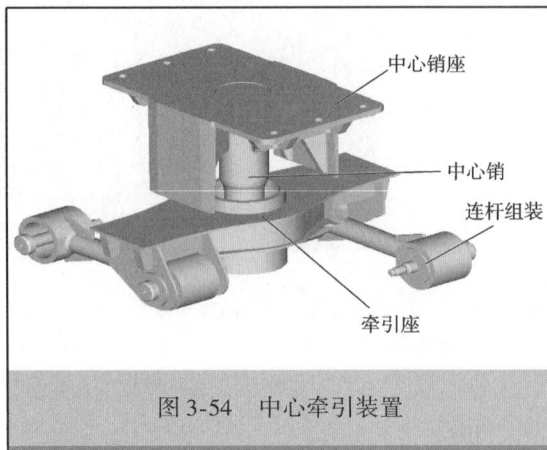

图 3-54 中心牵引装置

7 基础制动装置(如图 3-56)

每个车轮都配有气动的踏面制动单元,该装置安装在转向架构架上。基础制动单元内均设有闸瓦间隙自动调整器,以保证闸瓦与踏面间隙始终保持在规定的范围内。每个转向架的 4 个制动器中的 2 个另外安装了空气缓解、弹簧施压的停放制动装置。

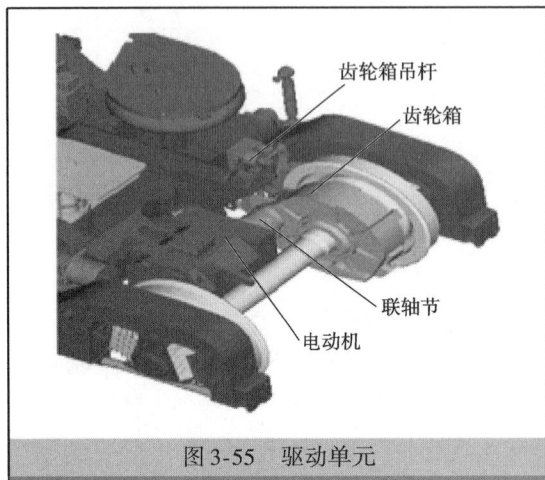

图 3-55 驱动单元

图 3-56 基础制动装置

8 轮缘润滑装置

为减少对轮缘的镟修、降低轨道的磨耗及噪声,在转向架上安装了轮缘润滑装置。该装置具有弯道探测功能,并在过弯道时喷射润滑油脂。

如图 3-57 所示。轮缘润滑装置主要包括电控箱、弯道传感器、油箱组、喷嘴等元件。其中,电控箱、弯道传感器安装于车体上,油箱组、喷嘴安装于转向架上。

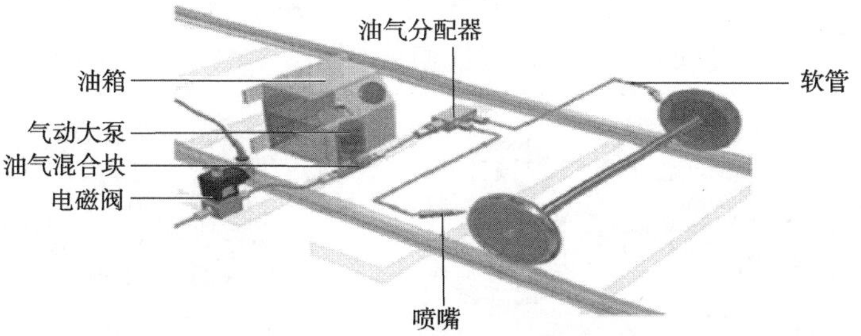

图 3-57 轮缘润滑装置

3.6 CW2100（D）型转向架

CW2100(D)型转向架是北车集团长春客车股份公司生产的。该转向架是适合于80km/h速度等级的无摇枕焊接结构转向架。一系悬挂为层叠橡胶弹簧,二系悬挂为无摇枕空气弹簧,动车和拖车转向架均采用单侧踏面制动,驱动装置采用一级减速的齿轮箱和齿式联轴节,中央牵引装置采用"Z"型拉杆结构。其整体结构参见图3-1和图3-2。

一 CW2100（D）型转向架的主要参数

转向架的主要参数见表3-1。

转向架的主要参数 表 3-1

项 目	参 数 值	项 目	参 数 值
最高试验速度	90km/h	一系悬挂	圆锥橡胶弹簧
最高运行速度	80km/h	二系悬挂	空气弹簧
转向架轴距	2200mm	基础制动	踏面制动
车轮直径	840mm(新轮)/770mm(磨耗到限)	轴箱轴承	$\phi120 \times \phi215 \times 146$mm 圆柱轴承单元
轮对内侧距	1353 ± 2mm	轴颈间距	1930mm
轴重	≤14t		

二 CW2100（D）型转向架的组成

CW2100(D)型转向架共分为三种类型,其中动车转向架一种,拖车转向架两种。转向架主要由构架组成、一系悬挂装置、二系悬挂装置、中央牵引装置、轮对轴箱装置、基础制动装置、排障器及天线安装梁、驱动装置等部件组成(如图3-58~图3-60所示)。

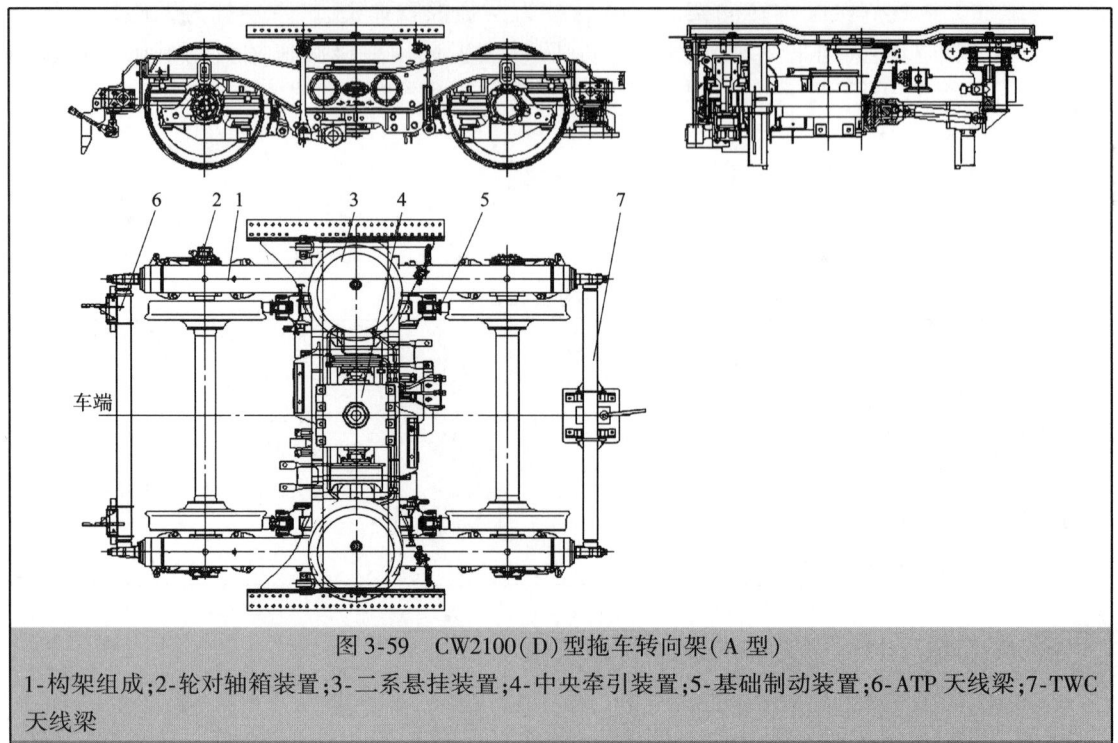

图 3-58　CW2100(D)型动车转向架

1-构架组成;2-轮对轴箱装置;3-二系悬挂装置; 4-中央牵引装置;5-基础制动装置;6-驱动装置

图 3-59　CW2100(D)型拖车转向架(A 型)

1-构架组成;2-轮对轴箱装置;3-二系悬挂装置;4-中央牵引装置;5-基础制动装置;6-ATP 天线梁;7-TWC 天线梁

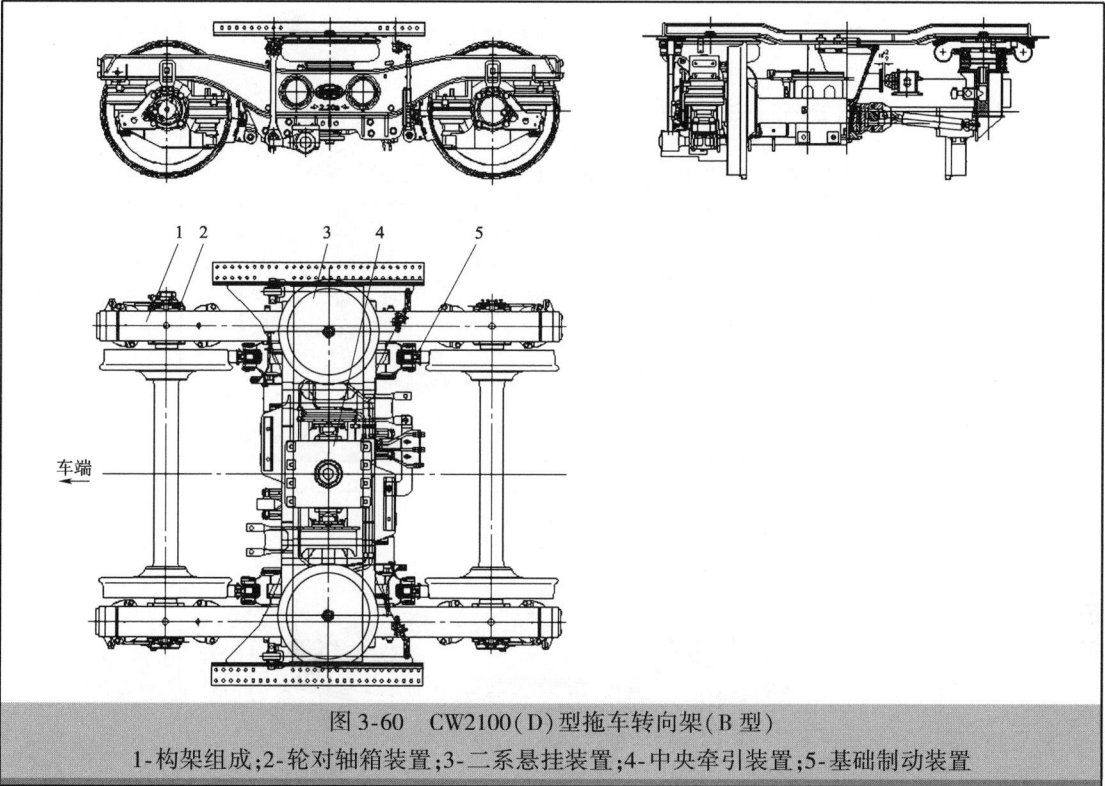

图 3-60　CW2100（D）型拖车转向架（B 型）
1-构架组成;2-轮对轴箱装置;3-二系悬挂装置;4-中央牵引装置;5-基础制动装置

① 构架

转向架构架如图 3-61 所示,均属于 U 型构架,采用钢板焊接结构的箱形侧梁以及与侧梁相贯通的无缝钢管横梁。

侧梁采用"四块板"焊接结构,侧梁的下部焊接有托板组成,用于安装制动缸。横梁为无缝钢管结构,由两个箱形纵梁连接成横梁框架。动车横梁上对角焊接有电动机吊座、齿轮箱吊座和牵引拉杆座,分别用于安装牵引电动机、齿轮箱吊杆和牵引拉杆。箱形纵梁的内面上用于安装横向挡。

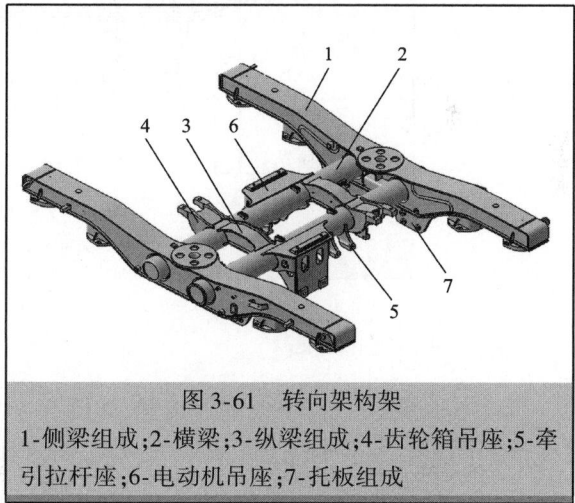

图 3-61　转向架构架
1-侧梁组成;2-横梁;3-纵梁组成;4-齿轮箱吊座;5-牵引拉杆座;6-电动机吊座;7-托板组成

② 一系悬挂装置

为减轻重量,一系悬挂装置采用圆锥叠层橡胶弹簧。如图 3-62 所示。

③ 二系悬挂装置

二系悬挂装置主要包含的零部件有:空气弹簧、高度调整阀(水平杠杆、调整杆)、抗侧滚扭杆等。各零部件如图 3-63 所示。

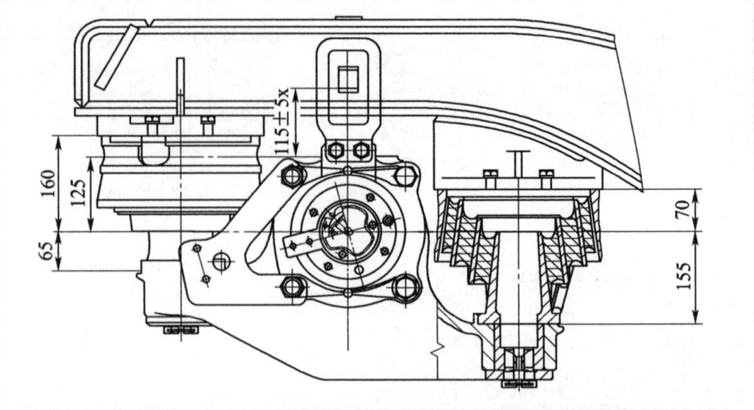

图 3-62　一系悬挂装置(尺寸单位:mm)

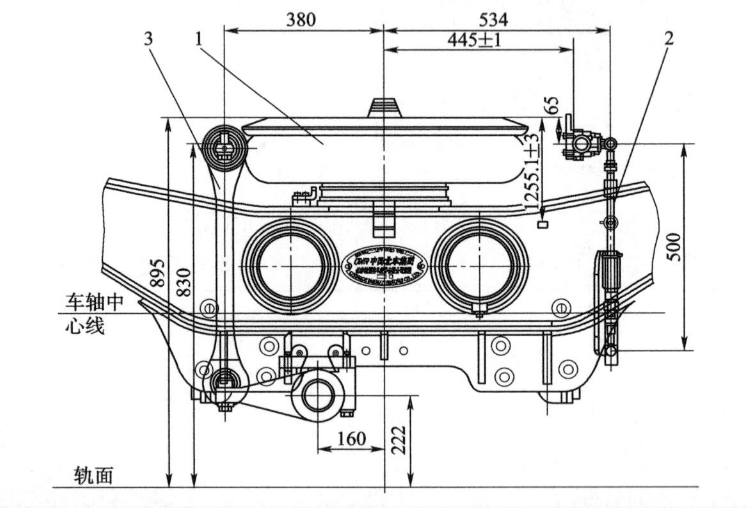

图 3-63　二系悬挂装置(尺寸单位:mm)
1-空气弹簧;2-高度调整装置;3-抗侧滚扭杆

④ 中央牵引装置

每个转向架设一套中央牵引装置,如图 3-64 所示,采用传统的"Z"型拉杆结构,主要由中心销、牵引梁、横向挡、横向减振器、中心销套和两个牵引拉杆组成。

⑤ 轮对轴箱装置

轴端组成主要由轴箱、轴承、轴箱前盖、轴端压板、防尘挡圈和 O 型密封圈等组成。根据轴端安装设备的不同,轴端组成又分为三种,分别为防滑轴端安装组成、接地轴端安装组成、测速轴端安装组成。三种轴端安装组成的结构基本相同,分别如图 3-65 ~ 图 3-67 所示。

轴箱轴承采用型号为 NSK120JRF11S8CG125 双列自密封圆柱滚子轴承,安装在轴箱体内。密封罩能够把润滑脂封闭在轴承组里并防止污物进入。轴承可满足 80 万 km 或使用时间 6 年内免维护的要求。

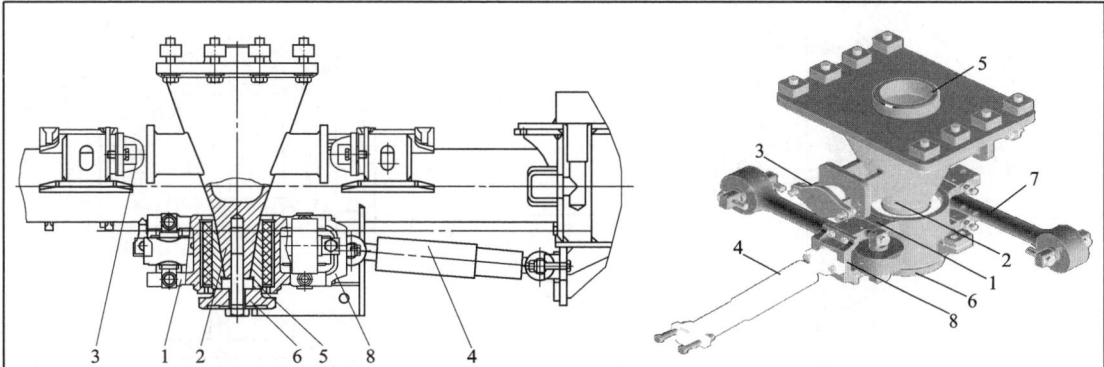

图 3-64　中央牵引装置

1-牵引梁组成;2-中心销;3-横向挡组成;4-横向减振器;5-中心销套;6-下盖;7-牵引拉杆;8-减振器座

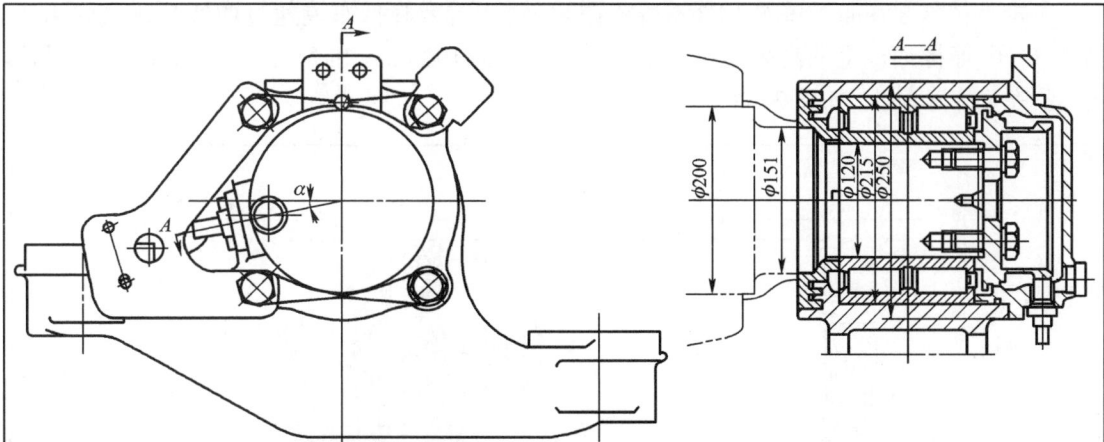

图 3-65　防滑轴端安装组成(尺寸单位:mm)

图 3-66　接地轴端安装组成(尺寸单位:mm)

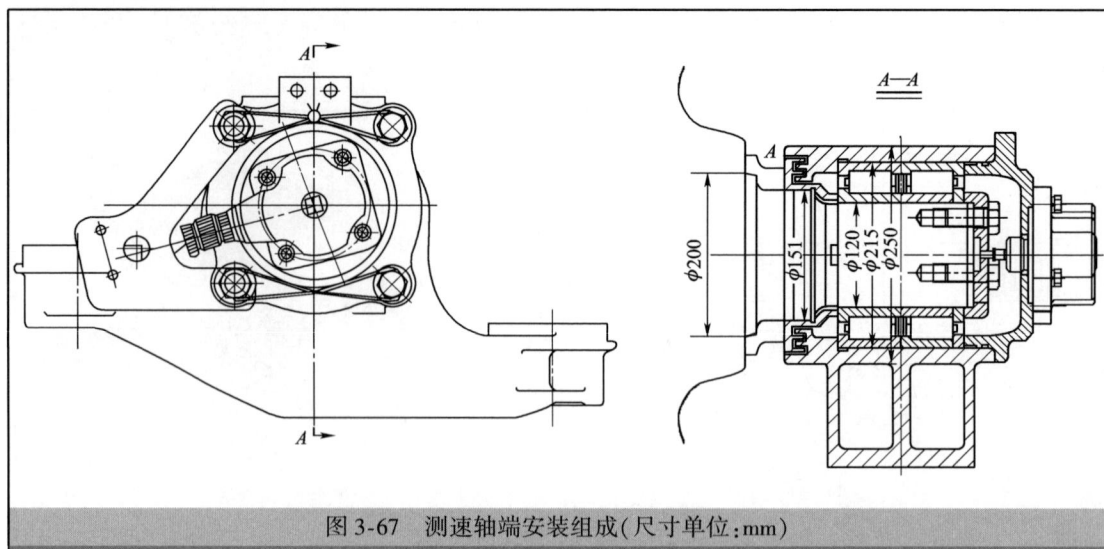

图 3-67　测速轴端安装组成(尺寸单位:mm)

车轮直径是 840mm。车轮加装有降噪阻尼环,能有效降低车辆通过曲线时轮轨间由于侧滑、挤压、摩擦而产生的高频噪声。车轴轴颈间距为 1930mm,轴颈直径为 120mm。传动齿轮热装在动车车轴上,如图 3-68 所示。

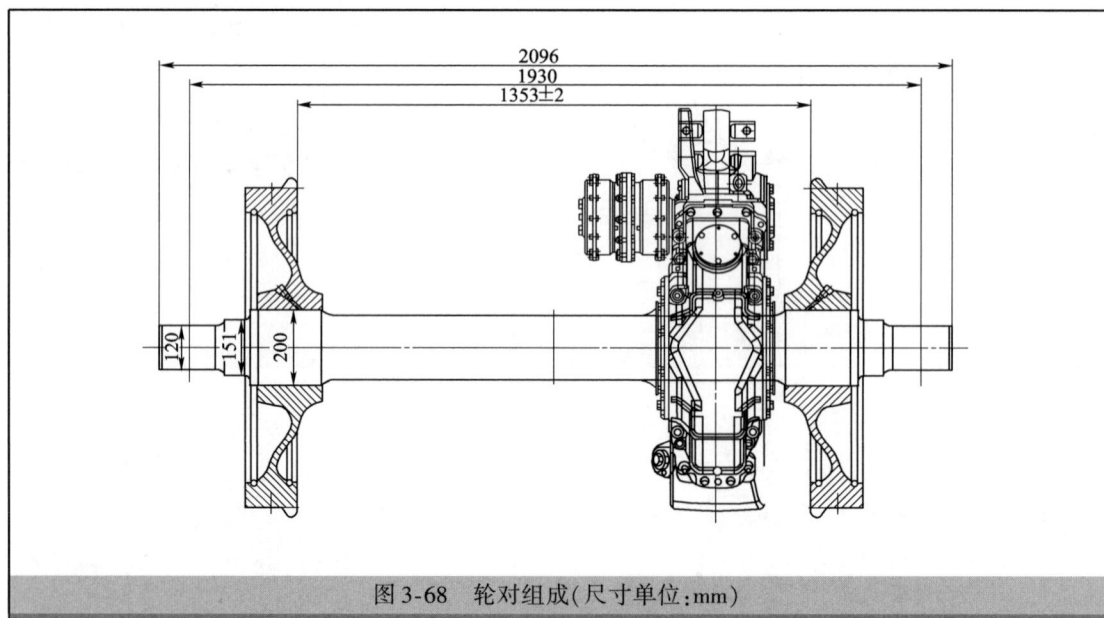

图 3-68　轮对组成(尺寸单位:mm)

6 基础制动装置

动车转向架和拖车转向架的基础制动装置均采用单侧踏面单元制动缸的制动方式,如图 3-69、图 3-70 所示。

动车、拖车每台转向架有四个踏面单元制动缸,其中两个带停放功能的踏面单元制动缸和两个不带停放功能的踏面单元制动缸,使用高耐磨合成闸瓦。

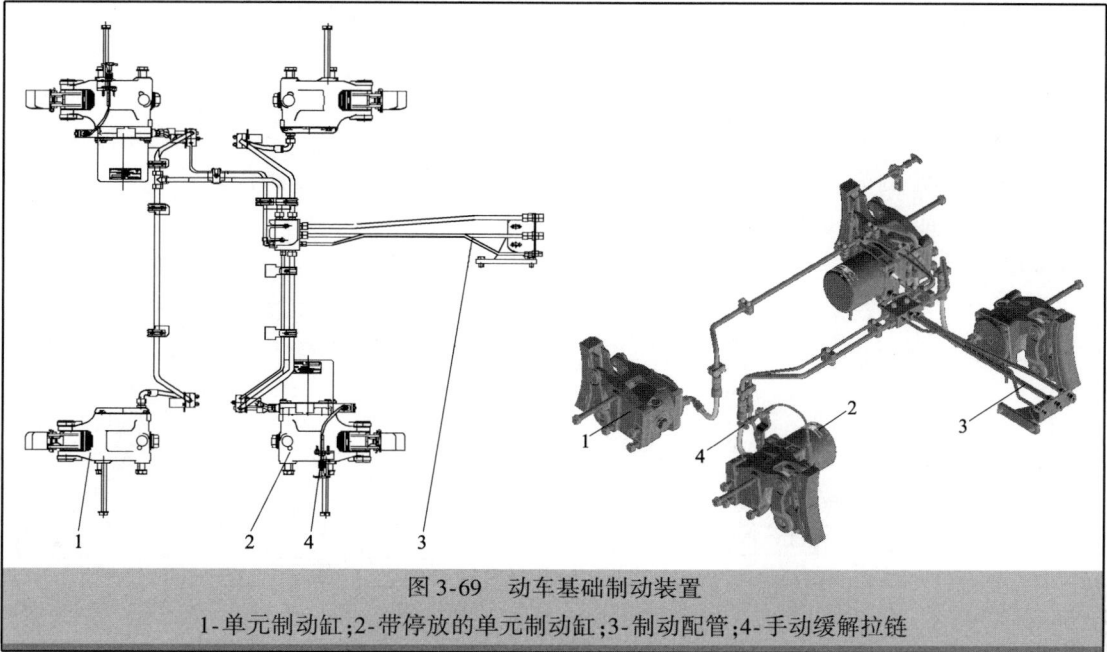

图 3-69　动车基础制动装置
1-单元制动缸;2-带停放的单元制动缸;3-制动配管;4-手动缓解拉链

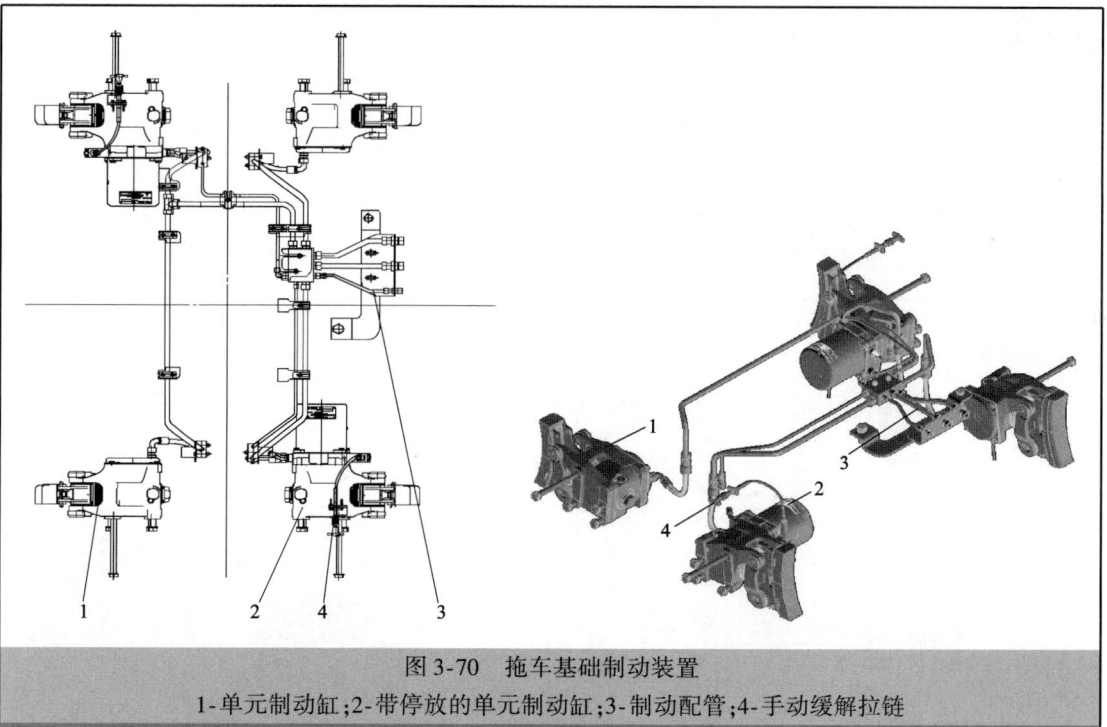

图 3-70　拖车基础制动装置
1-单元制动缸;2-带停放的单元制动缸;3-制动配管;4-手动缓解拉链

　　踏面单元制动缸能对车轮和闸瓦的磨耗间隙进行自动补偿,同时还设有手动复原装置,通过手动复原装置也可以调整车轮及闸瓦间的间隙,使制动闸瓦和车轮踏面之间的距离保持在 5 ~ 10mm。

　　具有停放功能的单元制动缸还配有手动缓解闸线,手动缓解闸线的把手安装在侧梁上部,可以在必要时很方便地手动缓解停放制动,制动配管采用无螺纹结构,密封性能好。

⑦ 排障器及天线安装梁(如图 3-71)

ATP 天线梁组成安装在每列车头车的一位转向架端部,并设置两个简易排障器,排障器下端距轨面的距离为 75mm,TWC 天线安装梁安装在每个头车一位转向架的端部。每次镟轮后,均须根据镟修量调整天线距轨面的高度。

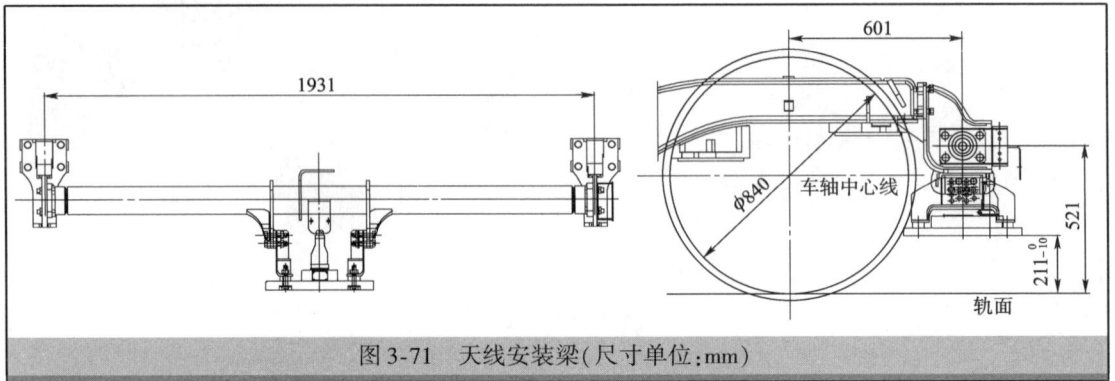

图 3-71　天线安装梁(尺寸单位:mm)

⑧ 驱动装置

驱动装置包括齿轮箱组成、齿式联轴节和牵引电动机。齿轮箱采用分体式球墨铸铁箱体,齿轮为斜齿轮、一级减速,润滑方式为飞溅润滑。齿轮箱大齿轮安装在车轴上,另一端通过吊杆与构架上的齿轮箱吊座相连。

齿式联轴节可适应电动机侧和小齿轮侧的偏角,满足电动机轴和小齿轮轴的相对位移要求,同时可完成传递扭矩的作用。牵引电动机完全悬挂在构架上,如图 3-72 所示。

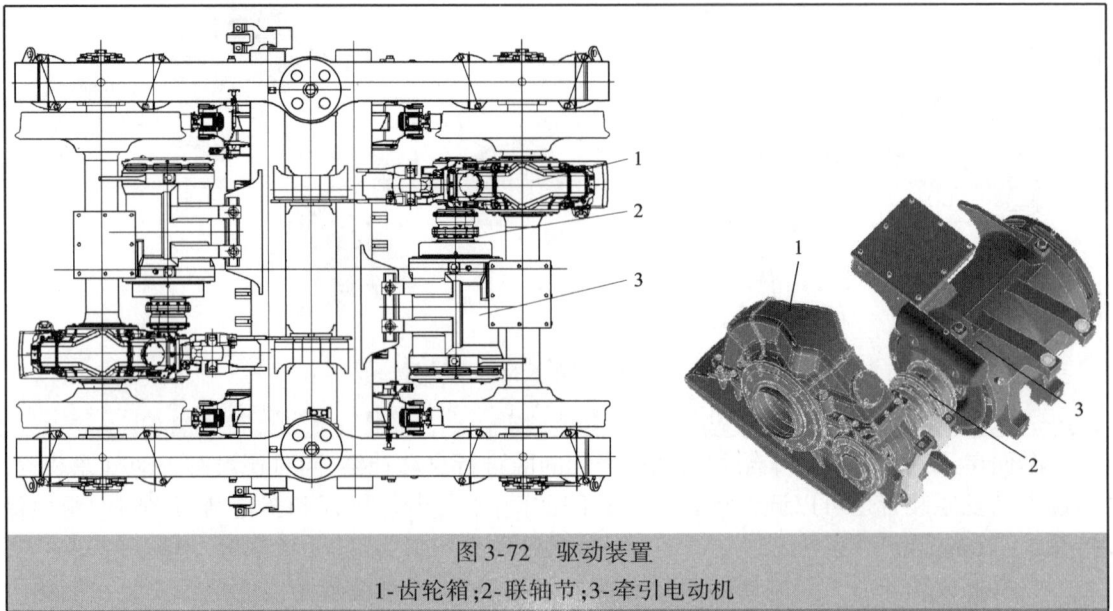

图 3-72　驱动装置
1-齿轮箱;2-联轴节;3-牵引电动机

3.7 SDB-140 型转向架

SDB-140 型转向架是南车集团四方股份公司生产的一种城市轨道交通车辆转向架。可分为带动力的动车转向架（AFMZ18M1）和拖车转向架（SFMZ18T1 和 SFZ18T2），均为无摇枕结构。两者的主要区别是：动车转向架有牵引传动装置（牵引电动机、齿轮传动装置、联轴节），动车的构架设有牵引电动机吊座、齿轮箱吊座等；拖车转向架没有牵引传动装置，其他结构基本相同。动车转向架结构如图 3-73 所示。

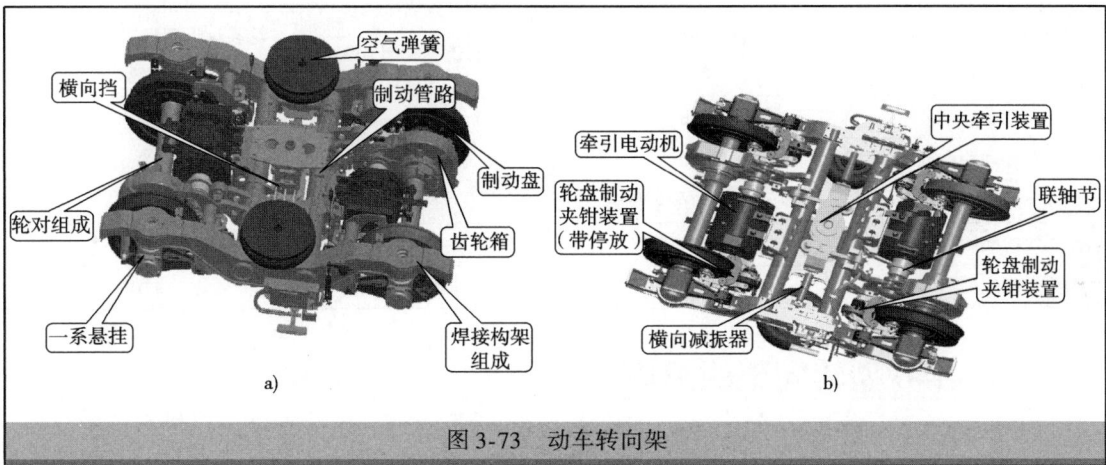

图 3-73 动车转向架

一 SDB-140 型转向架的特点

（1）基础制动采用盘形制动，制动盘独立承担摩擦制动热负荷，与踏面制动相比极大地改善了车轮工作环境，降低了车轮踏面异常磨耗的发生几率，大大提高了车轮使用寿命。

（2）一系悬挂装置采用转臂式轴箱定位结构，具有较大的水平定位刚度，提高了车辆的临界速度，同时具有较低的垂向刚度，可以保证较好的垂向舒适性，降低车辆轮重减载率和脱轨系数，提高运行安全性。

（3）采用小刚度、大柔度的空气弹簧来改善车辆乘坐舒适性，空气弹簧气囊下的紧急弹簧（橡胶堆）具有较低的垂向和横向刚度，可以保证空气弹簧失效的紧急工况下，车辆仍能按照正常运营速度安全运行。

（4）牵引装置采用"Z"型全弹性无间隙牵引装置，通过优化牵引刚度，隔离转向架纵向伸缩振动通过中心销向车体弯曲模态振动传递。

（5）采用在地铁车辆及电气化铁道系统中经过运用验证的进口双列圆柱滚子轴承，自密封结构，不漏油。轴承规格为 $\phi120 \times \phi215 \times 146$。轴承的检修周期为6年或80万km。寿命大于200万km。

（6）二系悬挂装置设置过充止挡，既有防止空气弹簧垂向过充功能，又实现了整体起吊功能，吊起车体时能够将转向架一起吊起。

（7）构架进行防腐处理。内部腔体灌涂防腐液，隔绝空气起到防腐的效果。

二 SDB-140 型转向架的主要技术参数

SDB-140 型转向架的主要技术参数见表3-2。

SDB-140 型转向架的主要技术参数 表 3-2

项 目	转 向 架 类 型		项 目	转 向 架 类 型	
	M 车	T 车		M 车	T 车
转向架质量(t)	约 7.6	约 5.4	空气弹簧有效直径(mm)	505	
最高运行速度(km/h)	140		基础制动装置	轮装盘形制动，每轴配一个停放制动夹钳	
轨距(mm)	1435				
轴距(mm)	2300		轴重(t)	≤15	
轴颈间距(mm)	2010		运行平衡性	<2.5	
车轮直径(mm)	840(新)/770(全磨耗)		车轮减载率	≤0.6	
轮对内侧距离(mm)	1353 ± 2		脱轨系数	<0.8	
牵引点距轨面高度(mm)	305		最小曲线半径(m)	110	

三 SDB-140 型转向架的组成

SDB-140 型转向架的组成主要有：构架组成、轮对轴箱装置、一系悬挂装置、二系悬挂装置、中央牵引装置、基础制动装置等。

❶ 构架

构架是钢板焊接 H 型结构。侧梁采用箱形全钢板焊接，与侧梁相贯通的横梁用无缝钢管制成，结构采用优化设计避免应力集中。

转向架构架结构如图3-74 所示。

❷ 轮对轴箱装置

（1）轮对。车轮采用直辐板整体车轮，材质为 ER9。踏面为标准的磨耗形踏面。车轮压装于车轴上，传动齿轮压装在动车转向架的车轴上。动车和拖车轮对组成如图3-75、图3-76 所示。

图 3-74　动车转向架构架组成

图 3-75　动车轮对组成

图 3-76　拖车轮对组成

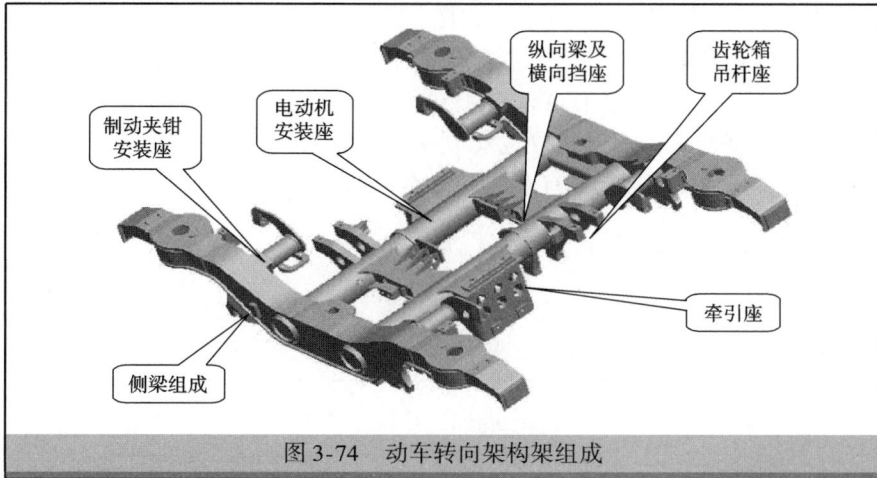

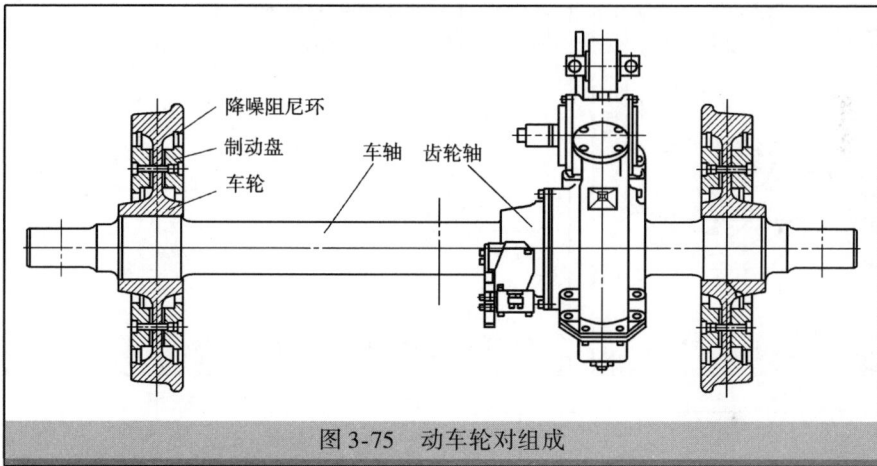

　　车轮降噪阻尼环在车轮发生振动时,通过阻尼环与车轮之间摩擦产生界面阻尼耗能,能够起到抑制车轮径向和横向模态振动的作用,减少车轮向外辐射噪声,从而获得较好降噪效果。车轴材质为 EA4T。

　　(2)齿轮箱装置:是传递驱动扭矩或制动扭矩的关键部件,仅安装于动车转向架上。

（3）轴箱轴承装置（如图3-77所示）：主要由轴箱体、轴承、防尘挡圈、前盖、压盖等组成。轴箱体采用铸钢材料，轴箱前盖采用铝合金材料，有效减轻了簧下重量。轴箱体采用金属迷宫式防尘结构。在拖车轴端安装有ATP系统的测速装置、滑行控制系统的测速装置和接地装置；动车的滑行控制系统的测速装置也安放在车轴端部，输出的信号传送给制动系统。轴箱轴承采用进口产品。轴承的类型有双列圆柱结构、自密封结构。

3 一系悬挂装置（如图3-78）

一系悬挂装置采用双螺旋钢弹簧组结构加橡胶定位结点的转臂轴箱式定位结构。橡胶定位结点如图3-79所示。

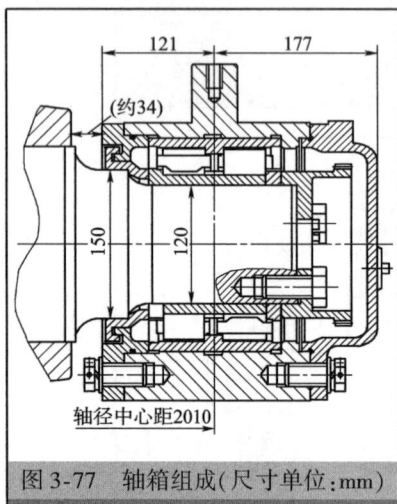

图3-77　轴箱组成（尺寸单位：mm）

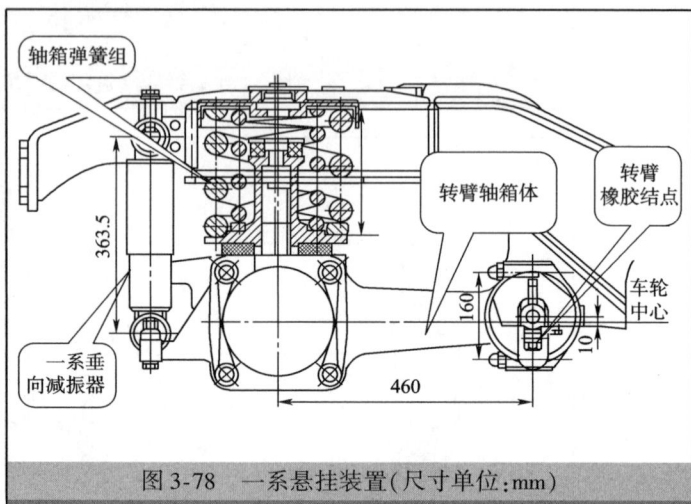

图3-78　一系悬挂装置（尺寸单位：mm）

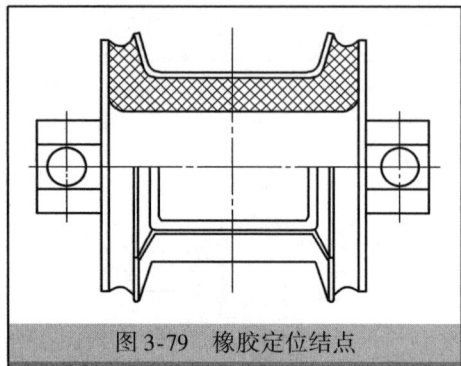

图3-79　橡胶定位结点

一系悬挂装置的组成如下：

（1）轴箱弹簧组：轴箱弹簧组由两个嵌套的螺旋钢弹簧、安装在钢弹簧下面的橡胶减振垫、弹簧上下夹板等组成，主要承受构架的垂向荷载，以及隔离来自轨道的振动。

（2）转臂轴箱体：作为连接轮对与构架的重要部件，为了简化结构，降低自重，采用转臂轴箱体一体化结构，便于组装和维护检修。转臂轴箱体的一端通过弹性橡胶结点安装在构架上，另一端通过轴箱轴承及轴承压盖与车轴连接在一起。

（3）一系悬挂装置垂向采用弹性缓冲止挡结构，可有效缓解由于其减振部件失效带来的对轮对、轴箱等部位冲击。

（4）垂向减振器：安装在轴箱外侧，在构架端部和转臂轴箱体之间，方便检查与维护。

（5）橡胶定位结点：结构采用金属-橡胶硫化的弹性元件。

4 二系悬挂装置（如图3-80）

在转向架与车体之间设置二系悬挂装置。二系悬挂装置由空气弹簧、二系横向油压减振器、自动高度调整阀、水平杠杆、调整杆、差压阀、调整垫等组成。

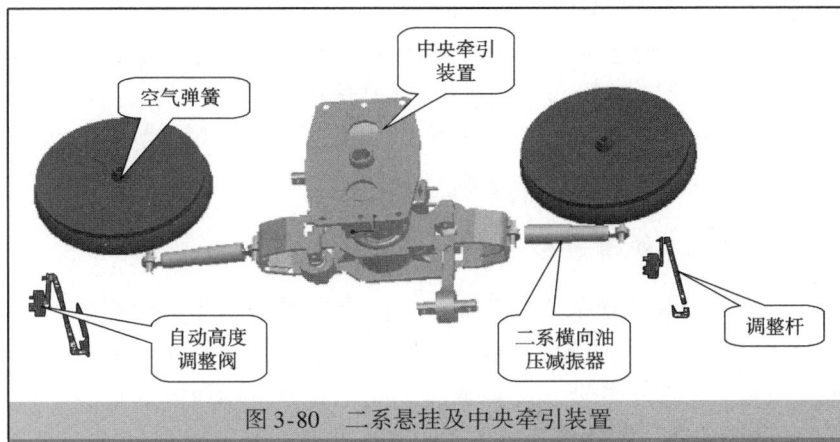

图 3-80　二系悬挂及中央牵引装置

（1）空气弹簧：空气弹簧系统由 2 个空气弹簧、2 个高度阀、1 个压差阀和 2 个附加空气室通过管路连接而成，是转向架构架与枕梁之间的悬挂装置，空气弹簧系统确保车辆保持高度不变。转向架构架横梁内部做空气弹簧的附加空气室，空气弹簧的下部通风口与附加空气室连接，上部进风口与车体的管路连接。

（2）减振装置：每台转向架采用两个横向油压减振器，安装在构架侧梁与中央牵引梁之间，衰减车辆的横向振动；采用空气弹簧中阻尼节流孔来衰减车辆的垂向振动。空气弹簧的阻尼参数选择满足运行平衡性的要求。采用萨克斯横向油压减振器。

（3）横向止挡：横向止挡用来限制车体的横向摆动，使用弹性橡胶堆，同时具有适当的弹性以满足运行平衡性的要求。所有与弹性橡胶堆相接触的转向架零件都经特殊涂层处理以防腐蚀。

（4）垂向止挡：在转向架中央牵引梁与构架之间设置垂向限位止挡，垂向限位止挡的功能是：当车辆出现异常状态时，即空气弹簧处于过充状态、高度调整阀、差压阀同时处于故障状态时，由垂向限位止挡将车体和构架相对限位，限制空气弹簧的高度，保证车辆与限界之间的有效安全距离，从而达到保证车辆的行车安全。同时通过垂向止挡实现转向架的整体起吊功能。

5 中央牵引装置（如图 3-81）

每台转向架设有一套中央牵引装置。牵引装置主要包含的零部件有：中心销、中心销套、牵引梁、牵引拉杆等。中心销的上端通过螺栓固定在车体的枕梁中心，下端插入牵引梁内，通过中心销套将中心销与牵引梁固定在一起，牵引梁和构架之间通过两个呈"Z"形布置的牵引拉杆连接；中心销、中心销套、牵引梁之间是无间隙配合，实现了无间隙牵引。主要部件如减振

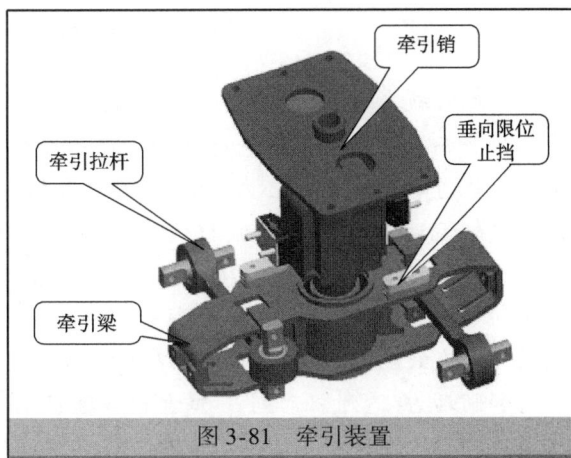

图 3-81　牵引装置

器、牵引拉杆均可以方便地进行检查、更换。

中央牵引装置中各主要零部件的功能如下：

（1）牵引梁：牵引梁是传递牵引力和制动力的中间载体，一方面通过中心销套与中心销连接，另一方面通过两根呈"Z"形布置的牵引拉杆与构架相连。

（2）牵引拉杆：每套牵引装置使用两个呈"Z"形布置的牵引拉杆。它的两端为弹性橡胶结点。牵引拉杆的一端与构架相连，另一端与牵引梁相连。

6 基础制动装置（如图3-82）

动车、拖车基础制动装置均采用轮盘制动。转向架采用单元制动夹钳作为基础制动装置。每根轴安装两套单元制动夹钳，其中一套具有停放制动功能，满足列车在最大超员情况下，停放在最大坡道上不溜车的要求。停放制动夹钳具有手动缓解的功能。单元制动缸内设有闸片间隙自动调整器。闸片更换方便。

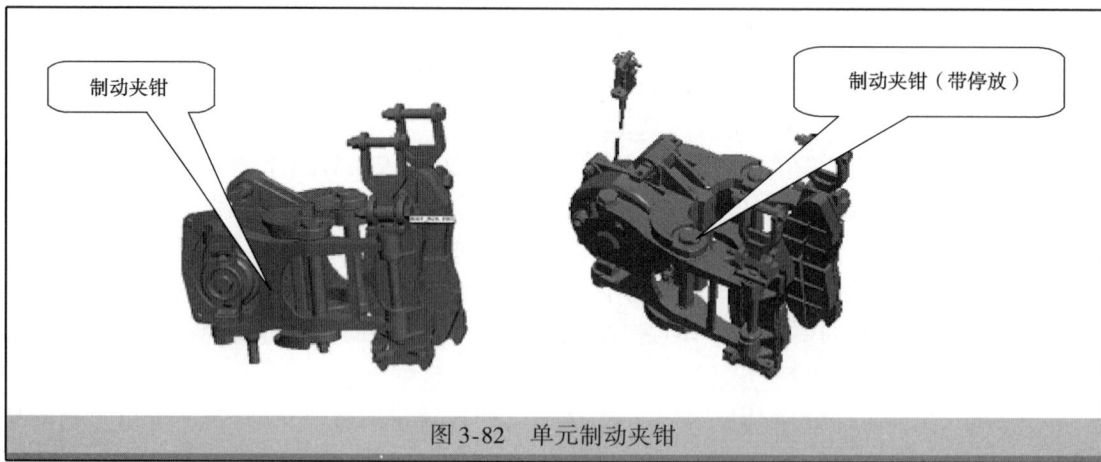

制动夹钳　　　　　　　制动夹钳（带停放）

图3-82　单元制动夹钳

知识链接

直线电动机转向架的驱动方式

一些轻轨车辆上使用直线电动机转向架。直线电动机可以视为一台旋转电动机沿半径方向切开而展平的感应子电动机，定子（磁铁和线圈）和转子（感应板）分别安装在车辆转向架上和轨道中间的导轨上，其原理与普通旋转式感应式电动机的原理一样，只不过其运动方式由旋转运动变为直线运动，仍然构成感应电动机的作用机能。

这种驱动方式的最大特点是驱动方式不再受到轮轨黏着的限制，而取决于该定子-转子系统的电磁性能，因而是一种非黏着驱动方式，能在车辆与导轨无接触情况下传递牵引力、制动力。直线电动机驱动同样可以利用牵引逆变器控制定子磁场的变化，以产生相应的牵引力和制动力，达到驱动列车加速和减速的目的。直线电动机转向架工作原理如图3-83所示。

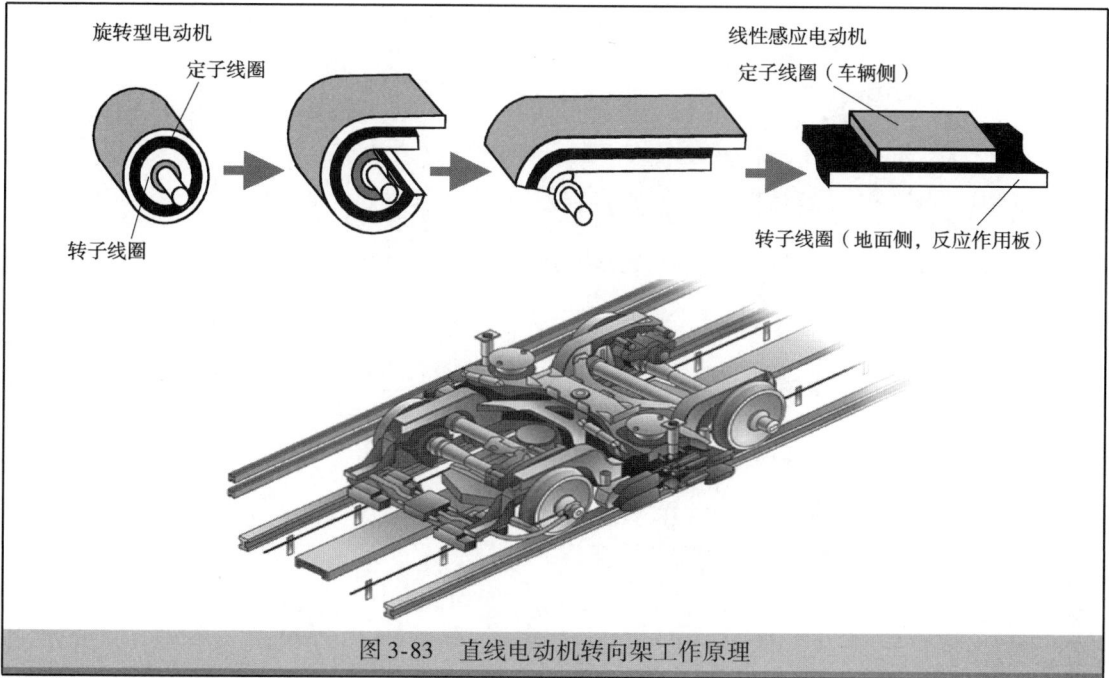

图 3-83　直线电动机转向架工作原理

3.8

其他城市轨道交通车辆转向架

一 跨座式单轨转向架

图 3-84 所示为重庆轻轨线路的跨座式单轨转向架，主要技术参数见表 3-3 所示。

跨座式单轨转向架主要技术参数　　　　　　　　　表 3-3

项　目	参　数	项　目	参　数
走行轮自由直径	1006mm	走行安全轮轴距	2990mm
走行轮轴距	1500mm	空气弹簧距轨面高度	928mm
走行轮中心间距	400mm	空气弹簧轴向间距	2050mm
走行轮轴重	11t	空气弹簧公称有效直径	450mm
稳定轮自由直径	730mm	最高运行速度	75km/h
导向轮自由直径	730mm	导向轮轴距	2500mm

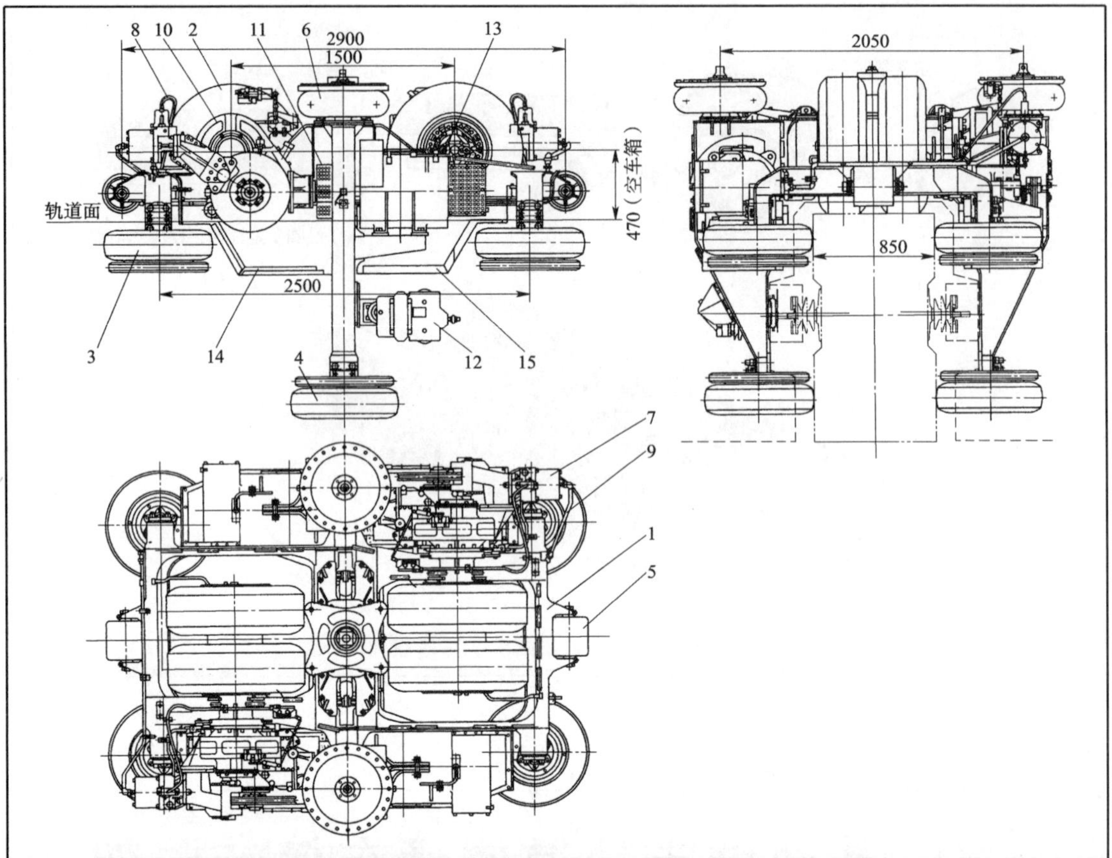

图 3-84　跨座式单轨转向架(尺寸单位:mm)

1-构架组成;2-走行轮组成;3-导向轮组成;4-稳定轮组成;5-走行辅助轮组成;6-中央悬挂装置;7,9-基础制动装置;8-停放制动缓解装置;10-驱动装置;11-联轴节罩板;12-集电装置;13-内压检测装置;14、15-隔音板

　　单轨转向架为跨座式结构,分为动力转向架和非动力转向架两种。主要由构架组成、走行轮组成、导向轮组成、中央悬挂装置、基础制动装置、驱动装置、稳定轮组成、走行辅助轮组成、停放制动缓解装置、基础制动配管、集电装置、内压检测装置、隔音板等组成;非动力转向架没有隔音板,但在转向架端部装有 ATP 天线,它的齿轮箱没有输入轴,主要起传递制动力的作用,无牵引电动机和联轴节。跨座式单轨转向架具有以下特点:

　　(1)爬坡能力及曲线通过能力强:单轨车可以通过 60‰的坡道和曲线半径为 50m 的线路,因此,单轨线路的选线非常自由。

　　(2)自重轻:走行轮的轴重仅为 11t。

　　(3)运行噪声小:由于采用橡胶充气轮胎,噪声小,避免了对环境的污染。

❶ 构架组成

　　转向架构架为钢板焊接结构,由构架体、稳定轮支架、导向轮支架、减振器座和高度阀控制杆座等组成。构架体是由宽侧梁、窄侧梁、横梁和端梁组焊成的整体,在宽侧梁上焊有齿轮箱座,端梁上焊有走行辅助轮座;稳定轮支架的上部腔体作为空气簧的附加空气室,在稳定轮支架中部有一个通过孔,用于联轴节的安装,电动机座焊接在稳定轮支架的侧面,导向

轮支架焊接在构架体上。

2 走行轮组成

走行轮组成如图3-85所示,它采用充氮气的无内胎橡胶轮胎,可以降低运行时的噪声;起支撑作用的空心车轴为悬臂梁结构,压装到齿轮箱座内,走行轮芯通过两个轴承安装到空心车轴上;驱动轴端还装有内压检测装置,通过两根空气软管把压力表和轮胎气门嘴连接起来,可以随时监测走行轮胎的压力。

3 导向轮组成

导向轮和稳定轮的轮胎均为橡胶轮胎,内充氮气,轮辋为锻铝材料,在轮辋上装有安全轮,当轮胎发生刺破或漏气时,安全轮起导向轮、稳定轮的作用。

导向轮组成如图3-86所示。

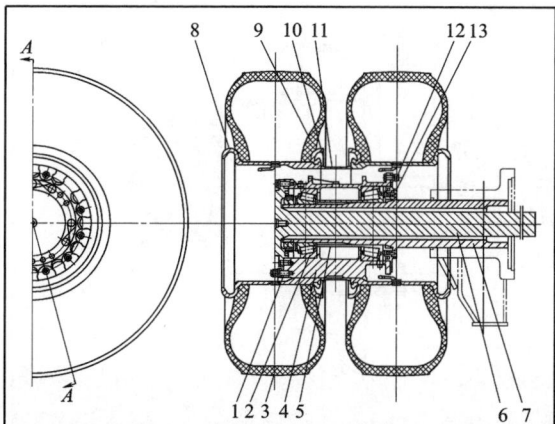

图3-85 走行轮组成

1-楔块;2-轴承;3-轮胎;4-轮芯;5-轴承间隙筒;6-驱动轴;7-空心轴;8-轮辋;9-锁环;10-边环;11-轮辋间隔筒;12-后盖;13-防尘圈

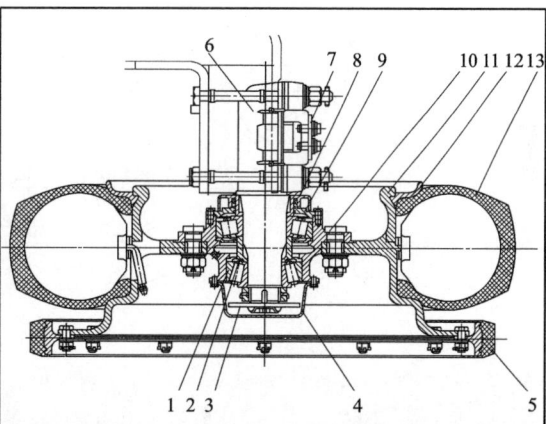

图3-86 导向轮组成

1-轴承;2-轴承间隔板;3-安全挡;4-下端盖;5-安全轮;6-车轴;7-安全板;8-防尘圈;9-上盖;10-轮芯;11-轮辋;12-锁环;13-轮胎

走行辅助轮为实心轮,安装在转向架的两端,当走行轮发生刺破或漏气的情况下,可以由走行辅助轮承担走行任务,车辆仍可低速运行一段距离。

4 中央悬挂装置

中央悬挂装置采用无摇枕结构,车体通过空气弹簧直接落在转向架上,中心销安装在车体枕梁上,中心销与中心销座之间通过特制螺栓连接,中心销座与构架横梁之间为4个牵引橡胶堆,中心销、中心销座之间还设有上、下两个圆锥形橡胶,在构架横梁内安装有2个纵向止挡,减振器安装在中心销座与构架之间,在转向架上部设置的横向止挡可以限制车体过大的横向位移。

牵引力传递过程为:构架→牵引橡胶堆→中心销座→中心销橡胶(圆锥形)→中心销→车体。

5 基础制动装置

基础制动装置包括:制动闸片、制动盘、空油转换器和卡钳等。空油转换器的作用是把空气压力转换成油压,卡钳则进一步提高压力将制动闸片推到安装于驱动装置的制动盘上,卡钳配备自动间隙调整装置,所以不需要调整制动闸片和制动盘之间的间隙;另外,每辆车的两个转向架中的一个安装带有停放制动空油转换器,并配备手动缓解装置,在车内通过地板面的检查孔即可手动缓解;制动盘安装在齿轮箱的中间轴上,可以提高制动倍率。

⑥ 驱动装置(如图3-87所示)

驱动装置包括:齿轮箱、联轴节、电动机。齿轮箱为两级减速,直角传动结构,扭矩从输入轴通过伞齿轮传递到中间轴(制动盘安装在中间轴上),中间轴端部的小齿轮(斜齿圆柱齿轮)与连接驱动轴的大齿轮相啮合,把扭矩传递到车轮;联轴节为带有挠性板的TD联轴节,用于连接电动机输出轴和齿轮箱输入轴;牵引电动机通过4个安装螺栓紧固在构架的电动机座上。

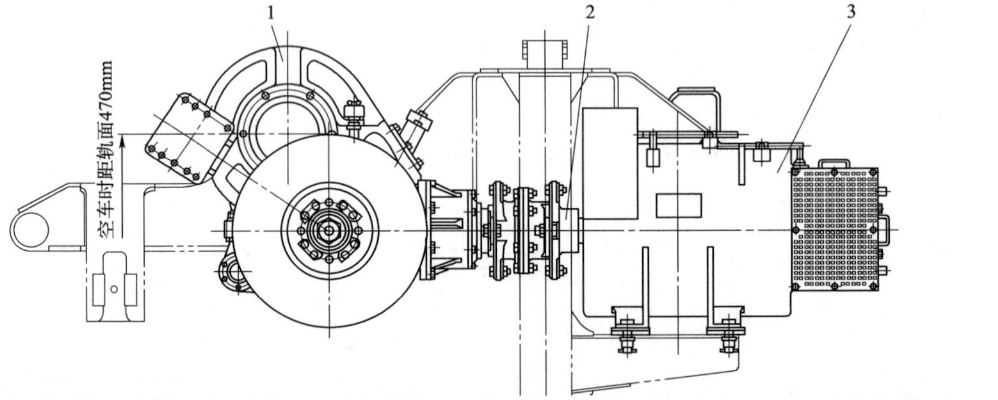

图3-87　驱动装置

1-齿轮箱;2-联轴节;3-电动机

知识链接

低地板轻轨车辆独立旋转车轮转向架

独立车轮转向架是实现低地板轻轨车辆的关键部件。独立车轮是"独立旋转车轮"的简称,最简单的独立车轮就是将刚性轮对的左、右车轮解耦,使它们各自独立地绕车轴旋转。

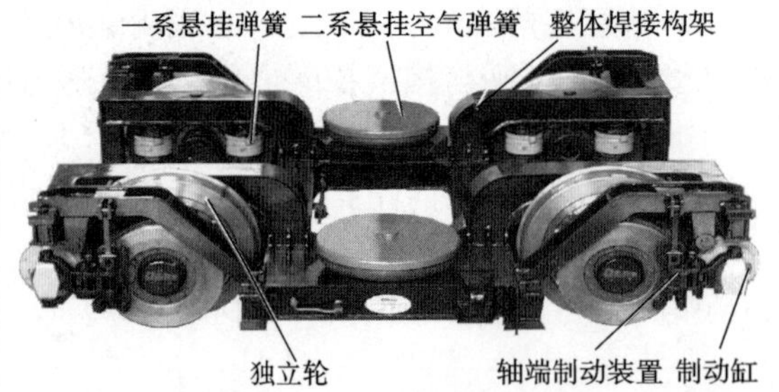

图3-88　低地板轻轨独立轮转向架

由于车轴不再需要旋转,因而独立车轮轮对的车轴可以做成曲轴形状,甚至取消车轴以满足低地板车辆的需要。但是由于左右车轮的转速不同,独立车轮没有纵向蠕滑力矩,失去了蠕滑导向能力,只能依靠重力复原力进行导向,所以独立车轮的踏面需要特殊设计。

图3-88是一种典型结构的独立轮转向架,主要由构架、独立轮一系悬挂弹簧、

二系悬挂空气弹簧、盘形制动单元及其管路等组成。

二 磁悬浮车辆走行部

磁悬浮车辆的走行部也称悬浮架,其作用是装载电磁铁,并保证列车具有顺利通过曲线和坡道的能力。不同类型的磁悬浮车辆的走行部结构差异较大,在此以上海磁悬浮车辆为例加以介绍。

TR08 高速磁悬浮列车每节车厢设有 4 个悬浮架,用于传递驱动、悬浮、导向和制动能量。悬浮架与车厢用水平调节的空气弹簧和摆式悬挂连接起来。悬浮导向磁铁和悬浮制动磁铁都安装在悬浮架的架梁上,成为一个磁铁模块。其布置示意如图 3-89 所示。

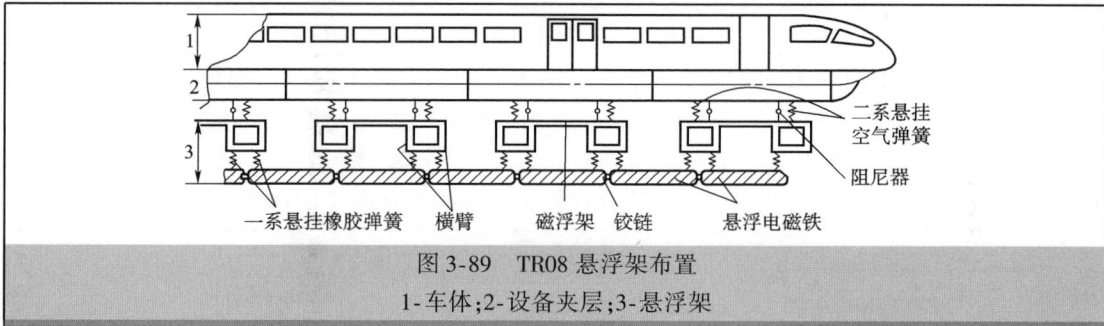

图 3-89 TR08 悬浮架布置
1- 车体;2-设备夹层;3-悬浮架

图 3-90 是上海磁悬浮列车 TR08 走行部的结构示意图,它由悬浮电磁铁和导向电磁铁(图 3-91)、一系悬挂、二系悬挂、悬浮架(图 3-92)和滑橇装置组成。悬浮架是电磁铁的安装基础,并把来自轨道的各种荷载通过二系悬挂传递给车体。车辆静止时,滑橇装置落在轨道上方以支承车体重量。

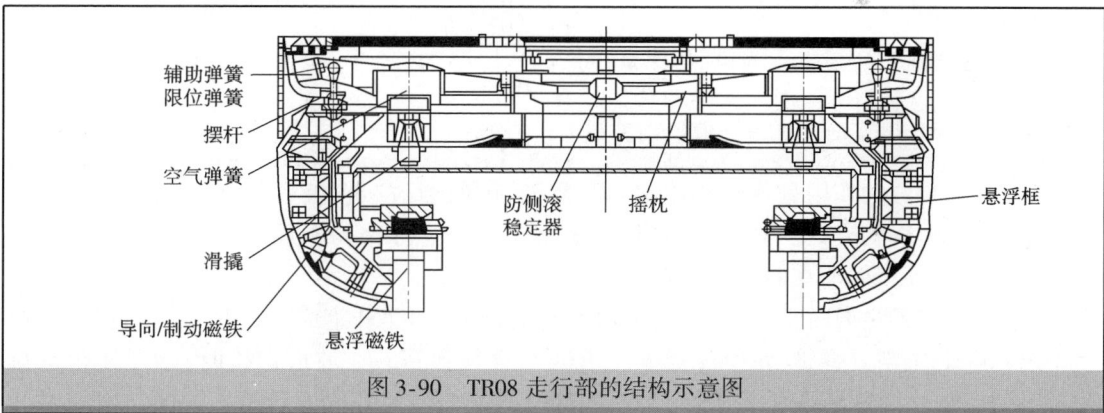

图 3-90 TR08 走行部的结构示意图

每个悬浮架在车体两侧底部各安装一个悬浮电磁铁,相邻两个悬浮架之间也在每侧有一个悬浮电磁铁连接在两个悬浮架上,即车辆两侧是由悬浮电磁铁首尾相接布满全列车。每个悬浮电磁铁的两端分为两个独立的控制单元,如果电磁铁的某个控制单元发生故障,另一控制单元仍能控制该电磁铁继续工作,这就是通常说的电气冗余设计,从而提高系统的可靠性。另外,因为悬浮电磁铁是满铺于车辆两侧的,所以即使一辆车甚至一列车上有几个电磁铁同时失效,剩余的电磁铁仍能提供足够的悬浮力保证列车安全运行。

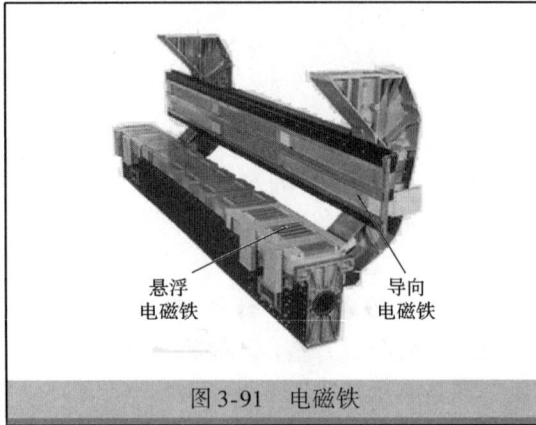

图 3-91　电磁铁

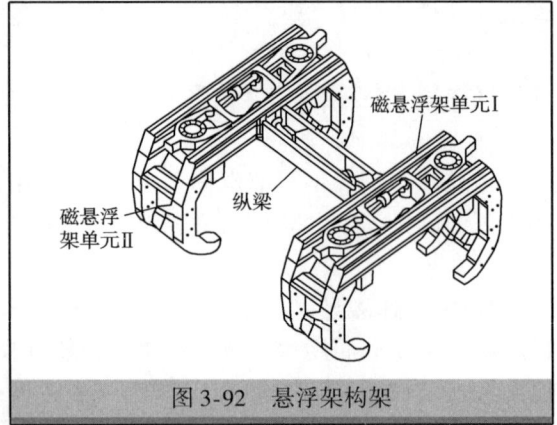

图 3-92　悬浮架构架

与悬浮电磁铁的安装对应,车辆悬浮架的侧面用于安装导向电磁铁,其中部分位置用于安装涡流制动器。由于采用冗余设计,个别导向电磁铁的故障不会导致列车运行中断。

悬挂系统如图 3-93 所示。一系悬挂是电磁铁与悬浮架之间的橡胶弹簧,其作用是提供电磁铁的弹性定位,并实现电磁铁与悬挂架的机械解耦。当车辆向上浮起时,悬浮电磁铁橡胶弹簧承受所有悬浮力的压缩荷载;电磁铁不通电时,该橡胶弹簧承受电磁体自重的拉伸荷载。

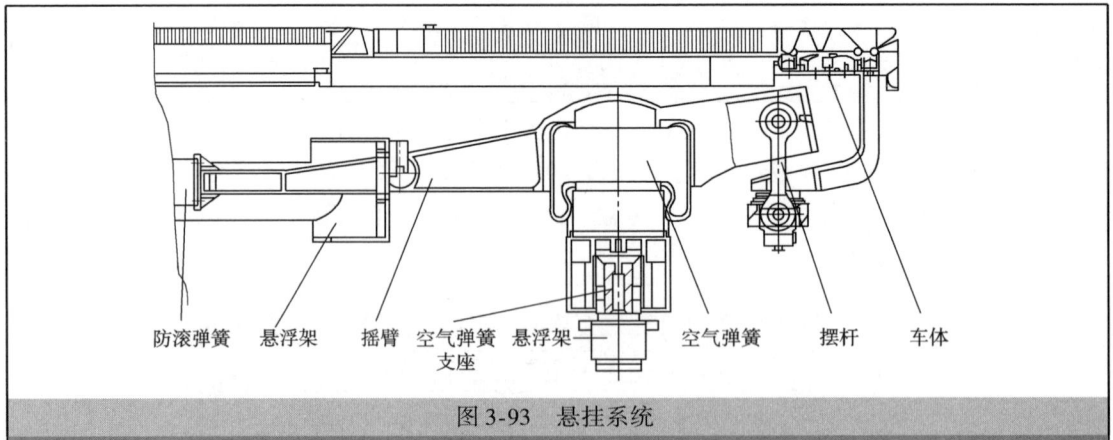

图 3-93　悬挂系统

二系悬挂装置的作用是将车厢传递给悬浮架,同时通过减振装置使来自线路的振动在传递到车厢之前得到衰减。同时,二系悬挂装置实现了悬浮架与车厢之间的相对横向和垂向位移,从而使列车能够在曲线和坡道上运行。

二系悬挂装置主要由空气弹簧、防侧滚稳定器、摇枕和摆杆组成。在每节车厢和悬浮架之间安装了 16 个空气弹簧,每个悬浮架上有 4 个空气弹簧。在坡道运行时,磁浮架跟踪轨道成折线排列,由于车体底板是刚性的,不同部位的空气弹簧的压缩量是不同的。空气弹簧的供气系统连接也考虑了失效的影响:第一至第三个转向架的空气弹簧的均压阀是连接在一起的,第四个与另一节车厢转向架的空气弹簧的均压阀连接在一起,可以在某个空气弹簧失效时,起均衡作用。

由于车体是刚性的,列车在曲线上运行时,悬浮电磁铁相对于车体要发生相对位移。为了允许悬浮架相对于车体有侧向运行自由度,且不阻碍垂直方向空气弹簧的功能,故设置了摆杆结构。车体通过 16 个摆杆吊挂在悬浮架上,可以同时产生侧向和纵向运行,同时为了限制车体过大的横向偏移,在摇枕和车体之间设置了横向止档。

当列车运行中遇侧向风力,或者存在未被平衡离心加速时,车厢将产生侧滚运动,为了衰减车辆的侧滚运动,车厢与悬浮架之间的摇臂上还设计了防侧滚稳定装置,它由摇枕和防侧滚稳定弹簧组成的特殊结构组成,它与空气弹簧提供的抗侧滚刚度一起作用,以防止车体过大倾斜。

二系悬挂装置的垂向刚度主要由空气弹簧提供,横向刚度主要由摆杆提供。

TR08 的悬浮电磁铁同时具备悬浮、推进和发电三种功能,是磁悬浮列车最核心的部件。悬浮电磁铁由叠片叠成,密度约 350 片/0.5m。每节车厢的悬浮电磁铁 15 个,共 5.9t,占车辆总重的 15.9%,每个电磁铁模块重约 393kg。导向电磁铁 13 个,共 5.7t,每个约 361kg,占车辆总质量的 12.6%。悬浮电磁铁自重与可悬浮的最大重量之比为 1:10,因此每辆车 5.9t 悬浮电磁铁,可悬浮最大质量为 59t,车辆总质量为 45t,车辆超载余量为 14t。

每辆车悬浮、导向系统耗电 95kW。磁铁线圈冷却方式为风冷。电磁铁采用镶嵌结构,以便于制造安装,在电磁铁每一端有间隙传感器,在 6 个悬浮电磁铁磁极上安装有发电机线圈 12 组,其基本结构如图 3-94 所示。

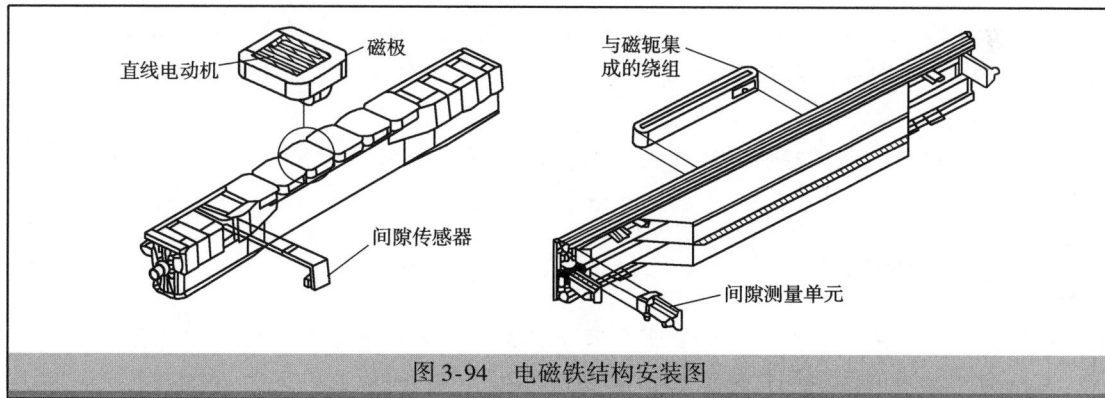

图 3-94　电磁铁结构安装图

知识链接

磁悬浮列车

磁悬浮列车实际上是依靠电磁吸力或电动斥力将列车悬浮于空中并进行导向的,实现列车与地面轨道间的无机械接触,再利用线性电动机驱动列车运行,如图 3-95 所示为电磁吸力导向磁悬浮列车。

磁悬浮列车仍然属于陆上有轨交通运输系统,并保留了轨道、道岔和车辆转向架及悬挂系统等许多传统机车车辆的特点。由于列车在牵引运行时与轨道之间无机械接触,这就从根本上克服了传统列车轮轨黏着限制、机械噪声和磨损等问题。

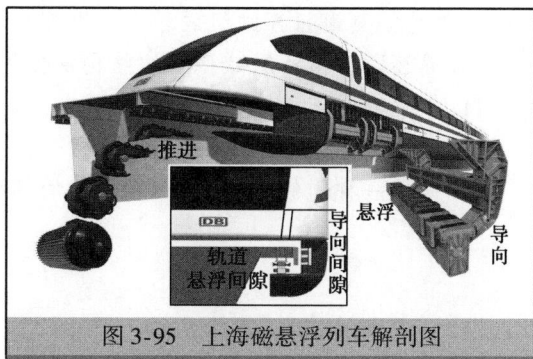

图 3-95　上海磁悬浮列车解剖图

磁悬浮列车分为常导型和超导型两大类。常导型也称常导磁吸型,以德国高速常导磁悬浮列车 transrapid 为代表。超导型磁悬浮列车也称超导磁斥型,以日本 MAGLEV 为代表。均使用同步直线电动机作为驱动器。

磁悬浮列车的制动:改变移动磁场方向的时候,电动机变成发电机,无任何接触地将列车停住。制动能量可以反馈到电网中去。

知识链接

上海地铁架修规程对转向架维修总体要求

动车转向架为双电动机、无摇枕、H 型构架及外置式轴箱转向架,主要包括:构架、电动机、齿轮箱、轴箱、轮对、制动单元、一系(二系)悬挂、垂(横)向减振器、轴端设备、制动管路等。拖车转向架基本特征与动车转向架一致,但不包括任何驱动设备。

转向架维修工艺流程可以简述为:齿轮箱放油→转向架清扫→转向架分解→拆卸牵引电动机、制动单元→拆卸轮对、一系弹簧、扭杆及管路电缆等→各零部件的清理→轴箱轴承及关节轴承的拆卸→轴箱轴承及关节轴承的安装→扭杆、制动单元、管路、构架等预装配→落构架、布线→转向架试验→空簧的安装→最终的交付(带中心销、垂/横向减振器、扭杆、拉杆)。

司机在每次起动或交接前必须检查转向架的外观有无故障或损坏,检查转向架是否装备齐全。

复习思考题

1. 转向架的作用有哪些? 主要有哪几部分组成? 各部分有何作用?

2. 构架的作用有哪些? 举例说明其结构?

3. 什么是磨耗型踏面? 使用磨耗型踏面有什么优点?

4. 什么是轴箱定位? 轴箱为什么要定位? 轴箱定位方式有哪几种?

5. 车辆轮对内侧距离为什么规定为(1353±2)mm?

6. 车辆结构中有哪几种弹簧? 各有什么用途?

7. 简述空气弹簧悬挂装置的组成、作用原理。

8. 举例说明高度调整阀的结构和工作原理。

9. 简述抗侧滚扭杆的组成和工作原理。

10. 简述萨克斯油压减振器的结构及作用原理。

11. 中央牵引连接装置的作用是什么? 有哪几种方式?

12. 动力转向架有哪几种驱动形式? 举例说明驱动过程。

13. 简述一种地铁、轻轨车辆转向架的结构和性能。

车 门

教学目标

1. 掌握车门的类型和结构；
2. 熟练操作各种车门；
3. 会处理车门的故障。

建议学时

8 学时

4.1 车门的类型 车门编号及结构

作为城市轨道交通车辆重要部件的车门,在车辆的运营中扮演着重要的角色。车门的形式设计选型、开关机构、加工制造及控制原则,特别是维修品质的管理都直接影响着城市轨道交通车辆的安全运营服务状况。对于城市轨道交通车辆驾驶及检修人员,车门的应用及故障处理是其必须掌握的安全操作规程之一;对于运营管理类人员,也要求其能操作车门,并能协助司机进行简单的故障处理及隔离操作。

世界各国城市轨道交通车辆的车门结构和类型多种多样,但无论结构形式如何变化,城市轨道交通车辆的客室车门都应满足城市轨道交通的特殊性要求。车门设置的要求如下:

(1)要有足够的有效宽度。

(2)车门要均匀分布,以方便乘客上下车。

(3)要有足够数量的车门,使乘客上下车时间满足运行密度的要求。

(4)车门附近要有足够的空间,方便乘客上下车时周转。

(5)要确保乘客的安全。

(6)要具有较高的可靠性。

目前,IFE、BODE、康尼及FAIVELEY四家公司研制生产的车门代表了国际城市轨道交通车门技术发展的现状,我国也已实现了车门主要部件的国产化。

一 车门的类型

1 按照功能的不同分类

对城市轨道交通车辆而言,按照功能的不同,车门可分为客室侧门、驾驶室侧门、驾驶室后端门和紧急疏散门四类,各类车门的位置如图4-1所示。

想一想

根据车门的不同位置,说出各类车门的功能及应用时机。

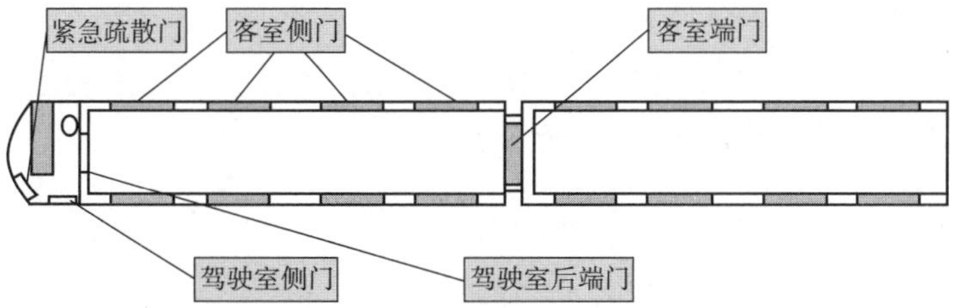

图 4-1　各类车门位置示意图

驾驶室侧门多采用一扇单叶的内藏式手动移动门,在驾驶室两侧墙上分别设置。驾驶室侧门由人工控制,没有气动或电动驱动装置,以供乘务人员上下车。地铁驾驶室门系统依照运动方式不同一般分为三类:

(1)塞拉门(手动、电动、气动、单扇)。

(2)内藏门(手动、电动、气动、单扇)。

(3)折页门(手动、单扇)。

驾驶室后端门是在其后端墙中间设有一个与客室相通的通道门,司机可以由后端门进入客室车厢,并通过客室车厢、后端门,进入另一端驾驶室。在客室一侧没有开门把手,但设置了紧急开门装置,正常情况下不允许乘客开启,当乘客发现危险性事故的特殊情况时,可以起用紧急拉手,开启后端门。

客室端门设置在两节车厢之间的贯通道位置,也称为列车贯通门,将列车按编组分成若干个独立空间。现代地铁列车基于列车容量、乘客在各车厢的均匀分布、突发事件疏散等因素的考虑,已经取消了客室端门。

紧急疏散门设置在带驾驶室车厢的前端墙上(图4-2)。列车在隧道内运行时一旦发生火灾等危险事故时,司机可打开紧急疏散门,释放紧急疏散梯,引导乘客通过紧急疏散梯走向路基中央,然后向两端的车站疏散。

注:图中虚线框为列车紧急疏散门。

图 4-2　列车紧急疏散门

📖 找一找

图 4-2 中两辆列车的紧急疏散门的位置有何区别，为什么？而有些线路的列车(如北京地铁 13 号线、房山线)不设紧急疏散门，为什么？

小贴士

在有些线路中，特别是地面线路或高架线路中，装有区间疏散平台，以方便乘客当地铁列车在区间内发生意外时进行有序的疏散，这些线路的列车一般不需要设紧急疏散门。疏散平台安装在隧道壁或高架路旁(图 4-3 ~ 图 4-5)。疏散平台采用的是高分子复合材料，每段长 6m，宽度根据线路限界的不同由 60 ~ 100cm 不等，通过支架支撑并固定在隧道壁，高度与地铁列车车厢的地板持平(即与车站站台等高)。当列车在区间被迫停车需要进行紧急疏散时，乘客可以根据列车广播，在司机的指引下，操作疏散平台侧的车门紧急开门装置，手动打开车门，在工作人员指引下通过疏散平台疏散到就近的车站。

图 4-3　释放状态的紧急疏散梯

图 4-4　隧道内疏散平台

图 4-5　高架线路疏散平台

客室侧门由于使用频率高、安全性、可靠性要求高，一直是城市轨道交通车辆专业的重点研究领域。按照驱动系统的动力来源不同，可将客室侧门分为电动式车门和气动式车门。气动式车门的动力来源是驱动气缸，电动式车门的动力来源是直流电动机或交流电动机。与气动门相比，电动门具有结构简单、易于控制、故障率低、维修少的特点。

② 按照车门的运动轨迹及车体安装方式的不同分类

按照车门的运动轨迹及车体的安装方式的不同，客室车门可分为内藏嵌入式移门、外挂式移门和塞拉门。

地铁客室门系统依照运动方式不同一般分为以下四类：

（1）内藏嵌入式车门（电动、气动、双扇、单扇）

内藏嵌入式车门简称内藏门，在车辆开关门时，门叶在车辆侧墙的外墙板与内饰板之间的夹层内移动，如图 4-6 所示。传动系统设于车厢内侧车门的顶部，装有导轮的门叶可在导轨上移动，传动机构的钢丝绳、皮带或丝杠与门叶连接，借助气缸或电动机驱动传动机构，从而使钢丝绳或皮带带动门叶动作。

图 4-6　内藏嵌入式车门

内藏客室门结构

内藏客室门工作原理

（2）外挂式车门（电动、气动、双扇）

外挂式车门与上述内藏嵌入式车门的主要区别在于，门叶和悬挂机构始终位于侧墙的外侧，如图 4-7 所示。车门传动机构的工作原理与内藏嵌入式移门完全相同。

图 4-7　外挂式车门

（3）塞拉门（电动、气动、双扇、单扇）

塞拉门是车门在启动状态时，门叶贴靠在侧墙外侧，车门在关闭状态时门叶外表面与车体外墙成一平面，如图 4-8 所示。这不仅使车辆外观美观，而且有利于在列车高速行驶时减小空气阻力，车门不会因空气旋流产生噪声，也便于自动洗车装置对车体的清洗。

图 4-8　塞拉门

三种车门的性能对比如表4-1所示。

各种类型车门的性能对比   表4-1

序号	项目	外挂门	内藏门	塞拉门
1	气密性	密封比较简单,车门的密封部件直接暴露于气流中,且车门与车体的密封只有一对密封条	密封性能较外挂门好,因为:①车门不直接暴露于气流中;②从车体外到车厢内部有两组密封,气流不容易进入客室	气密性好,但是容易过压
2	关门时间	关门时间较短,实际关门时间主要依赖与车门的净开度,通常≥2.5s	关门时间较短,实际关门时间主要依赖与车门的净开度,通常≥2.5s	关门时间由关和塞两个时间组成,因此,较移动门的关门时间长1s
3	外观	车门位于车体侧墙外侧	门叶藏于车体侧墙的外墙与内护板之间的夹层内	当门完全关好后与车体外墙成一平面
4	车辆限界及对限界的影响	由于车门是悬挂于侧墙的外侧,为满足车辆限界要求,在一定的程度上减少了车体的宽度,然而车门之间有效空间最大	由于藏于侧墙内,在一定的程度上减少了车辆内部的宽度,同时也会减少载客量	车辆内部宽度最大,但是由于塞拉门有立柱,因此乘客站立面积没有外挂门大
5	维修	结构简单,维修工作量和维修时间较少,可以快速更换门叶,而且可以从外部维修	结构简单,维修工作量和维修时间较少,门叶更换较外挂门复杂,可以从内部对车门维修和调整	结构复杂,维修量较多,维修时间长,可以从内部对车门维修和调整
6	隔噪能力	隔噪效果主要取决于门叶与车体的接口面	隔噪效果较外挂门好	密封性好,具有较好的隔噪效果
7	关门过程中可能出现的问题	由于关门过程为直线运动,且关门时间较短,因此,关门受阻的可能性较小	由于关门过程为直线运动,且关门时间较短,因此,关门受阻的可能性较小	由于内部过压,最后一个门在关门的时候可能较难关上;门在塞的过程中可能由于乘客堵在车门口,关闭的方向受阻,尤其在大客流的情况下更是如此
8	开门过程中可能出现的问题	开门时车门可能会碰到站台上靠近列车的乘客,从而进入障碍物探测状态;如果站台上安装屏蔽门则不会出现这种问题	如果门槛中有异物,在开门的过程中可能受阻	开门时车门可能会碰到站台上靠近列车的乘客,从而进入障碍物探测状态;如果站台上安装屏蔽门则不会出现这种问题
9	可靠性	外挂门和内藏门不减少,可靠性高	外挂门和内藏门不减少,可靠性高	部件数量多,而且机构的运动较复杂,可靠性较低
10	质量	较塞拉门轻	较塞拉门轻	较重(加上车体接口等),比前两种重约40~50kg/门
11	窗	与客室窗无干涉,窗户的宽度可达到最大	由于内藏门需要在侧墙内滑动,客室窗的宽度将受到影响	与客室窗无干涉,窗户的宽度可达到最大
12	费用	较塞拉门低很多,和内藏门差不多	较塞拉门低很多,和外挂门差不多	较外挂门和内藏门造价高很多
13	操作环境	适用于大客流环境,不适用于高速车辆	适用于大客流环境,不适用于高速车辆	不适用于大客流环境,适用于高速车辆(120~140km/h)

![议一议图标] **议一议**

回顾你熟悉线路的车辆,总结各线路车辆采用的是上述哪种客室车门类型。在客室车门的设计与选型中应有哪些具体考虑?

二 客室车门的编号

为便于识别、车门定位、检修、客室车厢设备定位及乘客遗落物品的找寻,城市轨道交通车辆的每个客室侧门均有各自编号。虽然不同地铁线路车辆车门编号具有差异性,但均按照相应的车门编号规则。

1 客室车门编号规则

通常地铁列车每一节车厢安有 8 扇或 10 扇客室车门,单侧安装有 4 扇或 5 扇(B 型车每节单侧 4 扇,A 型车每节单侧 5 扇),对称分布。以北京地铁 4 号线 B 型地铁车辆为例,如图 4-9 所示。

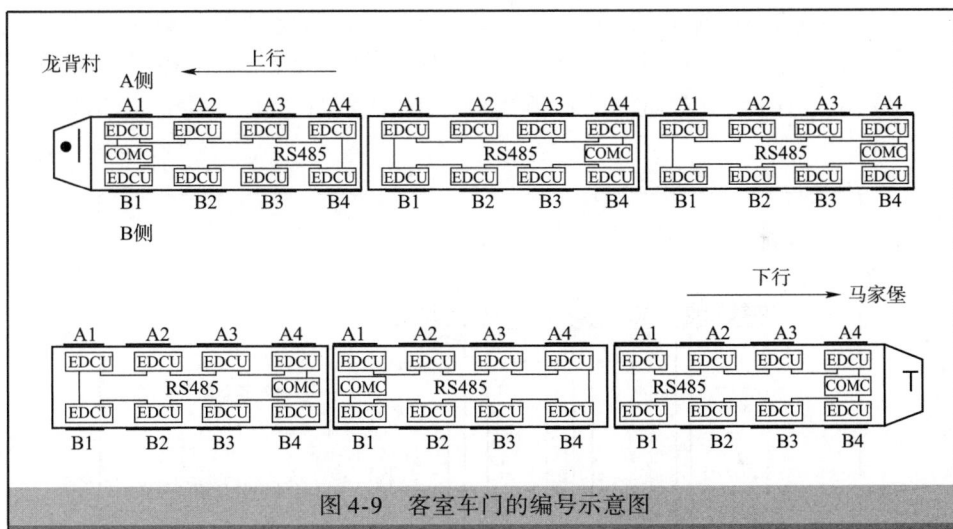

图 4-9　客室车门的编号示意图

图 4-9 中列车处于上行方向时,面向列车运行方向,左手侧为 B 侧(或 Y 侧),右手侧为 A 侧(或 Z 侧);当列车处于下行方向时,面向列车运行方向,左手侧为 A 侧(或 Z 侧),右手侧为 B 侧(或 Y 侧)。每节车厢四个车门编号由阿拉伯数字 1～4 依次增大。那么,根据列车的运行方向,就可以确定车门的编号了。

![练一练图标] **练一练**

根据客室车门编号规则,快速说出 TC1 车右侧第四个车门编号的表示;说出 TC2 车右侧第四个车门编号的表示。

②**确认客室车门编号的方法**

当车门出现故障需要站务人员协助司机处理时,首先必须准确找到并确认故障门的位置。

登上列车前(车外):在滑动门右侧立柱上方贴有车门、安全门编号,或者通过车身外部印刷的编号来确认。

登上列车后(车内):

①乘客报警器下方印有车厢编号和车门编号;

②每个门旁扶手上方印有车门编号;

③车厢内连接处印有车厢编号。

三 客室车门的结构

① **车门的基本组成**

对于不同类型的车门,其组成略有不同,但都包括车门悬挂及导向机构、车门驱动装置、左右门叶、内部紧急解锁装置、乘务员钥匙开关(或称为外部紧急解锁开关、紧急入口装置)、一套安装在车体上的密封型材(上、左和右)等机械部件,以及电子门控单元(或气动控制单元)、电气连接、负责监测的各类行程开关、指示灯等电气或气动部件,如图4-10所示。

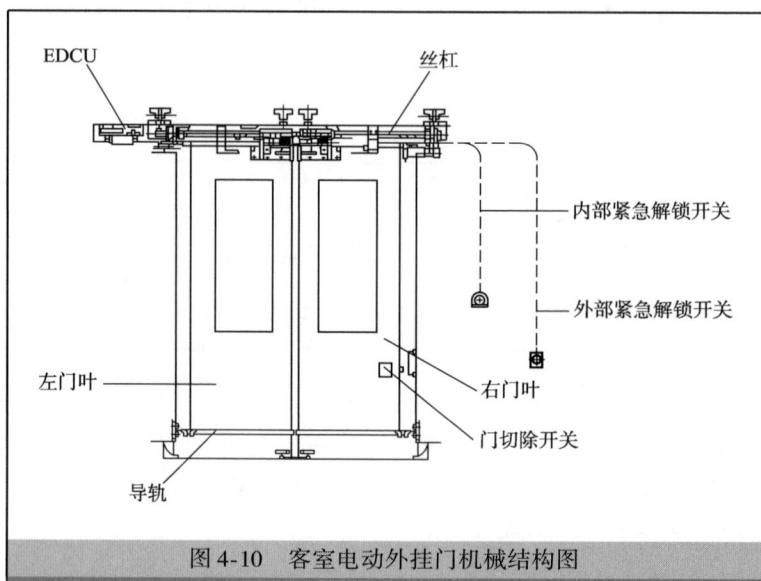

图4-10　客室电动外挂门机械结构图

② **车门的主要技术参数**

客室车门的主要技术参数见表4-2。

客室车门的主要技术参数　　　　　　　表 4-2

项　目	参　数	项　目	参　数
有效开度	1300mm ± 4mm	开、关门时间	3 ~ 5s(可调)
净开高度	1800mm ± 10mm	车门关紧力	≤150N(每个门叶)
驱动装置	电动机或气动驱动装置	车门隔音量	≥21dB
传动机构	皮带或丝杠传动	环境温度	− 20 ~ + 70℃
门控装置的工作电压	DC 110V(77 ~ 121V)	环境湿度	≯90%

③ 车门的工作原理及电气控制原理

在城市轨道交通车辆上应用的车门有电动门和气动门,目前新造车辆上已普遍选用电动门。本书主要以电动门为例介绍车门的工作原理及电气控制原理。

(1)移动门系统(包括外挂门和内藏门)工作原理

如图 4-11 所示为一典型移动门系统原理图,从该图中可知,该车门系统主要的承载机构为滚珠/滑块机构,主要的传动机构为丝杠/螺母机构。开门时,当门控单元 EDCU 收到列车发出的开门指令后,控制车门电动机动作,车门电动机转动使锁闭轮离开锁闭杆,同时,电动机通过皮带驱动丝杠/螺母系统动作,从而实现开门运动。关门时,电动机驱动丝杠/螺母系统向相反的方向运动,当关门位置行程开关动作后,车门电动机带动锁闭轮落入锁闭杆位置处,从而实现车门的机械锁闭。锁闭杆安装于滚珠滑块机构上。

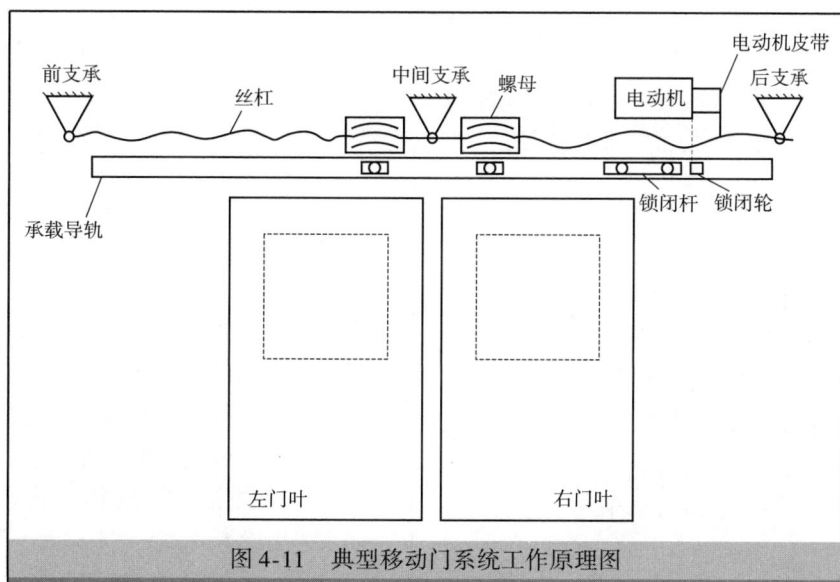

图 4-11　典型移动门系统工作原理图

(2)塞拉门系统工作原理

门的运动由电子门控器控制,电动机驱动,如图 4-12 所示,电动机通过锁闭装置与丝杠螺母副连接;丝杠上的螺母通过铰链与携门架相连。为了提供门叶的摆动和平移运动,门叶与携门架相连;同时,携门架在纵向长导柱上滑动。长导柱连接在 3 个挂架上,每端各一个,中间再放一个,这 3 个挂架在短导柱上运动,短导柱安装在承载支架上。携门架和挂架内安装有直线轴承,以确保机构运动平稳。门叶在摆动和平移过程中的控制,由导向滚轮和上下导轨组成的系统完成,开门时,门叶从完全关闭状态开始运动,电动机带动丝杠螺母副,引起携门架、长导柱、挂架、下滚轮导向部件中的转臂动作,并最终使门叶在导向系统的引导下向外做摆出运动。在达到完全摆出状态后,导向系统控制门扇的直线平移,使门叶平行于车辆侧面运动。在平移过程中,携门架使门叶沿着长导柱自由滑动,直到门叶达到完全打开状态,这样就实现了车门在 X、Y 方向上的运动,完成塞拉动作,关门动作是开门动作的相反过程。

图 4-12　典型塞拉门系统工作原理图

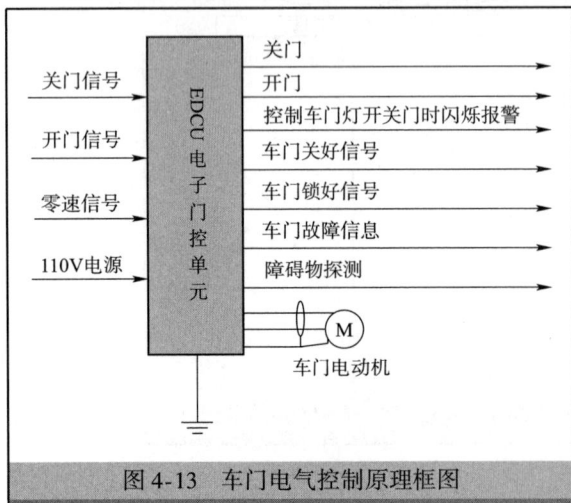

图 4-13　车门电气控制原理框图

(3)车门电气的控制原理

从电动车门的基本工作原理可见,电子门控单元(EDCU)是车辆电气和车门机械操纵机构之间的接口,电子门控单元对车门的控制由可编程序控制器实现,车门电气控制原理如图 4-13 所示。当零速信号有效且有开门使能信号时,EDCU 接收到开门指令后将控制车门电动机朝开门方向动作,并将车门的相关状态传送给列车控制及诊断系统。关门是一个相反的过程,同时,车门具有零速保护和安全联锁电路,开关门有报警装置、障碍物检测等安全保护措施。

①零速保护。车速为"0"时,车门控制器得到"零速"信号后,开门功能才能起作用。当车速大于零时,车门仍然处于开启状态时,将启动自动关门功能。

②安全联锁电路(安全回路)。锁闭开关检测到车门完全关闭后,其常开触点闭合,同一

节车同侧所有车门的锁闭开关常开触点串联,形成关门安全联锁电路。一列车的关门安全联锁电路形成环路,所有车门关好后,驾驶室内"门已锁闭"指示灯亮,列车方可起动。列车左右侧安全联锁电路完全隔离,无共用元件。由于车门的状态关系到乘客及运营安全,为确保列车运行过程中车门正确锁闭,只要检测到某个车门没有正确锁闭,列车将无法起动;在运行过程中,如果有乘客将紧急解锁手柄拉下,安全回路断开,列车将触发紧急制动并停车。

③障碍物探测。如果关门时碰到障碍物,最大关门力最多持续0.5s,然后车门可以重新打开一段距离,再重新关闭;或保持这个位置进行一段时间的调节,再完全关上。如果障碍物一直存在,经过几次探测后,门将处于打开状态。障碍物探测的次数与障碍物的大小可以通过电子门控单元来设定。

4.2 车门的控制

列车客室侧门及紧急疏散门的控制方法是站务人员必须掌握的技能,本节重点介绍紧急疏散门的操作方法及客室侧门的控制方式。

一 紧急疏散门的操作方法

虽然紧急疏散门的控制方法多样,但是基本原理相同,都是手动机械开、关门。下面以北京地铁某线路列车为例,介绍紧急疏散门的开、关门方法。

紧急疏散门开门方式为:紧急疏散门门锁在驾驶室内或室外都可手动开启,一旦门锁开启,通过气簧执行机构机械动作,车门能自动倒向路基。紧急疏散门开启操作如表4-3所示。

紧急疏散门开启步骤　　　　　　　　表4-3

第一步	利用三角钥匙将紧急疏散门锁闭装置打到释放准备位置	

第二步	推动紧急疏散门上的门锁,门扇必须推动到约20°时,松开把手,如提前松开把手,门扇有可能往回运动	
第三步	及时松开把手,释放紧急疏散梯,扣住紧急疏散梯上的四个安全扣件,进行乘客紧急疏散	

对于六辆编组的 B 型车,紧急疏散门的通过高度应大于 1800mm,通过宽度不小于 640mm,疏散速度保证在 30min 内将 6 辆编组列车定员乘客全部疏散完毕。

在车上乘客疏散完毕后,需由司机或站务人员配合回收紧急疏散梯。紧急疏散梯的回收操作如表 4-4 所示。

紧急疏散门回收步骤 表 4-4

第一步	利用三角钥匙将紧急疏散门锁闭装置打到回收准备位置	
第二步	扳起紧急疏散梯上的四个安全扣件	
第三步	用棘轮扳手通过紧急疏散门两侧的螺栓手动回收紧急疏散梯	
第四步	左手握住解锁手柄,右手握住下摆杆向车内方向拉动门扇,结合车门惯性将锁叉卡到轴上;处在二级啮合位置时,确认紧急疏散门完全锁闭到位	

二 客室侧门的控制方式

客室侧门的工作可靠性直接影响到客运服务质量及乘客的安全,因此,除了正常情况的控制外,对于客室车门还设置了对应紧急情况的控制方法。

① 客室侧门的正常控制方式

在正常驾驶情况下,客室侧门有"自动"和"人工"两种控制模式,通过"门选择开关"来选择自动或是人工控制。"自动"控制模式下,列车可实现站台自动开门操作;当发车条件具备时,由司机按压相应站台侧"关门"按钮,实现关门操作;在"人工"控制模式下,在司机确认列车已停准,确定有开门信号后,由司机按压相应站台侧的"开门"按钮,实现开门操作;在完成站台乘、落客操作后,列车具备发车条件时,由司机摁压相应站台侧"关门"按钮,实现关门操作。

知识拓展

为了防止司机在运营过程中发生客室车门的误操作,越来越多的保险冗余设施被应用列车的车门控制中。如有些线路的车辆在驾驶室内设有左/右侧车门选择开关,由司机操作以选定只能开左侧或右侧的车门,这样就可以避免由于开错车门导致的乘客伤亡事故。

② 客室侧门的隔离方法

每套车门均设有机械隔离装置,如图4-14所示。隔离锁装置安装在门框侧立柱上(单侧),当门系统出现故障后,首先需手动将门扇关闭到位,用三角钥匙操作隔离锁实现门系统的机械隔离;同时隔离锁的锁舌将触发隔离锁开关,隔离开关的触点向电子门控器发出一个信号,电子门控器会关闭门的所有运动功能,该门系统退出服务。

③ 车门紧急解锁功能(内部)

每套车门在客室内均设有车内紧急解锁装置,在紧急情况下可由乘务人员或站务人员通过专用三角钥匙进行解锁操作,如图4-15所示。紧急解锁后,该门的开启不受开关门命令的控制。

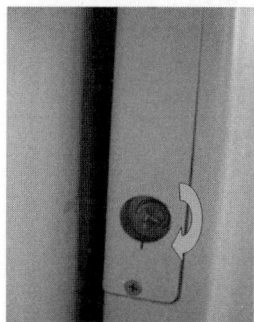

图4-14 客室侧门故障隔离装置

图4-15 客室侧门紧急解锁装置

操作紧急解锁装置后,可以实现以下功能:

(1)当车辆处于零速状态时,紧急操作是可以通过钢丝绳实现门的机械解锁并可手动开门,手动开门的力不大于150N。

（2）紧急操作后，信号传给列车监控系统，并能在驾驶室监视显示器上显示哪个门的紧急解锁装置被启动。

（3）内部紧急解锁装置将被定位在操作状态，并可以手动复位。根据给定的信号，内部紧急解锁装置的复位操作将激活门的操作。

（4）当车辆处于非零速状态下，允许车门以紧急解锁方式打开。

操作步骤：用三角钥匙将装置转到解锁位置，再转下；用手推开车门。

小贴士

当一对车门处于关闭的隔离状态时，紧急解锁装置也不能将其打开。

知识链接

外部紧急解锁开关

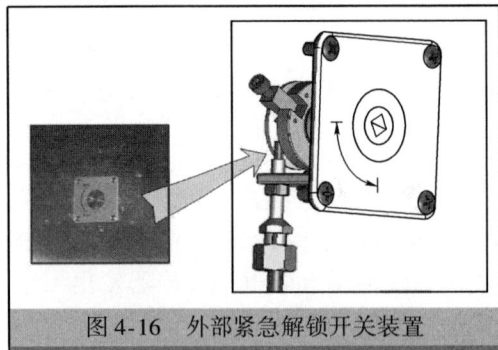

图 4-16　外部紧急解锁开关装置

每辆车的 A3 和 B2 车门均设置外部紧急解锁开关（或乘务员钥匙开关），该钥匙开关具有复位、解锁两个位置，如图 4-16 所示。在紧急情况下可由乘务人员或被授权的专业人员通过专用三角钥匙进行解锁操作，紧急操作时可以通过钢丝绳实现门的机械解锁并可手动开门，手动开门的力不大于 150N。外部紧急解锁开关只能在车辆处于零速状态时于车外操作，且必须手动复位。

想一想

根据各应急设备的功能，思考在什么情况下，需要使用客室侧门的隔离开关？什么情况下需要使用紧急解锁装置？请列举出来。

4.3 客室车门的故障处理

由于客室车门开关频率非常高，每天每对车门至少开关 300 次以上，因此，很容易出现故障。客室车门的故障会直接影响乘客的出行,给乘客和运营公司带来损失,因此,当车门发生故障时需要司机和站务人员立即做出反应,在最短的时间排除故障,恢复正常运营。

一 部分车门无法关闭

在列车站台作业过程中,如果部分车门无法关闭时,司机和站务人员应遵循以下操作程序:

1 司机

当司机发现一对或一对以上车门无法关闭时,应尝试把车门开关三次,如果不成功,上报行车调度员,并把所有安全门/车门重新打开,等候站务人员来处理。同时,用广播通知乘客列车有所延误。

2 站务人员

(1)收到值班站长的通知后,复述故障车门位置和状态,把手台调到"正线组",立即携带处理工具备品(钥匙、门故障帘和告示)(图4-17),赶往现场。

(2)到现场,马上用手台报告行车调度员,如果不能与行车调度员联络上,应先处理事故。

(3)确定故障车门位置,检查有没有异物,如图4-18所示。

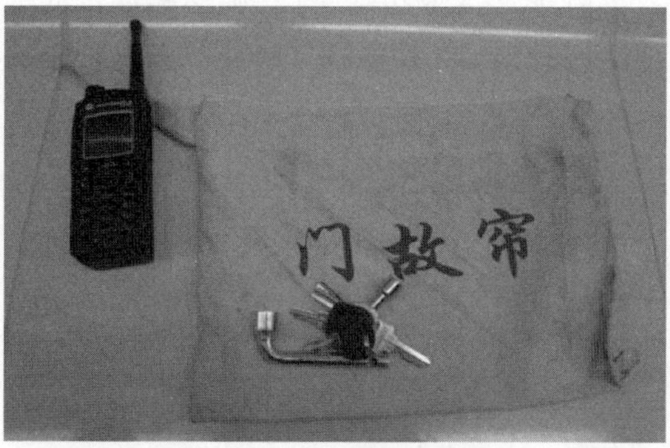

图4-17 门故障处理备品

图4-18 检查车门处是否有异物

具体情况1——有异物,且能取出。

a. 发现有异物时,应马上取出,并手台通知司机按"关门按钮"一次。如果司机确认车门关门成功,应通知行车调度员;如果车门仍然不能关闭,应用力把车门关上并进行反向试拉一次确认车门已关闭,用手台通知司机再按一次"关门按钮",如果司机确认列车监控显示器上显示车门关闭成功,再把车门隔离,并检查门侧面的门缝确认锁止门闩落入门扇锁止卡槽(听到两声"咔")后,通知行车调度员隔离成功。把告示贴到车门内侧,跟车到下一个车站再返回原站。

如果司机确认列车监控显示器显示车门关闭不成功,应马上隔离车门,并通知行车调度员。通知司机车门处理完毕、发车,跟车监护确认无误后回原工作岗位。

如果手动也不能把门体关闭,应上报行车调度员。只有一对车门关不上时,挂好门故障帘,如图4-19所示,通知司机车门处理完毕、发车,跟车监护,提醒乘客远离故障车门,确认无误后回原工作岗位。两对或两对以上车门关不上时,应上报行车调度员,等候行车调度员命令清客。

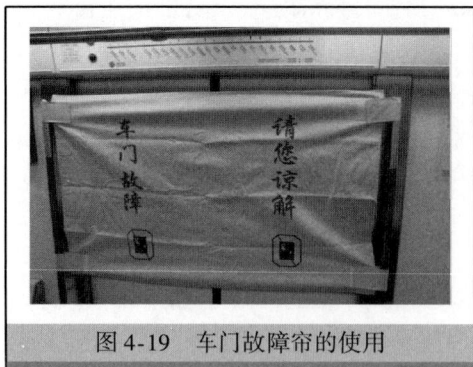

图 4-19 车门故障帘的使用

b.具体情况 2——有异物,但不能取出。发现有异物,经尝试无法取出时,应尝试将故障门拉一半,可以拉动,再尝试能否取出异物;若仍无法取出,则报行车调度员,听候调度命令;若可以取出,则按照情况 1 程序处理。尝试将故障门拉一半,仍无法拉动,则报行车调度员,等候行车调度员的命令。

c.具体情况 3——无异物。用力把车门关上并进行反向试拉一次确认车门已关闭,用手台通知司机再按一次"关门按钮",如果司机确认列车监控显示器上显示车门关闭成功,再把车门隔离,并检查门侧面的门缝确认锁止门闩落入门扇锁止卡槽(听到两声"咔"),通知行车调度员隔离成功。把告示贴上车门内侧,并跟车到下一个车站再返回原站。

如果司机确认列车监控显示器显示车门关闭不成功,应马上隔离车门,并通知行车调度员。通知司机车门处理完毕、发车,跟车监护确认无误后回原工作岗位。

如果手动也不能把门体关闭,应上报行车调度员。只有一对车门关不上时,应挂好门故障帘,并通知司机车门处理完毕、发车,跟车监护,提醒乘客远离故障车门,确认无误后回原工作岗位。两对或两对以上车门关不上时,应上报行车调度员,等候行车调度员命令清客。

小贴士

在车门无法关闭的故障处理中,站务人员应注意:
①尝试取出异物时,注意安全,避免夹手。
②提醒乘客注意安全,从其他车门上下车。
③与行车调度员保持联系,听从行车调度员的安排(车门被隔离后,需要站务员跟车回车辆段)。

二 部分车门无法打开

在列车站台作业过程中,如果发现一对或一对以上车门无法打开时,应遵循以下操作程序:

1 司机

司机发现车门无法打开时,应将车门开关三次。如果不成功,采用"门使能旁路开关(门控旁路开关 DBPS)"进行开门操作,具体步骤:
(1)确认列车已停准。
(2)确认列车监控显示屏,车门没有故障。
(3)将"门模式选择开关"打到"手动"位置。
(4)将要开门侧的"门使能旁路开关",打到"旁路"位置。

（5）按相应开门按钮开门,如图4-20所示。

如果仍不能打开车门,应上报行车调度员,并把所有安全门/车门重新打开,等候站务人员来处理,同时,用广播通知乘客列车有所延误。

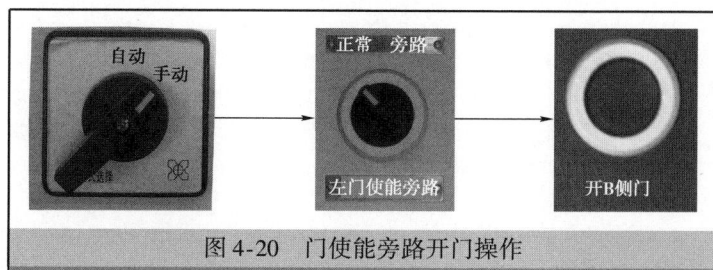

图4-20 门使能旁路开门操作

② 站务人员

赶到现场,除了故障门外,所有车门、安全门都处于打开状态,所以需要从故障门旁边的车门上车,赶到故障门处处理。

（1）收到值班站长的通知后,应复述故障车门位置和状态,把手台调到"正线组",立即携带处理工具备品（钥匙、门故障帘和告示）,赶往现场。

（2）赶到现场,马上用手台报告行车调度员,如果不能与行车调度员联络上,应先处理事故。

（3）到达现场后用手反拉车门,确认不能拉开后,将车门隔离。检查门侧面的门缝确认锁止门闩落入门扇锁止卡槽,后通知行车调度员,把告示贴于车门内侧（如果没有告示,通知行车调度员在下一个车站贴上告示,跟车到下一个车站再坐车回原站）。

三 列车监控显示器上显示车门红色故障

列车运营时,司机可以通过列车监控显示器查看列车的状态,包含网压、速度、时间日期等主要信息,以及车门、制动、牵引、空调等设备的状态,如图4-21所示。正常情况下,车门

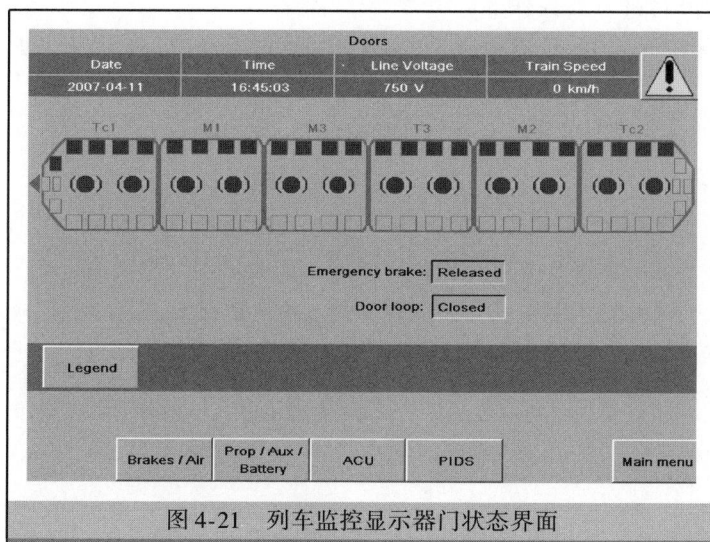

图4-21 列车监控显示器门状态界面

在关闭状态下显示为绿色,开启状态时显示为黄色,故障状态时显示为红色。当列车监控显示器上显示车门红色故障时,站务人员应遵循表4-5中指示。

列车监控显示器显示车门红色故障时的处理　　　　表4-5

人　员	操　作
值班站长	接到行车调度员通知列车车门红色故障(如判别故障车门是列车的非乘降侧时,与行车调度员再次确认)复述故障车门位置和状态,把相关处理事故员工的"手台呼号"告诉行车调度员; 派站务员马上到现场处理和提醒把手台调到"正线组",如故障车门为非乘降侧时,值班站长需向站务员强调是非乘降侧车门故障并要求复诵
站务员	接到值班站长通知后,复述故障车门位置及用笔记录相关资料,把手台调到"正线组"赶往现场; 到达现场,查看车门状态马上用手台报行车调度员; 用手反拉车门,确认车门无法打开后直接将故障车门隔离。检查门侧面的门缝确认锁止门闩落入门扇锁止卡槽。后通知行车调度员。把告示贴于车门内侧(如果没有告示,通知行车调度员下一个车站找人拿告示贴上。跟车到下一个车站再坐车回原站); 如该车门为无法关闭时按照"单对车门无法关闭"执行

四 全列车门无法打开

在列车站台作业时,当全列车车门均无法打开时,站务人员应遵循下列指示:

❶ 值班站长

前往站台列车后端驾驶室控制车门。

❷ 站务员

接到综控室通知后将手台调正线,做好清人准备;

如整列车门开启,进行清人作业;

如整列车门无法开启,接到进行人工解锁车门通知后,应听从值班站长安排从车厢内部解锁车门。

清人完毕后通知行车调度员。

想一想

如图4-22所示,2011年9月27日14时许,上海地铁10号线由于新天地站设备故障,在交通大学至南京东路上下行采用电话闭塞方式,列车限速运行;15:51一列车行至豫园至老西门下行区间不慎与前车发生追尾,造成270多名乘客受伤。思考:在隧道区间发生这种列车事故时,司机及站务人员应如何进行乘客的疏导工作?

小贴士

站务人员在进行车门故障处理的时间标准如表4-6所示。

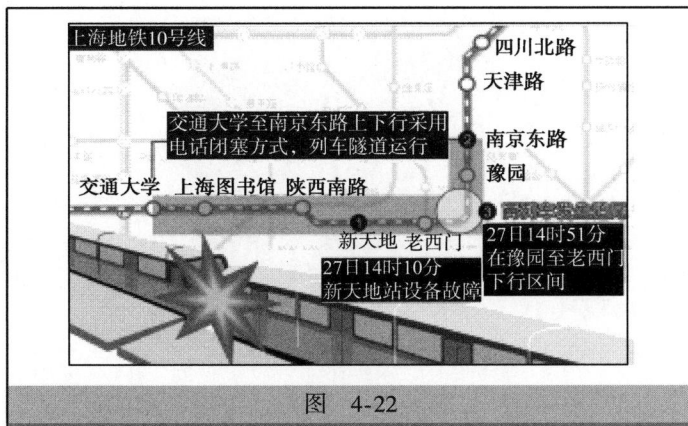

图 4-22

车门故障处理作业时间标准   表4-6

站务员到现场确认、手台调正线组向行车调度员汇报现场情况时间	30s
车门现场操作(隔离)处理时间	60s
处理完后通知司机	10s

实训

①通过现场参观,区分外挂门、内藏门、塞拉门三种车门,并了解它们的工作原理及电气控制原理。

②练习客室侧门的隔离方法。

③练习客室侧门的内部、外部紧急解锁操作。

④练习应急疏散门的开启及关闭操作。

复习思考题

1. 作为站务人员,在车门故障处理时,应如何确认故障车门的位置?

2. 根据城市轨道交通自身的特点,车门应具有哪些要求?

3. 简述在紧急事件中手动开门的具体操作。

车体连接装置

教学目标

1. 了解车钩缓冲装置的分类用途；
2. 掌握车钩缓冲装置的结构及作用原理；
3. 掌握缓冲器的结构和作用原理；
4. 了解贯通道及渡板的结构。

建议学时

8 学时

车钩缓冲装置概述

车钩缓冲装置由车钩与缓冲装置两部分组成,安装于铁道车辆或城市轨道交通车辆车体底架的两端,是车辆最基本和最重要的部件之一,用于车辆与车辆之间的连接与分解,使多节车辆编组成一列车,并传递和缓和列车在运行中所产生的纵向力和冲击力。

一 车钩缓冲装置的作用

车钩缓冲装置的作用是实现车辆与车辆之间的连接,使车辆间保持一定距离,并连接车辆间的电路和气路;在列车运行时,传递车辆间的牵引力,制动力和其他纵向冲击力,同时缓和及衰减车辆间的冲击力。

二 车钩的分类

车钩可分为非刚性车钩和刚性车钩。

非刚性车钩如图5-1a)所示,允许两个相连接的车钩钩体在垂直方向上有相对位移。当两个车钩的纵轴线存在高度差时,两个车钩呈阶梯形状,并且各自保持水平位置。由于钩体的尾端相当于销接,这就保证了车钩在水平面内的位移。

非刚性车钩较普遍地应用于一般铁路客车、货车上。

刚性车钩如图5-1b)所示,也称为密接式车钩,它的连接不允许两连挂车钩存在相对位移,而且对前后的间隙要求应限制在很小的范围之内。如果在车辆连挂之前两车钩的纵向轴线高度已有偏差,那么在连挂后,两车钩的轴线处在同一条直线上并呈倾斜状态。两钩体的尾端具有完全的销接,这就能保证两连挂车辆之间可以具有相对的平移和角位移,保证具有这些位移的必要性是由于线路的水平面及纵剖面是变化的,以及由车体在弹簧上的振动和作用于车辆上的力所决定的。

(1)刚性车钩与非刚性车钩相比有如下优点:

①减小了两个车钩连接表面之间的间隙,从而也降低了列车中的纵向冲击,提高了列车运行的平稳性。

②由于车钩零件的位移减小了,并且在这些零件上作用的力也减小了,因此改善了自动

车钩内部零件的工作条件。

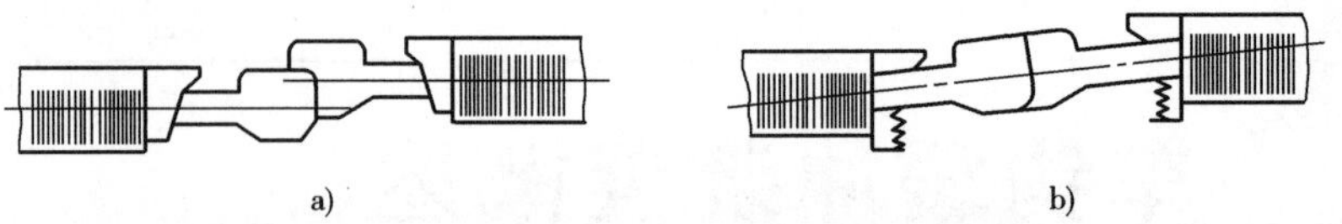

图5-1　非刚性车钩与刚性车钩
a)非刚性车钩;b)刚性车钩

③减小了车钩连接表面的磨耗。

④减小了由于两个连挂车钩相互冲击而产生的噪声,这对于车辆和客车尤为重要。

⑤避免在意外撞车事故时,发生一个车辆爬到另一个车辆上的危险。

(2)非刚性车钩与刚性车钩相比有如下优点:

①简化了两个车钩纵向中心线高度偏差较大的车辆相互连挂的条件(例如,不同类型的车辆、车轮及其他部件磨耗程度不同的车辆,以及空车和重车)。

②车钩强度大。

③不需要复杂的钩尾销连接结构和复杂的对心装置。

④车钩钩体的结构和铸造工艺较为简单。

城市轨道交通车辆一般采用密接式车钩,密接式车钩是一种刚性车钩。密接式车钩按照牵引连挂装置连接方式的不同,可分为非自动车钩和自动车钩。非自动车钩要由人工来完成车辆的连接与分解,而自动车钩则不需要人在车下参与就能实现连接与分解。

5.2 车　　钩

城市轨道交通车辆的车钩基本上可分为自动车钩、半自动车钩和半永久性牵引杆三种。

一　自动车钩

自动车钩位于列车端部,其电气和风路连接装置都组装在钩头上。当车辆连挂时,车钩的机械、风路、电路系统都能自动连接;解钩时,可在驾驶室控制自动解钩或采用手动解钩。解钩后,车钩即处于待挂状态;电气连接器通过盖板自动关闭,以防止水和尘土进入;主风管连接器也自动关闭,以防止压缩空气泄漏。

我国城市轨道交通车辆采用的自动车钩主要有两种：一种是国产密接式车钩，采用半圆形钩舌；一种是 Scharfenberg 密接式自动车钩，采用拉杆式连接结构。

1 国产密接式车钩

国产密接式车钩缓冲装置如图 5-2 所示。它主要由车钩钩头、橡胶金属片式缓冲器、风管连接器、电器连接器和风动解钩系统等几部分组成，缓冲器位于钩头的后部。车辆连挂时依靠两车钩相邻钩头上的凸锥和凹锥孔的相互插入，实现两车钩的紧密连接；同时自动将两车之间的电路和空气通路接通。在两车分解时，亦可自动解钩，并自动切断两车之间的电路和空气通路。

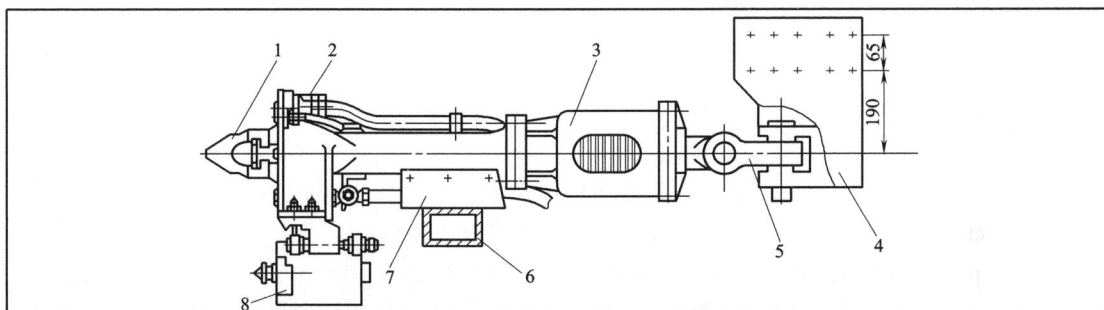

图 5-2　国产密接式车钩缓冲装置(尺寸单位:mm)

1-密接式车钩钩头;2-风管连接器;3-橡胶缓冲器;4-冲击座;5-十字头;6-托梁;7-磨耗板;8-电气连接器

在车钩下面有车钩托梁，在缓冲器尾部通过十字头连接器与车体上的冲击座相连，可以实现水平和垂直方向的摆动。

（1）钩头结构

其车钩的内部结构如图 5-3 所示。车钩前端为钩头，它有一个凸锥和凹锥孔，内部还有钩舌(半圆形)、解钩杆、解钩杆弹簧和解钩风缸。

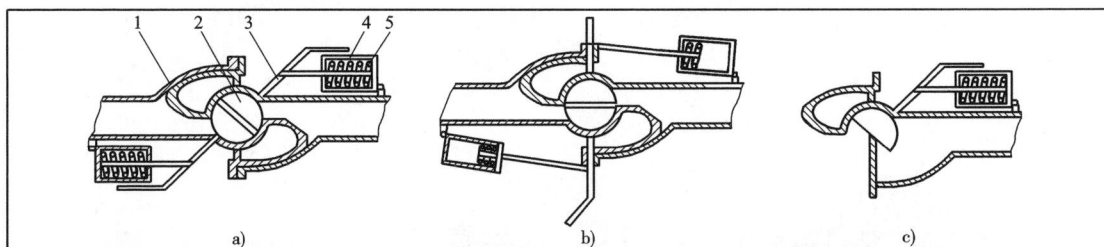

图 5-3　密接式车钩作用原理

a)连挂状态;b)解钩状态;c)待挂状态

1-钩头;2-钩舌;3-解钩杆;4-弹簧;5-解钩风缸

（2）作用原理

该车钩有待挂、连接和解钩三种状态。

①待挂状态：为车钩连接前的准备状态，此时钩舌定位杆被固定在待挂位置，解钩风缸活塞杆处于回缩状态，此时半圆形钩舌的连接面与水平面呈 40°角。

②连挂状态：两钩连挂时，凸锥插进对方车钩相应的凹锥孔中。这时凸锥的内侧面在前

进中压迫对方的钩舌转动,使解钩气缸的弹簧受压,钩舌沿逆时针方向旋转40°。当两钩连接面相接触后,凸锥的内侧面不再压迫对方的钩舌,此时,由于弹簧的作用,使钩舌恢复到原来的状态,即处于闭锁位置。

③解钩状态:解钩有自动解钩和手动解钩。

a. 自动解钩:要使两钩分解,需由司机操纵解钩阀,压缩空气由总风管进入前车(或后车)的解钩气缸,同时经解钩风管连接器送入相连挂的后车(或前车)解钩气缸,活塞杆向前推并带动解钩杆,使钩舌转动至开锁位置,此时两钩即可解开。两钩分解后,解钩气缸的压缩空气迅速排出,解钩弹簧得以复原,带动钩舌顺时针方向转动40°恢复到原始状态,为下次连挂做好准备。

b. 手动解钩:如果采用手动解钩,只要用人力扳动解钩杆,也能使钩舌转动至开锁位置,实现两钩的分解。

我国早期的北京地铁和天津地铁车辆均采用了这种车钩形式。

2 Scharfenberg 密接式车钩

Scharfenberg 密接式车钩缓冲装置如图5-4所示。它主要由车钩钩头、橡胶缓冲器、风管连接器、电气连接器和风动解钩系统等几部分组成,缓冲器位于钩头的后部。车辆连挂时依靠两个车钩相邻钩头前端的锥形喇叭口引导彼此精确地对中,实现两个车钩的紧密连接;同时自动将两辆车之间的电气线路和空气通路接通。在两辆车分解时,亦可由司机控制解钩电磁阀自动解钩,并自动切断两车之间的电气线路和空气通路。

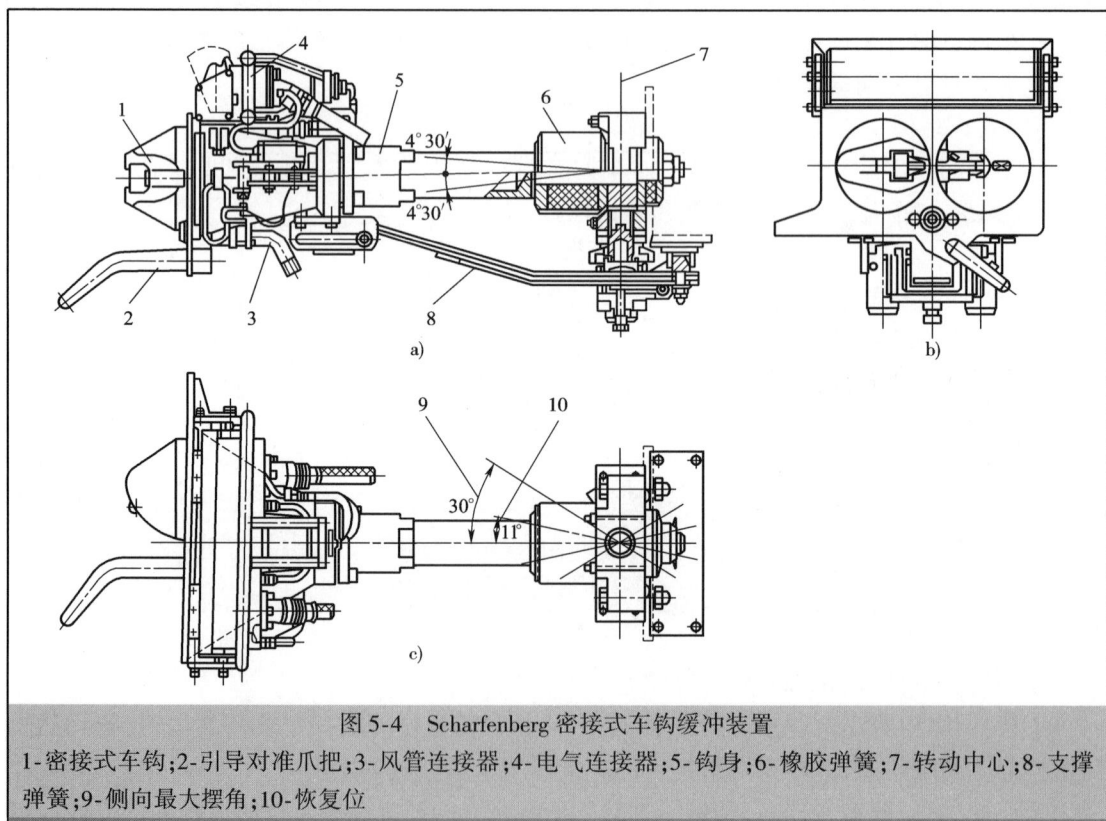

图5-4 Scharfenberg 密接式车钩缓冲装置

1-密接式车钩;2-引导对准爪把;3-风管连接器;4-电气连接器;5-钩身;6-橡胶弹簧;7-转动中心;8-支撑弹簧;9-侧向最大摆角;10-恢复位

在车钩下面有车钩支撑弹簧支撑,在缓冲器尾部通过转动中心轴与车体上的冲击座相连,并可通过橡胶弹簧的弹性变形及缓冲器与转动中心轴的相对转动实现垂直和水平方向的摆动:垂向最大摆角为4°30′;最大水平摆角可达30°。

(1)车钩结构

钩头壳体为焊接件,它由两部分组成,前面为一带有锥体和喇叭口的突出件,后面为连接凸缘。当两个车钩连接时,前面的锥体和喇叭口用来作为引导对准之用,伸出在前面的爪把用来扩展车钩的连接范围。前端的圆孔用来安置空气管路连接器,在钩头壳体中配置有车钩锁闭零件和解钩风缸。借助于钩头壳体后部的凸缘将钩头与牵引缓冲装置连成一体。

车钩的闭锁机构由钩舌和钩锁杆组成,两者通过销子彼此可摆动连接。

两个弹簧用来保持车钩处在闭锁位。弹簧的一端钩在壳体的锥体上,另一端钩在钩锁杆上。

手动解钩装置设在钩头的侧面,它由横杆通过两个解钩杆与钩舌相连接。在该横杆的端部连有一钢丝绳并与手柄连接,手柄挂在钩头壳体的一侧。

沙库密接式车钩总体结构
与连挂动作原理

(2)工作原理(图5-5)

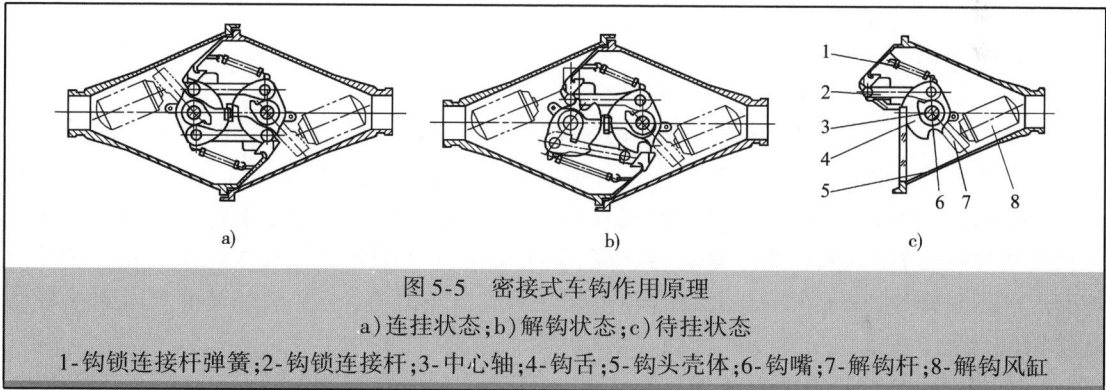

图 5-5　密接式车钩作用原理
a)连挂状态;b)解钩状态;c)待挂状态
1-钩锁连接杆弹簧;2-钩锁连接杆;3-中心轴;4-钩舌;5-钩头壳体;6-钩嘴;7-解钩杆;8-解钩风缸

①待挂位:这时钩头中的钩锁杆轴线平行于车钩的轴线,钩锁杆连接销中心与钩舌中心销连接线垂直于车钩的轴线。弹簧处于松弛状态,该位置为车钩连挂准备位。

②连挂闭锁位:欲使两个车钩连挂,原来处于连挂准备位的两个车钩相互接近并碰撞时,在钩头前端的锥形喇叭口引导下彼此精确地对中,两个车钩向前伸出的钩锁杆由于受到对方钩舌的阻碍,各自推动钩舌绕顺时针方向转动,直至在弹簧拉力作用下钩锁杆滑入对方钩舌的嘴中,并推动钩舌绕逆时针方向返回到原来位置为止。这时两个车钩的钩锁杆与钩舌构成一平行四边形,处于平衡状态,两个车钩刚性地无间隙地彼此连接,处于闭锁状态。在连挂闭锁状态时,钩舌和钩锁杆的位置与连挂准备状态完全相同,钩舌在弹簧作用下力图保持闭锁位。当两个车钩受牵拉时,拉力均匀地分配在由钩锁杆和钩舌组成的平行四边形两对边即钩锁杆上。当两个车钩冲击时,冲击力由两个车钩壳体喇叭口凸缘传递。

③解钩状态:解钩分气动解钩和手动解钩。

气动解钩:由司机操作解钩控制阀达到解钩。这时压力空气经过解钩管充入钩头中的解钩风缸中,推动活塞向前运动,压迫在解钩杆上所设置的滚子上,两个钩头中的钩舌被同时推至解钩位置。达到解钩后再排气,风缸中受压弹簧使活塞返回到原始位置。

手动解钩:通过拉动钩头一侧的解钩手柄,经钢丝绳、杠杆和解钩杆使两个车钩的钩舌转动,直至钩锁杆脱出钩舌的嘴口,由此使两钩脱开,处于解钩位。

欧洲地铁大都采用这种车钩形式,我国上海、广州、深圳地铁等也采用这种形式的车钩。

二 半自动车钩

半自动车钩用于两个编组单元之间的车辆连挂。

通常半自动车钩的钩头连接形式与自动车钩相同,连挂方式和锁闭方式也相同,两个相同的车钩可以在直线线路和曲线线路上自动连挂。半自动车钩可以实现列车单元之间的机械连接和风管连接自动连接,电气连接只能手动操作。解钩时机械和气路部分可自动,也可手动操作,但不能在驾驶室集中控制。在半自动车钩上设有贯通道支撑座,用于车辆运行过程和解钩之后支撑贯通道,支撑座可以承受贯通道及所承受的荷载。

三 半永久性牵引杆

半永久性牵引杆用于同一单元内车辆之间的编组,使之编组成单元,列车单元在运行过程中一般不需要分解,通常只在维修时才分解。当车辆连挂时即形成刚性连接,其连接间隙最小,垂向运动和转动也很小。这样的连接形式可以保证列车在出轨时车辆之间仍然可以保持相对位置,防止车辆重叠和颠覆,减少列车起动及制动时的冲动。每个半永久牵引杆上均有贯通道支撑座,用于车辆运行过程和解钩之后支撑贯通道,支撑座可以承受车辆正常运行时超员情况下贯通道所承受的荷载。

半永久牵引杆只是将两辆车的连接方式由车钩连接改为牵引杆连接,取消了风路和电路的连接。风路和电路的连接只能依靠手动连接。不同种类的车辆所安装的半永久性牵引杆的结构可能有所不同,连接原理是一致的。

国产地铁车辆半永久牵引杆如图5-6所示。其主要特征为半永久牵引杆是将两辆车的连接方式由车钩连接改为用一根牵引棒代替,将自动车钩中的两个车钩钩体取消,牵引杆的两端直接与两个缓冲器相连,同时取消了风路、电路的连接。

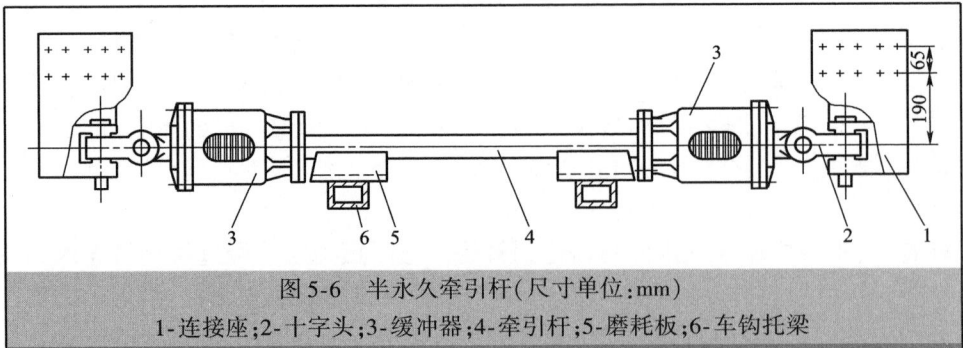

图5-6 半永久牵引杆(尺寸单位:mm)

1-连接座;2-十字头;3-缓冲器;4-牵引杆;5-磨耗板;6-车钩托梁

上海地铁车辆半永久牵引杆结构如图 5-7 所示。其主要特征是将两个相邻车钩中的一个车钩钩体和另一车钩钩体、缓冲器总成分别由两个牵引杆代替,两个牵引杆的端部各有一个锥孔和锥柱,在连挂时起定位作用,通过套筒式联轴器将两个牵引杆刚性相连,其电气、气路通过机械紧固获得永久连接。通常只在维修时才分解,在半永久牵引杆上设有贯通道支撑座。

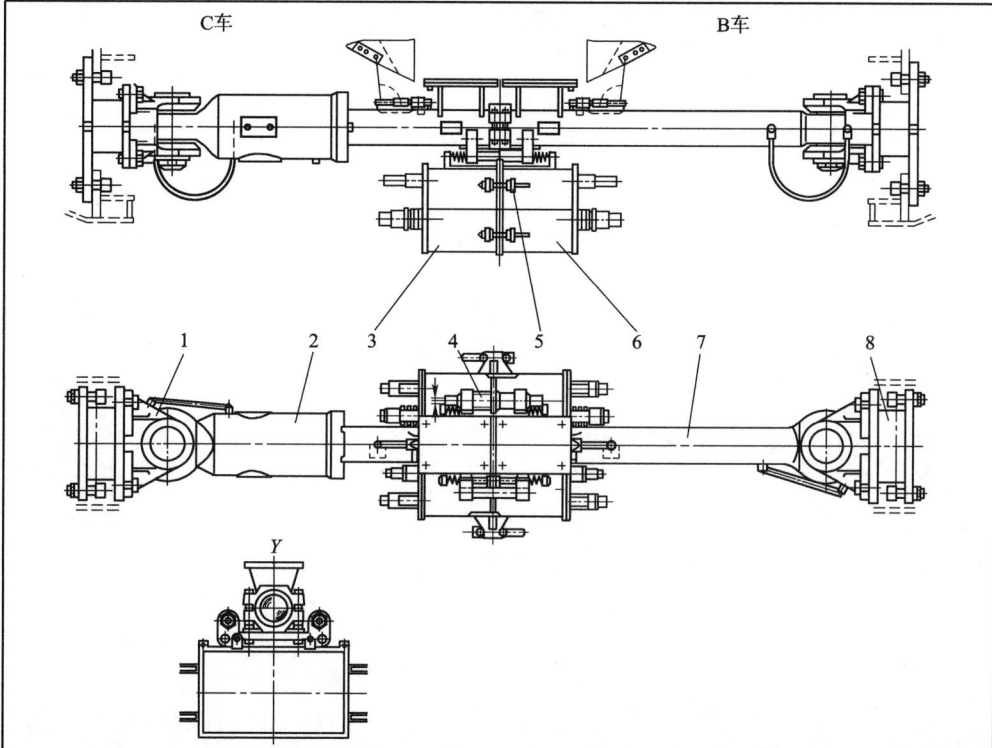

图 5-7　上海地铁半永久牵引杆

1-支撑座;2-具有双作用环弹簧的牵引杆;3、6-电气连接盒;4-风管;5-套筒式联轴器;7-牵引杆;8-过渡板

如图 5-8 所示是深圳地铁车辆半永久性牵引杆的结构形式。它的连接方式与上海地铁相似,其主要特征是在两个半永久牵引杆中设一个能量吸收装置。

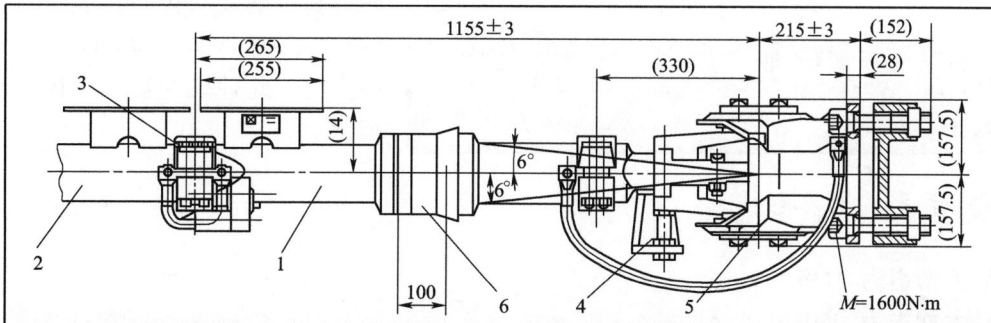

图 5-8　深圳地铁半永久牵引杆(尺寸单位:mm)

1-牵引杆(1);2-牵引杆(2);3-套筒式联轴器;4-垂直支撑装置;5-橡胶缓冲装置;6-可压溃变形管能量吸收装置

5.3 缓冲装置

缓冲装置是车辆牵引连挂装置的重要组成部分,主要用来传递和缓和纵向冲击力。城市轨道交通车辆采用的缓冲装置主要有以下几种形式。

一 层叠式橡胶金属片缓冲器

缓冲器结构和原理

1 层叠式橡胶金属片缓冲器的结构及原理

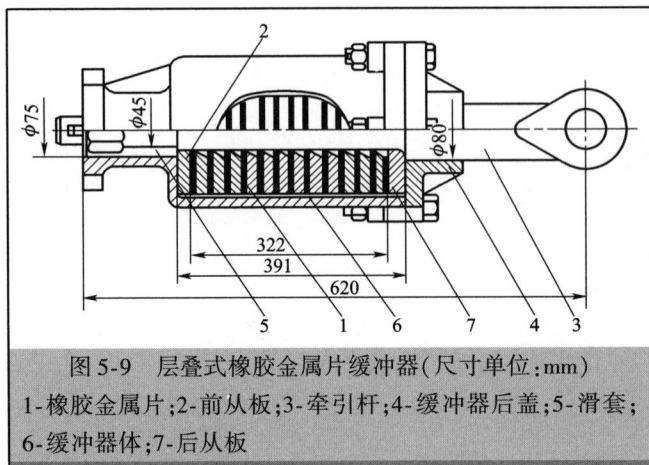

图 5-9 层叠式橡胶金属片缓冲器(尺寸单位:mm)
1-橡胶金属片;2-前从板;3-牵引杆;4-缓冲器后盖;5-滑套;6-缓冲器体;7-后从板

如图 5-9 所示,其作用原理是当车辆受到压缩荷载时,缓冲器体和牵引杆受压,此时力的传递方向为:牵引杆压缩后从板→橡胶金属片→前从板和缓冲器的前端。橡胶金属片受到压缩,起到缓冲作用。在牵引荷载工况下,缓冲体和牵引杆受拉,此时力的传递方向为:牵引杆上的滑套压缩前从板→橡胶金属片→后从板和缓冲体后盖,同样起到缓冲作用。此种缓冲器用于国产地铁车辆上。

2 主要技术参数

最大牵引力:150kN。
最大冲击力:250kN。
允许最大冲击速度:3km/h。
缓冲器容量:5.63kJ。

二　环弹簧缓冲器

1　环弹簧缓冲器的结构及原理

由弹簧盒、弹簧前后座板、外环弹簧(共 7 片)、内环弹簧(由 5 片内环弹簧、1 片开口环弹簧和 2 片半环弹簧组成)、端盖、球形支座、牵引杆等组成,其结构如图 5-10 所示。其作用原理是:当车钩受冲击时,牵引杆推动弹簧前从板向后挤压环弹簧;当车钩受牵拉时,拧紧在牵引杆后端的预紧螺母带动弹簧后从板向前挤压环弹簧。所以不论车钩受冲击还是牵拉环弹簧,均受压缩作用。由于内、外环弹簧相互接触的接触面均做成 V 形锥面,受压缩相互挤压时,外环扩胀,内环压缩,这样就产生了轴向变形,起到缓冲的作用。同时,内、外环弹簧接触面产生相对滑动,摩擦力做功消耗了部分冲击能。

环弹簧缓冲器的前端通过一组对开连接套筒与钩头连接,后端的球形支座通过销轴与车钩支撑座相连接。整个车钩缓冲装置在水平面内可绕销轴左右摆动 40°,在垂直面内借助于球形轴套嵌有橡胶件可上下摆动 5°,以满足车辆运行于水平曲线和竖曲线的要求。上海地铁 1 号线车辆就采用了这种缓冲装置。

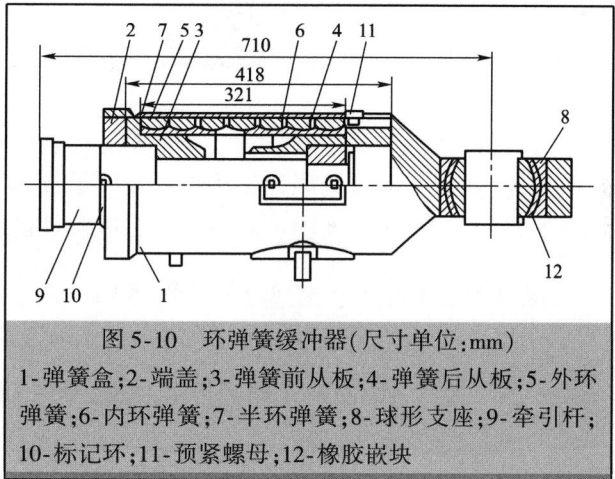

图 5-10　环弹簧缓冲器(尺寸单位:mm)
1-弹簧盒;2-端盖;3-弹簧前从板;4-弹簧后从板;5-外环弹簧;6-内环弹簧;7-半环弹簧;8-球形支座;9-牵引杆;10-标记环;11-预紧螺母;12-橡胶嵌块

2　主要技术参数

最大作用力:580kN。

最大行程:58mm。

缓冲器容量:18.7kJ。

水平摆角:±40°。

垂直摆角:±5°。

能量吸收率:66%。

三　环形橡胶缓冲器

1　环形橡胶缓冲器的结构及原理

该缓冲器主要由牵引杆、缓冲器体、环形橡胶弹簧等几部分组成,属于免维护的橡胶缓冲装置。缓冲器安装在车钩安装座上,可以吸收拉伸和压缩能量,半自动车钩和牵引杆均用相同的方法安装固定,如图 5-11 所示。

缓冲装置间不存在间隙,在承受拉伸和压缩荷载的同时,可以承受较大的剪切力。

图 5-11　环形橡胶缓冲装置
1-牵引杆;2-安装座;3-环形橡胶;4-缓冲器体;5-支撑座

缓冲装置允许车钩做垂向摆动和扭转运动,缓冲装置的支撑座用 4 个螺栓固定在车体底架上。该装置用于深圳地铁车辆。

2 主要技术参数

允许水平最大压缩力:1250kN。
允许水平最大拉伸力:850kN。
水平摆角:±11°。
垂直摆角:±5.5°。

四 弹性胶泥缓冲器

与传统意义上的缓冲器类似,在列车运行过程中起到吸收冲击能量、缓和纵向冲击和振动的作用,其后端通过钩尾销连接在安装座上,前端通过连接环与连挂系统连接。弹性胶泥缓冲器性能先进,缓冲器的可靠性和动态吸收性能较好。

1 弹性胶泥缓冲器的结构及原理

由牵引杆、弹簧盒、内半筒、端盖和弹性胶泥芯子等组成,其中弹性胶泥芯子是其接受能量的元件。缓冲系统固定在弹簧盒内,如图 5-12 所示。

车钩受拉时,纵向力传递顺序为:牵引杆→内半筒→弹性胶泥芯子→弹簧盒→车体。车钩受压时,纵向力传递顺序为:牵引杆→弹性胶泥芯子→内半筒→弹簧盒→车体。由此可见,无论车钩受拉或是受压,缓冲器始终受压。

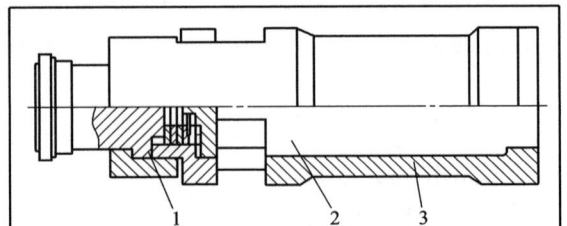

图 5-12　弹性胶泥缓冲器
1-牵引杆;2-弹性胶泥芯子;3-内半筒组成

2 主要技术参数

缓冲器容量:≥30kJ。
缓冲器最大行程:73mm。
缓冲器能量吸收率:≥80%。
缓冲器阻抗力:800kN。
车钩连挂最大速度:5km/h。

五 带变形管的橡胶缓冲器

如图 5-13 所示,由拉杆、轴套、锥形环圈、凸缘、垫圈、橡胶弹簧以及变形管组成。轴套与钩头壳体螺纹连接,并由凸缘紧固使之不致松动,轴套用来作为拉杆、锥形环圈和变形管支承和导向,拉杆穿过两个弹簧 6 和 7,其端部通过蝶形螺母将弹簧压紧。

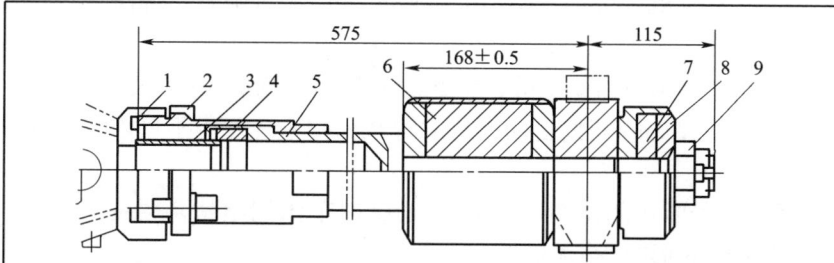

图 5-13　带变形管的橡胶缓冲器(尺寸单位:mm)
1-轴套;2-凸缘;3-变形管;4-锥形环圈;5-拉杆;6、7-橡胶弹簧;8-垫圈;9-螺母

在正常运行时,车辆之间所产生的牵引和压缩力主要由两个橡胶弹簧来承担。这时车辆连挂冲击速度小于 3km/h。在如图 5-14 所示的力 - 行程图中作用力小于 100kN,行程小于 58mm,橡胶弹簧在变形中所吸收的功如图中所示的阴影部分面积。

在事故冲击时,车辆的碰撞速度超过 5 ~ 8km/h,这时车钩所受到的冲击压缩力超过橡胶弹簧的承载能力,靠近钩头的冲击吸收装置起作用,变形管 3 与锥形环圈 4 彼此相互挤压,把冲击能转变为变形管和锥形环圈的变形功和摩擦功,变形管产生永久变形,吸收冲击功可达 16.1kJ,从而达到对乘客和车辆的事故附加防护作用。产生永久变形后的变形管必须予以更换,只要将凸缘 2 松开,并将轴套 1 从钩体中拧出,就不难将变形管 3 从锥形环圈 4 中拉出。

六　可压溃变形管

车钩缓冲装置是车辆冲击能量吸收系统的一部分,可压溃变形管作为车钩缓冲装置的重要部件,用来吸收车辆冲击能量,如图 5-15 所示。当列车相撞时,将会产生可恢复的和不可恢复的变形。

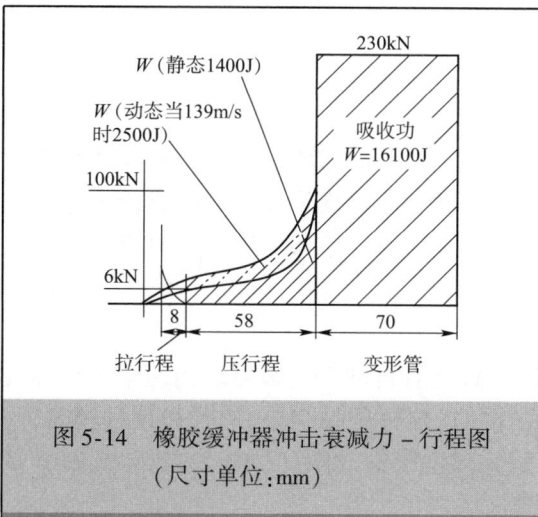

图 5-14　橡胶缓冲器冲击衰减力 - 行程图
(尺寸单位:mm)

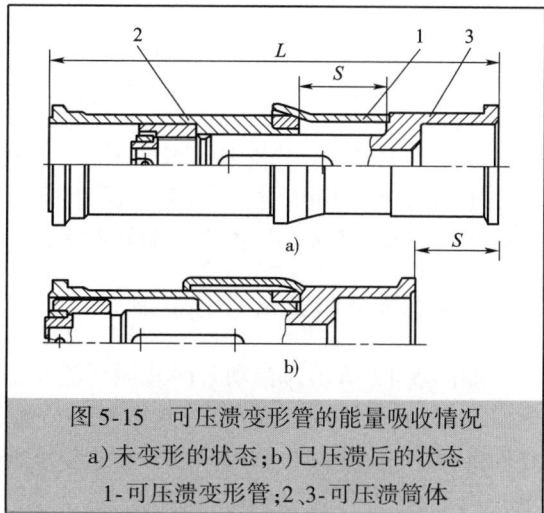

图 5-15　可压溃变形管的能量吸收情况
a)未变形的状态;b)已压溃后的状态
1-可压溃变形管;2、3-可压溃筒体

能量吸收可分为以下三级：

第一级，速度最大为 8km/h 时，车钩内的缓冲、吸收装置吸收全部能量，产生的变形可以恢复；

第二级，速度为 8~15km/h 时，可压溃变形管产生的变形不可恢复；

第三级，速度超过 15km/h 时，自动车钩的过载保护系统产生不可恢复的变形，车辆前端将参与能量吸收以保护乘客。

同时通过可压溃变形管的能量吸收还可以保护车体钢结构免受破坏。当冲击速度过大，导致可压溃变形管变形时，必须更换。

碰撞事故发生后，必须对车辆进行检查，尤其是电气连接和机械连接部分。

车钩的事故率相对较低，但可压溃变形管是必需的备件，另外，如钩舌弹簧、固定和活动触头及风管连接器等也是相对容易损坏的部件。

5.4 附属装置

车体连接装置的附属装置包括风管连接器、电气连接器、车钩对中装置和吊挂系统。

一 风管连接器

1 不带自闭装置的风管连接器

如图 5-16 所示，当车钩互相连挂时，密封圈互相接触受压，借助于滑套、橡胶套和前弹簧使压力为 70~160N，保证气路开通时不会泄漏。在制动主管连接器后端的管路上装有一个截止阀。正常解钩时，首先将截止阀关闭，以防止制动主管排风而产生紧急制动。

2 自动开闭式风管连接器

如图 5-17 所示为自动开闭式风管连接器，该装置具有自动开闭装置。当两个车钩连挂时，顶杆与密封圈同时受压，密封圈在防止泄漏的同时，顶杆压缩阀垫、滑阀和顶杆弹簧，阀垫和滑阀后退，使阀垫与阀体脱开，气路开通。解钩时由于密封圈和顶杆失去压力，在弹簧的作用下，各部件恢复原位，风路断开。

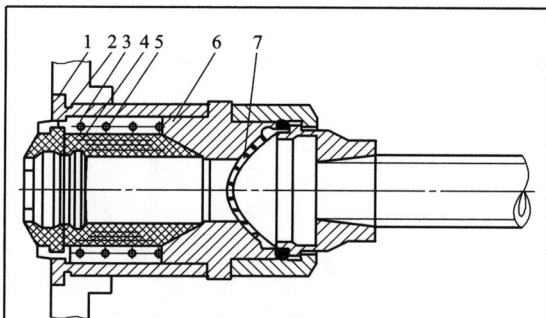

图 5-16　制动主管连接器
1-阀壳；2-密封圈；3-滑套；4-橡胶套；5-前弹簧；
6-后接头；7-滤尘网

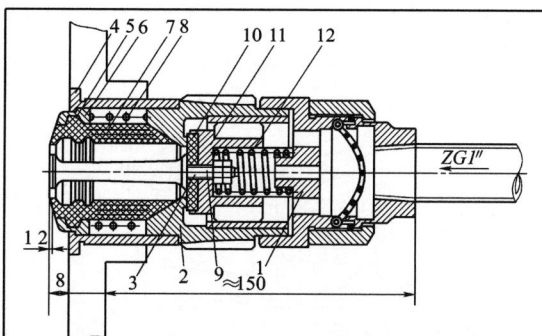

图 5-17　自动开闭式风管连接器(尺寸单位：mm)
1-后接头；2-阀体；3-顶杆；4-阀壳；5-密封圈；6-滑
套；7-橡胶套；8-前弹簧；9-调整垫片；10-阀垫；
11-滑阀；12-顶杆弹簧

二 电气连接器

电气连接器如图 5-18 所示，通过悬吊装置使钩体与电气连接器成弹性连接。当两个车钩连挂时，箱体可退缩 3～4mm，靠弹簧压力，保证良好接触；触头上焊有银片，以减小电阻。它与箱体成弹性连接，靠弹簧压力保证触头处于可伸缩状态，相互接触良好，保证电流畅通。箱体的一侧有一个定位销，对称侧有定位孔，两个车钩连挂时定位销插入对应的定位孔，以保证触头的准确连接；密封条是防雨水和灰尘的。解钩时，将盖盖好，防止触头损坏。箱体内还设有接线板，使触头的引线和从车上来的引入线对应相连；在它后部有电线孔，为防止电线磨损，设有塑料套。

电气箱外装有保护罩，当两个车钩连接时，电气箱可推出使其端面高于车钩端面，此时保护罩自动开启；当解钩后，电气箱退回至原位置，保护罩自动关闭。电气箱内的触点分别为固定触点和弹性触点，保证电气连接时密接可靠。主要应用于自动车钩上。

三 车钩对中装置

如图 5-19 所示，在缓冲器的尾部下方左、右各设有一个对中气缸，它的活塞头部装有一个水平滚轮，当气缸充气活塞向外伸出时，能自动嵌入固定在球铰座下方的一块呈桃子形凸轮板左、右的两个缺口内，从而达到使车钩自动对中的目的，也就是使车钩缓冲装置的中心线与车体中心线在一个垂直平面内，以便使一个车钩钩头对准对方车钩的钩坑。

对中气缸的充气和排气是通过钩头心轴顶部的凸轮来驱动二位五通阀的阀芯，从而使对中气缸进行充气或排气。当车钩处于待挂状态时，对中气缸充气使车钩自动对中；当车钩处于连接状态时，对中气缸处于排气状态；对中气缸排气，车钩则可自由转动，有利于列车过弯道。

当车辆在弯道上进行连挂时，必须将对中装置关闭，否则无法进行连挂。这时只需将车钩下方的进气阀门关闭即可使对中气缸排气，使车钩处于自由状态，而在进行连挂时可利用钩头凸缘前的导向杆(俗称象鼻子)进行对中,从而顺利地进行连挂。

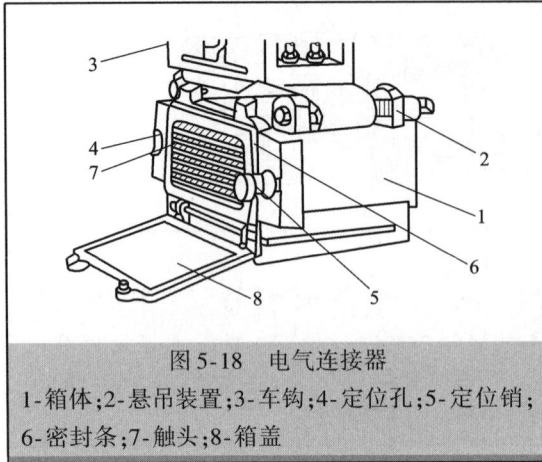

图 5-18　电气连接器
1-箱体;2-悬吊装置;3-车钩;4-定位孔;5-定位销;
6-密封条;7-触头;8-箱盖

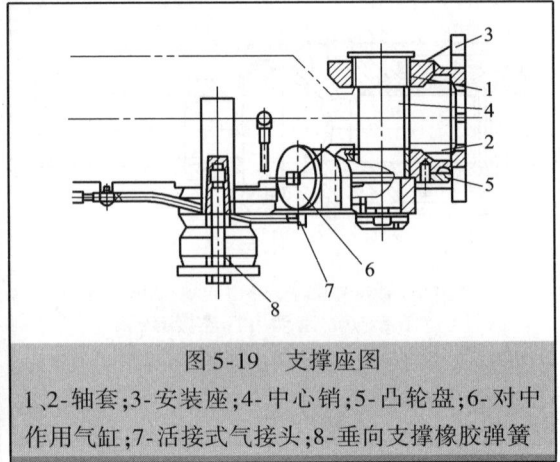

图 5-19　支撑座图
1、2-轴套;3-安装座;4-中心销;5-凸轮盘;6-对中
作用气缸;7-活接式气接头;8-垂向支撑橡胶弹簧

四 吊挂系统

安装吊挂系统的作用是为整个车钩缓冲装置提供安装和支撑,保证列车通过所有平竖曲线所需的各个方向自由度,保证整套装置在不连挂状态时保持水平,车钩中心线与车辆中心线重合,以便于连挂。车钩通过该装置可以方便地调整车钩中心线的高度。

5.5 贯通道及渡板

贯通道装置也就是风挡装置,位于两节车厢的连接处,是两车辆通道连接的部分,它具有良好的防雨、防风、防尘、隔音、隔热等功能,能够使旅客安全地穿行于车厢之间。风挡装置分为整体式和分体式。深圳地铁采用的是分体式风挡装置,即风挡装置的一半装在每辆车的端部,在该装置的下部还设有分开式渡板,渡板连接处有车钩支撑。上海地铁 1、2 号线,广州地铁 1 号线均选用这种风挡装置,其内部高度为 1900mm,宽 1500mm。

一 贯通道(图 5-20)

贯通道由波纹折棚、紧固框架、连接框架、滑动支架、侧护板、顶板组成。

1 波纹折棚

折棚由多折环状篷布缝制而成,每折环的下部设有 2 个排水孔。折棚体选用特制的阻燃、高强度、耐老化人造革制作,在 – 45 ~ + 100℃ 内能够正常使用,抗拉强度 ≥3000N/cm²。棚布采用双层夹心结构,大大提高了风挡的隔音、隔热性能。折棚体各折缝合边用铝合金型材镶嵌,折棚体的一端连接在车体端部,另一端与连接座连接固定。

2 紧固框架

紧固框架是由铝型材焊接而成,通过固定在框架上的螺钉将波浪式风挡牢固地与车辆端部连接。在该部件的上面还设有固定内墙板和内顶板的连接装置。

3 连接框架

连接框架也是由铝合金骨架焊接而成,与紧固框架外形相似,但其内部结构和功能是不同的,如图 5-21 所示。

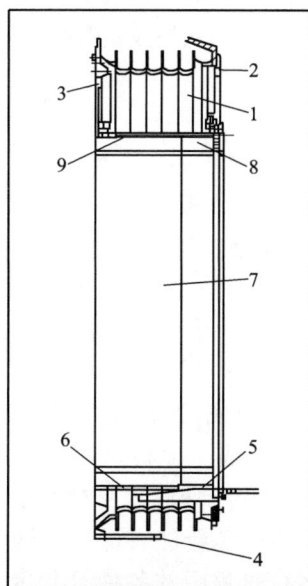

图 5-20　风挡侧向断面图
1-波纹遮棚;2-紧固框架;
3-连接框架;4-滑动支架;
5、6-渡板组成;7-内侧板;
8-单层顶板;9-顶板

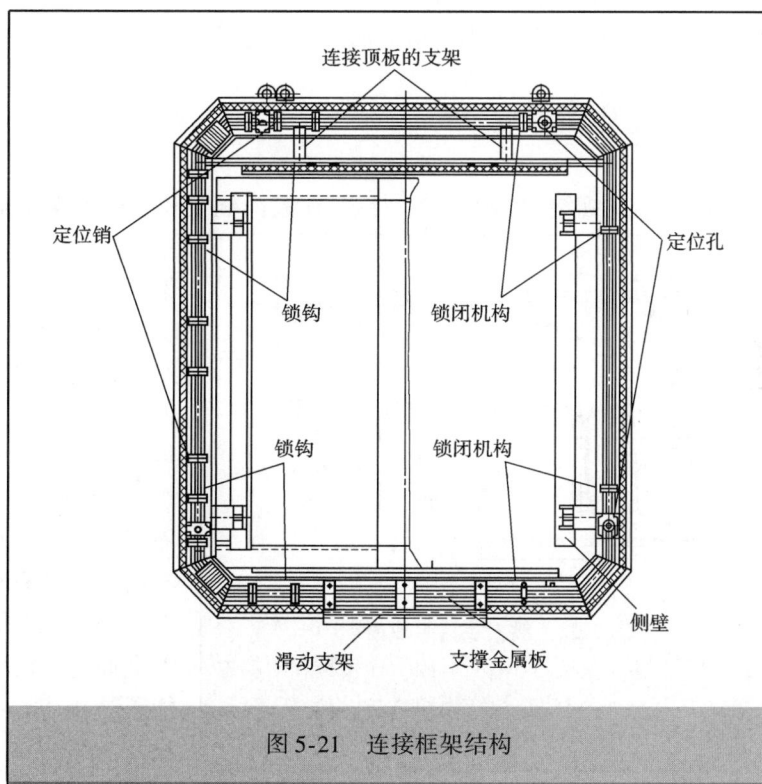

图 5-21　连接框架结构

(1)在框架的侧面和顶部设有两个定位孔和定位销,当连挂时,定位销插入对应框架的定位孔中实现准确连挂。

(2)在框架上设有 4 个锁钩和锁钩机构,连挂后用手工将锁钩插入对应锁闭机构中,实现风挡的惯性连接。

④ 滑动支架

采用钢板焊接而成,落在车钩的贯通道支座上,实现支撑贯通道的功能。它的上部与支撑金属板相连。

⑤ 侧护板

侧护板的通道表面为镶有凯德板的罩板,内有铝型材与弧面橡胶条镶嵌而成的边护板,可实现拉伸和压缩,护板内表面设有连杆支承机构,使护板有足够的刚度,旅客可依靠护板;护板的两端与车体端部连接,可用专用钥匙快速打开、拆卸护板。

⑥ 顶板

每个通道顶板由两个边护板和一个中间护板组成,顶板内侧设有连杆机构,使车辆运行时中间护板始终保持在中间位置,不会偏移,顶板组成通过边框用螺钉固定在车体端墙上。

该设备的锁钩、滑动支架、活动地板和镶边及波纹遮棚都是容易损坏的部件。

北京地铁车辆之间不是采用直接贯通道的形式,而是在车辆端墙中部设有端门,早期的车辆只在门口下部设有渡板,门口两边加装扶手,在"复—八线"上又增加了一个整体式波纹式遮棚。

二 渡板装置组成

渡板的详细结构如图 5-22 所示,在紧固框架和连接框架侧各有一组渡板,在紧固框架一侧的渡板组 A 靠托架支撑,而在连接框架一侧的渡板组 B 一端通过安全支撑座与支撑金属板相连接,另一端支撑在渡板组 A 上。渡板组 A 由车厢侧相互铰接的固定连接板和活动连接板组成,渡板组 B 由地板、活动地板和镶边组成。地板为不锈钢板,活动地板为花纹不锈钢板,各相对滑动面间设有磨耗板。渡板装置能够保证追随与适应连挂车辆运行过程中的各种复杂运动,具有足够的强度与刚度,能够确保乘客安全通过,并为站立的旅客提供安全地方。能承受 9 人/m^2 的压力负荷,表面无凸起物及障碍物。

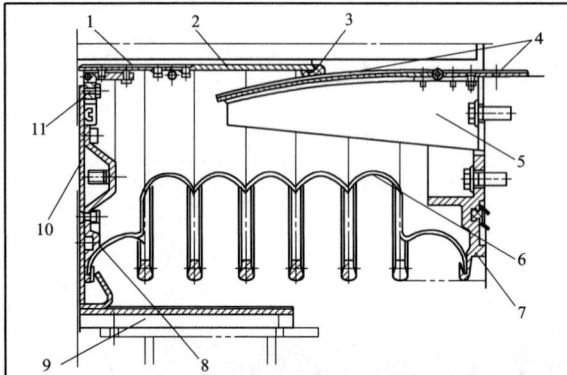

图 5-22 渡板装置组成简图

1-地板;2-活动地板;3-镶边;4-固定连接板和活动连接板;5-托架;6-衬油毡的纤维织物;7-旋紧架;8-连接架;9-活动支架;10-支撑金属板;11-安全支撑座

三 主要尺寸及技术性能

连接长度:520mm。

净通过宽度:1300～1500mm。

净通过高度:1900mm。

渡板距轨面高度:1100mm。

隔热系数:<5.0 W/(m²·K)。

隔声量:≥30dB(A)。

气密性:压力从 3600Pa 降至 1350Pa 的泄漏时间在 50s 以上。

阻燃性:所有非金属部件应符合《机车车辆阻燃材料技术条件》(TB/T 3138—2006)。

使用寿命:主要金属件寿命 30 年,折篷布寿命 15 年。

阅读材料一

南京地铁车辆的车钩及缓冲装置

南京地铁 1 号线电客车的车钩分别有三种形式:半永久牵引杆(用于连接单元内车辆)、半自动车钩(连接两个列车单元)、全自动车钩(在 A 车前端,与其他列车连挂)。

1 半永久牵引杆

半永久牵引杆主要由牵引杆、机械元件、安装座、贯通道支撑座、车钩安装座、电气连接座和接地装置等组成(图 5-23)。用于一列车内两车辆之间的连挂,可传递拉力和压缩力。可确保两车之间的机械连挂和主风管连接,且安装有一套用于紧急制动时的电气连接。

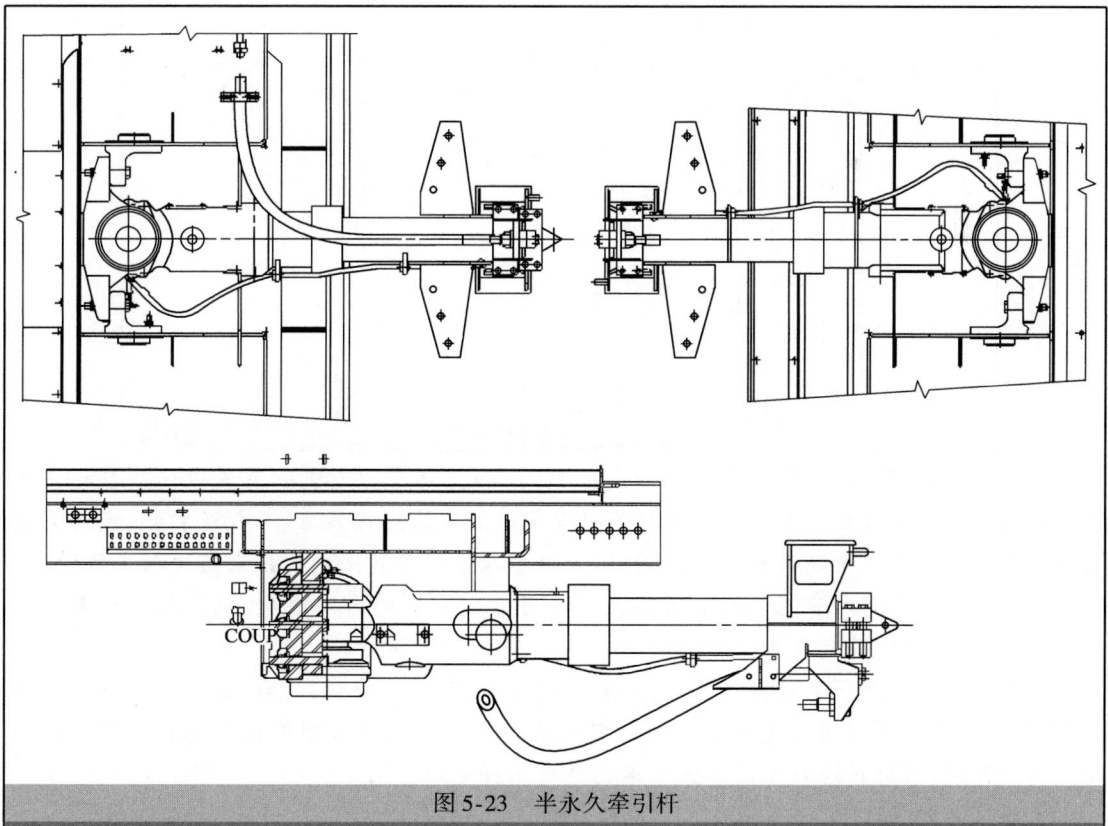

图 5-23　半永久牵引杆

手动挂钩和解钩是通过安装和分解牵引杆的连接部分来实现的,半永久性牵引杆在列车运行于困难曲线甚至两车处于不同高度时亦可正常运行。

在每个半杆的末端都安装了一些附件,如贯通道支撑座、车钩安装座、两个电气连接座等,同时在每个半永久牵引杆上还装有电气连接器和接地装置。通过接地装置使半杆和车辆具有同样电压。

主要技术参数:

压缩力(屈服力):1250kN。

拉力(屈服力):850kN。

撞击行程:150mm。

最大水平摆角:±45°。

最大垂向摆角:±7°。

重量:470kg。

② 半自动车钩

半自动车钩主要由钩头、牵引杆、装配座、对中装置、机械元件、电气连接座、气路元件、对中装置的气路控制及接地装置等部件组成,见图 5-24。

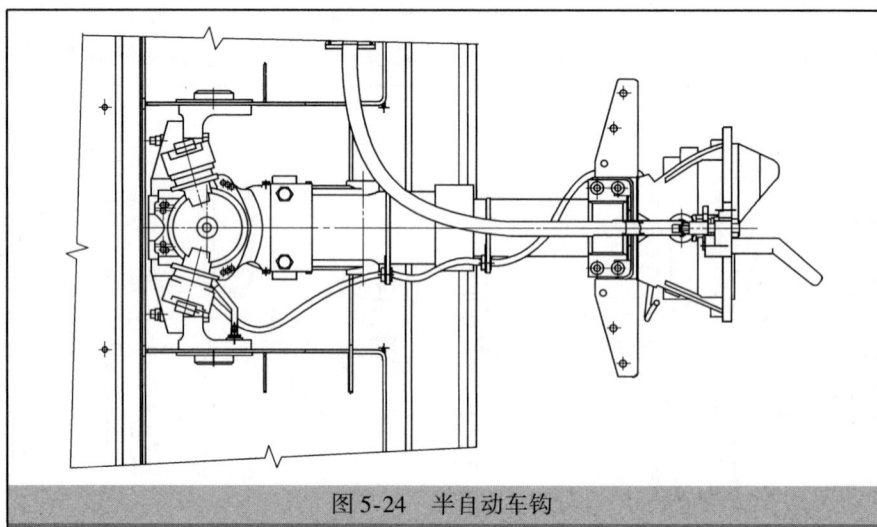

图 5-24 半自动车钩

半自动车钩可将两个半列车组连接成一整列,而且具有能量吸收装置以使得在过载冲击下车辆结构不受破坏。车钩自动连挂并带有简单的风路连接装置,车钩连接后,两车之间的电气系统需人工连接起来。若要解钩,用六角形扳手移动钩头中心销来实现人工解钩。

在垂直和横向角没有完全对准的情况下也可实现车钩的自动连挂,该车钩允许列车通过垂直和水平曲线,并允许车体转动。

在半自动车钩上还安装有一些附件,如机械元件、电气连接座、气路元件、对中装置的气路控制、接地装置等。通过气路元件和对中装置的气路控制来实现解钩和连接时的气路自动关闭和开通,通过接地装置使车钩和车辆具有同样电压。

主要技术参数:

压缩屈服力:1250kN。

拉伸屈服力:850kN。

撞击行程:150mm。

钩头 35 型。

最大水平摆角:±20°。

最大垂向摆角:±7°。

重量:350kg。

3 自动车钩

自动车钩用于两列电客车的连挂,其安装在每节 A 车的前端,能自动挂钩连接,两车厢的连接不需用手帮助,只需将一车厢推动至靠上另一车厢即可。在水平和垂直两方向都存在角向偏移的情况下也可实现自动钩接。此车钩允许将列车钩接在垂直和水平弯道上并允许作旋转运动,见图5-25。

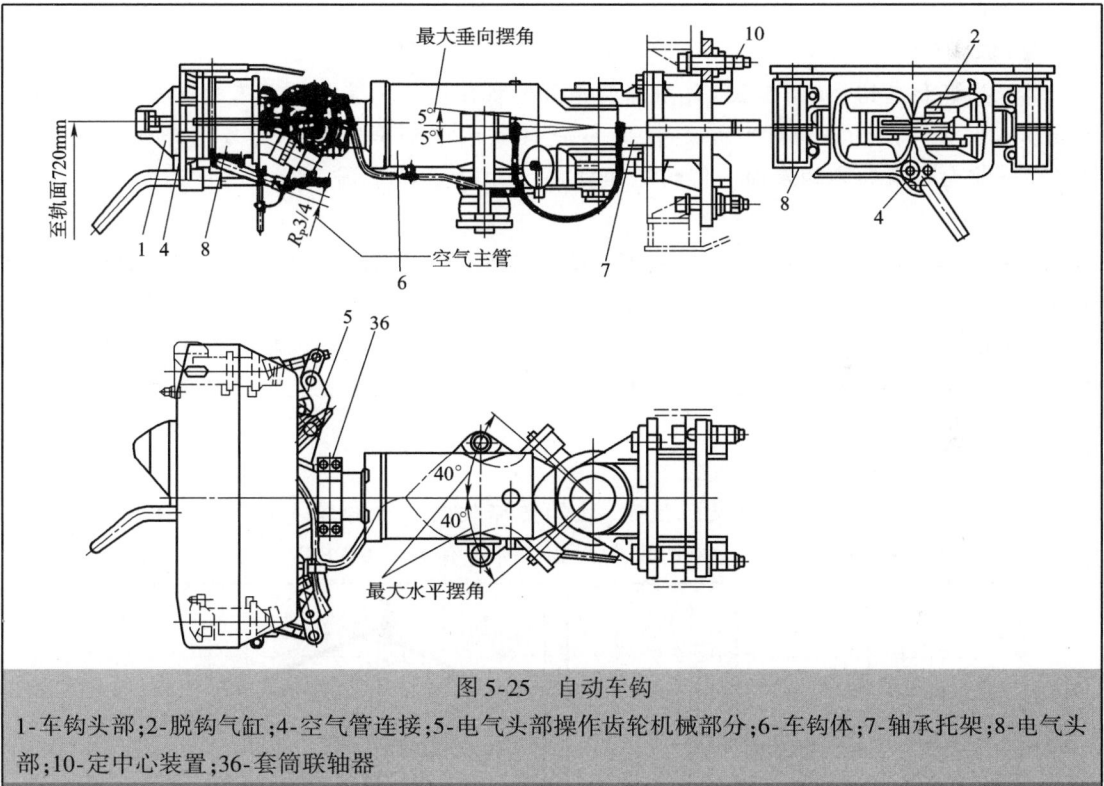

图 5-25　自动车钩

1-车钩头部;2-脱钩气缸;4-空气管连接;5-电气头部操作齿轮机械部分;6-车钩体;7-轴承托架;8-电气头部;10-定中心装置;36-套筒联轴器

车钩体上的设置有冲击吸收装置,确保起着有效的减振缓冲作用。同时当车钩以机械方式挂钩时,空气管道便自动完成连接。

除了机械式车钩之外,还有电动式和气动式车钩。

通过驾驶室的遥控或通过在轨道侧对车钩手动操作,便能自动完全脱钩。车辆脱钩并分离之后,车钩重新恢复至准备挂钩状态。

(1)主要技术参数

①车钩。

抗压力:1250kN。

抗拉力:850kN。

钩头35型。

电器连接。

凸连接:38。

凹连接:38。

②缓冲器。

行程:150mm。

容量:58.6kJ。

压溃杆:928.8kN。

冲击长度:210mm。

最大水平摆角:±20°。

最大垂向摆角:±7°。

(2)机械头部

机械头部和车钩锁(图5-26)能确保两车厢的机械连接。其表面具有外连接锥体a和内连接锥体b,允许车钩自动对准并定中心,还能提供水平和垂直两方向上宽广的合拢范围。借助于一导向触角和车钩表面一侧的延伸段,便能扩大合拢范围。

(3)工作方式

机械头部表面c具有宽大的平边,以吸收缓冲负载。牵引负载通过车钩锁钩板3、挂钩链环1、定中心枢轴4、拉伸弹簧5、棘轮2、弹簧支承6和带凸出部8的爪子7而传递。牵引负载和缓冲负载从机械头部通过车钩体而传递,并缓冲至规定的负载。超过车钩体吸收能力的任何负载都传递至车辆的底架上。安装在车钩体内的能量吸收装置能缓冲重大的冲击力。

(4)车钩锁

车钩锁具有以下三个工作位置:

①准备钩接(图5-27)。在此位置下,挂钩链环收回并由棘轮支持住,闭合在外连接锥体的边缘。钩板由弹簧拉紧。棘轮凸出在车钩头部壳体的一侧并且爪子咬合住。

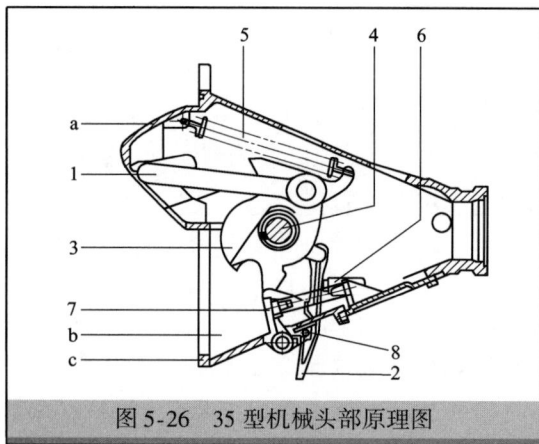

图5-26 35型机械头部原理图

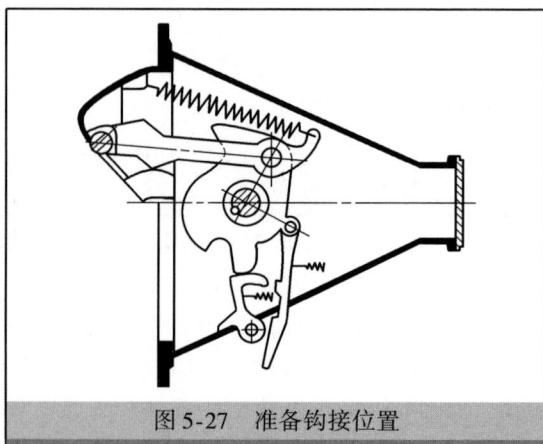

图5-27 准备钩接位置

②钩住(图5-28)。当车钩面向外连接锥时,棘轮松开,靠在棘轮上的外连接锥体便将弹簧作用的爪子向后推回。此时,借助于拉伸弹簧的作用,车钩锁转向钩住位置,直至挂钩链环与钩板咬合为止,钩板压靠在车钩头部壳体内的止动器上。

当钩住时,车钩锁形成平行四边形以确保力的均衡,不可能发生偶然开锁的情况。车钩锁只承受拉伸荷载,此荷载均匀地分布在两个挂钩链环上。

③脱钩(图5-29)。当脱钩时,弹簧作用的钩板便旋转,直至挂钩链环从钩板中释放出来为止。由于棘轮已被爪子咬合,故车钩锁保持其位置不动。当车辆移开时,弹簧作用的爪子向前移动并释放棘轮,车钩锁在拉伸弹簧的作用下旋转,直至棘轮与爪子的凸出部咬合为止。此时,车钩锁重新处于准备钩接状态。

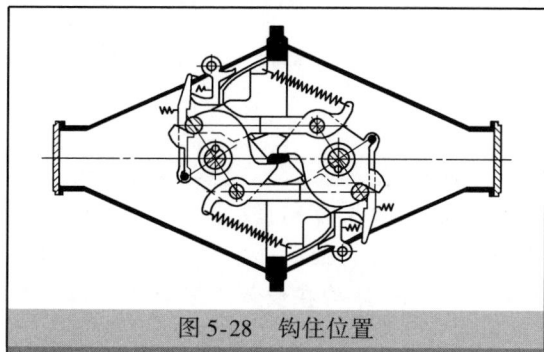

图 5-28 钩住位置

图 5-29 脱钩位置

(5)脱钩装置

脱钩装置能打开车钩锁,可用驾驶室的遥控方式或用轨道侧的手动方式来进行脱钩。

①遥控脱钩。按动按钮,压缩空气便进入车钩头部里面的气缸内,使活塞杆向前移动,并旋转车钩锁的钩板,从而便松开挂钩链环。然后,气缸活塞便在弹簧力作用下自动推回至其原来位置。

②手动脱钩。手动脱钩仅在紧急情况下才使用。

阅读材料二

北京地铁车辆的车钩及缓冲装置

北京地铁8号线车辆的车钩缓冲装置分为半自动车钩缓冲装置和半永久车钩缓冲装置两种形式。

半自动车钩缓冲装置位于列车的头尾端,其作用是保证列车之间的自动连接和手动分解。车钩可以在连挂时完成车辆之间机械和风路的连接,并在分解车钩的同时,自动断开风路的连接。缓冲系统采用弹性胶泥缓冲器和压溃管。

半永久车钩缓冲装置分为半永久带缓冲器车钩缓冲装置和半永久带压溃管车钩缓冲装置,两种半永久车钩缓冲装置在列车的中间断面成对使用,用于列车内部车辆之间机械和风路的人工连接和分解。

1 半自动车钩缓冲装置

半自动车钩缓冲装置由连挂系统、压溃管、紧凑式缓冲装置和过载保护装置几大部分组成,如图 5-30 所示。

图 5-30 半自动车钩缓冲装置组成(尺寸单位:mm)

连挂系统采用了青岛四方车辆研究所有限公司的 CG-12 型车钩;缓冲系统由弹性变形吸收能量的弹性胶泥缓冲器和不可恢复变形吸收能量的压溃管构成;为了给压溃管提供安装空间,弹性胶泥缓冲器与支撑机构、回转机构和对中机构等结构在设计上融合为紧凑式缓冲装置。车钩缓冲装置设计有过载保护装置,当车钩缓冲装置受到过大冲击力时,车钩缓冲装置可以脱离车体,使防爬器发挥作用。

(1)连挂系统

连挂系统内部包含钩舌、连挂杆、回复弹簧、解钩手柄等,如图 5-31 所示。

车钩有待连挂位(同时也是锁定位)和全开位两种状态。当车钩要连挂时,通过两车钩的相互撞击,钩体内部的钩舌等机构发生顺时针(图 5-32)旋转,在两个车钩相互连挂过程中,对方钩体的凸锥推动本钩钩舌等连挂机构旋转到最大角度,到达全开位,然后在回复弹簧的作用下迅速回复到锁定位,到达完全连挂后车钩连挂机构的位置状态。

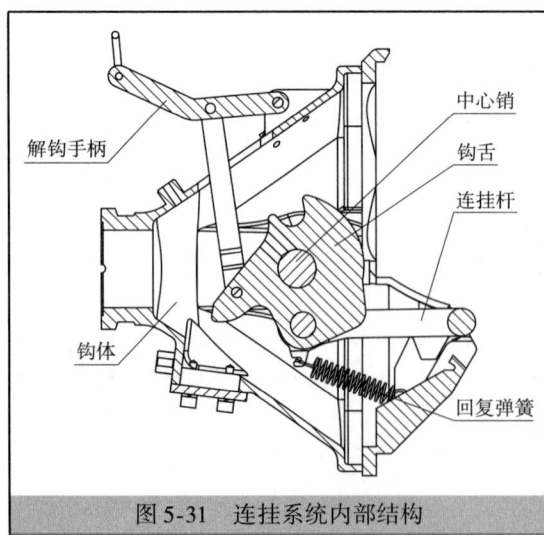

图 5-31 连挂系统内部结构

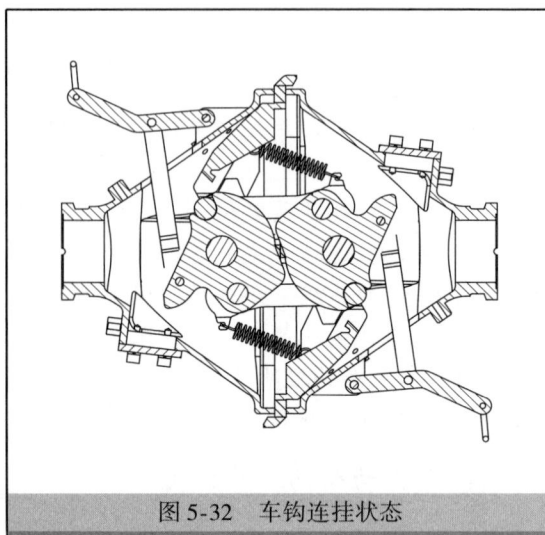

图 5-32 车钩连挂状态

在开钩时,人工扳动解钩手柄,使钩体内部的钩舌及其他机构旋转到最大角度,到达全开位(图5-33),此时两个车钩可以正常分离,然后释放解钩手柄,在回复弹簧力的作用下,钩舌等其他内部机构回复到待连挂位。

该车钩与压溃装置的接口通过连接环实现连接。

头车连挂系统钩体上方装有总风管连接器(图5-34),可以在列车连挂时自动连接列车管路,在列车分解时自动切断管路。

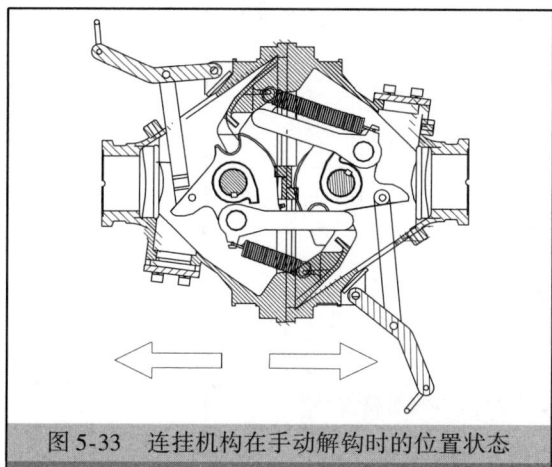

图5-33 连挂机构在手动解钩时的位置状态

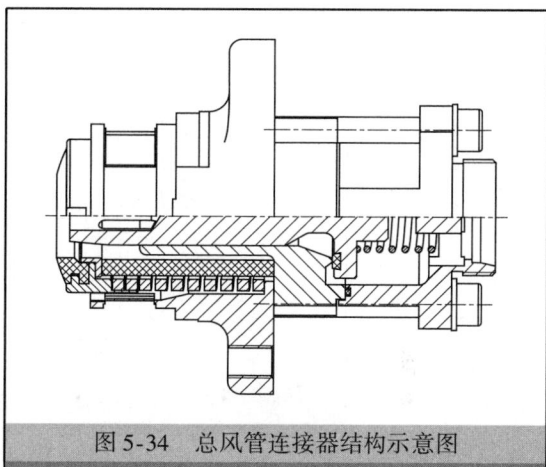

图5-34 总风管连接器结构示意图

(2)压溃管

半自动车钩缓冲装置采用了膨胀式压溃管。列车在运行或者连挂过程中,车钩缓冲装置受到的纵向压荷载大于设定值时,压溃装置开始发生作用,吸收冲击能量,达到保护人身和车辆设备安全目的。压溃管的结构示意见图5-35。

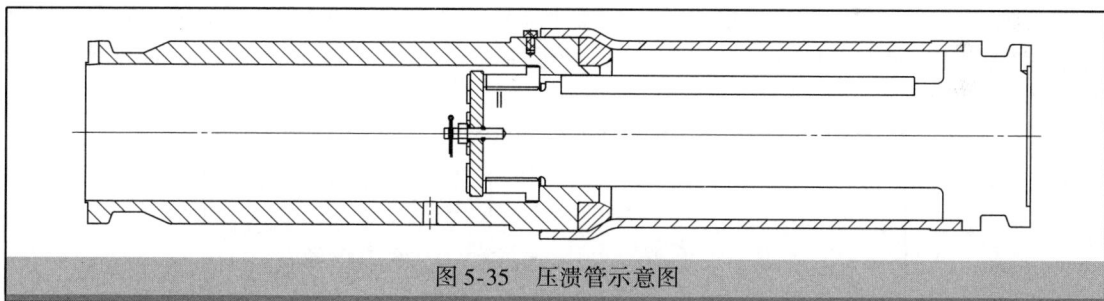

图5-35 压溃管示意图

车钩缓冲装置在牵引工况时,牵引荷载通过压溃管内部的刚性连接来传递,变形元件不会受到影响;当车钩缓冲装置受到压荷载超过压溃管触发力值时,压溃管膨胀元件按照设计的变形模式吸收冲击能量。

(3)紧凑式缓冲装置

紧凑式缓冲装置承担车钩缓冲装置的弹性缓冲、水平对中、垂直支撑和回转等功能。

该装置由安装座、缓冲装置、支承装置、对中装置等几部分组成,缓冲装置的核心元件是弹性胶泥缓冲器。弹性胶泥缓冲器在拉、压两个方向能量吸收能力均为24kJ,通过内部结构实现拉压转换,达到能量吸收能力均衡,见图5-36。

其中,支承装置起着在垂直平面内支承车钩缓冲装置的作用;安装座内部的回转体与缓冲装置外壳和安装座形成同时相互垂直的铰连接,给缓冲装置提供水平面和垂直面内的转动自由度;对中装置的作用是在水平面内推动车钩缓冲装置向车钩纵向中心线回复、使其自动对中;安装座的4个安装孔用4个过载保护螺栓完成车钩缓冲装置与车体的连接,起着传递纵向荷载的作用。

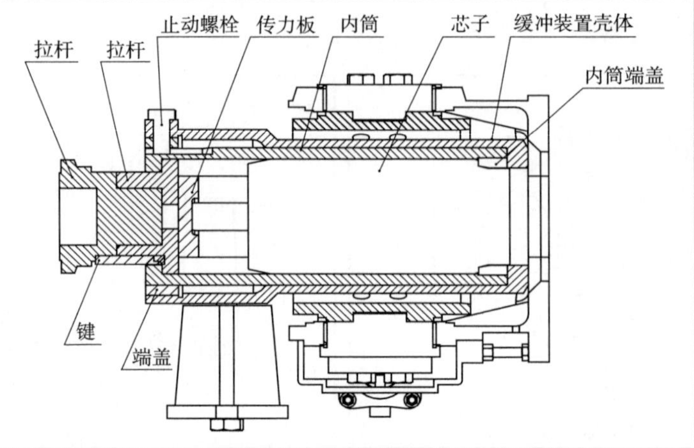

图 5-36　紧凑式缓冲装置内部结构示意图

对中机构:缓冲装置下部有水平对中机构,可以在弹簧力作用下对回转轴施加对中回复力,为整个车钩缓冲装置提供一定范围内的水平对中力矩,保证整个车钩缓冲装置在待连挂状态下保持处于纵向中心线上,便于连挂。

如图 5-37 所示,一旦车钩缓冲装置发生了水平摆动,两个对称的碟簧筒中的碟簧活塞就会推动凸轮板,产生一个回复力矩。专门设计的对中用凸轮板外形可以保证使对中装置在角度较小时也具有足够的对中力。车钩缓冲装置在水平方向 ±16° 范围之内,有较大对中力矩,超过 ±16° 对中力矩消失,但是车钩缓冲装置可以继续旋转到大于 ±20° 的范围,以方便检修作业。

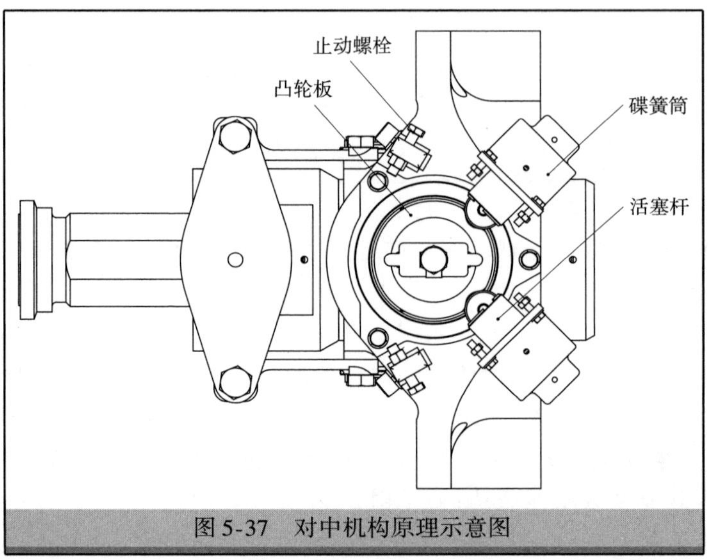

图 5-37　对中机构原理示意图

（4）过载保护装置

过载保护装置用于列车在超速连挂或者受到强烈冲击时，使车钩脱离车体安装板向后回退，以使车体上的防爬器发生作用。

车钩缓冲装置安装座通过4个过载保护螺栓安装到车体，过载保护螺栓外安装了一个可以在额定荷载下收缩变形的螺栓压溃体，这是过载保护装置的核心元件，如图5-38所示。当车钩缓冲装置受到的压缩荷载达到过载保护装置额定触发力时，装置上的螺栓压溃体将发生收缩变形，外径小于安装孔，因此过载保护螺栓最终将滑出安装孔，车钩缓冲装置与车体安装板脱离，向安装板后方运动。

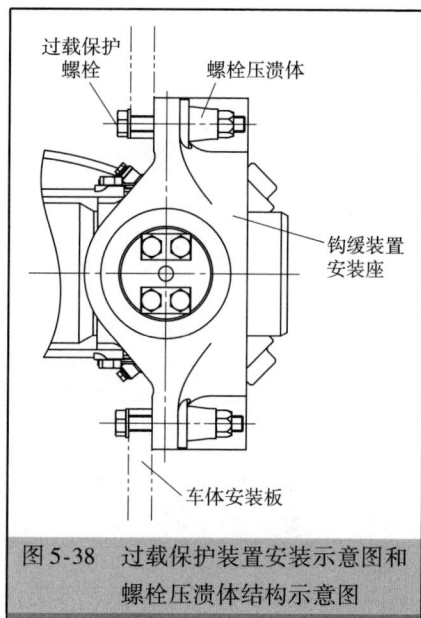

图5-38　过载保护装置安装示意图和螺栓压溃体结构示意图

2 半永久车钩缓冲装置

半永久车钩缓冲装置分为半永久带缓冲器车钩缓冲装置和半永久带压溃管车钩缓冲装置，两种半永久车钩缓冲装置在列车内部各个断面成对使用。

（1）主要技术参数

纵向拉伸屈服强度：≥640kN。

纵向压缩屈服强度：≥800kN。

车钩长度：1350mm。

最大水平摆角：±35°。

最大垂直摆角：±6°。

缓冲器参数如下：

行程：≤73mm。

静态容量：≥14kJ。

动态容量：≥24kJ。

压溃变形管参数：

行程：185mm。

稳态力：700kN。

（2）半永久带缓冲器车钩缓冲装置

半永久带缓冲器车钩缓冲装置主要包括缓冲系统和安装吊挂系统两部分。缓冲器使用弹性胶泥缓冲器，见图5-39。车钩的头部为卡环连接结构，集成了直通式风管连接器，结构见图5-40。安装吊挂系统可以保证车钩在水平面和垂直面一定范围内自由旋转，并带有自支撑功能，在车钩分解状态下可以保持车钩处于水平状态，与半自动车钩的区别在于由于不需要自动连挂，半永久车钩安装吊挂系统具备水平对中功能。

半永久带缓冲器车钩缓冲装置采用弹性胶泥缓冲器，主要由弹性体、弹性胶泥芯子、内半筒组成和缓冲器壳体组成等零件组成（图5-41）。车钩受牵引力时，牵引力通过内半筒总成把力传递到弹性体和弹性胶泥芯子上，弹性胶泥芯子把力传递到缓冲器壳体上，最后通过回转机构把力传递到车体上;而车钩受压时,压力传递的顺序依次为:弹性体、弹性胶泥芯子、内半筒组成、缓冲器壳体组成。其中顶板既起传递力的作用,也能保证弹性体行程走尽的时候不受损坏。

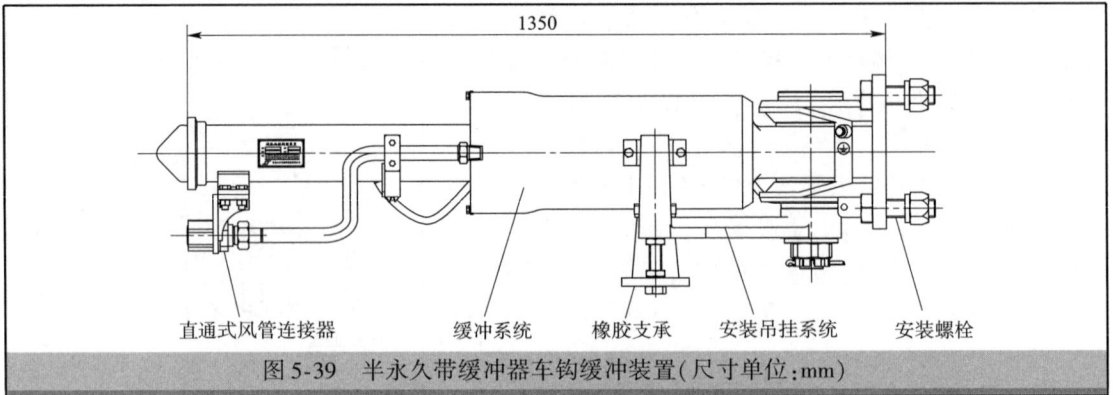

直通式风管连接器　　缓冲系统　　橡胶支承　　安装吊挂系统　　安装螺栓

图5-39　半永久带缓冲器车钩缓冲装置(尺寸单位:mm)

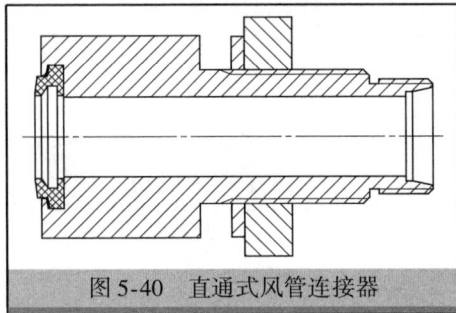

图5-40　直通式风管连接器

(3)半永久带压溃管车钩缓冲装置

半永久带压溃管车钩缓冲装置的头部与半永久带缓冲器车钩缓冲装置具有相同的连接结构,以保证通过连接环连接。车钩回转机构的结构也与半永久带缓冲器车钩缓冲装置完全相同,如图5-42所示。

半永久带压溃管车钩缓冲装置中部加装了压溃管,以满足整列冲击工况的能量吸收要求。

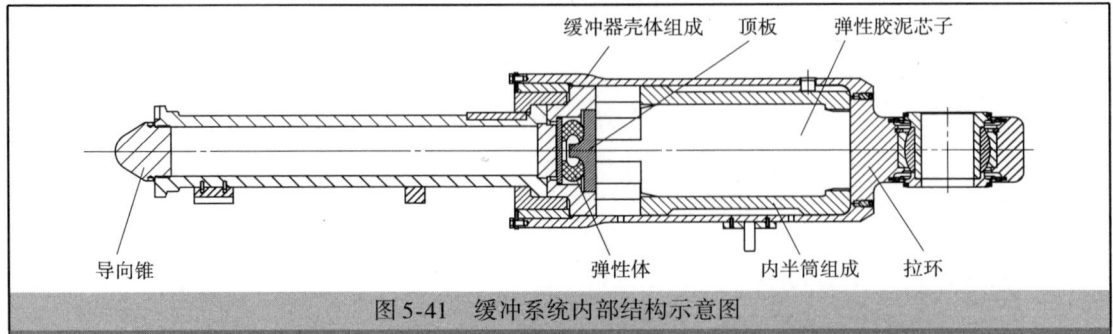

缓冲器壳体组成　　顶板　　弹性胶泥芯子

导向锥　　弹性体　　内半筒组成　　拉环

图5-41　缓冲系统内部结构示意图

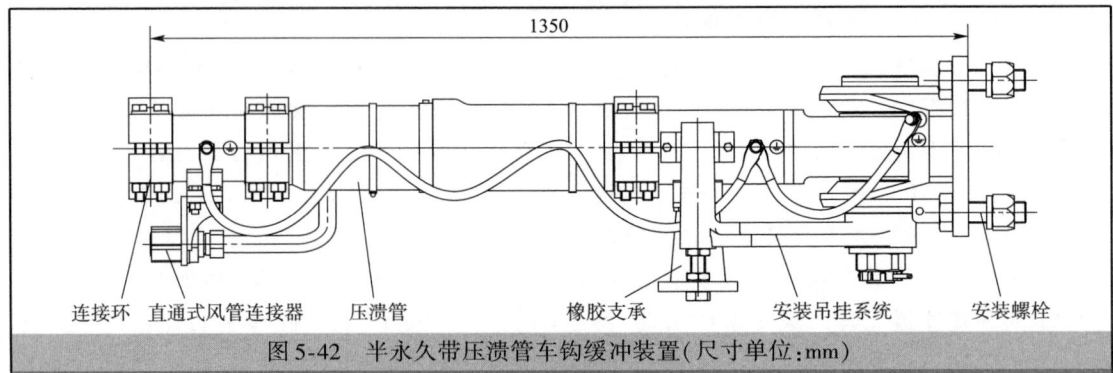

连接环　　直通式风管连接器　　压溃管　　橡胶支承　　安装吊挂系统　　安装螺栓

图5-42　半永久带压溃管车钩缓冲装置(尺寸单位:mm)

（4）车钩缓冲装置之间的连接

半永久带缓冲器车钩缓冲装置和半永久带压溃管车钩缓冲装置由专用的连接环通过 4 个专用螺栓连接,可以保证连接环节完全消除纵向间隙。连接分解时都需要人工操作。

复习思考题

1. 简述城市轨道交通车辆车钩缓冲装置的用途及分类。

2. 简述国产密接式车钩和 Scharfenberg 密接式车钩的基本结构及作用原理。

3. 简述半永久性牵引杆的结构及作用原理。

4. 缓冲装置有哪些种类?其结构及作用原理如何?

5. 举例说明车钩缓冲装置附属装置的作用。

6. 简述贯通道装置的结构及用途。

7. 查找资料,对比城市轨道交通车辆的车钩缓冲装置与普通铁路车辆的车钩缓冲装置的不同。

8. 想一想,同一列城市轨道交通车辆上哪些车辆上用自动车钩?哪些车辆上用半自动车钩?哪些车辆上用半永久性车钩?为什么?

单 元 6

制 动 系 统

6.1 制动的基本概念 制动模式及制动系统应具备的条件

一 基本概念

1 列车制动系统

现代轨道交通车辆的制动系统是由动力制动系统、空气制动系统及指令和通信网络系统三部分组成的。

(1)动力制动系统。它一般与牵引系统连在一起形成主电路,包括再生反馈电路和制动电阻器,将动力制动产生的电能反馈给供电接触网或消耗在制动电阻器上。

(2)空气制动系统。它由供气部分、控制部分和执行部分组成。供气部分有空气压缩机组、空气干燥器和风缸等;控制部分有电—空转换阀(EP)、紧急阀、称重阀和中继阀等;执行部分有闸瓦制动装置和盘形制动装置等。

(3)指令和通信网络系统。它既是传送司机指令的通道,同时也是制动系统内部数据交换及制动系统与列车控制系统进行数据通信的总线。

2 制动作用和缓解作用

(1)制动:制动是指人为施加的外力,使运动的物体减速或阻止其加速以及保持静止的物体静止不变的作用。从能量变化的角度理解,制动过程是一个能量转移的过程,是将列车运行所具有的动能人为地控制转变成其他形式能量的过程。

(2)缓解:对已经施行制动的物体,解除或减弱其制动作用,均可称之为"缓解"。对于运动着的列车,欲使其减速或停车,应根据需要施加于列车一定大小的与其运动方向相反的外力,以使其实现减速或停车作用,即施行制动作用;列车制动停车后起动加速前或运行途中限速制动后加速前均要解除制动作用,即施行缓解作用。

3 制动机

制动机是指产生制动原动力并进行操纵和控制的部分设备。

④ 制动力

制动力是由制动装置产生的与列车运动方向相反的外力。对城市轨道交通车辆而言,制动力是制动时由制动装置产生作用后而引起的钢轨施加于车轮的与列车运行方向相反的力。

⑤ 制动距离

制动距离是指从司机施行制动的瞬间起(将制动手柄移至制动位),到列车速度降为零时所行驶的距离,是综合反映列车制动装置的性能和实际制动效果的主要技术指标。

上海地铁规定:列车在满载乘客的条件下,在任何运行初速度下,其紧急制动距离不得超过180m。广州地铁规定:当初速度为80km/h、60km/h、40km/h时紧急制动距离分别为200m、118m、56m。

二 制动模式

城市轨道交通车辆根据运行的要求,制动系统采用以下几种制动模式:

① 常用制动

常用制动在正常运行下为调解或控制列车速度,包括进站停车所实施的制动,特点是作用比较缓和、制动力可以连续调节,制动过程中能够根据车辆荷载自动调整制动力,当常用制动力最大时即为常用全制动。

② 紧急制动

紧急情况下为使列车尽快停止而施行的制动,称为紧急制动。特点是作用比较迅速,而且将列车制动能力全部使用,通过故障导致安全的设计原则为"失电制动,得电缓解"的紧急空气制动系统。紧急制动是在列车遇到紧急情况或发生其他意外情况时,为使列车尽快停车而实施的制动。其制动力与快速制动相同。紧急制动时考虑了脱弓、断钩、断电等故障情况,故只采用空气制动,而且停车前不可缓解,在尽可能减小冲动的情况下不对冲动进行具体限制。

③ 快速制动

快速制动是为了使列车尽快停车而实施的制动,其制动力高于常用全制动(上海、广州快速制动力高于常用全制动22%)。这种制动方式在紧急情况下、制动系统各部分作用均正常时所采取的一种制动方式,其特点是与常用制动相同,制动过程可以施行缓解。

受冲击率极限的限制,主控制器手柄回"0"位,制动过程可缓解且具有防滑保护和荷载修正功能。

④ 保压制动

保压制动是为防止车辆在停车前的冲动,使车辆平稳停车,可通过ECU内部设定的执行程序来控制。

第一阶段:当列车制动到速度8km/h时,DCU触发保压制动信号,同时输出给ECU,这时由DCU控制的电制动逐步退出,而由ECU控制的气制动来替代。

第二阶段:接近停车时(列车速度0.5km/h),一个小于制动指令(最大制动指令的70%)的保压制动由ECU开始自动实施,即瞬时地将制动缸压力降低。如果由于故障,ECU未接收到保压制动触发信号,ECU内部程序将在8km/h的速度时自行触发。

⑤ **弹簧停放制动**

为防止车辆在线路停放过程中发生溜逸,应设置停放制动装置。停放制动通常是将弹簧停放制动器的弹簧压力通过闸瓦作用于车轮踏面来形成制动力。以前停放制动也叫停车制动或弹簧停车制动,但在地铁列车中,停车制动是另外一个概念,所以为区别开来,叫停放制动较好。对于因制动缸压力会因管路漏泄,无压力空气补充而逐步下降到零,使车辆失去制动力的停放问题,库内停车时可以有效地解决。在正常情况下,弹簧力的大小不随时间而变化,由此获得的制动力能满足列车较长时间断电停放的要求。弹簧停放制动的缓解风缸充气时,停放制动缓解;弹簧停放制动的缓解风缸排气时,停放制动施加;弹簧停放制动还附加有手动缓解的功能。停放制动是在列车停车后,为使列车维持静止状态所采取的一种制动方式。

⑥ **停车制动**

对于地铁列车来说,通常把停车前的这一段空气制动过程称为停车制动或保持制动。当停车制动使列车减速到极低速度后,为减小冲动,制动力会有所降低。上海和广州地铁是在减速至4km/h左右,制动力降至70%,停车制动具有常用制动的特点。

三 制动系统应具备的条件

(1)操纵灵活,制动减速度大,作用灵敏可靠,车组前后车辆制动、缓解一致。

(2)具有足够的制动能力,保证车组在规定的制动距离内停车。

(3)对新型的城市轨道交通车辆,一般要求具有电制动功能,并且在正常制动过程中,应尽量充分发挥电制动能力,以减少对城市环境的污染和噪声以及降低运行成本。同时还应具有电制动与摩擦制动协调配合的制动功能。

(4)制动系统应保证列车在长大下坡道上制动时,其制动力不会衰减。

(5)电动车组各车辆的制动能力应尽可能一致,制动系统应根据乘客量的变化,具有空重车调整能力,以减少制动协调配合的制动功能。

(6)具有紧急制动能力。遇有紧急情况时,能使列车在规定距离内安全停车。紧急制动的作用除可由司机操纵外,必要时还可由行车人员利用紧急按钮进行操纵。

(7)列车在运行中发生诸如列车分离、降弓、断电、制动系统故障等危及行车安全的事故时,应能自动起紧急制动作用。

6.2 城市轨道交通车辆制动机的种类

一 按列车动能转移方式分类

按照制动时列车动能的转移方式不同可以分为摩擦制动和动力制动。

1 摩擦制动

摩擦制动是指通过摩擦副的摩擦将列车的运动动能转变为热能,消散于大气,从而产生的制动作用。城市轨道交通车辆常用的摩擦制动方式主要有闸瓦制动、盘形制动和磁轨制动。

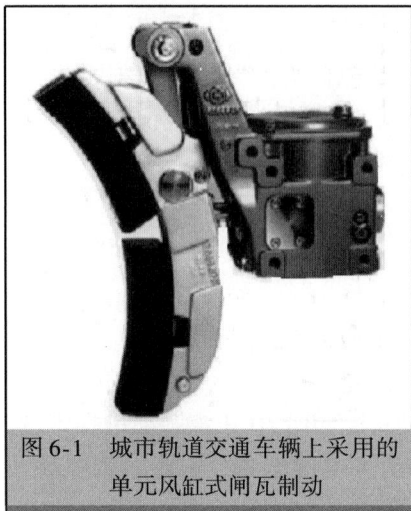

图 6-1　城市轨道交通车辆上采用的单元风缸式闸瓦制动

（1）闸瓦制动

又称踏面制动,它是一种最常用的制动方式,如图 6-1 所示。制动时,闸瓦压紧车轮,轮、瓦之间发生摩擦,将列车的运动动能通过轮、瓦摩擦转变为热能,消散于大气中。

（2）盘形制动

盘形制动是在车轴上或在车轮辐板侧面安装制动盘,用制动夹钳使用合成材料制成的两个闸片紧压制动盘侧面,通过摩擦产生制动力,把列车动能转化为热能,消散于大气从而实现制动。制动盘安装在车轴上称为轴盘式,制动盘安装在车轮侧面称为轮盘式。非动力转向架一般采用轴盘式,动力转向架由于轴身上装有齿轮箱,安装制动盘困难,所以采用轮盘式。如图 6-2 所示。

（3）轨道电磁制动机(图 6-3)

城市轨道交通车辆电磁制动,又叫磁轨制动。在转向架构架侧梁下通过升降风缸安装有电磁铁,电磁铁下设有磨耗板,以电操纵并作为动力来源。制动时,将导电后起磁感应的电磁铁放下压紧钢轨,使它与钢轨发生摩擦而产生制动。其优点是制动力不受轮轨间黏着的限制,不易使车轮滑行。但重量较大增加了车辆的自重。在高速旅客列车上与空气制动机并用(特别是在紧急制动时),可缩短制动距离。如北京地铁机场线由于列车运行速度较高,最高时速可达 100km/h,该车组上装有轨道电磁制动机。

图 6-2 盘形制动装置示意图

a) 轴盘式整体制动盘；b) 轮盘式制动盘在车轮上安装情况；c) 安装轮盘式制动盘的轮对；d) 制动盘在轮对上安装实物图

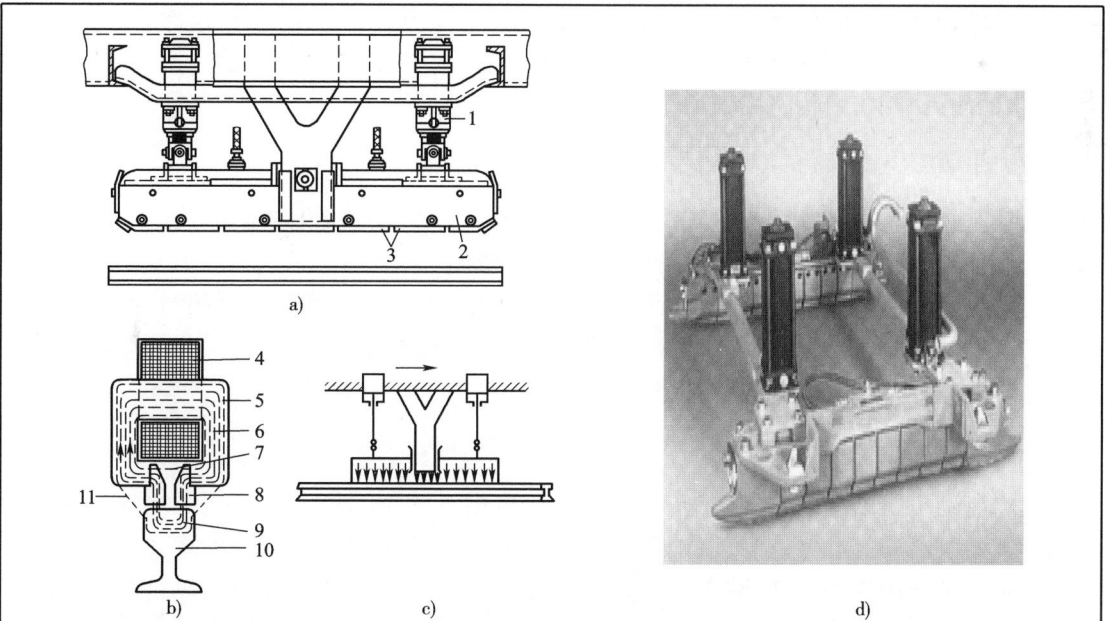

图 6-3 磁轨制动原理

1-升降风缸；2、5-电磁铁；3、8-磨耗板；4-励磁线圈；6、9-工作磁通；7、11-漏磁通；10-钢轨

② 动力制动

动力制动也称电制动,列车制动时,将牵引电动机变为发电机,使动能转化为电能。对这些电能不同处理方式形成了不同方式的动力制动。城市轨道交通车辆上采用的动力制动的形式主要有再生制动和电阻制动,都是非接触式制动方式。

（1）再生制动

再生制动是利用电动机的可逆性原理,电动车组在牵引工况运行时,牵引电动机做电动机运行,将电网的电能转变为机械能,轴上输出牵引力矩以驱动列车运行;电动车组在电制动时,列车的惯性力带动牵引电动机,此时牵引电动机作为发电机运行,使列车动能转变为电能,再使电能反馈回电网,可提供给相邻运行的列车使用。使牵引电动机轴上产生反向力矩并作用于轮对,形成制动力,使列车减速或在下坡道上以一定的速度运行。

（2）电阻制动

电阻制动是指电力机车、电传动的内燃机车、带动力驱动的动车组和城市轨道交通车辆（动车）等,在制动时,使自励牵引电动机变为他励发电机,将发出的电能消耗于电阻器上,采用强迫通风,使热量消散于大气而产生制动作用。高速时制动力大,低速时效率减低,所以与空气制动机同时采用。电阻制动一般能提供较稳定的制动力,但车辆底架下需要安装体积较大的电阻箱,增加了车辆的自重。

二 按制动源动力分类

在目前列车所采用的制动方式中,制动的源动力主要有压缩空气的压力和电磁力,其次有机械制动、液压制动、翼板制动等方式。以压缩空气为源动力的制动方式称为空气制动,如闸瓦制动、盘形制动等;以电磁力为源动力的制动方式称为电制动,如动力制动、轨道电磁制动、轨道涡流制动、旋转涡流制动等。

① 自动空气制动机

自动空气制动机是以压缩空气为动力来源,用空气压力的变化来操纵的制动机。该方式应用最为广泛。我国的机车车辆均采用这种制动机。

自动空气制动机的特点是制动管减压制动,增压缓解。因此当列车分离时,制动机可发生制动作用,实现自动停车。由于这种制动机构造和作用都比较完善,目前我国车辆上使用的空气制动机有货车 120 型制动机、客车用 104 型以及 F8 型制动机等。

② 电空制动机

电空制动机是以压缩空气作为动力来源,用电操纵的制动机。一般是在空气制动机的基础上加装电磁阀等电气控制部件,用电来操纵制动机的作用。它可以提高列车前后部车辆制动和缓解作用的一致性,减少车辆间的冲击,使制动距离显著缩短。所以许多高速列车都采用这种制动机。为防止电控系统发生故障使列车失去制动控制,现今的电空制动机仍保留着压缩空气操纵装置,以备在电控系统发生故障时,能自动地转为压缩空气操纵。目前我国铁路客车使用的电空制动机主要有 104 型电空制动机和 F8 型电空制动机两种形式。

城市轨道交通车辆电空制动机有 KBGM（德国 KNORR 公司）和 KBWB（英国原 Westinghouse 公司）的模拟式电空制动机、架控式 EP2002 型、EP09 型制动机等。

③ 轨道涡流制动

轨道涡流制动与磁轨制动很相似，也是把电磁铁悬挂在转向架构架侧梁下面同侧的两个车轮之间。不同的是，轨道涡流制动的电磁铁在制动时只放到离轨面 7～10mm 处而不会与钢轨发生接触。轨道涡流制动原理如图 6-4 所示。轨道涡流制动是利用电磁铁和钢轨的相对运动使钢轨感应出涡流，产生电磁吸力作为制动力，并把列车的动能转换为热能消散于大气的原理。作为非黏着制动方式的涡流轨道制动具有对钢轨无磨耗，高速时制动力大，制动力可控制，可在常用制动时作用，结冰时没有任何失效的危险等优点。因此，在高速列车上，轨道涡流制动方式比磁轨制动方式应用较广泛。如德国 300km/h 的 ICE₃ 型高速动车组拖车的每台转向架上，就采用了两组涡流轨道制动器及两组轴盘式铸钢盘形制动装置；上海磁浮列车的制动控制系统采用的是轨道直线涡流制动。

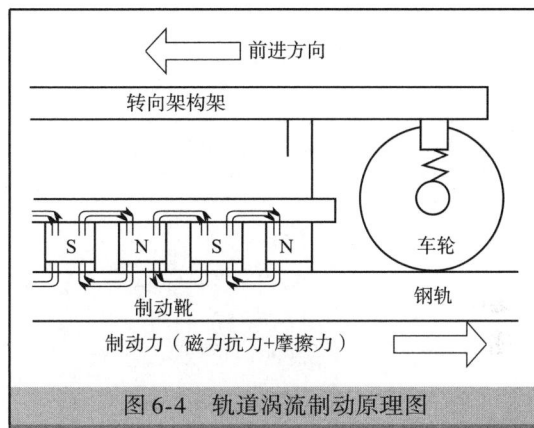

图 6-4　轨道涡流制动原理图

④ 旋转涡流制动

旋转涡流制动是利用电磁感应产生制动力的。该制动装置是将制动圆盘作为可旋转的导体安装在车轴上，电磁铁固定在转向架上，并应防止其转动。旋转涡流制动原理如图 6-5 所示。制动时，金属盘在电磁铁形成的磁场中旋转，盘的表面被感应出涡流，产生电磁吸力，并消散于大气中，从而产生制动作用。此种制动方式广泛应用于日本新干线 100 系、300 系和 700 系动车组的拖车上。

⑤ 液压制动

为了确保行车安全，高速动车组上都装有传统的空气制动系统。但是空气制动系统有质量重、体积大和响应速度慢等缺点。为了实现轻量化和高响应特性，故而将空气制动部件改进为液压部件。液压制动的控制过程如图 6-6 所示，制动电子控制单元将制动指令、电制动的反馈信号和液压传感器信号计算、处理控制。液压制动系统由装在车体上的制动电子控制单元和装在转向架上电液制动装置构成，与空气制动相比，质量可减轻 1/3 左右。如北京地铁机场线的制动系统采用电液盘型制动和磁轨制动系统的混合制动，电制动优先。

⑥ 翼板制动（图 6-7）

翼板制动尚处于试验之中，是一种从车体上伸出翼板来增加空气阻力的制动方式。若翼板的位置适当，动车组运行时的空气阻力可增加 3～4 倍。2006 年，日本已研制出利用空气动力制动的 Fastech360S 和其改进 Fastech360Z 型，并已通过 400km/h 速度的安全测试，装有空气动力制动装置的列车制动距离在时速 360km 与时速 275km 大致相同。

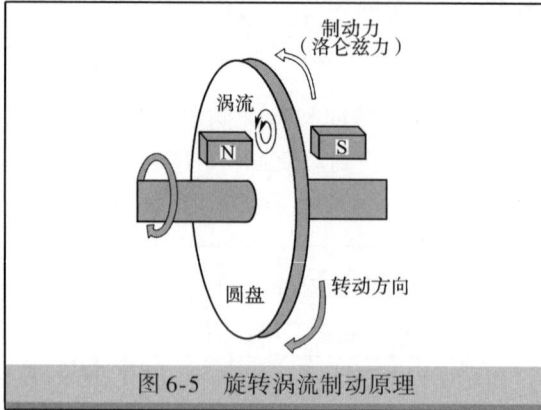

图 6-5　旋转涡流制动原理

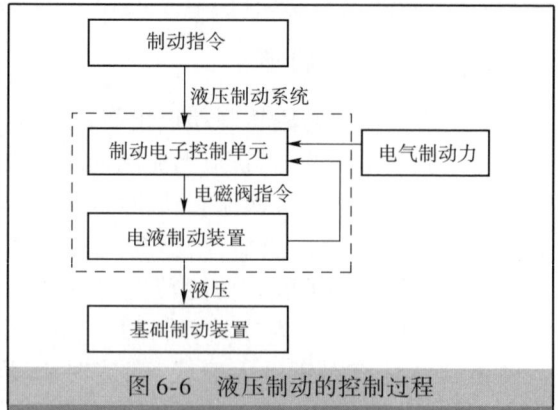

图 6-6　液压制动的控制过程

图 6-7　翼板制动

知识链接

电机械制动

　　低地板轻轨车辆制动主要有:电制动＋空气制动＋磁轨制动,电制动＋液压制动＋磁轨制动,电制动＋电动机械制动＋磁轨制动三种形式。电机械制动是使安装在转向架上的电动弹簧制动装置中的电动机做旋转运动,再通过滚珠丝杠变成直线运动,使制动闸片动作。

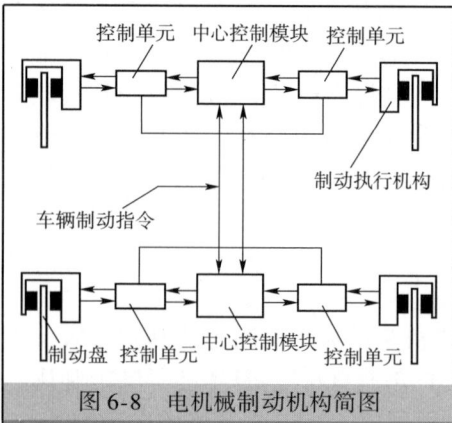

图 6-8　电机械制动机构简图

电机械制动是以电能作为能量来源,由电动机驱动制动闸片,整个系统没有制动液体或者压缩空气,其主要优点是在寒冷气候下不会发生制动冻管的问题。电机械制动一般每轴设置一个中心控制模块接收来自车辆的制动指令,并将此指令传递给动力控制单元。每套制动执行机构都有动力控制单元,动力控制单元接收来自中心控制模块的控制信号后,将其传送给制动执行机构,同时获得反馈回来的信号。电机械制动目前还处于研究阶段,其机构简图如图 6-8 所示。

6.3 供风系统

供风系统是向整个列车提供压缩空气的风源。它不仅针对空气制动系统,而且也为其他用风部件提供风源,例如风动塞拉门、风喇叭(汽笛)、受电弓风动控制、车钩操作风动控制设备、空气弹簧及刮水器等。一般供气系统主要是由空气压缩机组、空气干燥器、二次冷却器、风缸、压力传感器、压力控制器、安全阀等空气管路辅助元件组成的。

一 空气压缩机

城市轨道交通车辆采用的空气压缩机要求具有噪声低、振动小、结构紧凑、维护方便、环境实用性强等特点,其直流驱动电动机已逐渐被交流电动机驱动取代。目前,城市轨道交通车辆中采用的空气压缩机主要有活塞式和螺杆式两种。

活塞式空气压缩机结构与作用原理

1 活塞式空气压缩机

(1)构造组成

活塞式空气压缩机是由固定机构、运动机构、进/排气机构、中间冷却装置和润滑装置等几部分组成。其中,固定机构包括机体、气缸、气缸盖;运动机构包括曲轴、连杆、活塞;进/排气机构包括空气滤清器、气阀;中间冷却装置包括中间冷却器(简称中冷器)、冷却风扇;润滑装置包括润滑油泵、润滑油路等,如图6-9所示。

(2)工作原理

其工作原理为电动机通过联轴器驱动空压机曲轴转动,曲柄连杆机构带动高、低压缸活塞同时在气缸内做上下往复运动。由于曲轴中部的三个轴颈在轴向平面内互成120°,两个低压缸活塞和一个高压缸活塞分别相隔120°转角。当低压活塞下行时,活塞顶面与缸盖之间形成真空,经空气滤清器的大气推开进气阀片(进气阀片弹簧被压缩)进入低压缸,此时排气阀在弹簧和中冷器内空气压力的作用下关闭。当低压活塞上行时,气缸内的空气被压缩,当其压力大于排气阀片上方压力与排气阀弹簧的弹力之和时,压缩排气阀弹簧而推开排气阀片,具有一定压力的空气排出缸外,而进气阀片在气缸内压力及其弹簧的作用下关闭。两个低压缸送出的低压空气,都经气缸盖的同一通道进入中冷器。经中冷器冷却后,再进入高压缸,进行第二次压缩,压缩后的空气经排气口、主风管路送入主风缸中储存。高压活塞的进、排气作用与低压活塞的进、排气作用相同。

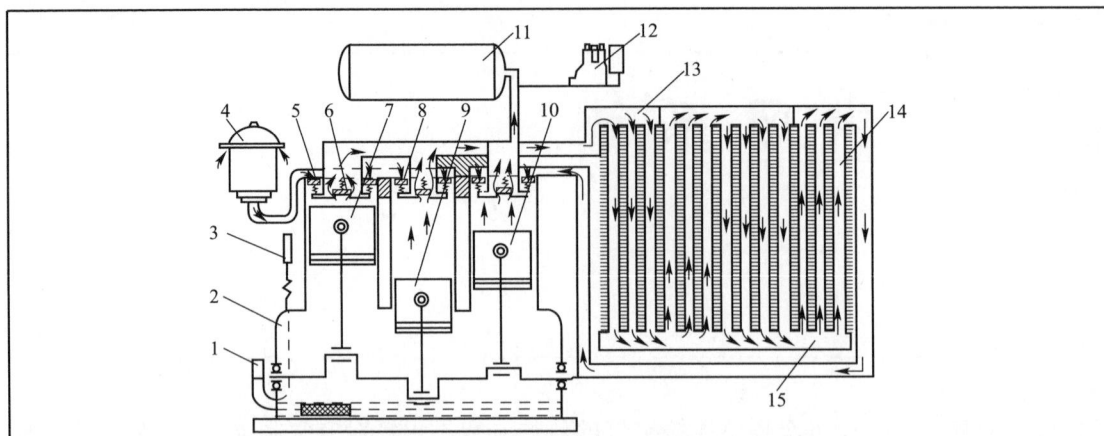

图6-9 活塞式空气压缩机作用原理

1-润滑油泵;2-机体;3-油压表;4-空气滤清器;5、8-进气阀片;6-排气阀片;7、9-低压活塞;10-高压活塞;11-主风缸;12-压力控制器;13-上集气箱;14-散热管;15-下集气箱

在运用中,主风缸压力保持在一定的范围,即750～900kPa,它是通过空压机压力控制器(调压器)自动控制空压机的启动或停止来实现的。当主风缸的压力逐渐增高,达到规定压力上限时,压力控制器切断空压机驱动电动机的电源,使空压机停止工作;而随着设备的用风和管路的泄漏等,使主风缸的压力逐渐降低,达到规定压力下限时,压力控制器接通空压机驱动电动机的电源,使空压机开始工作,主风缸压力又回升。这样主风缸压力一直被控制在规定的范围之内。

❷ 螺杆式空气压缩机

(1)用途、结构和功能

①用途:TSAG-0.9ARⅡ型螺杆式空气压缩机组,是专为地铁或轻轨车辆设计的电动空气压缩设备,主要用途是为地铁或轻轨车辆制动系统提供洁净的压缩空气。其结构组成如图6-10所示。

②结构:TSAG-0.9ARⅡ型螺杆式空气压缩机组由五大主要部件构成:驱动装置、空气压缩机体、风冷却装置、空气净化装置和吊架。它们用螺栓连接在一起组成一个紧凑单元。

结构原理如图6-11所示。它的主机是双回转轴容积式压缩机,转子为一对互相啮合的螺杆,螺杆具有非对称啮合型面。主动转子为阳螺杆,从动转子为阴螺杆。常用的主副螺杆齿数比按压缩机容量而有所不同,为4:5、4:6或5:6。两个互相啮合的转子在一个只留有进气口的铸铁壳体里面旋转,螺杆的啮合和螺杆与壳体之间的间隙通过精密加工严格控制,并在工作时向螺杆内喷压缩机油,使间隙被密封,并将两转子的啮合面隔离防止机械接触摩擦。另外,不断喷入的机油与压缩空气混合,用来带走压缩过程所产生的热量,维持螺杆副长期可靠地运转。当螺杆副啮合旋转时,它从进气口吸气,经过压缩从排气口排出,得到具有一定压力的压缩空气。

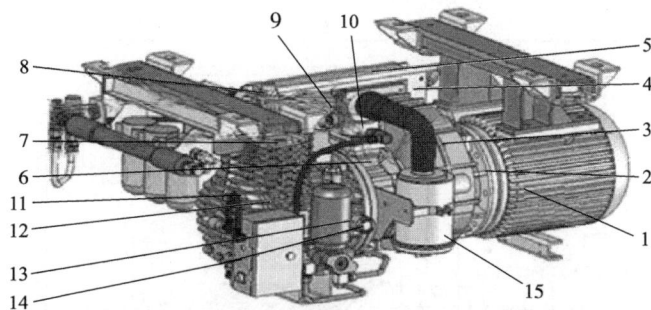

图6-10 TSAG-0.9AR Ⅱ型螺杆式空气压缩机组结构图

1-电动机;2-中托架;3-蜗壳;4-扩压器;5-冷却器;6-冷却系统;7-机体油气桶部分;8-压力维持阀;9-真空指示器;10-进气阀;11-机头;12-油气桶;13-油过滤器;14-视油镜;15-空气过滤器

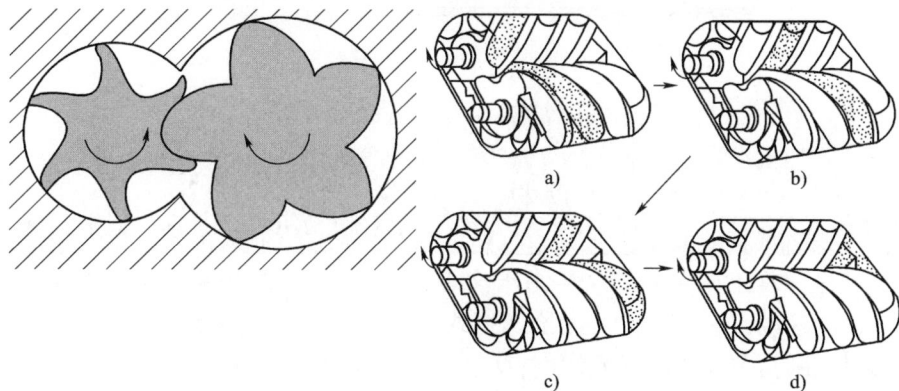

图6-11 螺杆式空气压缩机结构原理图

螺杆副是一对齿数比为4:6以特定螺旋角互相啮合的螺杆。其中阳螺杆(通常作驱动螺杆)为凸形不对称齿,而阴螺杆(常用作从动螺杆)为瘦齿形弯曲齿。两螺杆的齿断面形线是专门设计并经过精密磨削加工的,在啮合过程中两齿间始终保持"零"间隙密贴,形成空气的挤压空腔。

③功能。

驱动装置:凸缘式三相交流电动机。

空气压缩机体:空气压缩机头装入空气压缩机的油气筒中,油气筒内还装有油分离系统。这个主要组件还另外装有用于过滤、控制和监控润滑油的各元件。

中托架和蜗壳:组成了一个刚性很好的结构,这一结构使组件具有自支撑作用。蜗壳中容纳了离心式风扇,风扇安装在电动机和空气压缩机螺杆组之间的联轴器上。扩压器连接蜗壳与冷却器,冷却器起冷却压缩空气和润滑油的双重作用。这个复合的部件借助离心式风扇供给的冷却空气来交换压缩作用所产生的热量。

吊架:驱动装置、空气压缩机机体及冷却装置三大部件是采用弹性减振垫平稳地吊挂在钢制吊架上,吊架上方有8个安装孔用于与车辆固定。

(2)螺杆式空气压缩机的工作原理

螺杆式空气压缩机的工作过程分为吸气、压缩、排气三个阶段,流程如图 6-12 所示。

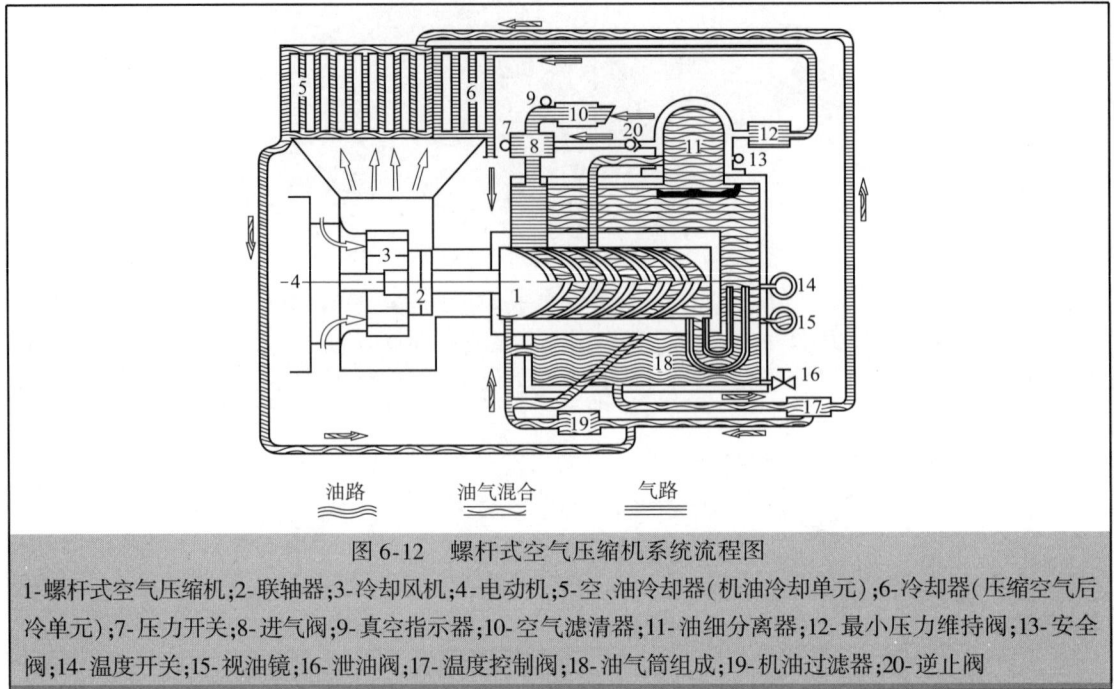

油路　　　油气混合　　　气路

图 6-12　螺杆式空气压缩机系统流程图

1-螺杆式空气压缩机;2-联轴器;3-冷却风机;4-电动机;5-空、油冷却器(机油冷却单元);6-冷却器(压缩空气后冷单元);7-压力开关;8-进气阀;9-真空指示器;10-空气滤清器;11-油细分离器;12-最小压力维持阀;13-安全阀;14-温度开关;15-视油镜;16-泄油阀;17-温度控制阀;18-油气筒组成;19-机油过滤器;20-逆止阀

①吸气过程。螺杆安装在壳体内,在自然状态下就有一部分螺杆的沟槽与壳体上的进气口相通。也就是说,在任何时候,无论螺杆式空气压缩机的螺杆旋转到什么位置,总有空气通过进气口充满与进气口相通的沟槽,这是压缩机的吸气过程。

主副两转子在吸气终了时,已经充盈空气的螺杆沟槽的齿顶与机壳腔壁贴合,此时,在齿沟内的空气即被隔离,不再与外界相通并失去相对流动的自由,即被"封闭"。当吸气过程结束后,两个螺杆在吸气口的反面开始进入啮合,并使得封闭在螺杆齿沟里的空气体积逐渐减小,压力上升,压缩随之开始。

②压缩过程。随着压缩机两转子的继续转动,封闭有空气的螺杆沟槽与相对的螺杆齿的啮合从吸气端不断地向排气端发展,啮合的齿占据了原来已经充气的沟槽的空间,将在这个沟槽里的空气挤压,体积渐渐变小,而压力则随着体积变小而逐渐升高。空气是被裹带着一边转动,一边被继续压缩的,从吸气结束开始,一直延续到排气口打开之前。当前一个螺杆齿端面转过被它遮挡的机壳端面上的排气口时,在齿沟内的空气即与排气腔的空气相连通,受挤压的空气开始进入排气腔,至此在压缩机内的压缩过程即结束了。这个体积减小压力渐升的过程是压缩机的压缩过程。

③排气过程。压缩过程结束,封闭有压缩空气的螺杆沟槽的端部边缘与螺杆壳体端壁上的排气口边缘相通时,受到挤压压缩的空气被迅速从排气口推出,进入螺杆压缩机的排气腔。随着螺杆副的继续转动,螺杆啮合继续向排气端的方向推移,逐渐将在这个沟槽里的压缩空气全部挤出,这是压缩机的排气过程。在排气过程中,由于排气腔并不直接连着压缩空气用户,在它的排气腔出口设置的最小压力维持阀,限制自由空气外流,会使压缩空气的压力继续上升或者受到制约。

螺杆式空气压缩机壳体的进气口开口的大小及边缘曲线的形状,是与螺杆的齿数及螺旋角的角度相关的。而压缩机后端壁上的排气口开口形状(呈现为蝶形)及尺寸也是由压缩机的压缩特性及螺杆的端面齿形所决定的。

这里所讲的螺杆式空气压缩机的工作原理,是以螺杆的一个沟槽为实例展开,并且把它的工作过程分成为吸气、压缩、排气三个阶段,界限清晰的阶段进行了介绍。实际上压缩机螺杆的工作转速很快,而且主动螺杆和从动螺杆的每一个沟槽,在运转过程中承担着相同的任务,将它的空腔在进气侧打开吸进空气,然后再将其带到排气侧压缩后排出。这种高速的、周而复始的工作,而且螺旋状的前一个沟槽的后面相邻沟槽的同一个的工作阶段,尽管有先有后,但实际上是重叠发生的,使之形成了螺杆式空气压缩机工作的连续性和供气的平稳性,形成了它的低振动和高效率。

螺杆式空气压缩机的工作循环,是在啮合的螺杆齿和齿沟间,一个接一个周而复始连续不断进行的。而且它的压缩过程只是当齿沟里的空气被挤进排气腔的过程中才完成,所以没有像活塞压缩机那样的振动和排气阀启闭形成的冲击噪声。

二 空气干燥器

空气压缩机输出的压缩空气含有较高的水分、油分和机械杂质等,必须经过空气干燥器将其除去,才能达到车辆上用风设备对压缩空气的要求。液态的水、油微粒及机械杂质在滤清器(或油水分离器)中基本被除去,压缩空气的相对湿度降低(通常相对湿度35%以下)是避免用风过程中出现冷凝水危害的主要方式,它依靠空气干燥器来完成。

空气干燥器一般都为塔式,有单塔式和双塔式两种。下面介绍双塔式空气干燥器。

1 双塔式空气干燥器

相对于直流传动车,交流传动车选用的空气压缩机的排气量较小,它停止工作的间隙不能满足单塔式干燥器再生所需的时间,因此要选用双塔式空气干燥器。

双塔式(又称双筒式)空气干燥器的除湿原理与单塔式完全相同,只是它设有两个轮流除湿的干燥塔,可以连续向外输出干燥的压缩空气。

(1)构造组成

双塔式空气干燥器的构造如图6-13所示,是由干燥筒19、干燥器座25、双活塞阀34、电磁阀43四个主要部分组成。两个干燥筒19除了装有干燥空气用的吸附剂外,在其下部均装有油水分离器。干燥器座25上设置有再生节流孔50、两个止回阀24、1个旁通阀71和1个预控制阀55。电磁阀43和电子循环控制器相配合,控制干燥器的干燥和再生循环。另外,每一个干燥筒还有一个压力指示器1,干燥筒的工作状态;压力指示器红针显示压力为干燥工况;相反,红针复位则为再生工况。进气口 P_1 可选择为前面或右侧,排气口 P_2 可选择为左侧或右侧。

(2)作用原理

①工作原理:如图6-14所示。双筒干燥器工作为干燥与再生两个工况同时进行,压力空气在一个筒中通过并干燥时,另外一筒中的吸附剂即再生。从空气压缩机输出的压力空

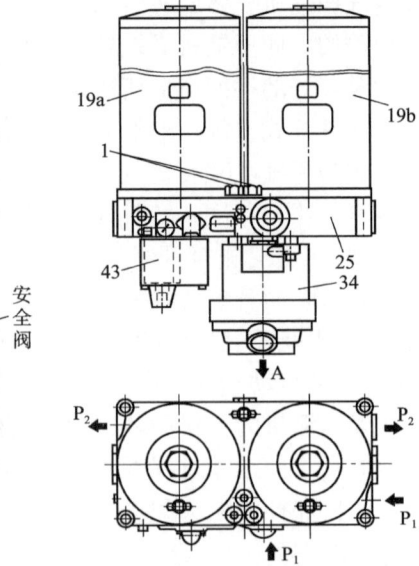

图 6-13 双筒式空气干燥器

1-压力指示器;19a、19b-干燥筒;25-干燥器座;34-双活塞阀;43-电磁阀;A-排泄口;P₁-进气口;P₂-出气口

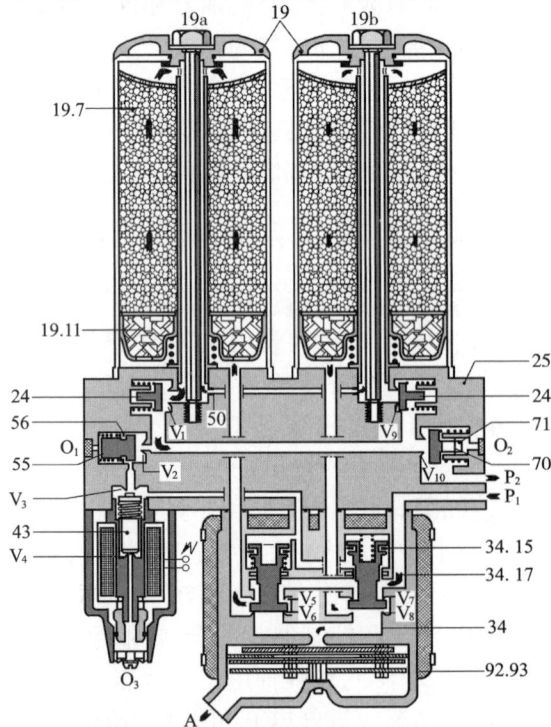

图 6-14 双筒式空气干燥器的作用原理(干燥筒 19a 为干燥工况,干燥筒 19b 为再生工况)

19-干燥筒;19.7-吸附剂;19.11-油水分离器;24-止回阀;25-干燥器座;34-双活塞阀;34.15、34.17、56、70-克诺尔 K 形环;43-电磁阀;50-再生节流孔;55-预控制阀;71-旁通阀;92.93-隔热材;A-排泄口;O₁ ~ O₃-排气口;P₁-进气口;P₂-出气口;V₁ ~ V₁₀-阀座

气首先经过装有"拉希格"圈的油水分离器,除去空气中的液态油、水、尘埃等。然后,压力空气再流过干燥筒中的吸附剂,吸附剂吸附压力空气中的水分。

一部分干燥过的压力空气(13% ~18%)被分流出来,经过再生节流膨胀后,进入另一个干燥塔对已吸水饱和的吸附剂进行脱水再生,再生工作后的压力空气经过油水分离器时,再把积聚在"拉希格"圈上的油、水及机械杂质等从排泄通路排出。

②作用过程。干燥筒19a处于吸附工作状态,干燥筒19b则处于再生工作状态。相当于处在图6-15所示工作循环的前$T/2$。循环控制器控制电磁阀43,当电磁阀43得电时,开启阀V_3;从干燥后的压力空气中部分分流出来的用于控制的压力空气,通过打开的阀V_2和阀V_3后,到达双活塞阀34。预控制阀55用来防止双活塞阀34动作时处于中间位置;阀V_2是在双活塞阀34需要的"移动压力"达到时才打开。这个"移动压力"推动双活塞阀34的两个活塞克服各自的弹簧力,使右活塞移到顶部,而左活塞则移到底部,因此导致阀V_5及阀V_8的开启。其流程如下:

空气压缩机输出压力空气→进气口P_1→阀V_5→干燥筒19a中油水分离器、吸附剂→干燥筒19a中心管,由此分两路;一路到止回阀V_1→旁通阀V_{10}→出气口P_2→总风缸;另一路至再生节流孔50→干燥筒19b中吸附剂、油水分离器→阀V_8→消声器→排泄口A→大气。

这样,干燥筒19a对空气压缩机输出压力空气进行油水分离和干燥,干燥筒19b则对吸附剂再生及排除油污。

当干燥筒19a中吸附剂达到饱和极限后,两个干燥筒转换工作状态,此时为图6-15所示的后$T/2$时间,即电磁阀43失电,阀V_3关闭而阀V_4开启。连通双活塞阀,控制压力空气排至大气,双活塞阀在各自弹簧力作用下复位,结果阀V_6及阀V_7开启。流程如下:

空气压缩机输出压力空气→进气口P_1→阀V_7→干燥筒19b中油水分离器、吸附剂→干燥筒19b中心管,再分两路,一路到止回阀V_9→旁通阀V_{10}→出气口P_2→总风缸;另一路至再生节流孔50→干燥筒19a中心管→干燥筒19a中吸附剂、油水分离器→阀V_6→消声器→排泄口A→大气。

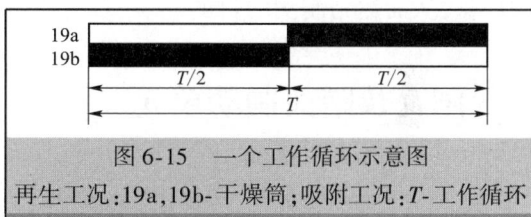

图6-15　一个工作循环示意图
再生工况:19a,19b-干燥筒;吸附工况:T-工作循环

结果,干燥器19b对空气压缩机输出的压力空气进行油水分离和干燥,而干燥筒19a则对吸附剂再生及排除油污。

为了保证干燥器工作的准确性,干燥器内部要求达到一定的"移动压力"时,预控制阀55才开启,双活塞阀34才能够移动到位。旁通阀71保证"移动压力"迅速建立,当压缩空气压力超过这个"移动压力"之后,才能打开旁通阀71,使压力空气流向总风缸。这种设置也可防止干燥筒19b出现干燥时间的延长(不能迅速转换工作状态),而使其中的吸附剂产生过饱和。

两个止回阀24的作用是防止当空气压缩机不工作时压力空气逆流。

③循环控制。循环控制器在空气压缩机启动的同时也开始工作,它是根据规定的程序控制电磁阀43的开关时间,从而控制双干燥筒工作循环,每两分钟转换一次工作状态。

当空气压缩机停止工作或空转时,循环控制器记下实际的循环状态,当空气压缩机重新启动后,循环控制器从原有的状态上执行控制,这样就可以保证吸附剂充分地再生,并保证吸附剂不会因工作循环的重新设置而产生过饱和。

如果循环控制器或电磁阀出现故障,空气压缩机输出的压力空气仍可以通过干燥器中的一个干燥筒干燥,保证压力空气的供给。

6.4 基础制动装置

空气制动系统中的制动执行装置,通常被称为基础制动装置。所有空气制动力均是通过基础制动装置产生的,根据制动方式的不同,基础制动装置主要有闸瓦制动装置和盘形制动装置两种形式。城市轨道交通车辆闸瓦制动装置普遍采用单元制动器,盘形制动装置为盘形制动单元有轮盘式和轴盘式两种。基础制动装置的用途是把作用在制动缸活塞上的压缩空气的推力,扩大适当倍数后,再平均传到闸瓦或闸片上,使闸瓦压紧车轮或使闸片压紧制动盘,从而达到制动的目的。

一 闸瓦及踏面制动单元

1 闸瓦

车辆上使用的闸瓦可分为:铸铁闸瓦、合成闸瓦和粉末冶金闸瓦三种。

(1)铸铁闸瓦

铸铁闸瓦分中磷铸铁闸瓦和高磷铸铁闸瓦两种。中磷铸铁闸瓦的含磷量为 0.7% ~ 1.0%,高磷铸铁闸瓦的含磷量为 10% 以上。

(2)合成闸瓦(图 6-16)

合成闸瓦是由树脂(包括活性树脂)或橡胶、石棉、石墨、铁粉、硫酸钡等材料,以一定的比例混合后热压而成的闸瓦。

(3)粉末冶金闸瓦

目前,城市轨道交通车辆中大多采用合成闸瓦,但合成闸瓦的导热性较差,因此也有采用导热性能良好,且具有较好的摩擦性能的粉末冶金闸瓦,如图 6-17 所示。

图 6-16 合成闸瓦实物图

图 6-17 粉末冶金闸瓦实物图

② PC7Y 型及 PC7YF 型踏面单元制动器

KNORR 公司生产的踏面制动单元有两种形式:一种为不带弹簧停放制动的制动单元 PC7Y 型,如图 6-18 所示,另一种是带弹簧停放制动的 PC7YF 型踏面单元制动器,如图 6-19 所示。

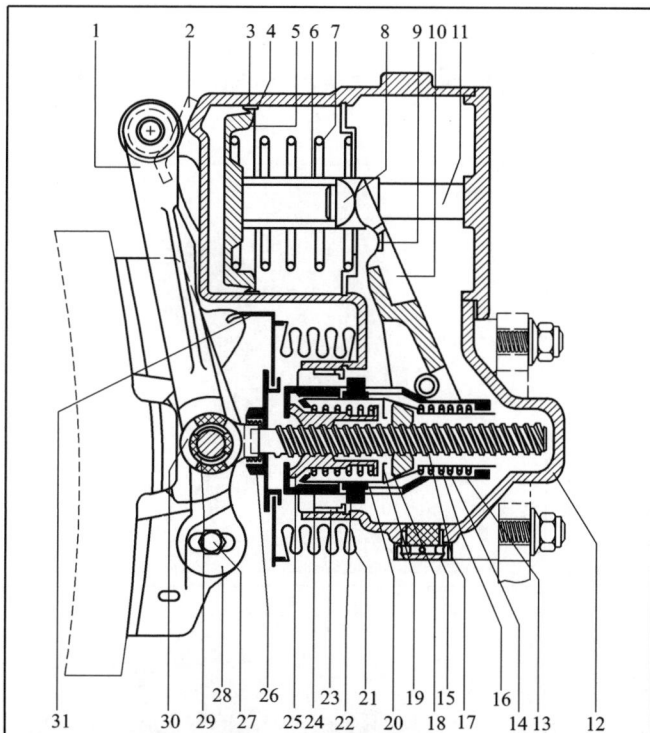

图 6-18 PC7Y 型踏面单元制动器(不带停车制动器)

1-吊杆;2-扭簧;3-活塞涨圈;4-滑动环;5-活塞;6-活塞杆;7-缓解弹簧;8-止推片;9-凸头;10-杠杆;11-导向杆;12-外体;13-闸调器外壳;14-压紧弹簧;15-滤尘器;16-离合器套;17-主轴;18-调整螺母;19、20-轴承;21-波纹管;22-引导螺母;23-止环;24-调整弹簧;25-止推螺母;26-回程螺母;27-摩擦联轴器;28-闸瓦托;29-销;30-主轴鼻子;31-波纹管安装座

图 6-19 PC7YF 型踏面单元制动器
(带停车制动器)

1-制动缸;2-制动活塞;3-活塞杆;4-制动杠杆;5-闸瓦间隙调整器;6-闸瓦托;7-闸瓦托吊;10-吊销;31-缓解风缸;32-活塞;33-活塞杆;34-螺纹套筒;35-弹簧;36-缓解拉簧;37-停放制动杠杆

（1）单元制动器的组成

①PC7Y 型踏面单元制动器不带停放制动器，主要由制动缸体、传动杠杆、缓解弹簧、制动缸活塞、扭簧、闸瓦、闸瓦间隙调整器、闸瓦托、闸瓦托吊、闸瓦托复位弹簧和手动杠杆及其安装枢轴等组成。

②PC7YF 型踏面单元制动器是在 PC7Y 型的基础上增加了一个用于停车制动的弹簧制动器，它包括停车缓解风缸 31、缓解活塞 32、活塞杆 33、螺纹套筒 34、停放制动弹簧 35、缓解拉簧 36、停放制动杠杆 37 等。

（2）单元制动器的工作原理

当列车制动时，如图 6-19 所示，制动缸充气，在压力空气的作用下，制动缸活塞压缩缓解弹簧右移，活塞杆推动制动杠杆，而杠杆的另一端则带动闸瓦间隙调整器向车轮方向推动闸瓦托及闸瓦，使闸瓦紧贴车轮。

缓解时，制动缸排气，这时闸瓦及闸瓦托上所受到的推力被撤除，在制动缸缓解弹簧及闸瓦托吊杆上端头的扭簧的反弹力作用下，闸瓦及活塞等机构复位。

3 PEC7 型和 PEC7F 型单元制动机

PEC7 型单元制动机（不带弹簧停放制动器）外形如图 6-20 所示。PEC7F 型单元制动机（带弹簧停放制动器）外形如图 6-21 所示。

图 6-20　PEC7 型单元制动机

图 6-21　PEC7F 型单元制动机

PEC7 型单元制动机内部结构如图 6-22 所示。

PEC7 型单元制动机不带停放制动器结构如图 6-23 所示。

PEC7 型单元制动机的工作过程分制动施加和制动缓解两个过程。

（1）制动施加

压缩空气通过供风口 24 进入制动缸，活塞 2 压缩活塞回程弹簧 3，通过活塞杆使凸轮盘 5 逆时针转动。凸轮盘沿着凸轮滚子 7 转动并将整个调节机构 9、主轴和闸瓦托一起向

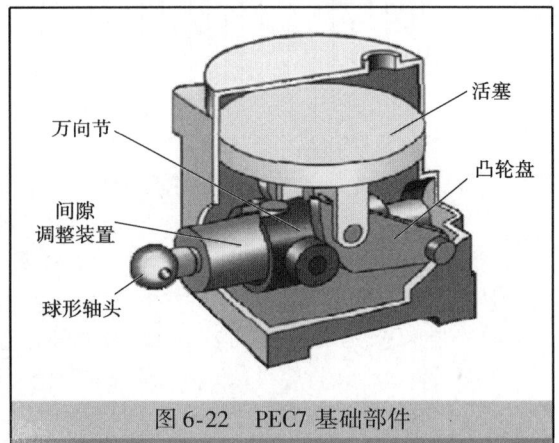

图 6-22　PEC7 基础部件

活塞

凸轮盘

球形轴头

间隙调整装置

万向节

前推,当制动闸瓦 15 与轮对接触时,制动力就产生了。调节机构 9 由球形杆头 11 和推力环 8 固定,这样可使力平均分布到两个凸轮滚子 7 上,并防止在调节机构 9 的主轴上形成弯矩。

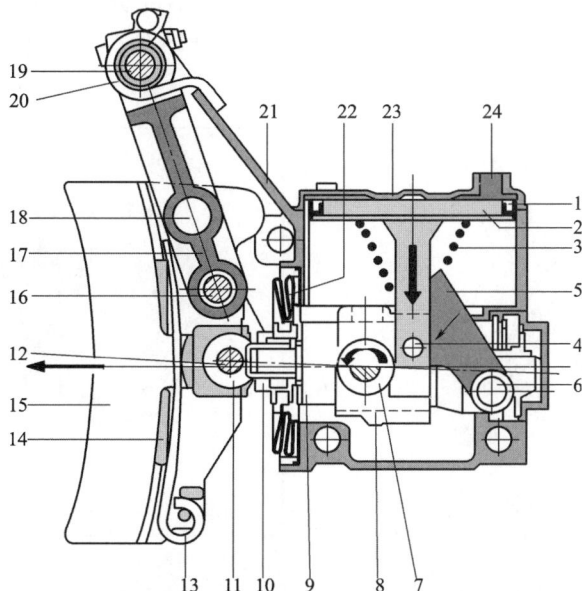

图6-23　PEC7 型单元制动机

1-活塞密封环;2-活塞;3-活塞回程弹簧;4-活塞销;5-凸轮盘;6-轴承销;7-凸轮滚子;8-推力环;9-调节机构;10-复位交角头;11-球形杆头;12-扭矩销;13-制动闸瓦楔座;14-制动闸瓦托;15-制动闸瓦;16-连接销;17-吊杆;18-摩擦组件;19-吊耳销;20-扭转弹簧;21-机箱;22-波纹管;23-气缸盖;24-供风口

（2）制动缓解

制动缸排气,活塞回程弹簧 3 推动活塞 2 上移,通过活塞销 4 使凸轮盘 5 顺时针转动,调节机构 9 在其内部弹簧的作用下回移(右移),吊杆 17 在扭转弹簧 20 作用下逆时针转动,制动闸瓦 15 回移离开车轮踏面,制动缓解。闸瓦托 14 由一个装有弹簧的壳形联轴节和摩擦组件 18 固定在吊杆 17 上与轮对平行的位置。这样设置可防止在缓解制动时,闸瓦只在一端摩擦引起列车倾斜。

二 盘形基础制动装置

盘形基础制动装置具有结构紧凑、制动效率高、能有效地缩短制动距离、减轻踏面磨耗及检修工作量小等优点,在新型列车上得到了广泛的应用。盘形基础制动装置主要由制动盘、合成闸片、盘形制动单元和杠杆等部件组成。

1 制动盘和合成闸片

（1）制动盘

制动盘按照安装方式的不同,可分为轴盘式和轮盘式两种。轴盘式的制动盘压装在车轴内侧如图 6-24 所示。轮盘式制动盘根据车辆的空间安装在车轮的两侧或一侧,如图 6-25

所示。动车和机车的轮对上因车轴上装有牵引电动机和齿轮箱,制动盘一般只能安装在车轮上。按摩擦面配置的不同,制动盘可分为单摩擦面和双摩擦面。按盘本身的结构,可分为整体式和由两个半圆盘用螺栓组装成的。按材质不同分为铸铁、铸钢、铸铁 – 铸钢组合、锻钢、C/C 纤维复合材料、铝合金基复合材料的制动盘等。一般动车组列车采用钢质制动盘。

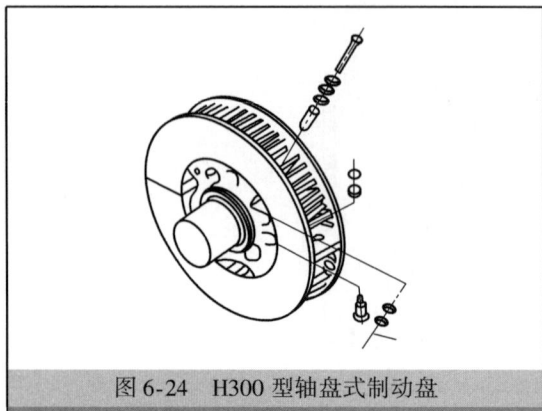

图 6-24　H300 型轴盘式制动盘

图 6-25　轮盘式制动盘

(2)合成闸片

合成闸片如图 6-26 所示,采用复合材料,一个制动夹钳上安装 4 小片制动闸片,两片闸片组成一块安装在一侧,闸片成扇形状,一块组合的闸片上设计三条(或五条)放射槽,用于闸片散热及排出闸片磨耗后的微小尘粒。闸片厚度为 35mm,重 3.6kg,可磨耗厚度为 30mm,在距离闸片钢背 5mm 处设有磨耗到限标志,以方便日常磨耗检查。

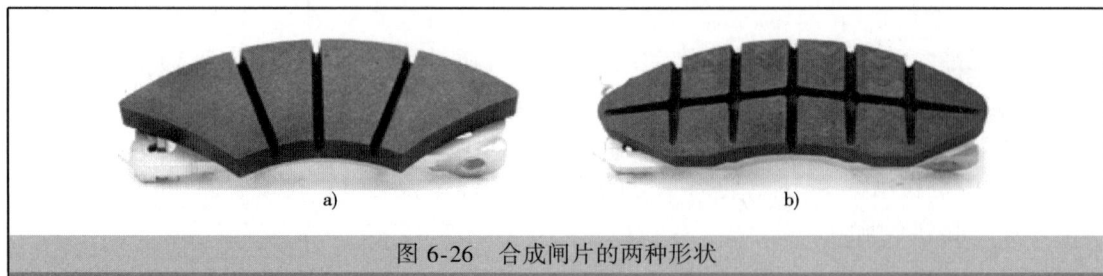

a)　　　　　　　　　　　　　　　　b)

图 6-26　合成闸片的两种形状

2 盘形制动单元

WZK 型盘形制动单元是克诺尔公司生产,为气动控制与安装在轮对上的制动盘共同作为摩擦制动使用。其为紧凑型基础制动装置,体积小,适用于安装空间较小的转向架。夹钳与转向架通过四个螺栓安装固定,不需要安装盘或支架。WZK 型盘形制动单元分为两种:一种是不带停放制动的盘形制动单元,另一种是带停放制动的盘形制动单元。

①不带停放制动的盘形制动单元的基本结构如图 6-27 所示。其用于执行列车常用制动、快速制动和紧急制动的气制动功能。盘形制动单元主要由气缸及腔体,间隙调整装置、制动杆和制动闸片及其支架组成。

②带停放制动的盘形制动单元其结构如图 6-28 所示,其在原来结构基础上增加了停放

制动缸与手动缓解装置,常用制动的施加过程与不带停放制动的盘形制动单元一样。停放制动执行充气缓解、排气施加的原则,在此基础上还安装了手动缓解装置,可以在停放制动故障或需要在车底缓解停放制动情况下手动缓解。

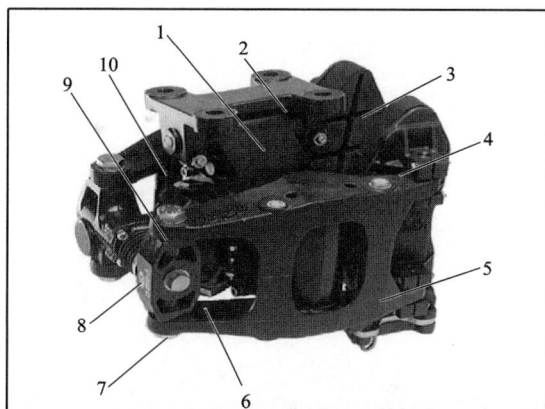

图 6-27 WZK 型不带停放制动的盘形制动单元
1-腔体;2-支架;3-闸片;4-闸片支架;5-制动杆;6-气缸;7-六角螺栓;8-控制杆;9-气管接口;10-螺栓

图 6-28 WZK 型带停放制动的盘形制动单元
1-支架;2-气缸;3-间隙调整装置;4-停放制动缸;5-手动缓解齿轮;6-制动杆;7-闸片支架;8-外壳

6.5 城市轨道交通车辆制动系统介绍

一 电制动

电制动是车辆在常用制动下的优先选择,仅带驱动系统的动车具有电制动,电制动又有再生制动和电阻制动两种形式。电制动具有独立的滑行保护和荷载校正功能。为此,每节动车装备有:一个三相调频调压逆变器(VVVF);一个牵引控制单元(DCU);一个制动电阻;四个自冷式三相交流电动机 M1、M2、M3、M4(每轴一个,相互并联)。

1 再生制动

当发生常用制动时,电动机 M 为发电机状态运行,将车辆的动能转换为电能,经 VVVF 逆变器中六个二极管组成的桥式整流电路整流成直流电反馈于接触网,供列车所在接触网供电区段上的其他车辆牵引用和供给本车的其他系统(如辅助系统等),此即再生制动。再生制动的基本原理如图 6-29 所示。

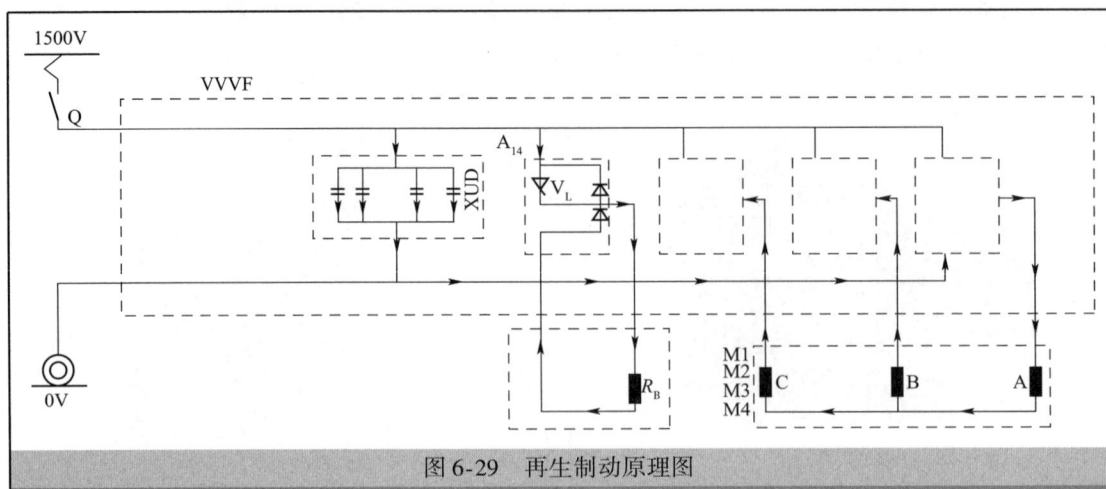

图 6-29　再生制动原理图

再生制动取决于接触网的接收能力,亦即取决于网压高低和负载利用能力。以上海地铁 2 号线为例,接触网额定电压为 1500V,车辆最大运行速度为 80km/h,实际运行过程中制动初速度约为 70km/h。当列车进站前开始制动时,列车停止从接触网受电,电动机改为发电机工况,将列车运行的动能转换为电能,产生制动力,使列车减速。设接触网额定电压为 U,当满足以下两个条件时列车可以实行再生制动并向接触网反馈电能:一是接触网电压在 $1 \sim 1.2U$(理论值,对应于上海地铁 2 号线为 1500 ~ 1800V)范围内;二是再生电能必须要由

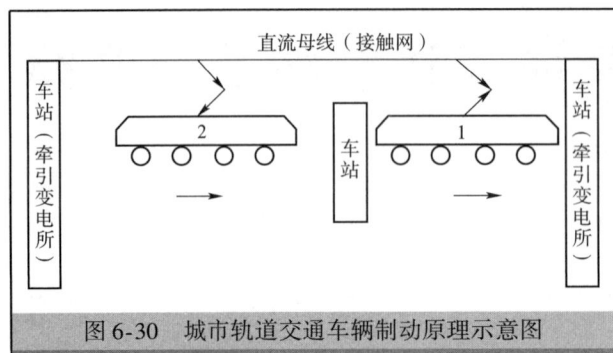

图 6-30　城市轨道交通车辆制动原理示意图

一定距离内的其他列车吸收。如图 6-30 所示,当车辆 2 距离车辆 1 足够近且接触网电压在 1500 ~ 1800V 时,车辆 2 可以吸收车辆 1 所产生的反馈电能,从而使车辆 1 产生再生制动。当接触网电压过压、欠压或一定距离内无其他车辆吸收反馈能量时,通过车辆牵引控制单元切断向接触网反馈的电能,再生制动不能实现,此时列车会自动切断反馈电路,实施电阻制动。当列车速度小于 8km/h 时,利用压缩空气作为动力源,对车辆实施机械制动,直至列车停止。

② 电阻制动

如果在电阻制动的情况下,能量不能被电网完全吸收,多余的能量必须转换为热能消耗在制动电阻上,否则电网电压将抬高到不能承受的水平。制动斩波器的存在确保大部分的能量能反馈回电网,同时又保护了电网上其他设备。

如果制动列车所在的接触网供电区段内无其他列车吸收该制动能量,VVVF 则将能量反馈在线路电容上,使电容电压 XUD 迅速上升,当 XUD 达到最大设定值 1800V 时,DCU 启动能耗斩波器模块 A_{14} 上的门极可关断晶闸管 GTO:V_1,GTO 打开制动电阻 R_B,制动电阻 R_B

与电容并联,将电动机上的制动能量转变成电阻的热能消耗掉,即电阻制动(亦称能耗制动),电阻制动能单独满足常用制动的要求。电阻制动原理如图6-31所示。

电阻制动是承担电动机电流中不能再生的那部分制动电流。再生制动电流加电阻制动电流等于制动控制要求的总电流,此电流受电动机电压的限制。再生制动与电阻制动之间的转换由DCU控制,能保证它们连续交替使用,转换平滑,变化率不能为人所感知。当列车处于高速时,动车采用再生制动,将列车动能转换成电能;当再生制动无法再回收时(如当网压上升到1800V时),再生制动能够平滑地过渡到电阻制动。

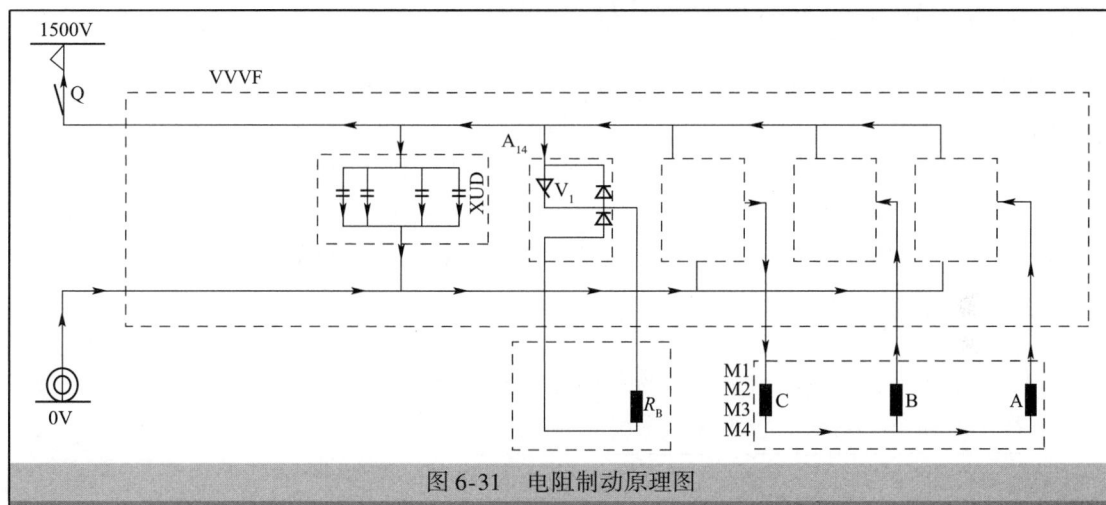

图6-31 电阻制动原理图

知识链接

过压保护电阻

(1)过压电阻器:如北京地铁15号线的过压保护电阻的参数为$0.36 \sim 0.48\Omega$。20℃以下0.4Ω左右;功率1200kW(激活状态下),平均连续工作功率为27kW,那么一个工作周期为139s。正常工况下工作3s,主要作用是给机械制动的过渡时间,即电制动退出和机械气制动的动作时保证制动的平稳,还有在制动工况下过三轨(第三轨受流)断电区时保证再生制动的连续。

(2)牵引制动电阻的工作原理:在电制动过程中,当滤波电压超过920V时,启动制动电阻,随着制动过程中反馈能量的增加,增大IGBT的导通率,若导通率超过10%,并且持续2s以上,牵引发出LOFADE信号,0.3s后电制动力以30kN/s的斜率下降,直至完全退出。

二 空气制动

空气(摩擦)制动是用来补充制动指令所要求和电制动已达到最大的电制动力之间的差额以及没有电制动时完全由空气制动来承担列车制动的要求。电制动和空气制动之间的混合制动是平滑的,并满足正常运行的冲击极限。

每节车设计有独自的空气制动控制及部件,每根轴设计有独立的防滑装置,由 ECU 实时监控每根轴的转速,一旦任一轮对发生滑行,能迅速向该轴的防滑电磁阀 G01 发出指令,沟通制动缸与大气的通路,使制动缸排气,从而解除该轮对的滑行现象。制动执行部件采用单元制动缸,如 PC7Y 型和带停放制动器(也称弹簧制动器)的 PC7YF 型,或 PEC7 型(不带弹簧制动器)和 PEC7F 型(带弹簧制动器)等。

三 电制动和空气制动的制动力分配方案

列车制动采用电制动与空气制动实时协调配合、电制动优先、空气制动延时投入的混合制动方式。电制动和空气制动均可由车载 ATO 控制或人工操纵司机控制器控制。

空电混合制动以全列车为单元进行混合控制,制动控制装置通过来自司控器的制动命令和来自制动控制单元(AS 压力)的车辆载重计算每辆车的制动力;制动控制装置根据实际电制动力的大小来确定是否需要补充空气制动以及补充空气制动的多少。

① 等黏着状态

当实际电制动力可以满足全列车的制动力需求时,则全部制动力都由电制动承担,动车和拖车都不施加空气制动的状态称为等黏着状态。

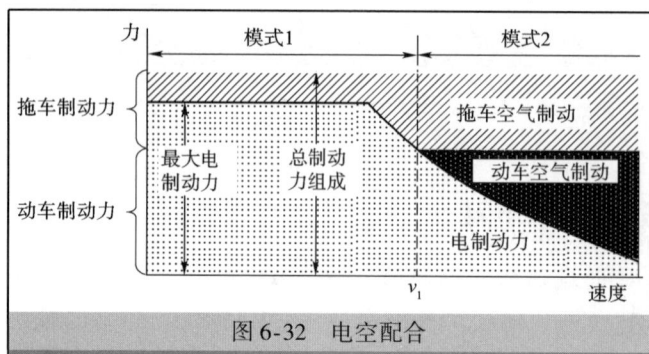

图 6-32 电空配合

当实际电制动力不能满足全列车的制动力需求时,首先在拖车上以空气制动补充不足的制动力,参见图 6-32 中的模式 1;如实际电制动力还不能满足动车本身所需求的制动力时,则首先在拖车上以空气制动补充不足的制动力,剩余的制动力由动车的空气制动补充,如图 6-32 中的模式 2。

② 等磨耗状态

空电混合制动采用电制动与空气制动实时协调配合、电制动优先、电制动不足时在全列车平均分配空气制动力的混合制动方式,即按"等磨耗"方式进行全列车制动混合控制。当所有动车的实际电制动力之和可以满足全列车的制动力需求时,全部制动力由电制动承担,动车和拖车都不施加空气制动。当实际电制动力不能满足全列车的制动力需求时,全列车需要补充的制动力将平均分配到各辆车上,以空气制动的形式进行补充,各车均受黏着极限限制。若在制动过程中出现电制动滑行造成制动力的损失,空气制动不进行补偿,以便于电制动的防滑控制。

(1)全列车的电空混合过程示意图如图 6-33 所示,各动车电制动正常发挥,电制动力总和正好等于全列车所需要的制动力总和,拖车及动车均不补充空气制动。

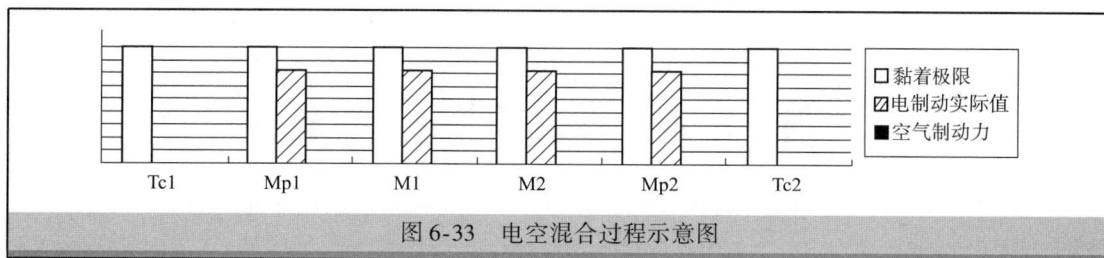

图6-33 电空混合过程示意图

（2）若 M1 车电制动力下降，电制动力总和不能满足全列车的制动力需求，所需要补充的空气制动将平均分配给各车的空气制动，此时动车上的电制动和空气制动力之和没有超过黏着极限，见图6-34。

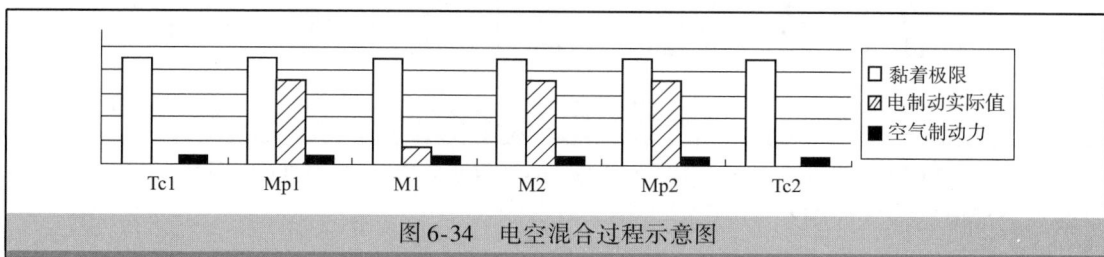

图6-34 电空混合过程示意图

（3）若 Mp1 车电制动力也下降，电制动力总和不能满足全列车的制动力需求，所需补充的制动力平均分配给各车空气制动，此时，M2 车、Mp2 车制动力已达到黏着极限，不能在这两辆车上补充的空气制动将平均分配到其他没有超过黏着极限的 Tc1、Mp1、M1、Tc2 车上，见图6-35。

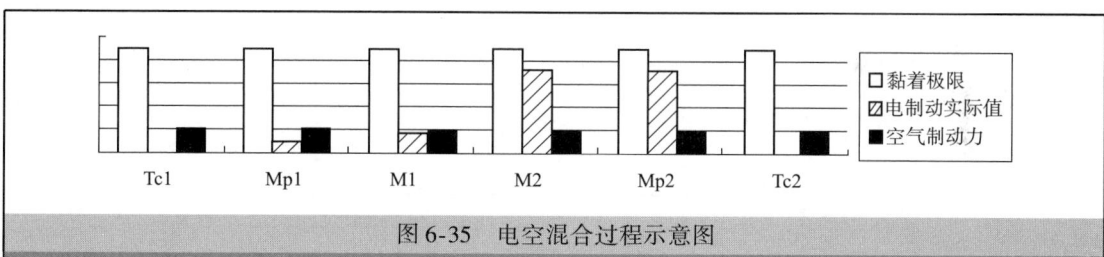

图6-35 电空混合过程示意图

（4）若 M2 发生电制动滑行，保持当前的空气制动力值不变，见图6-36。

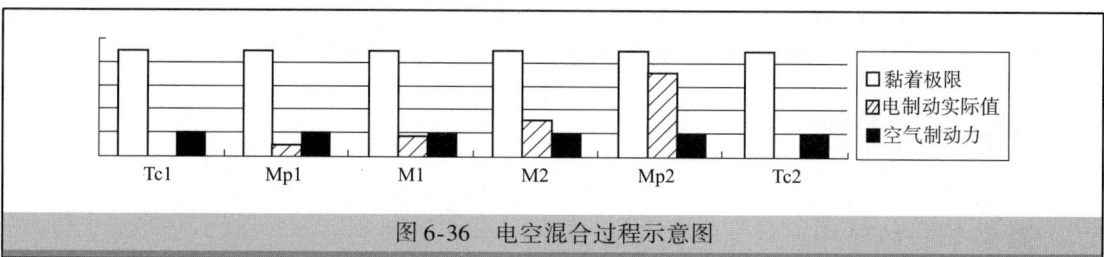

图6-36 电空混合过程示意图

（5）若 M2 因电制动防滑失效，电制动力被切除，动车所需要补充的制动力平均分配给各车，此时，Mp2 车制动力已达到黏着极限，不能在这辆车上补充的空气制动将平均分配到其他没有超过黏着极限的 Tc1、Mp1、M1、M2、Tc2 车上，见图6-37。

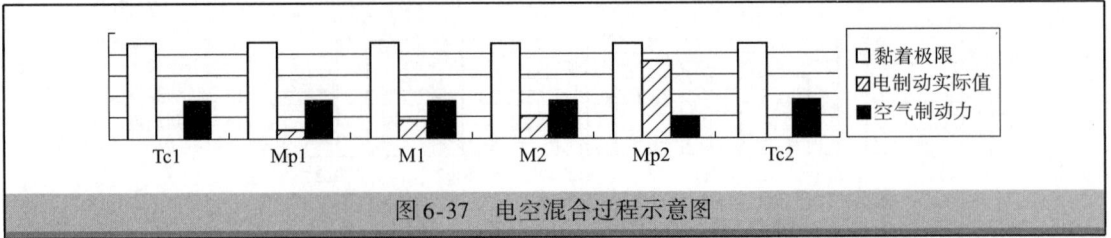

图 6-37　电空混合过程示意图

（6）纯空气制动时，列车所需制动力平均分配到各车施加空气制动，见图 6-38。

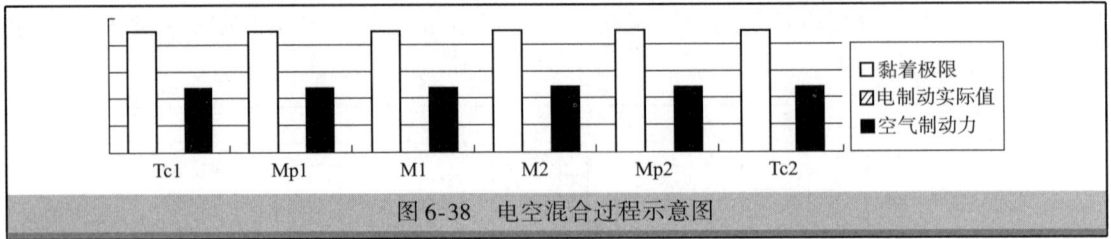

图 6-38　电空混合过程示意图

电制动允许投入的最高初始速度为 80km/h；当 AW2 负载，DC1500V 网压，大约 70km/h 时达到全部电制动。如图 6-39 所示。

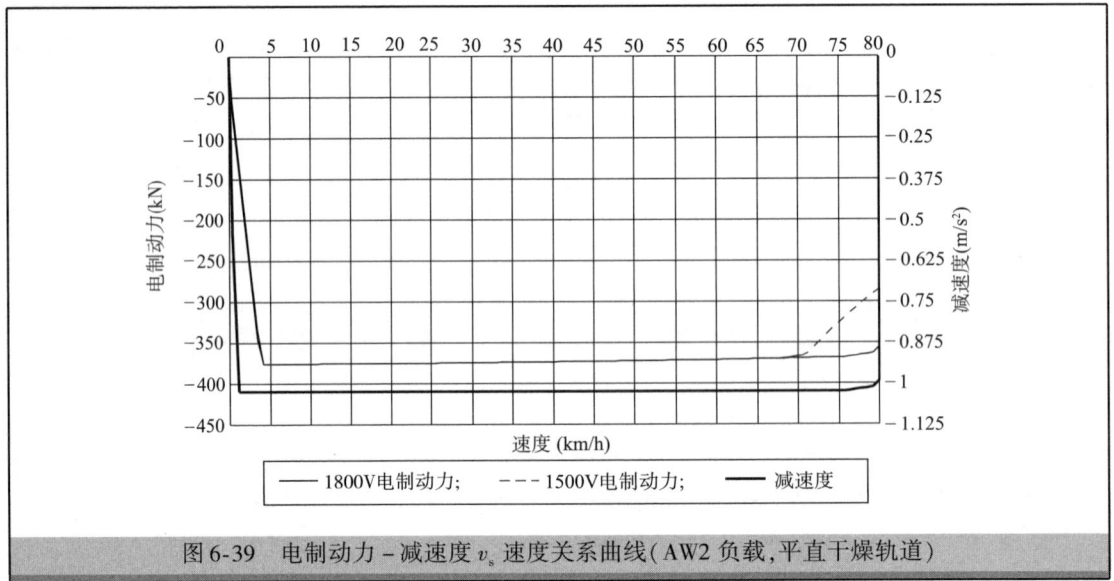

图 6-39　电制动力–减速度 v_s 速度关系曲线（AW2 负载，平直干燥轨道）

四 制动防滑系统

1 空气制动防滑系统

国内现有地铁车辆空气制动防滑系统的控制原理基本相同，但结构组成有较大不同。主要有两种形式：以北京地铁"新型地铁客车制动系统"等为代表的组成形式，其空气制动防滑系统组成如图 6-40 所示。

　　该防滑系统主要由 1 台控制单元、4 个速度传感器、2 个防滑排风阀组成。该系统与我国目前铁路客车使用的防滑器的最大区别是每套系统只有 2 个防滑排风阀,1 个排风阀控制 1 台转向架制动缸的充排气作用,控制的精确程度要低于铁路客车防滑器。该防滑系统采用了 3 个滑行判据,即速度差(轴速与车辆参考速度之差)、滑行率(速度差与参考速度之比值)和减速度。制动时速度传感器将测得的信号传给控制单元。控制单元计算出每根轴的速度、速度差、减速度、滑行率等,当控制单元根据上述 3 个判据判断出某根轴的车轮要出现滑行时,就控制该轴所在转向架的防滑排风阀的排气、保压及充气作用,从而控制该轴的制动缸压力,实现防滑的目的。

　　另一种是以上海、广州进口地铁车辆为代表的防滑控制方式。图 6-41 所示是上海地铁的空气制动防滑系统组成。

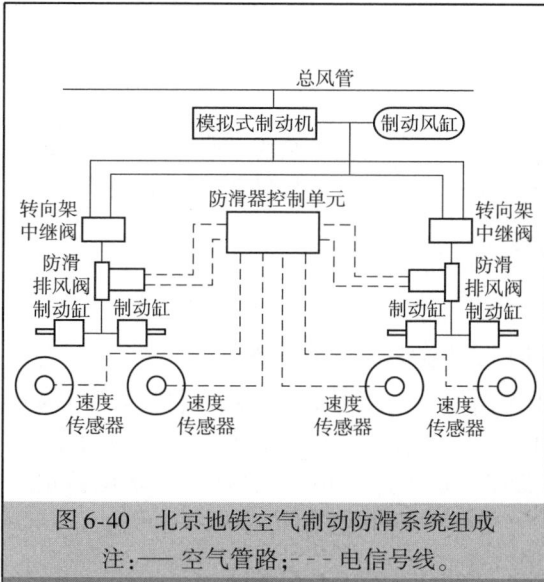

图 6-40　北京地铁空气制动防滑系统组成
注:—— 空气管路;--- 电信号线。

图 6-41　上海地铁空气制动防滑系统组成
注:—— 空气管路;--- 电信号线。

　　该防滑系统主要由控制单元、4 个速度传感器、4 个防滑排风阀组成。从组成上看,它与北京地铁客车制动系统防滑的主要区别有:一是将主机与空气制动微机控制单元合二为一,二是每根轴装有 1 个防滑排风阀,可单独控制每根轴制动缸的充排气作用。该防滑系统采用的防滑控制原理及滑行判据与我国提速、准高速客车使用的克诺尔防滑器基本一样。根据速度差、减速度的变化进行防滑控制。但防滑排风阀有所不同,它利用总风压力作为先导压力,打开排风阀上制动控制单元的中继阀与制动缸的通路,切断制动缸与大气的通路;制动时制动风缸的压缩空气经中继阀、防滑排风阀到达制动缸;产生防滑作用时,利用电磁力打开排风阀上制动缸与大气的通路,可排出制动缸内的压缩空气,同时切断中继阀到制动缸的通路。另外,该排风阀只有 1 个电磁阀,即排气电磁阀。这是主要考虑地铁车辆运行速度较低,且空气制动通常在低速时起作用,一旦判断出要滑行,需立即使制动缸排气,当滑行停止,又要马上对制动缸充气,因而不设保压电磁阀。

② 动力制动(电制动)的防滑控制系统

　　国内现有地铁车辆的动力制动包括电阻制动和再生制动。防滑控制过程中,同时对动车的 4 根轴进行集中控制。也就是说,在动力制动过程中判断出某根轴的车轮出现滑行,总的动力制动力即 4 根轴的动力制动力均要减少。在制动力的控制上,主要有两种控制方式:一种是在判断出滑行时,将动力制动力全部切除,用空气制动代替(相应的动车和拖车中的空气制动取代),再对空气制动进行防滑控制,北京地铁主要采用这种方式;另一种是根据防滑要求,部分减少动力制动力,减少的制动力用空气制动补充(首先是拖车的空气制动补充,如果仍不足,相应的动车也施加空气制动),上海和广州地铁采用这种方式。另外,国内大多数地铁对动力制动和空气制动防滑控制时的制动力缓解时间有所限制。空气制动防滑时,如果防滑排风阀连续排风时间超过 5s,将自动恢复制动作用。动力制动防滑时,如果制动力连续降低时间超过 5s,一种方法是切除动力制动,用空气制动代替,如上海地铁 1 号线;另一种办法是相应地保持部分动力制动力,减少的部分由空气制动代替,如上海地铁 2 号线。

五 动力制动控制模式

列车由运动状态逐渐减速直至停止的过程大致经历三个控制模式,即恒转差率控制模式(恒电压、恒转差频率)、恒转矩 1 控制模式(恒转矩 1、恒电压)和恒转矩 2 控制模式(恒转矩 2、恒磁通)。

1 恒转差率控制模式

恒转差率控制模式是在高速时开始制动,此时三相逆变器电压保持恒定最大值,转差频率保持恒定最大值。随着列车速度的下降,减小逆变频率。电动机电流与逆变频率成反比增加,制动力与逆变频率的平方成反比增加。当电动机电流增大到与恒转矩相符合的值时,将进入恒转矩控制。但当电动机电流增大到逆变器的最大允许值时,则从电动机电流增大到该最大值的时刻起保持电动机电流恒定,在一个小区段内用控制转差频率的方法进行恒流控制。这种情况下,制动力将随逆变频率成反比增加。

2 恒转矩 1 控制模式

恒转矩 1 控制模式时,逆变器电压保持恒定最大值,控制转差频率与逆变频率的平方成反比,随着列车速度的下降,减小逆变频率,则转差频率减小至最小值。电动机电流与逆变器频率成正比减小,制动力保持恒定。

3 恒转矩 2 控制模式

恒转矩 2 控制模式时,转差频率保持恒定最小值,此时电动机电流亦保持恒定。随着列车速度的下降,减小逆变频率,同时采用 PWM(脉宽调制)控制减小电动机电压,即保持 v/f_1 的值恒定,则磁通恒定,制动力恒定。

一般制动工况下,列车由高速减速至 50km/h 期间,大约处于恒电压、恒转差频率区;由 50km/h 减速至完全停车期间,理论上大约处于恒转矩控制区,但实际上在 10km/h 以下的某个点,再生制动力会迅速下降,所以当列车减速至 10km/h 以下后,为保证制动力不变需要逐步补充空气制动。

KBGM 型制动系统

我国城市轨道交通车辆大多采用德国 KNORR 制动机公司生产的 KBGM 型模拟式电气指令制动系统,用一条电缆贯通整个列车,形成连续回路。模拟式制动系统的操作指令是采用电控制空气、空气再控制空气的方法。制动电指令是利用脉冲宽度调制,能进行无级控制。

一 KBGM 型制动系统的组成

空气制动装置主要由供气部分、控制部分和执行部分三个主要部分组成。

供气部分采用 VV230/180-2 型活塞式空气压缩机和单筒式干燥器,风缸每辆车上有 4 个,其中包括一个 250L 的总风缸,一个 100L 的空气悬挂系统(空气弹簧)风缸,一个 50L 制动贮风缸和一个 50L 的客室风动门风缸。另外 C 车上还增加一个 50L 的再生风缸。控制部分是制动装置的核心,由带有防滑控制的制动微机控制单元 ECU(B_{05}/G_{02})、制动控制单元 BCU(B_{06})、空气控制屏(Z_{01},部分阀类的集中安装屏)等组成。

1 制动控制单元 BCU(B_{06})

(1)制动控制单元的组成和控制关系

制动控制单元 BCU 如图 6-42 所示。

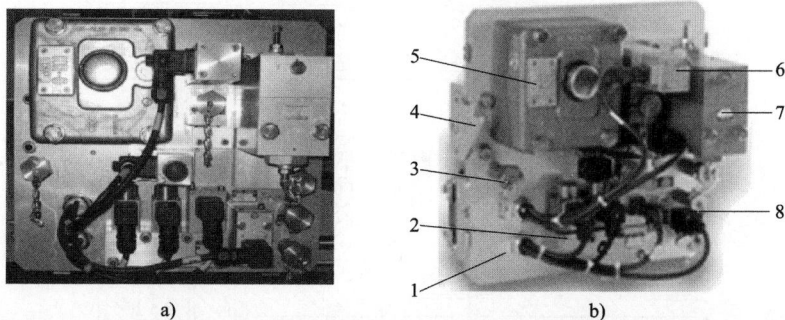

图 6-42 制动控制单元 BCU(B01.06)
a)内部图;b)外形图

1-集气板;2-模拟转换阀;3-测试接口;4-托座;5-中继阀;6-荷载压力传感器;7-称重阀;8-预控制压力开关

图 6-43　制动控制单元气路简图
a-模拟转换阀；c-称重阀；d-均衡阀（中继阀）；e-紧急电磁阀；f-荷载压力传感器；h-压力开关；j、k、l、m、n-压力测试接口

它是空气制动的核心，主要由模拟转换阀 a、紧急电磁阀 e、称重阀 c、中继阀（均衡阀）d、荷载压力传感器 f（将荷载压力 T 转换成相应的电信号传输给 ECU）、压力开关 h 等元件组成。制动控制单元采用模块化设计，所有的元件安装在铝合金集成板上。这样设计的目的是集成板便于从车上拆卸和更换，维修检查或大修时不会影响车辆的运行。如图 6-43 所示为制动控制单元气路简图。

如图 6-44 所示是按气路连通关系绘制的制动控制单元示意图，图中示出了各部件之间的气路关系及其在气路板内的通路，也简略示出了各部件的外形。同时，在气路板上还装置了一些测试口（图中 j、k、l、m、n），因此，要测量各个控制压力和制动缸压力，只要在这块气路板上测试即可，这样便于安装、测试、检修、维护。

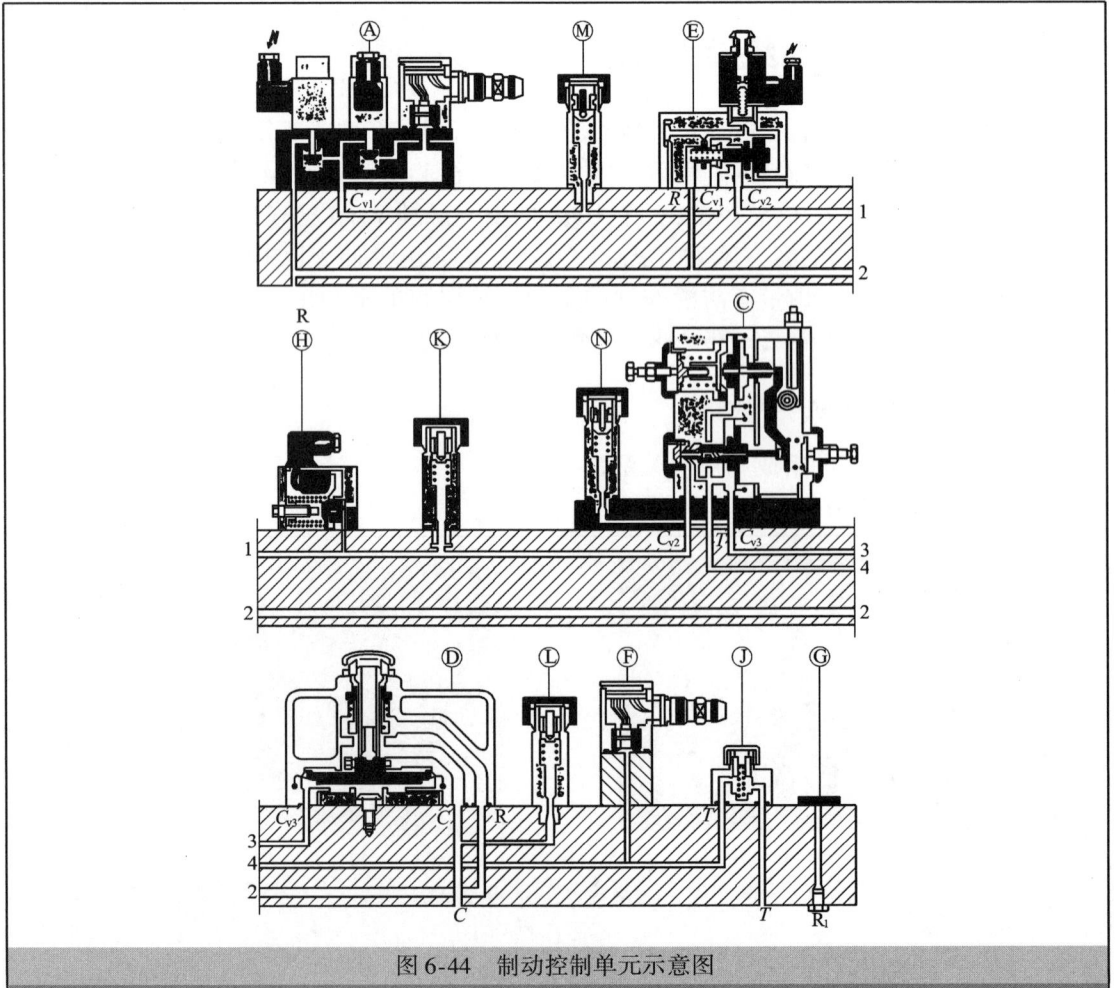

图 6-44　制动控制单元示意图

BCU 的主要作用是将 ECU 发出的制动指令电信号通过模拟转换阀 a 转换成与之成比例的预控制压力 C_v,这个预控制压力是呈线性变化的,同时,也受到称重阀 c 和防冲动检测装置的检测和限制,再通过中继阀(均衡阀)d,沟通制动贮风缸 B_{04} 与制动缸的通路,并控制进入制动缸的压力,最后使制动缸 C_1 和 C_3 获得符合制动指令的空气制动压力。

制动控制单元的工作原理如下:

当压力空气从制动贮风缸 B_{04} 进入制动控制单元 B_{06} 后,分成三路,一路进入紧急电磁阀 e,一路进入模拟转换阀 a,另一路进入中继阀 d。其流程如图 6-45 所示。整个制动控制单元犹如一个放大器。

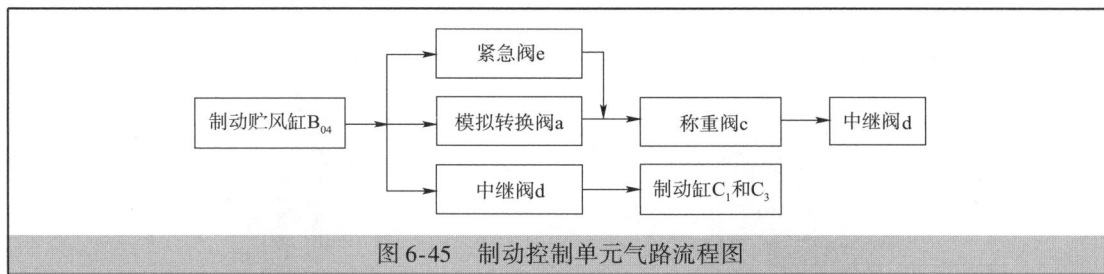

图 6-45　制动控制单元气路流程图

(2)模拟转换阀

①结构:模拟转换阀(图 6-46)又称电气转换阀(或 EP 阀),是由一个稳压气室、一个电磁进气阀 3(类似控导阀)、一个电磁排气阀 2 及气电转换器 1 组成。

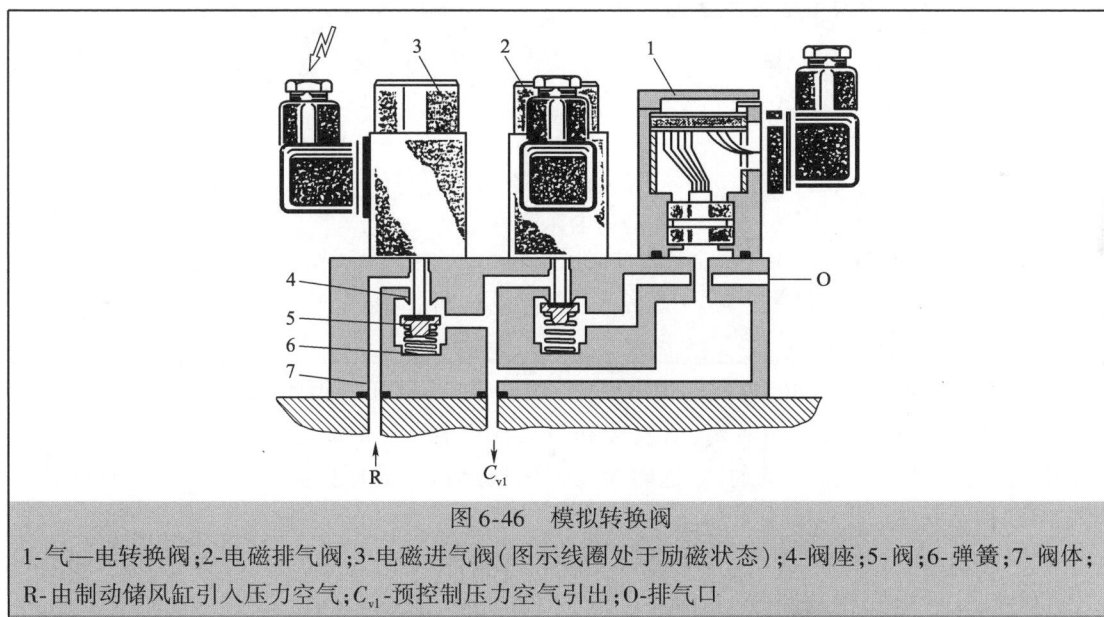

图 6-46　模拟转换阀

1-气—电转换阀;2-电磁排气阀;3-电磁进气阀(图示线圈处于励磁状态);4-阀座;5-阀;6-弹簧;7-阀体;R-由制动储风缸引入压力空气;C_{v1}-预控制压力空气引出;O-排气口

②作用原理:当微处理机 ECU 发出制动指令时,进气阀的励磁线圈得电励磁,顶杆克服进气阀弹簧弹力,压开阀芯,打开进气阀,使制动贮风缸压力空气通过进气阀进入模拟转换阀输出口,作为预控制压力 C_{v1} 输出。C_{v1} 一路送向紧急阀 e,同时 C_{v1} 也送向气—电转换器和电磁排气阀口,气—电转换器将该压力信号转换成相对应的电信号,并馈送回微处理机,微处理机将此信号与制动指令对应的参考值比较。当小于参考值时,则继续开放进气阀口,预

控制压力 C_{v1} 继续增高;而当大于参考值时,则关闭进气阀并打开排气阀,压力空气从排气口 O 排向大气,预控制压力 C_{v1} 降低,当预控制压力 C_{v1} 降到符合制动指令的要求时,进气阀和排气阀均处于关闭状态。从模拟转换阀出来的 C_{v1} 压力空气通过气路板内的气路进入紧急阀的旁路。

（3）紧急阀

紧急阀如图 6-47 所示。紧急阀是一个电磁阀控制的二位三通阀,它的三个阀口分别通制动贮风缸（A1）,模拟转换阀输出口（A2）及称重阀输入口（A3）。它主要由空心阀、阀座,空心阀弹簧、活塞、活塞杆、活塞杆反拨弹簧和电磁阀组成。其中空心阀还起到阀口的作用,而活塞杆顶部做成阀口结构。

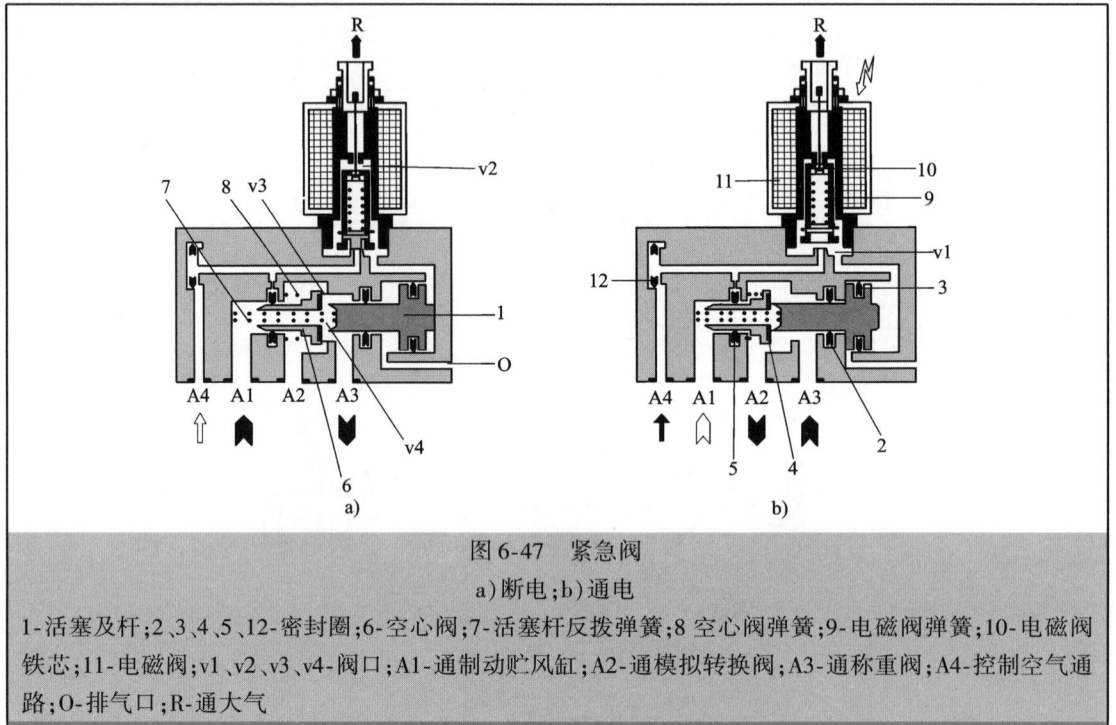

图 6-47　紧急阀

a）断电;b）通电

1-活塞及杆;2、3、4、5、12-密封圈;6-空心阀;7-活塞杆反拨弹簧;8 空心阀弹簧;9-电磁阀弹簧;10-电磁阀铁芯;11-电磁阀;v1、v2、v3、v4-阀口;A1-通制动贮风缸;A2-通模拟转换阀;A3-通称重阀;A4-控制空气通路;O-排气口;R-通大气

在常用制动时,紧急阀的电磁阀得电励磁,阀芯吸起,打开下阀口 v1,由 A4 输入的控制压力空气送入活塞右侧,推动活塞、活塞杆和空心阀左移,一方面关闭制动贮风缸 A1 的气路,另一方面开放 A2 与 A3 的通路,这时由模拟转换阀输出的预控制压力 C_{v1} 便可通过紧急阀输出到称重阀 c。

在紧急制动时,紧急阀失电,其电磁阀不励磁,电磁阀阀芯在其反力弹簧作用下,关闭下阀口,切断控制压力空气的通路（A_4）,活塞右侧压力空气经电磁阀上阀口 v2 排入大气。于是,空心阀在弹簧作用下右移,关闭 A2 与 A3 通路,而活塞在弹簧作用下继续右移,活塞杆顶部离开空心阀,打开 A1 与 A3 通路,制动贮风缸压力空气越过模拟转换阀而直接进入称重阀 c。

（4）称重阀

称重阀的结构、原理为杠杆膜板式结构,其作用是根据车辆载重的变化,即根据乘客的多少自动调整车辆的最大制动力。结构原理如图 6-48 所示。主要由负载指令部、压力调整部和杠杆部组成。

①结构。

负载指令部：主动活塞（活塞）、主动活塞膜板、从动活塞、K形密封圈及调整弹簧、调整螺钉等部分组成。

压力调整部：由橡胶夹芯阀、均衡活塞、空心阀杆、阀座、调整弹簧和调整螺钉等组成。

杠杆部：由杠杆、滚轮支点和调整螺钉组成。

②作用原理：与负载重量成比例的空气压力信号（空气弹簧压力）T 输入到主动活塞的上部，将主动活塞向下推，活塞杆顶在杠杆左端，使杠杆左端下降而右端上升，绕支点沿逆时针方向转动，同时右侧压力调整弹簧的向上作用力，也推动杠杆右端上升，从而使空心阀杆向上运动，推开夹芯阀，开放充气阀口，由紧急阀来的预控制压力 C_{v2} 经充气阀座，成为预控制压力 C_{v3} 输出到中继阀。同时该压力送到均衡活塞（膜板活塞）上方，当均衡活塞上方空气压力和下方空心顶杆压力（即杠杆力调整弹簧力之和）

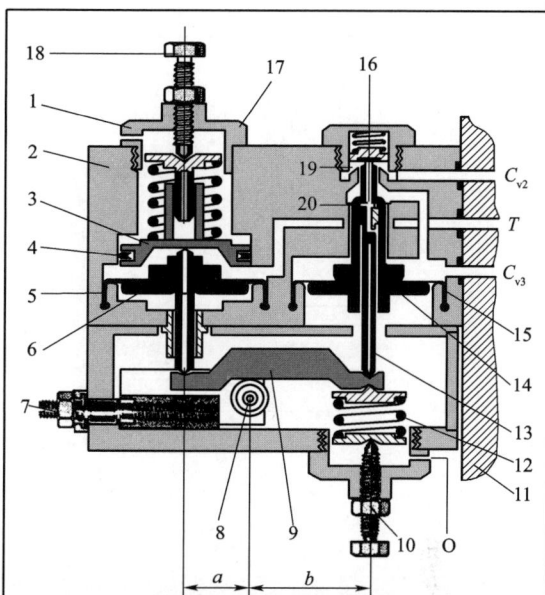

图6-48 称重阀结构原理图
1-螺盖；2-阀体；3-从动活塞；4-K形密封圈；5-膜板；6-活塞；7-调整螺钉；8-支点滚轮；9-杠杆；10-调整螺钉；11-管座；12-弹簧；13-空心杆；14-活塞；15-膜板；16-橡胶夹芯阀；17-弹簧；18-调整螺钉；19-充气阀座；20-排气阀座；O-排气口

平衡时，夹芯阀在夹芯阀弹簧作用下关闭，停止向其中继阀供风。

当乘客减少时，空气弹簧压力 T 下降，均衡活塞上方的空气压力大于下方顶杆推力，于是均衡活塞下移，空心阀杆离开夹芯阀，C_{v3} 压力空气经空心阀杆阀口排向大气，直到均衡活塞上下方压力达到平衡，均衡活塞重新上移，关闭排气阀口。

当空气弹簧空气压力很低，甚至（空气弹簧）破损而无压力时，从动活塞向上的作用力不足以平衡调整弹簧的力，由两个调整弹簧的作用使称重阀输出压力保持一定的值。

由于模拟转换阀输出的预控制压力是受微处理机控制的，而微处理机的制动指令本身就是根据车辆的负载、车速和制动要求而给出的。因此，在常用制动中称重阀几乎不起作用，仅起预防作用，以防模拟转换阀控制失灵，而主要作用是在紧急制动发生时体现。由于紧急制动时预控制压力是从制动储风缸直接经紧急阀到达称重阀，中间没有受模拟转换阀的控制，而紧急阀也仅作为通路的选择，不起压力大小的控制作用。所以，在紧急制动时，预控制压力只受称重阀的限制，即制动储风缸空气压力经称重阀限制后作为最大的预控制压力输出。

同样，控制压力 C_{v2} 流经称重阀时，也受到阀的通道阻力，压力有所下降，成为预控制压力 C_{v3} 并通过管路板进入中继阀。

（5）中继阀（均衡阀）

KBGM型模拟制动机的空气制动装置是一个间接控制的直通式制动机。即由制动控制单元 BCU 控制预控制压力,再由中继阀根据预控制压力的大小控制车辆制动缸的充风和排风作用,即均衡阀起到"放大"作用。

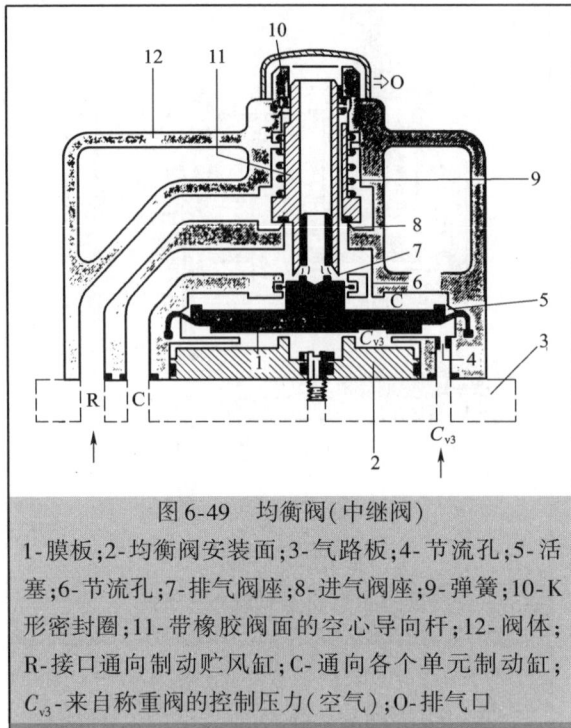

图 6-49　均衡阀(中继阀)

1-膜板;2-均衡阀安装面;3-气路板;4-节流孔;5-活塞;6-节流孔;7-排气阀座;8-进气阀座;9-弹簧;10-K形密封圈;11-带橡胶阀面的空心导向杆;12-阀体;R-接口通向制动贮风缸;C-通向各个单元制动缸;C_{v3}-来自称重阀的控制压力(空气);O-排气口

①结构:中继阀由带橡胶阀面的空心导向杆、膜板活塞(即均衡活塞)、进/排气阀座、弹簧等部分组成,如图 6-49 所示。

②作用原理:中继阀是由节流孔 4 进入中继阀的预控制压力 C_{v3},推动具有膜板 1 的活塞 5(均衡活塞)上移,首先关闭了通向制动缸的排气口(下橡胶面与排气阀座 7 密贴),然后进一步打开进气阀口(上方的橡胶阀面离开进气阀座 8),使制动贮风缸来的压力空气经接口 R 进入中继阀,再经打开的进气阀口、接口 C 充入单元制动缸,使制动缸压力上升,闸瓦压向车轮,列车产生制动作用。同时,该压力经节流孔 6 反馈到膜板活塞 5 上腔 C 的制动缸的压力与膜板活塞下腔的 C_{v3} 压力相等时,关闭进气阀口,制动缸压力停止上升。

从上述可知,中继阀能迅速地进行大流量的充、排气,大流量压力空气的压力变化是随预控制压力 C_{v3} 的变化而变化的,并且两者之压力传递比为 1:1,即制动缸压力与 C_{v3} 相等,从而实现了小流量压力空气控制大流量压力空气的作用。

同样,模拟转换阀接到微处理机发出的缓解指令后,将其排气阀打开,使具有预控制压力 C_{v1}、C_{v2}、C_{v3} 的压力空气都通过此阀口向大气排出。由于 C_{v3} 压力空气的排出,均衡活塞在其上方的制动缸压力空气作用下向下移动,于是中继阀中的进气阀关闭,排气阀打开,使各制动缸中的压力空气经开启的排气阀排出,列车得到缓解。

2 空气控制屏(Z01)

空气控制屏是一些阀类元件的集中安装屏,这些元件都安装在一块铝合金的气路板上,犹如电子分立元件安装在印刷线路板上一样,便于安装、调试与维修。

空气控制屏(图 6-50)的主要组成元件及其功能如下:

(1)制动控制元件

B02——截断塞门,可用来切除制动系统管路与主风管的通路,便于测试与检修;

B03——止回阀,防止制动系统管路的压力空气逆流;

B07——压力测试点,从此处可以得到主风管压力;

B08——压力开关,用于监控主风管压力,当主风管压力低于 600kPa 时,列车将自动实施紧急制动,并牵引封锁,当主风管压力高于 700kPa 时,列车解除牵引封锁;

B12——减压阀,将主风管压力空气减压至 630kPa;

B19——脉冲阀,用于控制停放制动的施加与缓解;

B20——双向阀,防止常用制动与停放制动同时施加时而造成制动力过大;

B21——压力开关,用于控制停放制动指示灯的动作,当压力低于 350kPa 时,停放制动指示灯(蓝灯)亮,表示停放制动已施加,当压力高于 450kPa 时,停放制动指示灯(蓝灯)灭,表示停放制动已缓解;

B22——压力测试点,从此处可以得到停放制动的压力。

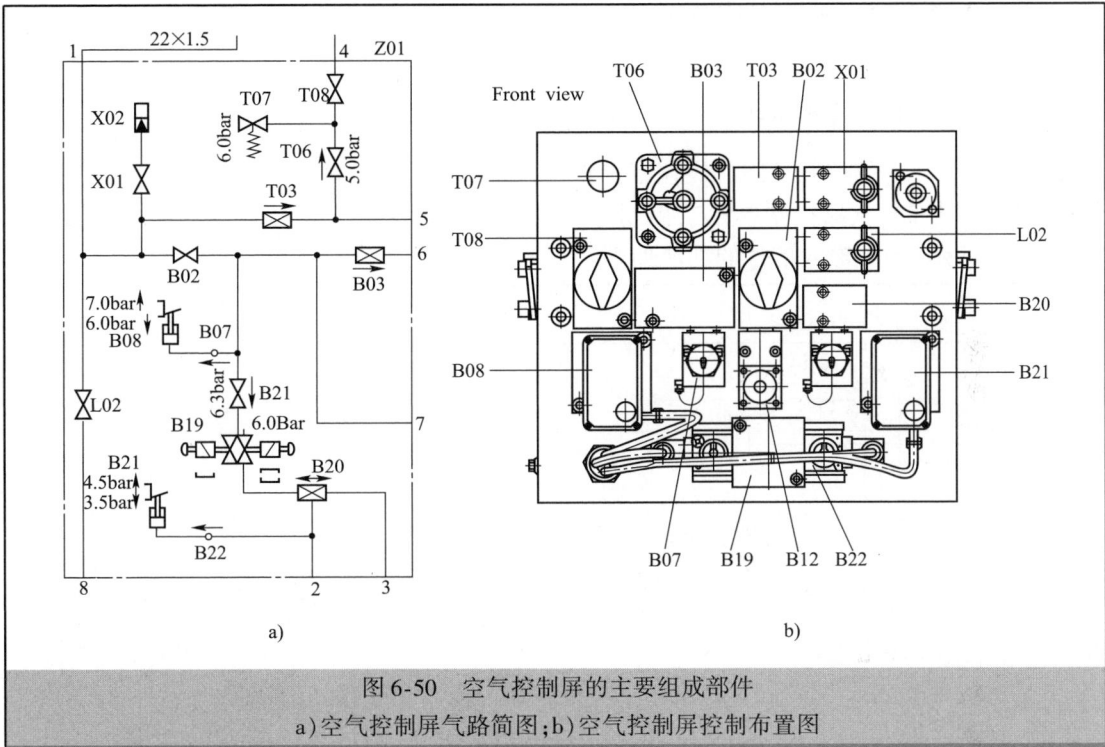

图 6-50　空气控制屏的主要组成部件
a)空气控制屏气路简图;b)空气控制屏控制布置图

(2)车门控制元件

T03——止回阀,防止车门控制系统管路的压力空气逆流;

T06——减压阀,将主风管压力空气减压至 350kPa,供车门控制系统用;

T07——安全阀,防止车门控制系统压力过大;

T08——截断塞门,可用来切除车门控制系统管路与主风管的通路,便于测试与检修。

(3)空气弹簧控制元件

L02——截断塞门,可用来切除空气弹簧控制系统管路与主风管的通路,便于测试与检修。

(4)车间外接供气元件

X01——截断塞门,可用来切除车间外接供气管路与主风管的通路;

X02——车间外接供气快速接头。

空气控制屏 Z01 与外接设备的接口是:接口 1 与主风管相连;接口 2 与踏面单元制动器的弹簧制动缸相连;接口 3 与踏面单元制动器的制动缸相连;接口 4 通往门控设备及空调;接口 5 与门控风缸 T04 相连;接口 6 与制动贮风缸 B04 相连;接口 7 通往防滑阀 G01 的控制管路;接口 8 通往空气弹簧。

③ 执行部分

执行部分由基础制动装置、踏面单元制动器及滑行保护的控制执行元件防滑阀 G01 组成。踏面单元制动器有 PC7Y 和 PC7YF 两种形式。PC7Y 型不带弹簧制动器,而 PC7YF 型带有弹簧制动器,能起到停放制动作用,每根轮轴装备一个。

二 空气制动系统作用原理

① 电-空制动控制系统

整个制动装置的控制采用二级控制,简述为"电控制空气,空气再控制空气"。即为"电子控制单元"控制"气路控制单元",控制空气再控制执行空气。电-空制动控制系统方框图如图 6-51 所示,图中输入信号的功能如下:

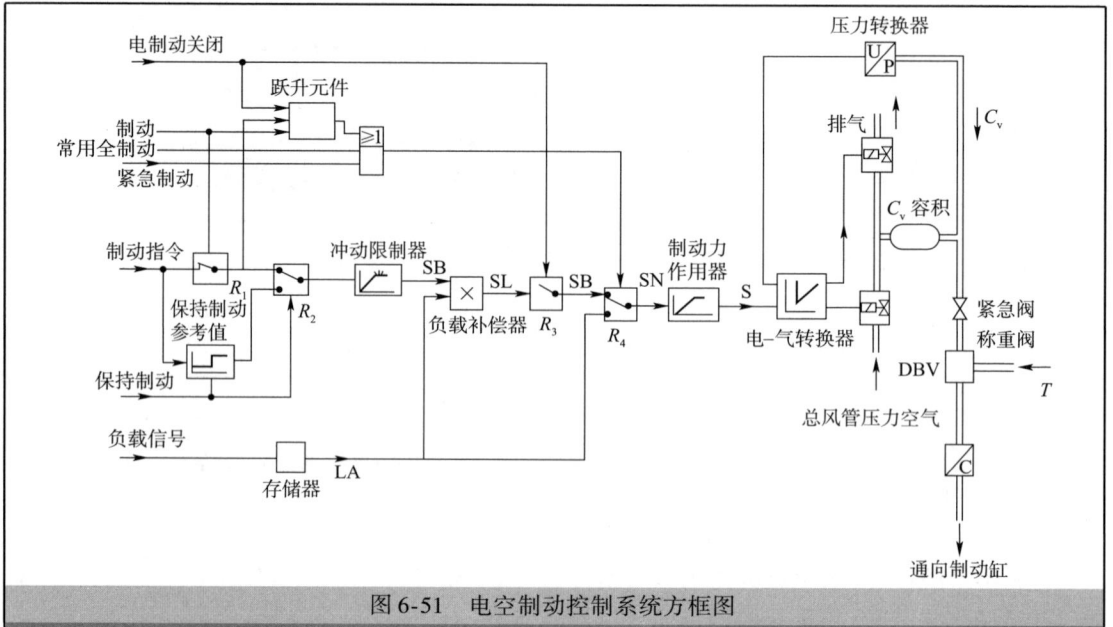

图 6-51　电空制动控制系统方框图

（1）制动指令:此指令是微机根据变速制动要求,即司机施行制动的百分率(全常用制动为 100%)所下达的指令。它可以是各种形式的信号,例如模拟电流、七级数字信号等。广州、上海地铁 1 号线车辆所使用的是最常用的脉宽调制信号。

（2）制动信号:这是制动指令的一个辅助信号,它表示运行的列车即将要制动。

（3）负载信号:这个信号来自于空气弹簧。由空气弹簧空气压力通过气-电转换器(压力传感器)转换成电信号。此信号以客室车门关闭时的储存信号为准。

（4）电制动关闭信号:此信号为信息信号,它的出现就意味着空气制动要立即替补即将消失的电制动。

（5）紧急制动信号:这是一个安全保护信号,它可以跳过电子制动控制系统,直接驱动制动控制单元(BCU)中的紧急阀动作,从而实施紧急制动。

(6)保持制动(停车制动):这个信号能防止车辆在停车前的冲动,能使车辆平稳停止。它的功能分下列三个阶段实施。

第一阶段:

当列车车速低于 10km/h 时,保持制动开始接受摩擦制动力,而电制动逐步消失。

在保持制动出现后,电制动的减小延迟 0.3s。

动车和拖车的摩擦制动力只可达到制动指令的 70%。

第二阶段:

当车速低于 4km/h 时,一个小于制动指令的保持制动级开始实施,即瞬时地将制动缸压力降低。这个保持制动的级取决于制动指令,这个制动级与时间有关,由停车检测根据最初的状态来决定。

第三阶段:

由停车检测和保持制动信号共同产生一个固定的停车制动级,这个固定的制动级经过负载的修正且与制动指令无关。

停车制动的制动级只能随保持制动信号的消除而消除。

❷ 电-空制动控制原理

当微处理机根据制动要求而发出制动指令时,伴随着也出现制动信号,此信号使开关线路 R_1 导通,这样,制动指令就能通过 R_1 和 R_2 到达冲动限制器,以让其检测减速度的变化率是否过大。通过冲动限制器后的制动指令立即又到达负载补偿器,此补偿器实际就是一个负载检测器。它根据负载信号储存器中所储存的负载大小,检测制动指令的大小,然后将检测调整好的指令送至开关线路 R_3。为了防止制动力过大,R_3 只有当电制动关闭信号触发下才导通,否则是断开的。通过 R_3 的指令又被送至制动力作用器(这里的制动力还是电信号),中途还经过 R_4。制动力作用器将指令信号转化为制动力。为了缩短空走时间。作用器的初始阶段有一段陡峭的线段,然后再转向较平坦斜线平稳的上升,直至达到指令要求。从作用器出来的电信号被送至电-气转换器。这个转换器是将电信号转换成控制电流,再由这个控制电流去控制制动单元 BCU 中的模拟转换阀,并且接受模拟转换阀反馈回来的电信号,从而进一步调整控制电流,这就完成了微处理机对 BCU 的控制。在这个过程中,电-气转换器并没有真正将电信号转换成控制空气压力,而是控制 BCU 中的模拟转换阀。当然在列车速度低于 4km/h 时,制动指令将被保持制动的级(与制动指令相对应)所替代。

当列车需要施行常用全制动(即 100% 制动指令)和紧急制动时,最大常用制动信号或紧急制动信号可触发一个旁路或门电路,使它输出一个高电平来驱动开关电路 R_4,使制动作用器直接接受负载储存器的信号,从而极大地缩短信号传输时间,并使电-气转换器工作。

需要补充说明的是:制动作用器初始阶段有一段陡峭线段,这是由于跃升元件所导致的。跃升元件是一个非稳态触发器,它可由电制动关闭信号、制动信号及制动指令信号中的任意一个信号将其触发,使它输出一个高电平。同样,这个高电平也可使旁路或门电路触发输出一个高电平,从而使 R_4 动作,导致负载作用器直接接收负载信号,产生一段陡峭的线段。

❸ 防滑控制系统

防滑系统是制动控制系统的一部分。牵引微机控制单元 DCU(用于电制动)和制动微机控制单元 ECU(用于空气制动)均有独立的防滑控制系统。在常用制动、快速制动和紧急制动状态下,防滑控制系统均处于激活状态。下面介绍制动微机控制单元 ECU 的组成和工作原理,防滑系统由防滑电磁阀(G01)、控制中央处理器(G02)、速度传感器(G03.1、GO3.2)和测速齿轮(G04)等部件组成。

如图 6-52 所示,在每根车轴上都设有一个对应的防滑电磁阀 G01(排风阀),它们由 ECU 防滑系统所控制。当某一轮对上车轮的制动力过大而使车轮滑行时,防滑系统所控制的与该车轮对应的防滑电磁阀 G01 迅速沟通制动缸与大气的通路,使制动缸迅速排气,从而解除了该车轮的滑行现象。该系统通过 G03.1、G04、G05 始终监视着同一辆车上四个轮对的转速,并对应着四个对应的防滑电磁阀 G01。防滑系统有一安全回路,当防滑阀被激活超过一定时间(5s)时,安全回路起作用,取消防滑控制,并产生故障信号。

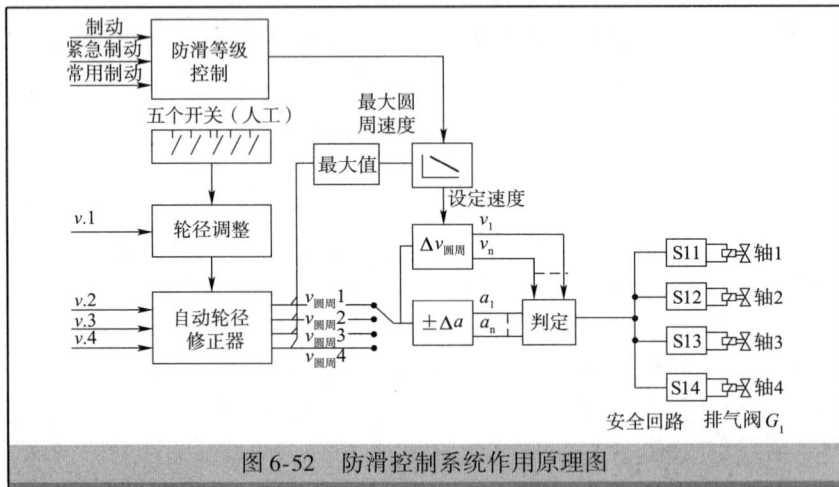

图 6-52　防滑控制系统作用原理图

防滑系统用于车轮与钢轨黏着不良时,对制动力进行控制。作用如下:

(1)防止车轮即将抱死。

(2)避免滑动。

(3)最佳地利用黏着,以获得最短的制动距离。

6.7 EP09 型制动系统

EP09 型制动系统是我国铁道科学研究院研制的新一代制动系统。该制动系统采用架控方式的微机控制模拟直通式电空制动系统,每辆车都配有两套电空制动控制模块。

一 EP09 型制动系统的组成

EP09 型制动系统提供的设备主要由空气制动系统及相关气动控制两部分组成。主要包括:风源系统;制动控制系统(包括制动控制模块和停放制动控制模块);基础制动(盘形制动装置);防滑装置;空气悬挂辅助装置。

① 制动控制单元的组成

EP09 制动单元采用气电分离的设计,由独立的电子控制单元(EBCU)和气动控制单元(PBCU)组成。

(1)PBCU 组成

EP09 型制动系统制动控制单元如图 6-53 所示,制动控制单元气动控制部分如图 6-54 所示。制动控制单元在车辆安装情况如图 6-55 所示。一般每辆车有两套制动控制单元,从功能上可以分为网关控制单元(EP09G),如图 6-56 所示,制动控制单元(EP09S)如图 6-57 所示,制动扩展单元(EP09R)如图 6-58 所示。制动网关单元负责和车辆制动系统的通信;并进行制动计算,分配制动力给其他单元。制动控制单元执行相关转向架的制动控制;制动扩展单元(EP09R)不进行制动控制计算,没有安装网络接口,但具有模拟和数字量接口功能。EP09G 负责和 TMS 通信,还接收列车硬线信号执行相应的操作模式和制动级别。

图 6-53 EP09 制动系统制动控制单元

图 6-54 制动控制单元气动控制单元

(2)EBCU 组成

EP09 的电子制动控制单元(EBCU)从设计、生产和检修、维护的标准化要求出发,采用了标准的模块化的结构,按系统的功能要求划分为若干个功能模块,每个功能模块为一个电子插件板。

机箱中的模块插件包括 EPC 制动控制插件板、MVB 通信插件板、CAN 通信插件板、VLD 荷载控制插件板、EXB 继电器输出扩展插件板、DIO 数字量输入/输出插件板、CDP 显示插件板、CDR 记录插件板、AIO 模拟量输出插件板、PW1 和 PW2 电源插件板等组成,根据 EP09G/EP09S/EP09R 的功能不同进行配置。机箱中的插件板的布置和功能如图 6-59 所示。

图 6-55　制动控制单元在车辆上安装情况

图 6-56　EP09G(网关控制单元)

图 6-57　EP09S(智能控制单元)

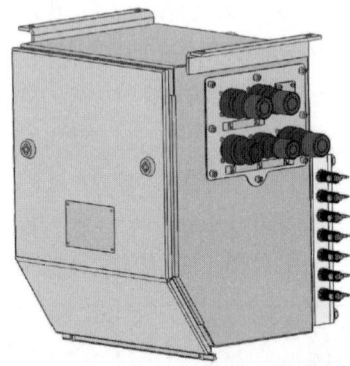

图 6-58　EP09R(远程 IO 控制单元)

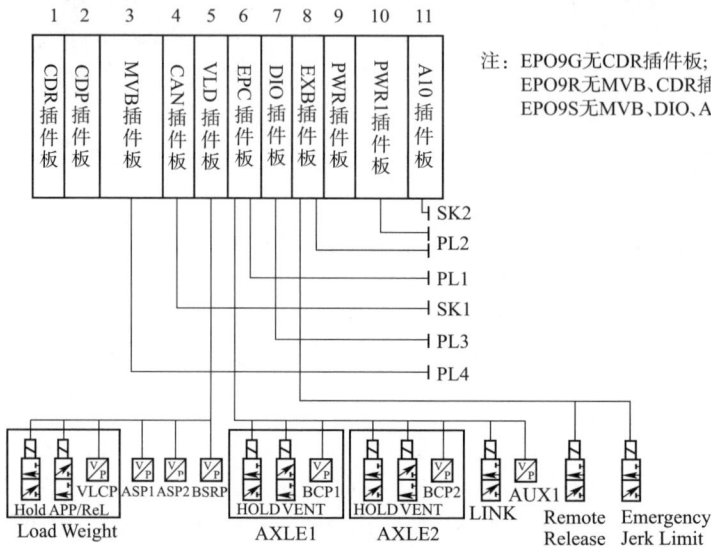

注：EPO9G无CDR插件板；
EPO9R无MVB、CDR插件板；
EPO9S无MVB、DIO、A10插件板。

图 6-59　EBCU 电控制模块及功能

② 控制单元的结构

制动控制单元内各部件的位置如图6-60所示。

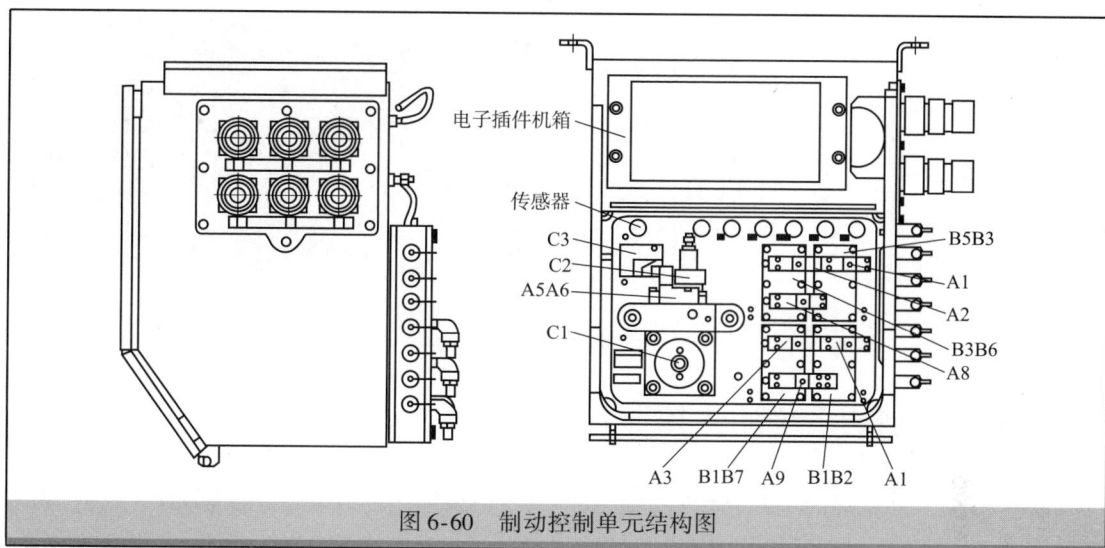

图 6-60 制动控制单元结构图

背面接口定义：

1——总风输入口，通过各个气控阀给制动缸供风。

2——BCP2轴输出，输出2轴需要的制动压力：该压力大小受电子控制模块的控制。

3——BCP1轴输出，输出1轴需要的制动压力：该压力大小受电子控制模块的控制。

4——AS1空簧入口，输入空簧的压力，通过制动控制单元的传感器进行检测，用于制动力的调整。

5——AS2空簧入口，输入空簧的压力，通过制动控制单元的传感器进行检测，用于制动力的调整。

6——PB/MR入口，根据不同车辆的配置，输入停放制动缸压力或者总风压力，由单元内部的传感器进行检测，并传输给制动系统。

制动控制单元的电子制动装置机箱中的模块插件包括电源插件、强迫缓解插件、制动控制插件、空重车调节插件、开关量输入输出插件、CAN通信插件、模拟量输入输出插件、CF卡记录插件及显示控制插件。三个机箱中的插件配置如图6-61～图6-63所示。

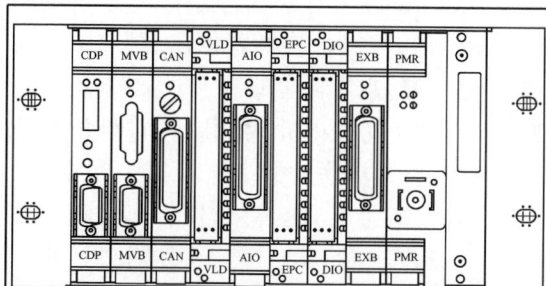

图 6-61 EP09G 电子插件机箱板卡

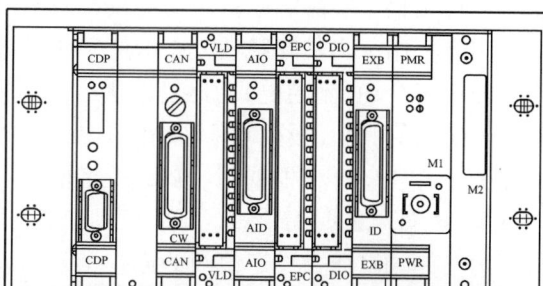

图 6-62 EP09R 电子插件机箱板卡

EP09 架控制动单元气动模块（图 6-64）。

基于成熟的技术进行气控阀的设计；集成板的黏结技术大量应用，稳定可靠；气控阀安装于集成板上，便于维护。

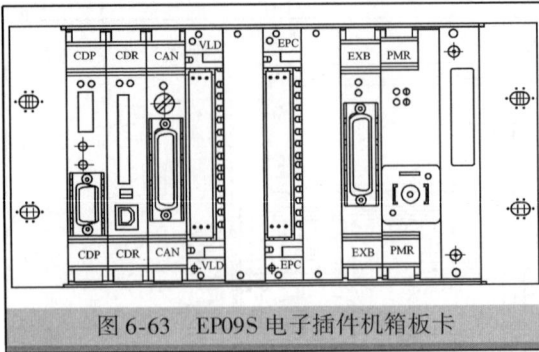

图 6-63　EP09S 电子插件机箱板卡

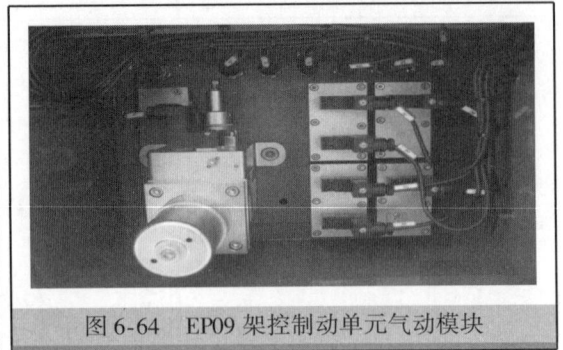

图 6-64　EP09 架控制动单元气动模块

二 EP09 型制动系统的作用原理

制动系统主要有常用制动、紧急制动、保持制动、车轮防滑保护、制动施加指示、远程缓解、制动的冲动限制、制动供给风缸的低压指示、制动缸压力连通控制等功能。

1 常用制动/缓解控制功能

常用制动时，EPC 板根据本转向架应施加的制动力计算出本转向架的制动缸压力目标值，实际的制动缸压力由两根轴制动缸压力（BCP）传感器来检测。在没有滑行时，电磁阀（连接电磁阀）A4 是不通电的，使同一转向架上两根轴上的制动缸气路被连通，产生相同的制动缸压力，因此在常用制动控制时，两路压力传感器信号是冗余的。

EPC 板通过对保压和排风电磁阀的组合通电控制，可以实现制动缸的充风、保压和排风。制动缸压力控制的保压和排风电磁阀的组合通电控制，可以实现制动缸的充风、保压和排风。

由于常用制动时每台转向架上的两根轴的制动缸压力是相同的，在调节制动缸压力时，可以由其中任一根轴的保压/排风电磁阀来控制，另一个轴的保压/排风电磁阀始终工作在保压状态。

EPC 板根据实际制动缸压力的反馈信号实施对保压/排风电磁阀的控制来实现制动压力的闭环控制。当实际制动缸压力低于制动缸压力设定值时，EPC 板控制保压/排风电磁阀组为充风组合均（不通电）对制动缸进行充风使其压力上升；当实际制动缸压力高于制动缸压力设定值时，EPC 板控制保压/排风电磁阀组为排风组合（均通电），对制动缸进行排风使其压力下降。EPC 板根据制动缸的设定值与实际值的偏差大小来控制一个控制节拍中（采样周期）充排风的时间长短（工作率和占空比），偏差越大则通电时间就越长。当实际制动缸压力与制动缸压力设定值间的偏差小于允许误差时，就停止对制动缸的充风或排风，两根轴的电磁阀组均处于保压状态，制动缸压力就可以稳定不变。

常用制动的压力控制是以每台转向架为单位施加的，并根据该转向架的空气悬挂压力

(ASP)进行随荷载变化的压力补偿,使 BCP 压力达到所要求的目标值。

本系统采用失电制动、得电缓解的模式,满足故障导向安全的原则。它除了接收由司控器发出的手动控制指令外,还可接收 ATO 指令实施列车自动制动控制;或监控列车的目标速度,为超速时自动实施 ATP 的最大常用制动防护。设计的常用制动平均减速率(100 ~ 0km/h)为 1.0m/s²,冲击极限率为 0.75m/s³。

若采用硬线控制,网络冗余。常用制动是空气制动与电制动自动配合的电-空混合制动:

当电制动力不足或丧失时:可由空气制动来补足,或替代所需的总制动力。但本项目空气制动补充的方式采用在以制动单元为单位的所有车上平均分摊空气制动力。

当电制动力减速接近停车前,为保证平稳停车,将以空气制动力来替代快速衰退的电制动力。常用制动受最大允许纵向冲击率限制。

❷ 紧急制动/强迫缓解控制功能

紧急制动的系统为独立的系统。

紧急制动线状态由强迫缓解控制板(CMPREL)来检测,当 CMPREL 检测到紧急制动线的失电状态时,会把紧急制动的施加信号发给 EPC 板,EPC 板收到紧急制动的施加指令后,控制两根轴上的制动缸压力控制电磁阀使它们都处于失电状态,使制动缸压力达到称重的紧急制动压力水平。

强迫缓解电磁阀使用的是紧急制动电源,当紧急线失电时,强迫缓解功能自动失效。当 BCU 无电或故障时,CMPREL 板上 BCU 正常的继电器将会复位,接通强迫缓解的电磁阀动作电路,如果紧急制动线有电,BCU 将通过强迫缓解电磁阀使制动缸压力缓解,当紧急制动失电时,紧急制动仍能施加。

紧急制动的压力控制是以每台转向架为单位施加的,并根据该转向架的空气悬挂压力(ASP)进行随荷载变化的压力补偿。该控制功能一直处于激活状态。其紧急制动的最大压力被次级调整减压阀的设定所限制,而最小的空车压力又被主调节阀的弹簧设定所保证,这就使万一电子称重失效时,既可防止紧急制动压力的完全失去,又可避免制动缸压力过量施加的弊端。

紧急制动由纯摩擦制动提供,达到最高制动缸压力 90% 的时间小于 1.5s;而且在 100km/h 下的平均减速率为 1.2m/s²,且不受冲击极限率的限制。

紧急制动功能通过列车控制系统的失电来实施,独立紧急制动控制回路,下列任一情况的发生,将导致紧急制动的触发:

(1)驾驶室中的警惕装置被触发;

(2)按下驾驶控制台上的紧急制动按钮,同时还产生受电弓降弓的联动保护;

(3)断钩;

(4)当列车处在运行状态下,将方向控制手柄置零位;

(5)紧急制动列车回路控制线中断或失电;

(6)DC 110V 控制电源失电;

(7)ATC 系统发出紧急制动指令。

③ 保持制动功能

(1) EP09 型制动系统具有保持制动功能,列车停稳后,制动系统自动施加能确保超员情况最大坡道下保证列车不发生溜滑的制动力。

(2) 当启动牵引力克服保持制动的制动力后,车辆发送保持制动缓解指令,保持制动缓解。

④ 车轮防滑保护

当列车制动时检测到了滑行使 WSP 被激活时,由架控的制动控制自动转为各轴制动力的单独控制,并同时检测和修正车轮的滑行。每根轴上装有一个速度传感器,一个 CAN 网段内各轴的速度信息可被本制动单元的各阀所共享。检测低黏着状态的判据为:

(1) 单一车轴上的减速率超限;

(2) 每轴转速与车轴最高转速之间的速度差超限。

一旦检测到上述两种之一的滑行,控制系统就进行规定间隔时间内的地面速度测试,使计算的实际列车速度得到更新,用以判断并修正车轮滑行的程度,使轨道黏着条件得到恢复,实施了低黏着情况下制动力利用最大化,而又不会对车轮造成擦伤。当根据滑行防护判定的黏着条件恢复到正常时,系统就恢复到初始状态,并停止在规定时间间隔内的地面速度的测试。

为保证防滑控制时的制动装备不会处于长时间的保压或排风,通过看门狗定时硬件,可对连续保压超过 8s,及连续排风超过 4s 的设定进行监控。

⑤ 制动施加指示

制动时可连续监控每台转向架上 Ⅰ 轴和 Ⅱ 轴的制动缸压力(BCP),当 BCP 超出设定值时,将向列车管理系统的接口提供一个硬线通知信号;另外,当制动压力大于 0.4bar 时,将独立于 EP09 系统 提供继电器失电的输出指示。

⑥ 远程缓解

本系统允许在远程位置(如来自驾驶室),对远程缓解电磁阀手动施加 110V 蓄电池电压,来实施常用制动时的远程缓解,此时阀内的供风压力被断,同时又将制动缸压力排向大气。但当紧急制动或 BCU 因故障失电制动时,它又可通过继电联锁使远程缓解电磁阀自动得电来实施紧急制动的自动缓解,使列车能被牵引至安全区域。

⑦ 制动缸压力连通控制

通过连通阀,允许将本车两个转向架上的气动 BCP 输出压力连通或切断。在常用制动和紧急制动作用期间,允许按架控方式将两根轴上的 BCP 输出连通;对于轴控的 WSP 系统,在 WSP 起作用时,则将两根轴的 BCP 连通切断,对每根轴进行单独的 BCP 控制。

⑧ 紧急制动荷载补偿

紧急制动的制动缸压力进行荷载补偿是由 LDP 板来控制的,LDP 板根据空簧压力来计算本转向架的荷重和紧急制动所需的制动缸压力,荷载补偿压力由荷载控制保压(Hold)和充排(App/Rel)电磁阀组来控制。

LDP板根据荷载补偿压力传感器的反馈信号来控制荷载控制电磁阀,使荷载补偿压力输出达到设定值,荷载控制电磁阀在失电的情况下是保压状态,当制动系统断电后,紧急制动压力仍能保持一段时间不变。

⑨ 冲动限制功能

施加在制动缸上的升压速率可按用户的要求来设定。

正常情况下(常用制动),通过对紧急制动冲动限制电磁阀的得电控制,使制动充风速率不受限制;但紧急制动时,因紧急冲动限制电磁阀的失电,使制动充风速率受到限制,要求达到制动缸最高压力90%的时间为1.6s。如果用户要求取消冲动限制功能,则可在冲动限制电磁阀的安装处配置一块带排风小孔的遮断板。

⑩ 故障诊断和监测功能

当诊断系统有故障时,故障信息能够通过MVB总线发送给列车监控系统(TCMS),并能够在司机显示屏显示,根据故障的影响程度,提示司机进行适当的处理。系统故障信息及发生故障前后一段时间的数据同时在BCU中存储,存储信息可以通过通信接口下载分析。

复习思考题

1. 解释名词:制动、缓解、列车制动系统、制动力、制动装置、制动距离。
2. 车辆制动机按动力的来源分哪些种类?它们各有什么特点?
3. 城市轨道交通车辆制动系统有哪些制动模式?
4. 活塞式空气压缩机由哪几部分组成?其作用原理是什么?
5. 简述螺杆式空气压缩机组的工作原理。
6. 简述双塔式空气干燥器的工作原理。
7. PC7Y型和PC7YF型制动器的是由哪些结构组成?作用原理是什么?
8. 简述PEC7型单元制动机的工作原理。
9. 简述再生制动的工作原理,进行再生制动必须具备哪些条件?
10. 简述电阻制动的工作原理。
11. 地铁车辆空气制动防滑系统是由哪些组成?工作原理是什么?
12. KBGM型制动系统的紧急阀是由哪些结构组成的?
13. KBGM型制动系统的称重阀是由哪些配件组成的?
14. KBGM型制动系统的模拟转换阀是由哪些结构组成的?
15. EP09型制动系统是由哪些部分组成的?
16. EP09型制动系统具有哪些功能?

空调与制冷系统

教学目标

1. 了解城市轨道交通车辆客室内空气参数的要求；
2. 掌握城市轨道交通车辆空调制冷装置的基本原理；
3. 了解制冷剂的特点及应用。

建议学时

8 学时

7.1 空调系统的设计要求

城市轨道交通具有效率高、无污染、能够实现大运量的优点,有着良好的社会和经济效益。随着各城市轨道交通建设的不断发展,对城市轨道交通车辆空调系统的要求也越来越高。目前,欧洲已结合城市轨道交通车辆的特点,在 UIC553 标准的基础上编制了针对地铁、轻轨车辆空调设计要求的标准,而我国则尚未制定相关标准。国铁干线铁路车辆空调系统经过长期的发展,在设计和运用上积累了丰富的经验,为城市轨道交通车辆空调提供了宝贵的资料,但城市轨道交通车辆空调与国铁干线空调在运用条件和舒适性要求等方面有所不同,现结合北京、上海、广州等城市轨道交通车辆的特点,可分析出城市轨道交通车辆空调设计中应注意的问题。

一 空调机组

城市轨道交通车辆空调机组一般应达到小型轻量化、可靠性、阻燃性、水密性、可维护性、噪声低等要求。

1 小型轻量化

小型轻量化是城市轨道交通车辆空调系统的显著特点。城市轨道交通车辆的空调机组通常安装于车顶部,其体积重量受到上部限界的限制,所以小型轻量化是空调机组必须满足的条件。近年来,国产城市轨道交通车辆空调采用了一系列新技术以缩小空调机组体积,如采用卧式蜗旋式压缩机,换热器采用内螺纹管以增强换热效果、减少换热器体积,采用带亲水膜轻质铝翅片以降低换热器质量,引进高效进口风机等,在保证流量、噪声等要求下降低了体积和重量。

2 可靠性高

城市轨道交通车辆空调机组应能满足车辆运行振动和冲击条件下的可靠性要求。

首先,空调机组的耐振性要好。车辆在运行过程中会产生振动,空调机组要具备足够的耐振性能。我国铁路行业标准《铁道客车空调机组》(TB/T 1804—2003)中对铁路客车的空调设备提出了抗振要求及试验标准。与国铁线路相比,城市轨道交通线路状况相对稳定、车辆振动较小,所以《铁道客车空调机组》(TB/T 1804—2003)的标准对于城市轨道交通车辆空调系统来说是适用的。

其次,空调机组的耐腐蚀性要好。现代城市污染程度较大,对暴露在大气中的空调电动机和换热器壳体的耐腐蚀性要求较高,须采取相应的保护措施。例如,采用防护等级较高的电动机,并在电动机外部配合处增加电动机防护技术措施;在换热器上采用耐酸、碱、盐雾腐蚀的覆膜铝翅片,并采用不锈钢板材制造空调机组壳体,以防止腐蚀,延长空调机组使用寿命。

❸ 噪声低

随着生活水平的提高,人们对环境污染的要求和控制水平也越来越高。轨道交通也属于噪声污染源之一,尤其对沿线的影响更大。城市轨道交通车辆在选用空调与制冷装置时,必须考虑其噪声的影响。

❹ 免维护程度高

安装于城市轨道交通车辆上的空调机组不能像地面制冷机组那样,可以给检修和维护人员一个易于检视的环境和空间。根据城市轨道交通车辆空调的使用经验,在条件允许的情况下,空调系统应尽量使用单元式、全封闭式制冷循环系统,并提高免维护的元件使用率。

二 空调控制器

空调控制器是用来控制空调系统正常运行,为空调与制冷装置的重要组成部分。现代城市轨道交通车辆的空调控制器要求自动化程度高、电磁兼容性好、可靠性高。

① 自动化程度高

城市轨道交通车辆在运行时没有车辆设备巡检员,这就要求空调系统有较高的自动运行能力,能够在出现问题时自动处理,对非故障问题有自我保护及自我恢复能力;同时,对故障能够进行自我诊断和存储,以便在车辆进站或回库后,能够及时进行修复。目前,很多城市的城市轨道交通车辆空调系统都采用的微处理器控制,对偶发性非故障现象进行自我判断,对实际故障进行诊断记录,可以通过手提电脑进行手动调试,为乘客和司机创造良好舒适的环境。

② 电磁兼容性好

城市轨道交通车辆的自动化程度越高,其设备及信号控制系统的电磁环境越复杂。因此,空调系统的控制装置要充分考虑电磁兼容性,使其能在预期的电磁环境中正常工作,且无性能降低或故障。

③ 可靠性高

目前,城市轨道交通车辆空调控制器的关键元件采用的是质量较好的进口元件或合资工厂生产的元件,减低了元件的故障率。电路设计经过大量的实际运行验证,可靠性较高。

三 通风系统

经空调机组处理后的空气通过通风系统送入车内,并保持车内送风均匀。城市轨道交通车辆的空调通风系统应具备以下一些特点。

① 温度均匀

客室内温度的均匀性主要取决于风道送风的均匀性,所以风道的设计至关重要。城市轨道交通车辆空调多采用静压送风风道,保证冷热空气能够均匀送出,使得车内温度均匀。

② 气流组织

城市轨道交通车辆内的空气流速能影响人体的散热。车内空气流速的增大可以加速人体表面的对流散热,促进汗液的蒸发,从而增加散热效果;但风速过高,乘客头部的吹风感较强,会影响舒适性。据相关研究数据,设计送风风速在 $0.15 \sim 0.25 \text{m/s}$ 范围内,既能使车厢内温度均匀,又能控制好车内微风速。

③ 新风量和废排量

城市轨道交通车辆载客量大,若乘客人数众多,则由于人的呼吸会造成车内氧气减少、二氧化碳含量增加,导致乘客感到气闷、疲劳,二氧化碳增加到一定浓度后会影响人的健康。此外,车内还可能产生其他有害气体,使空气变得污浊。因此,必须不断更换车内空气,保持一定的新鲜程度。按照卫生标准和要求,每人必须有 $20 \sim 25 \text{m}^3/\text{h}$ 的新鲜空气量。但是,若新风量过大,会导致客室内的正压值增大,这时就需要将客室内多余的空气排出车外。一般设置废排口或废排装置。

④ 紧急通风

城市轨道交通车辆在运行中是一个密闭的空间,当列车正常供电失效时,空调系统应能自动转为紧急通风状态,制冷压缩机和冷凝风机全部停止运转,仅通过紧急逆变器将列车蓄电池的 DC110V 电源逆变为交流电,维持通风机一定时间的紧急通风,保证车厢内乘客所需的氧气量。

7.2　车内空气参数设定

空调就是空气调节,也就是将外界空气经过一定的处理并用一定方式送入车内,使车内空气的温度、相对湿度、气流速度和洁净度等控制在一定范围内,为乘客创造舒适的乘车环境。

一 舒适性指标

乘客的舒适性包括客室内的温度、湿度、新风、CO_2 含量、含尘量、微风速、温度场均匀性和噪声等指标。在标准大气压下，人体对舒适度的要求，因个人的体质、年龄、民族、地域、生活习惯、衣着服装等不同而有所不同，冷热干湿的要求也有很大差别。如北京天气炎热、比较干燥，而上海气候除炎热高温外，相对湿度较大；南北方的这种差异决定了城市轨道交通车辆车内空气参数设定的指标规定应有所不同。表 7-1 给出了大多数人感到舒适的温热条件。

人体感到舒适的空气条件 表 7-1

程度	夏季温度(℃)	冬季温度(℃)	相对湿度(%)	新鲜空气流量(m^3/h)	风速(m/s)
舒适	22 ~ 28	15 ~ 21	30 ~ 70	>20	0 ~ 0.2
适应	27 ~ 43	0 ~ 15	15 ~ 30	8 ~ 20	0.2 ~ 0.4
有害	>43	<0	<15, >70	<8	>0.4

如果将上表中的参数直接用于城市轨道交通车辆上的空调与制冷系统，乘客不一定就会感到舒适。城市轨道交通车辆自身的运行特点和运行条件决定了乘客对舒适度要求有其特殊性。

通过分析乘客乘坐列车的具体情况可以发现，表 7-1 所列的舒适值是基于人体在空调环境中长时间停留的稳定状态下得出的。由于停留时间长，人员在车辆中可适当增减衣物，以达到个人的舒适要求，国铁干线铁路采用这些参数完全没有问题。但对城市轨道交通来说，车辆的全程运行时间一般不超过一小时，乘客在车内最长的乘坐时间大概在 30 ~ 40min，绝大多数乘客只有几分钟或十几分钟的乘坐时间。同时，城市轨道交通车辆车门较多，停站开启频繁，有利于气流的流通。这些都说明城市轨道交通车辆的空调系统不同于国铁干线铁路车辆。

小贴士

尽管以定量的数值范围对"乘客感到舒适的空气条件"做了规定，但最终人的舒适感觉是由生理和心理条件决定的。例如在夏天，人们从户外进入车内，生理及心理的舒适要求为能够快速将身体表面的热量带走以便获得舒适感；但在实际乘车过程中，乘客往往在没有到达稳定状态或刚刚获得了凉爽的感觉时就已经到站下车了。冬季里，人们穿着较厚的户外冬装，皮肤表面温度低，即使在乘坐没有采暖的普通车辆的情况下，群集度较高(如早晚高峰)时也会获得温暖的感觉，故而冬季乘坐城市轨道交通车辆的生理及心理舒适度要求不如夏季乘车迫切，只要在车内温度高于外界温度的情况下，就会获得舒适感；而且乘客很快会下车走入户外，所以冬季车内的舒适情况也比较特殊。

二 温湿度指标

客室内温湿度的确定，需考虑车内外温差、乘客的体质对环境的感受等诸多因素。空气湿度大时，温度应有所下降；湿度小时，温度应有所提高。乘客不同，对温度、湿度的要求也不同，一般能够使 80% 的乘客感到舒适，就可以认为已经达到了设计要求。

温湿度的确定与乘客的乘车率也有关。在城市轨道交通车辆空调设计中，遇到的最难解决的问题就是乘客多、超员严重。《地下铁道车辆通用技术条件》（GB 7928—1987）规定，设计定额站立定员为 6 人/m²，超员状态下为 9 人/m²。如果按定员设计，在超员严重的情况下，车内空气参数指标无法满足需要，乘客会有湿热和闷的感觉，特别是早晚高峰期，更显得突出。另外乘客人数不仅随时间的不同变化较大，随区段的不同变化也较大，繁华地段乘客最多，偏远地段乘客较少。这些都是在设计温湿度指标时应充分考虑的。

在城市轨道交通车辆空调设计中，还应注意新线和已运营一段时间的旧线的区别。因为新线隧道内温度偏低，相对湿度偏大，除湿是主要问题；而旧线随着运行时间增长，隧道内温度升高，相对湿度下降，因而降温成为主要问题。

三　车内空气参数

1　室外气象参数

城市轨道交通车辆是运用在某个城市的车辆，具有明显的地方性。因此，其空调与制冷系统的调节参数应以所运用城市的气象条件为依据，如北京、广州、哈尔滨的车辆空调系统标准应都是不一样的。城市轨道交通车辆空调的参数可参照我国主要城市空调室外气象参数（见表 7-2）。

我国主要城市空调室外气象参数　　　　　　　　　　　表 7-2

城市	室外计算（干球）温度（℃）						室外计算相对湿度（%）		
	采暖	冬季通风	夏季通风	冬季空气调节	夏季空气调节	夏季空气调节日平均	冬季空气调节	最热月月平均	夏季通风
北京	−9	−5	30	−12	33.8	29	41	77	62
上海	−2	3	32	−4	34.0	30	73	83	67
天津	−9	−4	30	−11	33.2	29	54	78	66
重庆	4	8	33	3	36.0	32	81	76	57
哈尔滨	−26	−20	26	−29	30.3	25	72	78	63
长春	−23	−17	27	−26	30.5	26	68	79	57
沈阳	−20	−13	28	−23	31.3	27	63	78	64
大连	−12	−5	26	−14	28.5	26	56	90	78
郑州	−5	0	32	−8	36.3	31	54	73	44
兰州	−11	−7	27	−13	30.6	26	55	62	42
青岛	−7	−3	28	−9	30.3	28	63	87	73
成都	2	6	29	1	31.6	28	80	86	70
南京	−3	2	32	−6	35.2	32	71	81	62
杭州	−1	4	33	−4	35.7	32	77	80	62
武汉	−2	3	33	−5	35.2	32	75	80	62
长沙	−1	5	34	−3	36.2	32	77	75	61
广州	7	13	32	5	33.6	30	68	84	66

② **客室温度**

夏季,客室温度应考虑外气温度,否则过大的车内外温差会使人不适应。因此,客室内的设定温度要能随外气温度的变化而变化。《铁道客车通用技术条件》(GB/T 12817—1991)中规定,当夏季车外空气温度高于35℃时,客室内平均气温按下述关系来考虑:

$$t_{客室} = 20 + 0.5(t_{外气} - 20)$$

根据我国实际情况,28℃一般是感觉舒适与不舒适的分界点,也是人体生理活动由正常到开始恶化的分界点,因此可把28℃设定为客室最高设定温度。

冬季,地铁站内的温度相对地面来说较高,乘客穿的衣服较厚,在短暂的乘车过程中乘客一般不脱下外衣,因此冬季内客室温度不宜设定太高,可为18~20℃。

③ **客室湿度**

结合相对湿度的适应性,当人体周围温度在26.7℃以下时,湿度对人体的影响不很明显;但是当温度在28℃以上时,空气相对湿度对人体的影响就较为明显了;当相对湿度达到70%时,人开始感觉不舒适。因此,车内相对湿度最大允许值可取70%,一般应在45%~65%的范围内。

④ **客室风速**

空调吹出的空气流速又称微风速,同样影响人体散热,是空调系统设计中一个很重要的指标。车内空气流速增大可以加速人体表面的对流散热,促进汗液蒸发,从而增加散热效果。我国铁路客车规定微风速≤0.35m/s。城市轨道交通车辆的内顶高度比铁路客车低,若风速过高,会导致乘客头部的吹风感较强,影响舒适性;但城市轨道交通车辆的容客量较大,若风速过低,会影响散热效果。在欧洲UIC标准规定的轨道客车空调设计中,人体在生理上允许的最高风速的大小与环境温度的大小大致为线性关系,温度越高,允许的最高风速越大。一般使设计送风风速在0.15~0.25m/s范围内,冬季比夏季略低一些。

⑤ **新风量**

现代城市轨道交通车辆在运行时均为密闭空间,空调系统必须保证持续更换车内空气,使车内各种污染物浓度保持在卫生标准所允许的浓度值以下。除了空调的通风系统外,列车到站时车门的打开关闭过程也能在一定程度上提供车内少量新风。但实际上,列车在隧道内运行时,隧道内的空气并非真正的"新风",而是与隧道通风的具体设计有关。欧洲国家的城市轨道交通车辆新风量一般为8~12m³/(h·人),我国《地下铁道车辆通用技术条件》(GB 7928—1987)定为不少于10m³/(h·人),在实际设计时,可将新风量的数值取高一些,如取到15m³/(h·人),CO_2含量容积比取0.15%~0.2%。

⑥ **含尘量**

含尘量是城市轨道交通车辆空调设计中的一项卫生指标,铁路客车规定空气含尘量为1mg/m³。对于地下运行的列车来说,考虑到技术可行性,可以适当放宽该项标准。列车在隧道内运行时,隧道内的灰尘、闸瓦制动产生的粉末等颗粒,必然会通过各种渠道进入车内,含尘量数值应以不超过 1.5mg/m³ 为宜。

综上所述,城市轨道交通车辆的车内空气参数标准如表 7-3 所示。

城市轨道交通车辆车内空气参数标准   表 7-3

空气参数	标　准	
	夏　季	冬　季
温度(℃)	24 ~ 28	18 ~ 20
相对湿度(%)	≤65	≥45
微风速(m/s)	0.15 ~ 0.25	0.15 ~ 0.20
新风量[m³/(h·人)]	≥10	≥10
CO_2体积分数(%)	≤0.15	≤0.15
含尘量/(mg/m³)	≤1	≤1

想一想

结合你所在的城市的气象状况,根据人体舒适度指标,给出本城市轨道交通车辆空调系统一年四季的理想工作参数?

7.3

制 冷 原 理

用一定的方法使物体或空间的温度低于周围环境介质的温度,并使其维持在某一范围内的过程,称为空调制冷。制冷的一般方法有 5 种:蒸气压缩式制冷、半导体制冷、吸收式制冷、蒸气喷射式制冷、涡流管制冷。考虑到使用的安全性、便捷性、经济性和易维修性,城市轨道交通车辆采用蒸气压缩式制冷方法。

一　蒸气压缩式制冷的工作原理

蒸气压缩式制冷属于液体汽化制冷。在一定的压力下,液体温度达到沸点就会沸腾,如水在标准大气压下的沸点是 100℃。在制冷技术中,液体达到沸点的温度称为蒸发温度。对沸腾的液体继续加热,它就会不断蒸发,而在这个过程中,热量也在不断地被液体吸收。在相同压力下,不同液体的蒸发温度不同,需要吸收的热量(也称汽化潜热)也不同。例如,在标准大气压下,水的蒸发温度为100℃,汽化潜热为2258kJ/kg,常用制冷剂R-12(氟利昂-12)的蒸发温度为 −29.8℃,汽化潜热为165.3kJ/kg。

将一个盛满低温R-12液体的敞口容器放在密闭的空间内,这个空间的温度高于R-12的沸点,则R-12液体将吸收空间里的热量而汽化,使这个空间内的空气温度降低,实现了制冷。这个降温过程直到容器内的液体R-12汽化完为止。为了将汽化的R-12回收使用,需要将它冷却成液体,如用环境介质(大气或水)来冷凝,条件是蒸气的冷凝温度应比环境介质的温度高。因为压力较高的蒸气其冷凝温度也较高,因此只要将R-12蒸气压缩到所需的冷凝温度对应的压力,再用环境介质冷凝,就可使R-12蒸气重新变为液体。由于冷凝后的R-12液体的温度还高于被冷却空间的温度,因此必须对其降温降压,使液体R-12可以在被冷却空间内重新吸热汽化,实现空间制冷。这个循环过程就是蒸气压缩式制冷工作原理。

二 蒸气压缩式制冷循环系统的组成

蒸气压缩式制冷循环系统主要是由压缩机、冷凝器、膨胀阀和蒸发器四个部件组成,并用管道连接,形成一个封闭的循环系统,如图7-1所示。

其工作过程如下:

(1)液体制冷剂在蒸发器中吸收室内空气的热量,汽化成低压低温的蒸气后被压缩机吸入;

(2)压缩机消耗一定的机械功将制冷剂蒸气压缩成压力、温度都较高的蒸气并将其输入冷凝器;

(3)高温、高压的制冷剂蒸气在冷凝器内被环境介质(如空气或水)强制冷却,放出热量后被冷凝成液体,此时的制冷剂液体还处于高温、高压状态;

(4)高温、高压的制冷剂液体经过膨胀阀节流降压,重新变为低温、低压的液体进入蒸发器。

这四个阶段周而复始地循环,达到持续制冷的效果。冷凝机和蒸发器通风机分别如图7-2和图7-3所示。

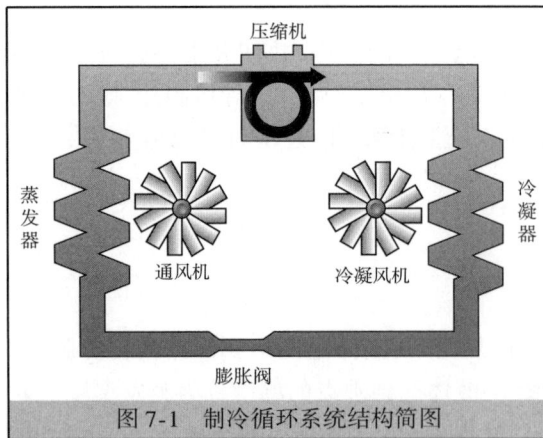

图 7-1 制冷循环系统结构简图

图 7-2 冷凝风机

图 7-3　蒸发器通风机

练一练

画出制冷循环系统结构简图,描述蒸气压缩式制冷系统的制冷原理。

三 制冷剂

制冷剂是在制冷系统中不断循环并通过其本身的状态变化以实现制冷的工作物质媒介。制冷剂在蒸发器内吸收被冷却介质(水或空气等)的热量而汽化,在冷凝器中将热量传递给周围空气或水而冷凝。城市轨道交通车辆空调制冷系统必须要考虑所选用的制冷剂能使整个系统安全、可靠、高效和经济地工作,同时,节能、环保也是当前城市轨道交通发展的重要课题。

1 对制冷剂的要求

使用制冷剂应安全、可靠、易得、价廉,且应满足下列要求:

(1)临界温度高,在常温或制冷温度下能够液化。

(2)蒸发压力在要求的蒸发温度下不能过低,应略高于大气压力,以防外界空气深入系统而降低制冷能力;在要求的冷凝温度下冷凝压力不能过高,压力过高会给系统的密封增加难度,还会使压缩机的压缩功增大、实际排气量减小。

(3)单位容积制冷量越大越好。对一台压缩机而言,在一定的工况下,如果所用制冷剂的单位容积制冷量大,则其制冷量也就大;当要求产生同样的制冷量时,制冷剂的单位容积制冷量越大,制冷剂的循环量就越少。采用大单位容积制冷量的制冷剂还可缩小压缩机和系统的尺寸。

(4)凝固温度低,以免制冷剂在蒸发温度下凝固。

(5)黏度和密度小,以减少制冷剂在制冷装置中的流动阻力。

(6)导热系数和放热系数高,以提高系统的传热效率,减小传热面积。

(7)有良好的化学稳定性,对金属不起腐蚀作用,在制冷剂的工作温度和工作压力范围内,不分解、不聚合、无燃烧和爆炸的危险。

(8)对人体无毒、无刺激性气体。

2 常用制冷剂

可以当作制冷剂的物质有几十种,但目前工业上常用的不过十余种,其中被广泛采用的有氨(R717)、氟利昂-12(R12)、氟利昂-22(R22)、R134a、R407C、R404A、R410A 等。上海地铁 1 号线车辆空调机组采用的制冷剂为 R22,2 号线车辆空调机组采用 R134a;广州地铁 1 号线车辆空调机组采用 R134a,2 号线采用 R407C;深圳地铁车辆空调机组采用新型环保制冷剂 R407C。

氟利昂是饱和碳氢化合物的卤素衍生物的总成,目前用做制冷剂的主要是甲烷(CH_4)和乙烷(C_2H_2)的衍生物。用卤素原子代替原化合物中的一部分或全部氢原子就能得到不同性质的氟利昂,以符号"R"配以两位数字(甲烷族)或三位数字(乙烷族)表示,如代号为 R22 的制冷剂是二氟一氯甲烷,化学分子式为 $CHClF_2$。

氟利昂的优点有:无毒、燃烧和爆炸的可能性小,对金属不腐蚀;绝热指数小,因而压缩机的排气温度较低。氟利昂的缺点有:单位容积制冷量小,因而制冷剂循环量大;密度大,引起流动阻力大;放热系数低;含有氯原子的氟利昂遇明火(400℃以上)会分解出有少量剧毒的光气;易于泄露,要求系统有良好的密封性。

R22 是一种使用较安全的制冷剂,无色、透明、没有气味,毒性很小,不燃烧、不爆炸。R22 的正常蒸发温度约为 −41℃,凝固温度约为 −160℃,单位容积标准制冷量约为 454kcal/m^3。

R134a 是 R12 的替代制冷剂,毒性非常低,在空气中不可燃,安全类别为 A1,是很安全的制冷剂,但在替代试验研究中表明:R134a 替代 R12 后,制冷量下降,能耗比增加,必须采用改进的压缩机才能降低能耗比。另外,R134a 溶水性比 R22 高,对制冷系统不利,即使有少量水分存在,在润滑油等的作用下,将会产生酸、二氧化碳或一氧化碳,将对金属产生腐蚀作用,或产生"镀铜"作用,所以 R134a 对系统的干燥和清洁要求更高。

近年来,混合制冷剂的研究有了进一步的发展。人们通过混合两种或两种以上的纯制冷剂而得到具有优良热力性质并有节能效果的新制冷剂。目前在中国市场较实用的新型混合制冷剂有 R407C 和 R410A。

R407C 是一种三元混合工质,它的组分、分子量等物理性质以及热力性质与 R22 十分相似。相比 R22,R407C 的单位容积制冷量仅降低了 2%,其工作压力基本上与 R22 接近,即蒸发压力约降低了 3%,冷凝压力仅上升了 5%。

R410A 在常温常压下是一种不含氯的氟代烷非共沸混合制冷剂,无色气体,贮存在钢瓶内是被压缩的液化气体。其 ODP(消耗臭氧潜能值)为 0,因此 R410A 是不破坏大气臭氧层的环保制冷剂。R410A 主要用于替代 R22 和 R502,具有清洁、低毒、不燃、制冷效果好等特点,大量用于家用空调、小型商用空调、户式中央空调等。

几种制冷剂的性能指标比较见表 7-4。

不同制冷剂的性能指标比较   表 7-4

性 能 指 标	R12	R22	R134a	R410A	R407C
标准沸点(℃)	−29.8	−40.8	−24.1	−52.7	−43,6
凝固温度(℃)	−157.8	−160	−96.6	−155	—

性 能 指 标	R12	R22	R134a	R410A	R407C
临界温度（℃）	112.2	96.1	101.1	72.5	87.3
临界压力（MPa）	4.12	4.98	4.07	4.95	4.82
ODP（R11 = 1.0）	0.9 ~ 1.0	0.055	0	0	0
GWP（CO_2 = 1）	8500	1900	1600	1700	1530
可燃性	无	无	无	无	无
毒性	无	低	无	低	低

注：ODP 为消耗臭氧潜能值；GWP 为全球变暖潜能值。

7.4 空调系统的结构

城市轨道交通车辆的空调系统主要由通风系统、制冷系统、加热系统和自动控制系统组成。

（1）通风系统的作用是将车外新鲜空气吸入并与车内再循环空气混合，在滤清灰尘和杂质后，再输送和分配到车内各处，使车内获得合理的气流组织；同时将车内的污浊空气排出车外，使车内的空气参数满足设计要求。

（2）制冷系统的作用是在夏季对进入车内的空气进行降温、减湿处理，使车内空气的温度和相对湿度维持在规定的范围内。夏季，通风机将吸入的车内外混合空气经过蒸发器冷却后送入车内，以达到降温的目的，由于蒸发器表面的温度通常低于空气的露点温度，使得空气中的水蒸气凝结成水滴，空气在通过蒸发器冷却的同时也得到了除湿处理。

（3）加热系统的作用是在冬季对进入车内的空气进行预热和对车内的空气进行加热，以保证冬季车内空气的温度在合适的范围内。

（4）自动控制系统的作用是控制各系统按设计的方案协调工作，以使车内的空气参数控制在规定范围、符合人体舒适度，同时对空调装置起自动保护作用。

列车的每辆车配置两台顶置单元式空调机组，分别安装在车顶的两端；贯通道处有电气控制柜，空调主电源由列车辅助供电系统供给；加热系统一般采用电暖，安装于座椅下面；有一个在紧急情况下提供供电范围在 110 ~ 380V 的紧急通风逆变器；列车两端的驾驶室还配有专门的送风单元。

一 空调机组

城市轨道交通车辆一般在车顶设两台单元式空调机组,通过车顶风道及风口向车内送风,各空调单元均设有两个独立的制冷系统,以增加空调装置的可靠性。空调机组采用机械压缩制冷,由于受车辆轮廓界限及车体断面的限制,城市轨道交通车辆须采用超薄型空调机组。单元式空调机组的结构如图7-4所示。

空调机组框架用不锈钢制成,机组内分前室、后室两部分。前室有通风机、一次过滤器、二次过滤器、新风挡板及驱动机构、回风挡板及驱动机构、蒸发器、膨胀阀、电磁阀、电气箱和紧急通风逆变器等;后室有压缩机总成、冷凝器、冷凝器风扇、压力控制阀、附件和电气箱等。空调机组用四个橡胶减振器安装在车体上,送、回风口用褶管与车体风道相连。

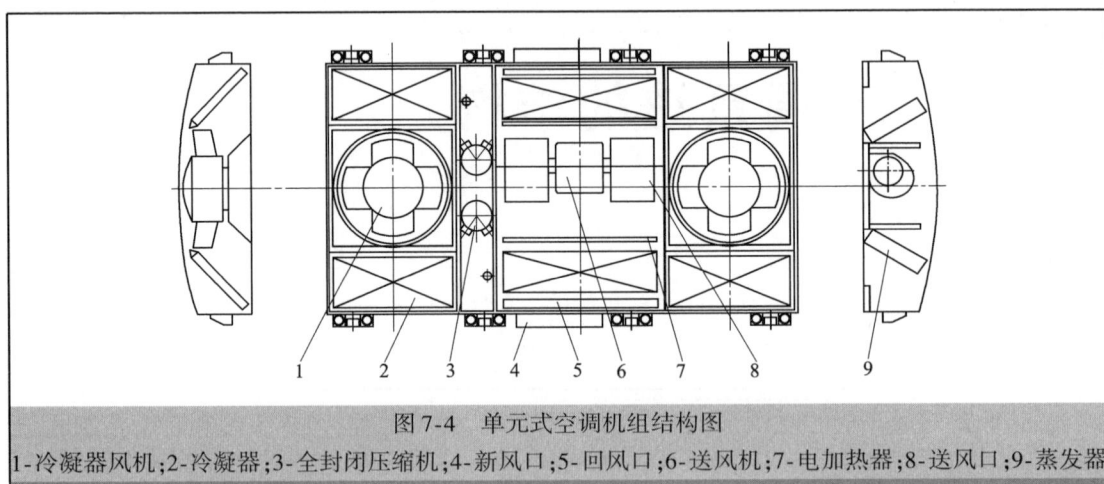

图7-4 单元式空调机组结构图

1-冷凝器风机;2-冷凝器;3-全封闭压缩机;4-新风口;5-回风口;6-送风机;7-电加热器;8-送风口;9-蒸发器

单节车辆空调机组布置如图7-5所示。

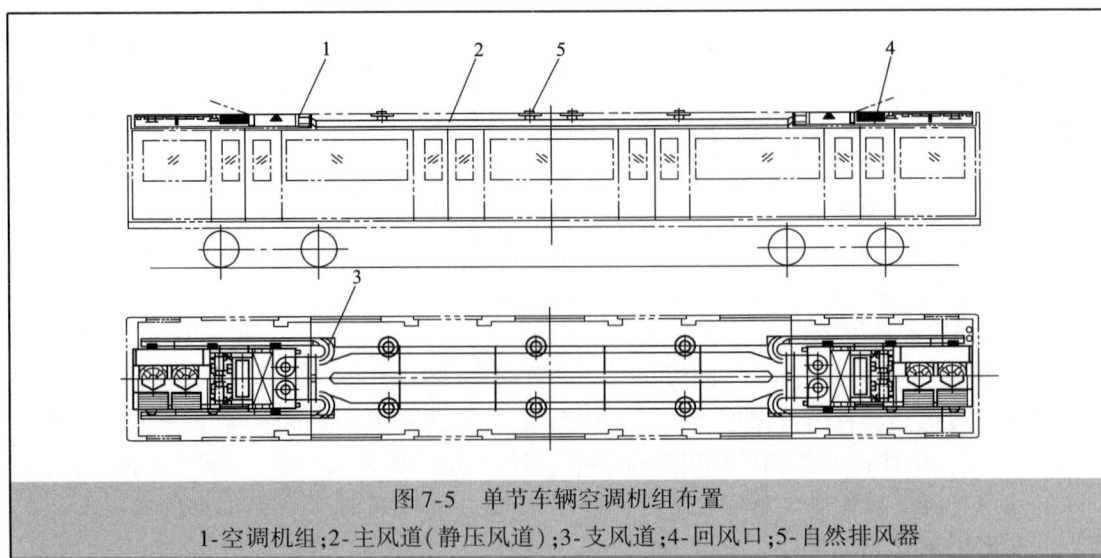

图7-5 单节车辆空调机组布置

1-空调机组;2-主风道(静压风道);3-支风道;4-回风口;5-自然排风器

根据空调机组的出风方式,一般可分为下出风和侧出风两种。在城市轨道交通车辆中,使用下出风方式的空调机组较多,下面以天津滨海轻轨 DK38 型列车为例,介绍下出风式空调系统,结构如图 7-6 所示。

想一想

根据城市轨道交通车辆设备的布置原则,两台空调机组应装设在车体的什么位置?

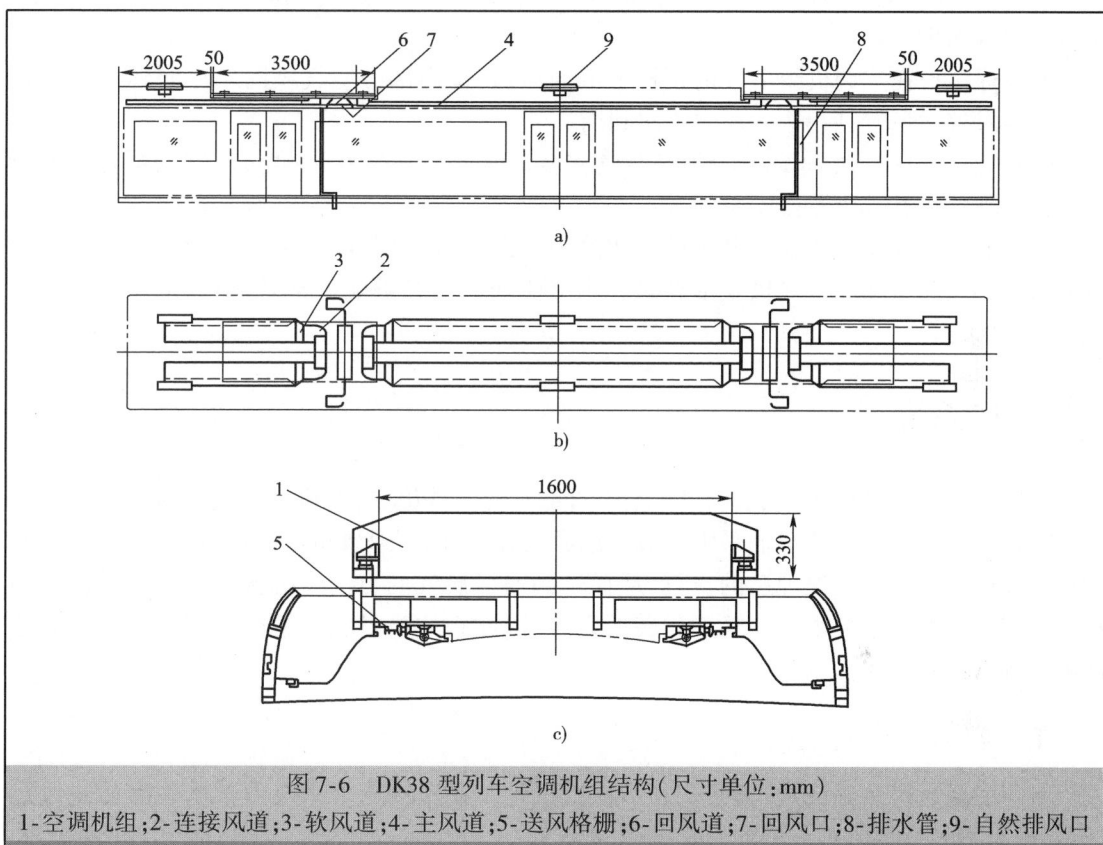

图 7-6　DK38 型列车空调机组结构(尺寸单位:mm)

1-空调机组;2-连接风道;3-软风道;4-主风道;5-送风格栅;6-回风道;7-回风口;8-排水管;9-自然排风口

车顶两端设两台单元式空调机组,每台机组有八个安装座。通过八个减振器固定在车顶凹处的平台上,并加设防护罩(侧罩板)以防灰尘和雨水。机组下面有出风口两处,回风口一处,其周围均设防风防雨密封胶条、胶垫与车体密封。

空调机组各零部件组装在一个不锈钢板制成的箱体内,主体分为蒸发室、冷凝室以及压缩机室三个部分,加盖板后形成一个整体。空调机组的主要部件包括全封闭制冷压缩机两台、冷凝器两台、毛细管两组、蒸发器两台、电加热器两台、气液分离器两台、干燥过滤器两个、离心风机两台、轴流风机两台等。

蒸发室由蒸发器、电加热器、毛细管、离心风机、气液分离器、回风风阀、新风风阀等构成。

冷凝室由冷凝器、轴流风机等组成。

压缩机室包括卧式涡旋压缩机、逆止阀、电磁阀及压力开关等。

送风经连接风道分为左、右两路,再经软风道进入主风道。主风道分前、中、后共6段贯通全车。为静压送风,风道内设隔板将风道分为送风道及静压箱两部分,隔板上冲制有多处40mm×200mm的方孔,使两部沟通。

客室顶板设两排送风格栅,格栅为工程塑料材质。送风格栅与风道出口(静压箱)之间以软质聚氨酯泡沫塑料为密封材质加以密封,严防送风流窜。

全车送风道采用静压式均匀送风风道,客室送风由沿车长方向布置的条缝式送风口向车内送风;驾驶室送风由设在邻近驾驶室的空调机组提供,通过送风道,从驾驶室的可调式送风口均匀送出。

回风通过设在空调机组下方内顶板上的回风口,车内部分空气经回风道回到机组和新风混合,经过冷热交换后,送入车内二次利用。

废排装置设在车顶,车内部分循环空气在客室内正压的作用下,通过客室的穿孔内顶板和设在车顶的自然排风器排到车外。

应急通风系统在交流辅助电源设备故障的情况下,通过蓄电池组经调频调压逆变电源自动启动,向客室、驾驶室提供全部新风。当交流辅助电源供电正常时,空调系统自动转入正常工作状态。

二 通风系统

通风系统由通风机组、风道、风口、空气过滤器等部件组成,有机械强迫通风和自然通风两种方式。城市轨道交通车辆采用机械强迫通风方式,依靠通风机所造成的空气压力差,通过车内送风道输送经过处理后的空气,从而达到通风换气的目的。机械强迫通风系统是车辆空调装置中唯一不分季节而长期运转的系统,因此它的质量状态直接影响到旅客的舒适性和空调的经济性。

1 通风机

常用的通风机有轴流式、离心式和贯流式三种。在车辆通风系统中常采用离心式风机送风,排风机和冷凝风机采用轴流式风机。

通风机组是通风系统的动力装饰,其作用是吸入车外新风和室内回风,并将处理后的混合空气加压,通过主风道等送入客室。

为了使通风机及其驱动电动机所产生的噪声尽量少地传入客室,通风机组在安装时,应采用有效的隔音减振措施,如在通风机组的安装座上加装橡胶减振器、在通风机机壳上敷设阻尼涂料、在主风道与通风机连接的风管处采用帆布或人造革制作的软风道等。

轴流式风机主要由叶片、机壳、吸入口、扩压段及电动机等组成,其基本结构如图7-7所示。

离心式风机的主要部件有风机吸入口、叶轮、机壳和机座等,其基本结构如图7-8所示。

2 通风管道

通风管道的作用是疏导空气。在送风系统里,依靠风道把处理好的新鲜空气输送到客室车厢内;在排风系统里,依靠风道把需要排除的污浊空气输送至车外。

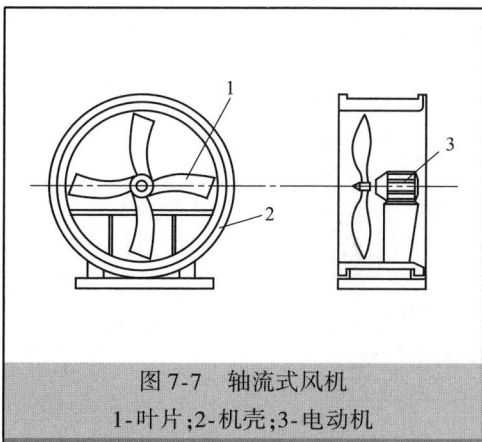

图7-7 轴流式风机
1-叶片;2-机壳;3-电动机

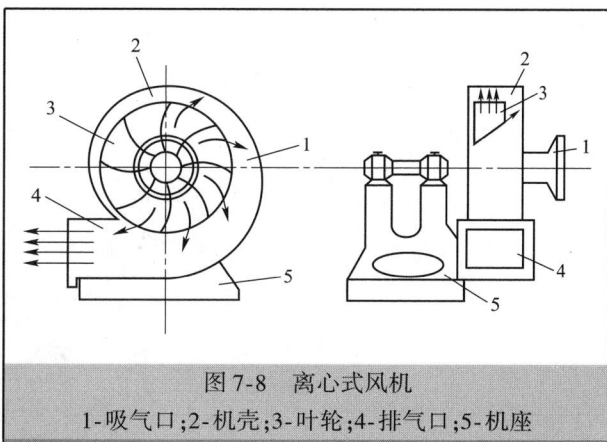

图7-8 离心式风机
1-吸气口;2-机壳;3-叶轮;4-排气口;5-机座

(1)主风道、回风道及排风道

主风道的作用是将经过空气冷却器或预热器处理后的空气输送到客室内。在主风道中常装有调风机构,用以调节通过风道的风量,达到向每个送风口均匀送风的目的,调节方式可以手动或自动。主风道应注重隔热性、耐腐蚀性、经济性、易加工性和轻型化等原则。

回风道是室内回风使用的风道,一端与回风口相连,另一端与通风机相通。

排风道是用来排除车内污浊空气的风道,一端连接排风口,另一端与排风机相连或与自然通风器相连。

(2)新风口、送风口、回风口及排风口

新风口是新鲜空气的吸入口。新风口一般装有新风格栅,用以防止杂物及雨雪进入车内,如图7-9所示。另外还设有新风滤网和新风调节装置,以便根据需要调节新风量,同时在通风机停止运转时便于关闭新风口。

送风口是用来向客室内分配空气的。送风口处大多装有送风器及风量调节机构,它不但使客室内送风均匀、温度均匀、达到气流组织分布合理的效果,还可以根据需要来调节送风量的大小,送风口处一般也装有送风滤网。

回风口是室内再循环空气的

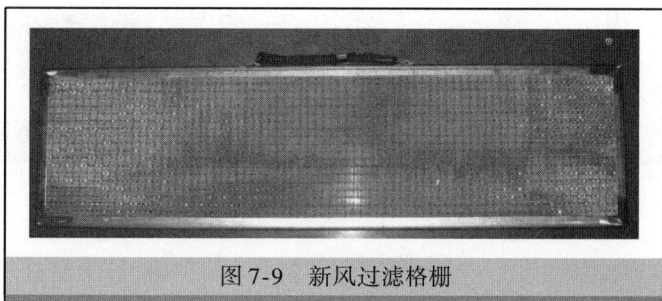

图7-9 新风过滤格栅

吸入口。正常情况下,客室内一部分空气应作为回风。回风与新风混合前是在客室中被充分循环过的,与新风混合过滤后,通过蒸发器入口进入。可设置调节挡板,用于调节新风、回风的混合量。

排风口是排除车内污浊空气和多余空气的出口。由于外界新鲜空气不断送入车内,为保持车内压力恒定,将与新风等量的车内污浊空气通过排风口排除车外。排风口一般设置在车内的长椅下,经内墙板后侧导向车顶,由车顶静压排风器排出车外。

想一想

空调系统如何感知环境温度?

小贴士

每台空调机组设有新风温度传感器和回风温度传感器,依次分别测量车外温度和车内温度。
图 7-10 所示为车辆空调通风系统气流组织。整车空调系统通风方案如图 7-11 所示。

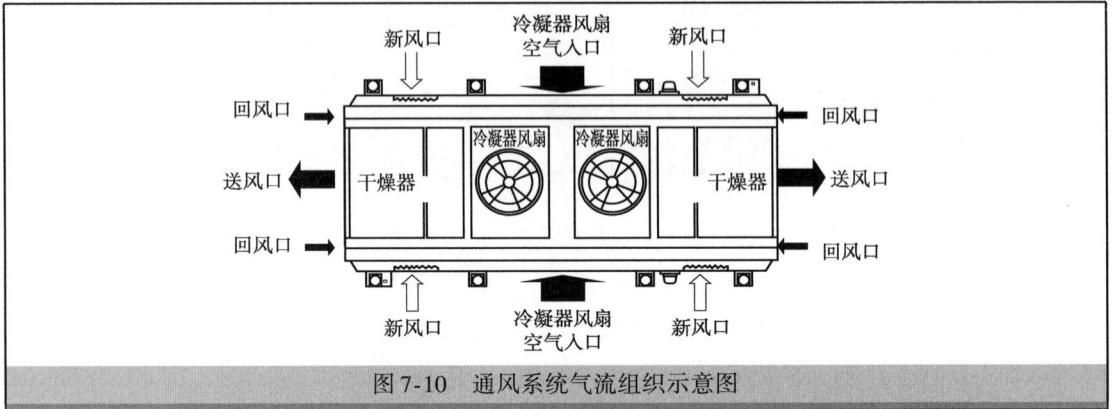

图 7-10　通风系统气流组织示意图

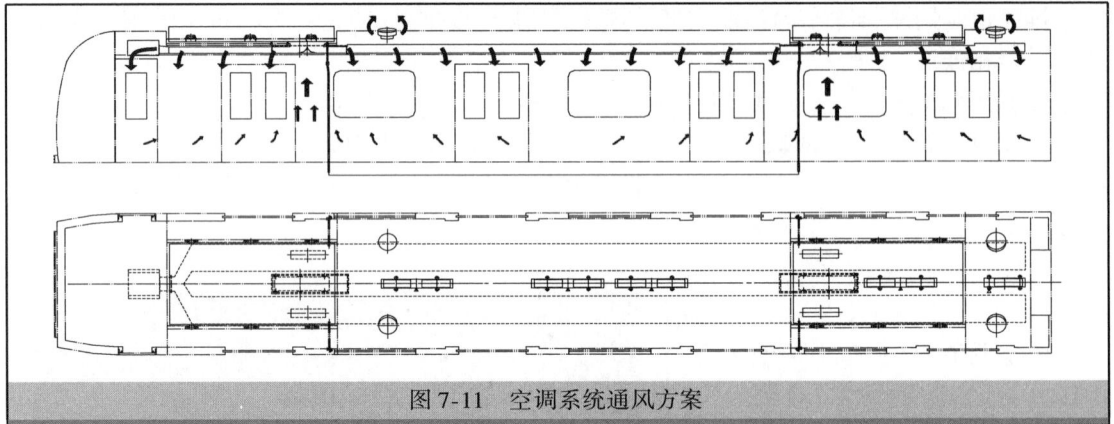

图 7-11　空调系统通风方案

3 空气过滤器

空气过滤器是利用过滤材料将空气中的悬浮颗粒除掉的设备。

空气中的尘埃不仅会影响乘客的舒适和健康,还会影响生产工艺过程的正常进行和车内清洁,甚至恶化某些空气处理设备的处理效果(如加热器、冷却器的传热效果),因此在通风系统中必须设置空气过滤器。一般设有新风过滤器、回风过滤器,并且应装在空气处理器的前端,以减少后续设备的表面积灰。

4 紧急通风系统

现代列车的每辆车均配有一台紧急逆变器,在交流辅助电源设备(SIV 辅助逆变器)故障的情况下,紧急通风系统立即自动投入工作,向客室、驾驶室输送新风,维持至少 45min 紧急通风,应急供电由蓄电池供给。当交流辅助电源供电正常时,空调系统自动转入正常工作状态。北京地铁房山线国产化列车 BDJ01 使用的紧急逆变器见图 7-12。

小贴士

当列车两台 SIV 均故障的时候,由司机在控制柜中按下紧急通风按钮,空调在紧急通风模式下运行。紧急通风工况每台机组启动两台通风机,且新风阀打开,回风阀关闭。

两台 SIV 恢复后,空调自动转为指令要求的工况。

三 电暖

城市轨道交通车辆的采暖主要采用电热采暖,电热器由底板、安装架、罩板及电热元件等组成,安装在座椅下面,如图 7-13 所示。

图 7-12　BJD01 型列车紧急逆变器

图 7-13　城市轨道交通车辆客室电热器安装位置

电热作为城市轨道交通车辆的采暖形式,由于结构简单、调控方便、无污染、易布置而获得广泛应用。但考虑触电、失火、烫伤等安全因素,电热装置必须严格执行其技术条件及操作规范。

四 空调系统的调节及控制

城市轨道交通车辆空调系统以自动控制为主,在自动控制部分发生故障时,可采用手动调节装置。空调机组的工作由微机进行控制,通过微机调节器可控制室温。空调系统中新风口、风道和客室座位下均设有温度传感器,由温度传感器测得的温度值,传递到调节器中进行处理。每节车有一台微机调节器,它控制两个空调单元,可由驾驶室集中控制或每节车单独控制。

下面以长春客车某机车车辆的空调控制系统为例,介绍空调系统的控制及操作。

每辆车的空调控制柜内均设置有集控、本控选择开关。列车正常运行时,选择集控模式,此时整列车所有车辆的空调通风和采暖系统工作状态接受激活驾驶室指令控制;列车在检修时选择本控模式,车辆将接受本车空调控制柜内功能选择开关的控制,此时空调控制器保持对列车监控系统的通信和状态更新。司机通过 TMS(列车监控显示屏)对空调的设置如图 7-14 所示。

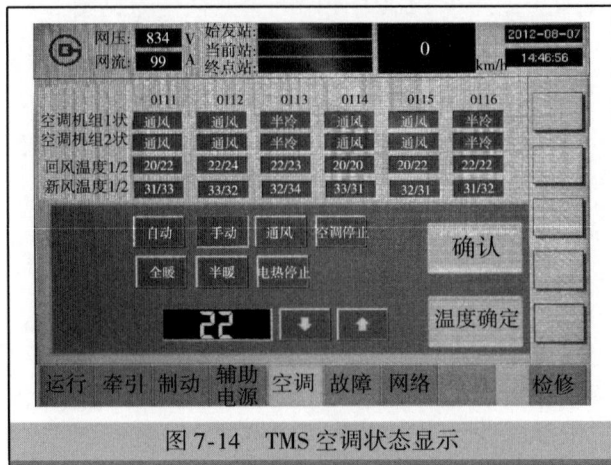

图 7-14　TMS 空调状态显示

小贴士

BJD01 型车温度可以设定的范围是 19~27℃,为了响应"节能减排"的号召,北京地铁要求夏季空调温度设置在 25~26℃为宜。

① 集控模式

将每辆车的空调控制柜内选择开关设置为集控有效。在驾驶室继电器柜内设置有一个空调控制开关,该开关设置有三个位置:自动位、手动位、停止位。

将控制开关打到自动位时,操作 TMS 的触摸键来实现系统的启动、停止、自动、手动、通风、半暖、全暖功能指令控制;TMS 显示器通过与列车监控系统、空调控制器的通信来实现对空调通风和采暖系统的监控和信息传递。

将控制开关打到手动位,则整列车的空调系统自动运行,手动模式对制冷设置温度有效,温度设置范围为 21~28 ℃,其他控制功能同自动模式。

② 本控模式

车辆在检修时选择本控模式,此时只需将空调控制柜内的选择开关打到"本控位"即可。在本控模式下,空调控制器保持对列车监控系统的通信和状态信息更新,但是不再执行列车监控系统发来的控制命令。本控模式具有下列操作模式:通风、半冷、全冷、半暖、全暖、停止和服务模式。

③ 紧急通风模式

无论空调控制柜内的集控、本控选择开关处于什么位置,只要空调控制器检测到 AC380V 失电,空调通风和采暖系统工作电源电路中过流保护断路器闭合而电压检测模块触点断开,在 12s 的时间内检测到"半载模式准备命令"为 0,空调系统就进入紧急通风。紧急通风时回风口关闭。

五　驾驶室空调

目前,大部分城市轨道交通车辆不单设驾驶室空调单元,驾驶室送风由设在头尾车辆上邻近驾驶室的空调机组提供,通过送风道,从驾驶室的可调式送风口均匀送出。带驾驶室车辆的空调系统气流分布如图 7-15 所示。

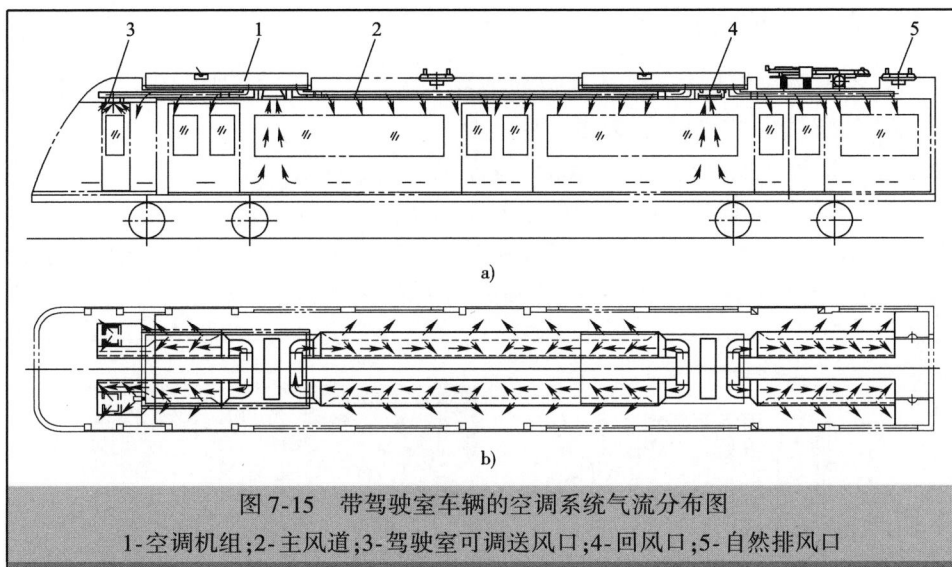

图 7-15　带驾驶室车辆的空调系统气流分布图
1-空调机组;2-主风道;3-驾驶室可调送风口;4-回风口;5-自然排风口

驾驶室空调的转换开关分为停止、低速、中速、高速、紧急通风五挡,司机可根据需求调节送风风速。当列车进行紧急通风工况时,司机将通风单元转换开关转到紧急通风挡,驾驶室通风单元执行紧急通风工况。

驾驶室电暖安装于驾驶室左右侧墙下方。

7.5

空调系统的主要设备

城市轨道交通车辆空调系统采用机械压缩制冷,由压缩机、蒸发器、冷凝器、冷凝风机、干燥器、膨胀阀等组成。

一 制冷压缩机

压缩机是蒸气压缩式制冷装置中的一个重要部件,是推动制冷剂在制冷系统中不断循环的动力,起着压缩和输送制冷剂蒸气的作用,因此制冷压缩机常称为蒸气压缩式制冷装置的主机。常用的制冷压缩机有活塞式制冷压缩机和螺杆式制冷压缩机。

1 活塞式制冷压缩机

活塞式制冷压缩机发展较早,技术也较成熟,应用最广泛,特别适用于中、小型制冷装置,城市轨道交通车辆的空调系统大多使用活塞式压缩机。

活塞式制冷压缩机的结构式样有多种,按压缩机与电动机的组合方式可分为开启式、半封闭式和全封闭式三种,以下介绍常用的全封闭活塞式制冷压缩机。

全封闭式制冷压缩机的特点,是将压缩机与电动机一起组装在一个密闭的罩壳内,形成一个整体,从外表看只有压缩机进、排气管和电动机引线。如图 7-16 所示。

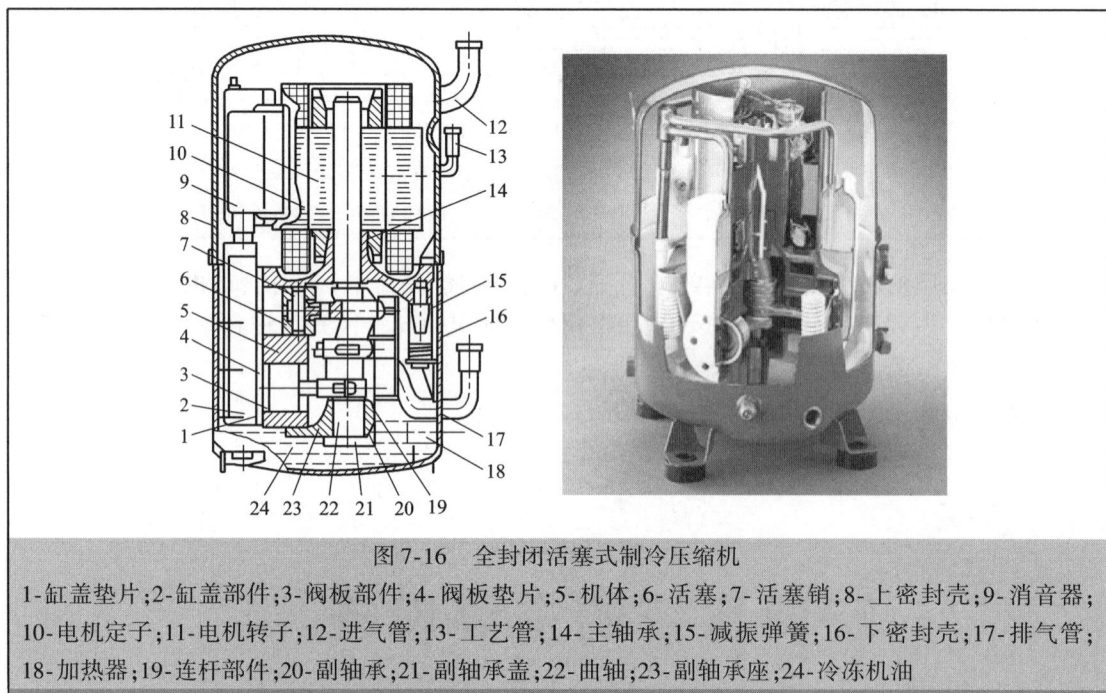

图 7-16 全封闭活塞式制冷压缩机

1-缸盖垫片;2-缸盖部件;3-阀板部件;4-阀板垫片;5-机体;6-活塞;7-活塞销;8-上密封壳;9-消音器;10-电机定子;11-电机转子;12-进气管;13-工艺管;14-主轴承;15-减振弹簧;16-下密封壳;17-排气管;18-加热器;19-连杆部件;20-副轴承;21-副轴承盖;22-曲轴;23-副轴承座;24-冷冻机油

(1)机壳。由钢板冲压制成,分上下两部分,装配完毕后焊死。它比半封闭压缩机更为紧凑,密封性更好。

(2)电动机。电动机布置在上部,避免电动机绕组浸泡在润滑油中,且轴下端可作为油泵使用。电动机定子的外壳与气缸体铸成一体。

(3)气缸。气缸呈卧式布置,主轴为偏心轴,垂直安装,上端安装电动机转子,偏心轴上安放两个连杆,成 V 形布置。主轴中间开有油道,平衡块用螺钉固定在偏心轴的两侧。连杆大头为整体式,直接套在偏心轴上。

（4）活塞。为筒形平顶结构,因直径较小,活塞上不设气环和油环,仅开两道环形槽道,使润滑油充满其中,起到密封和润滑作用。气阀采用带臂环片阀结构,它的阀板由三块钢板钎焊而成。压缩机的主、副轴承及连杆等摩擦部位的润滑,靠主轴下端偏心油道的离心泵油的作用进行。为了减振和消音,利用电动机室内空腔容积作为吸气消音器,排气道上装有稳压室。整个机芯安装在弹性减振器上,以减少工作时的振动。

全封闭压缩机具有足够的可靠性和寿命,一般不需维修,但若有损坏则需整个更换。

② 螺杆式制冷压缩机

近年来螺杆式制冷压缩机发展也较快,由于用螺杆的回转运动代替了活塞的往复运动,因此,其具有结构简单、效率高、体积小、重量轻、振动小等优点,现在也开始在车辆空调系统中采用。上海地铁 2 号线的车辆空调系统就采用螺杆式压缩机。

如今螺杆式制冷压缩机的制冷系数、噪声级等指标已接近或达到活塞式压缩机的水平,在中等制冷量范围内的应用较广。而且机组逐渐更新,品种日益增加,制冷量向更低与更高的方向延伸,不断扩大使用范围,并向不同领域扩张,已发展成为制冷压缩机的主要形式之一。

为了保证螺杆式制冷压缩机的正常运转,必须配置相应的辅助机构,如润滑油的分离和冷却,能量的调节控制装置,安全、保护装置和监控仪表等。通常生产厂家多将压缩机、驱动电动机及上述辅助机构组装成螺杆式制冷压缩机组。

螺杆式制冷压缩机又分为双螺杆制冷压缩机和单螺杆制冷压缩机,分别如图 7-17 和图 7-18 所示。为简化起见,通常将双螺杆制冷压缩机称为螺杆式压缩机,将单螺杆制冷压缩机称为蜗杆压缩机。单螺杆制冷压缩机目前在制冷方面使用还不广泛,目前在制冷系统上多用喷油式螺杆制冷压缩机,有些小型氟利昂螺杆制冷压缩机采用半封闭式或全封闭式结构。

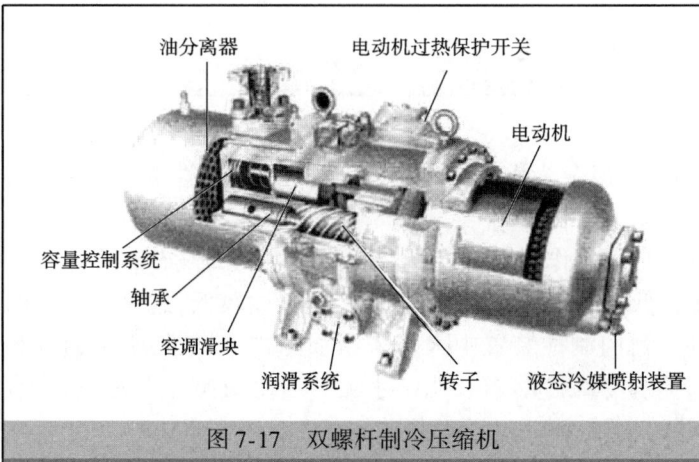

图 7-17　双螺杆制冷压缩机

图 7-18　单螺杆制冷压缩机

图 7-19 所示的全封闭螺杆式制冷压缩机结构,主要由压缩机的机体、阳转子、阴转子及电动机等组成。两个互相啮合的转子平行地安装在机体内,彼此反向旋转。一般主动转子的端面齿形是凸齿,称为阳转子或阳螺杆;从动转子的端面齿形是凹齿,称为阴转子或阴螺杆。阳转子与阴转子的齿数比一般取 4:6,以使两个转子的刚度大致相等。

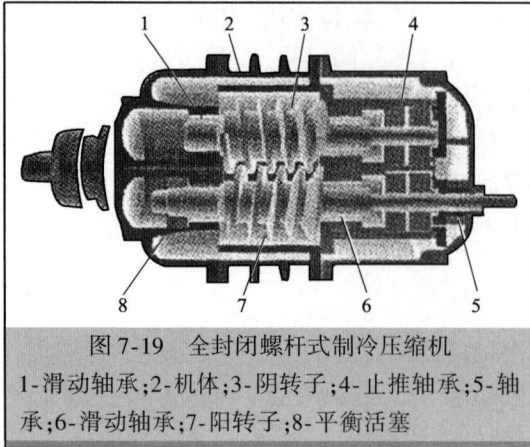

图 7-19　全封闭螺杆式制冷压缩机
1-滑动轴承;2-机体;3-阴转子;4-止推轴承;5-轴
承;6-滑动轴承;7-阳转子;8-平衡活塞

螺杆压缩机工作时,阳、阴转子的齿廓和齿槽并不直接接触,齿廓与齿槽之间、转子与气缸内壁之间都有微小的间隙。润滑系统通过喷油孔向转子啮合部位喷射润滑油,使互相啮合的转子之间及转子与气缸内壁之间形成一层密封的润滑油膜,既能避免转子啮合部位的干摩擦,也能减少压缩容积内气体的泄露,提高输气效率。同时,呈雾状的润滑油喷入后,与制冷剂气体混合,制冷剂得到冷却,这样便能显著地降低压缩机的排气温度。

二　换热器

在制冷系统中,除有起主导作用的压缩机外,还必须包含起换热作用的换热器,用于制冷的换热器主要有冷凝器和蒸发器,其换热效果直接影响制冷装置的重量、性能和运行经济性。冷凝器和蒸发器的形式与制冷装置的用途、换热介质(制冷剂、载冷剂和冷却介质)的种类、流动方式及换热特性等因素都有关。

1　冷凝器

冷凝器是制冷系统的主要热交换设备,其作用是使从压缩机出来的高温、高压制冷剂蒸气在其中向冷却介质(水或空气)放热,冷却、冷凝成高温、高压的过冷液体。图 7-20 为冷凝器示意图。

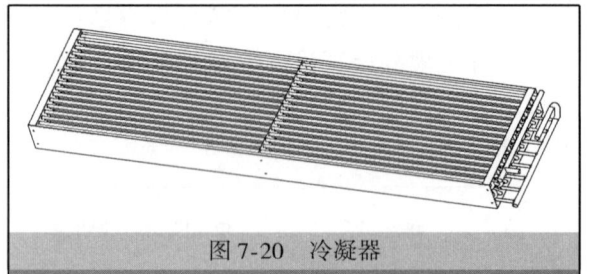

图 7-20　冷凝器

(1)冷凝器的类型

冷凝器按其冷却介质和冷却方式,可以分为水冷式冷凝器、蒸发式冷凝器和空气冷却式(或称风冷式)冷凝器三种类型。

①水冷式冷凝器。水冷式冷凝器是用水作为冷却介质,使高温、高压的气态制冷剂冷凝的设备。由于自然界中水温一般比较低,因此水冷式冷凝器的冷凝温度较低,这对压缩机的制冷能力和运行经济性都比较有利。目前制冷装置中大多采用水冷式冷凝器,所用的冷却水可以一次流过,也可以循环使用,但容易在冷凝器表明结水垢。当使用循环水时,需建有冷却水塔或冷却水池,使离开冷凝器的水再冷却,以便重复使用。

②蒸发式冷凝器。蒸发式冷凝器用水和空气作为冷却介质,主要是靠水的蒸发把热量带走。蒸发式冷凝器特别适用于缺水的地区,尤其是当气候较干燥时,应用效果更好。需要说明的是,水在冷凝器管外汽化时,将其中的矿物质完全留在管子的外表面上,水垢层增长较快,因此蒸发式冷凝器应使用软水或经过软化处理的水。在结构上,挡水板上方设预冷管组,可以使进入蛇形管组的蒸气温度有所降低,有利于减少外表层结垢。蒸发式冷凝器的主

要缺点就是管外易结水垢、易腐蚀,且维修困难。

③空气冷却式冷凝器。空气冷却式冷凝器又称风冷式冷凝器,用空气作为冷却介质,制冷剂冷却凝结放出的热量被空气带走。空气冷却式冷凝器多为蛇管式,制冷剂蒸气在管内冷凝,空气在管外流动。根据空气运动的方式,又分为自然对流式和强迫对流式两种形式。自然对流空气冷却式冷凝器依靠空气受热后产生的自然对流,将制冷剂冷凝放出的热量带走;强迫对流空气冷却式冷凝器在空气自然对流的同时采用风机加速空气的流动。

由于夏季室外温度较高,采用空气冷却式冷凝器时,其冷凝温度也较高,尺寸大、能量消耗也大,但在城市轨道交通车辆制冷系统中,受运用条件的限制,只能采用空气冷却式冷凝器。

(2)制冷剂在冷凝器中的变化

制冷剂在冷凝剂中从高温、高压的过热蒸气变为高温、高压的液体可分为以下三个过程。

①过热蒸气冷却成为干饱和蒸汽。由压缩机排气温度下的过热蒸气对外向冷却介质放出显热,冷却为冷凝温度下的干饱和蒸汽。

②干饱和蒸汽冷却为饱和液体。干饱和液体在冷凝温度下不断放出冷凝潜热而逐渐地冷凝成饱和液体,这就是蒸汽凝结为液体的过程。

③饱和液体进一步被冷却为过冷液体。由于冷却介质(水或空气)的温度总是低于冷凝温度,因而在冷凝器的末端,在保持冷凝压力不变的情况下,饱和液体一般还可以进一步被冷却,继续放出显热,使其成为过冷液体。

❷ 蒸发器

蒸发器是制冷系统的另一主要热交换设备。在蒸发器中,制冷剂液体在较低温度下蒸发而转变为蒸气,利用制冷剂的蒸发潜热,吸收被冷却介质的热量而使被冷却介质的温度降低,达到制冷的目的。蒸发器是制冷系统中产生和输出冷量的设备,其示意图如图7-21所示。

蒸发器按冷却介质的不同分为冷却液体(水、盐水等)的蒸发器和冷却空气的蒸发器两种。冷却液体的蒸发器有卧式壳管式蒸发器、干式壳管式蒸发器和沉浸式蒸发器;冷却空气的蒸发器有冷却排管式和直接蒸发式空气冷却器。

冷却排管式多用于冷库和试验的制冷装置中。其特点是制冷剂在管内蒸发,管外空气自然对流,传热系数较小。冷却排管可以用光管,也可以用肋片管。

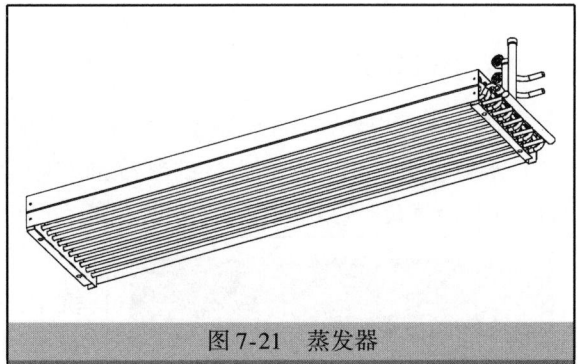

图7-21 蒸发器

直接蒸发式空气冷却器也称冷风机,适用于各种空调机组、冷藏库及低温试验箱。在这种蒸发器中,制冷剂在蛇管内吸热蒸发,管外空气是在风机的作用下受迫流动。由于空气是强迫流动,所以传热系数比冷却排管高。在城市轨道交通车辆制冷系统中,多用直接蒸发式空气冷却器。

直接蒸发式空气冷却器的结构与空气冷却式冷凝器相似,制作成长方体形的蛇形管组,外部有边框以形成空气通道。由于蒸发器安装在车内比较干净,故空气冷却器的肋片间距比冷凝器小。

三 辅助设备

在蒸气压缩式制冷装置中,除压缩机、冷凝器、蒸发器和节流机构等主要设备外,还包括一些辅助设备,如分油器、贮液器、过滤器、干燥器等。这些辅助设备的作用是保证制冷系统的正常运转,提高运行经济性,保证操作的安全可靠。辅助设备不是完成制冷循环的必需设备,有些小型制冷装置往往省去某些部件。

1 分油器

在空调制冷系统中,压缩机是唯一需要冷冻润滑油的设备。压缩机的排气中都带有润滑油。润滑油随高压排气一起进入排气管,并有可能进入冷凝器和蒸发器内。对于氟利昂系统,由于润滑油在氟利昂中的溶解度大,一般不会在传热表面形成油污,但是对其蒸发温度影响比较大,能使蒸发温度升高。对于氨制冷系统,润滑油会在换热器传热表面上形成严重的油污,降低传热系数,并使制冷剂的蒸发温度有所提高。因此一般在压缩机排出口和冷凝器之间安装分油器,将压缩机排气中的润滑油分离出来。

2 贮液器

贮液器又称贮液筒,其作用是贮存制冷循环中的氟利昂液体,均衡调节制冷系统中氟利昂的需要量,以适应工况在一定范围内变动时制冷剂流量的变化。另外,在检修制冷设备及在制冷系统较长时间不工作时,可将系统中的制冷剂全部收贮在贮液器中,以防泄露而造成损失。

对于负荷变动不大的制冷设备,如单元式空调机组制冷系统,经严格控制充入的制冷剂量,可省略贮液器。

3 干燥过滤器

由于制冷本身含有的水分或系统未严格干燥而带来的水分溶解于制冷剂中,当温度下降时,水分就会析出。含有水分的制冷剂在制冷系统中流到膨胀阀时,由于温度急剧下降,析出的水分就会结冰堵塞阀孔,造成冰塞,使制冷系统无法正常工作。

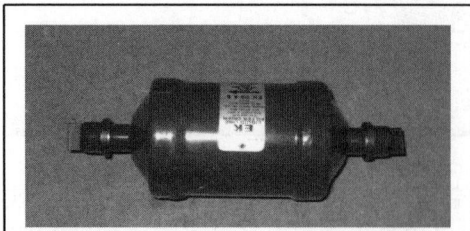

图 7-22 干燥过滤器

干燥过滤器中的干燥剂用来吸收制冷循环系统中的水分,过滤器用来清除系统中的一些机械杂质,如金属屑和氧化皮等,防止进入膨胀阀堵塞阀孔和进入压缩机刮伤气缸和吸、排气阀,避免系统中出现的"冰堵"和"脏堵"。干燥过滤器安装在贮液器与膨胀阀之间的输液管上,如图 7-22 所示。

❹ 气液分离器

气液分离器是用来分离蒸发器出口的蒸气中的液体,从而保证压缩机为干压缩。如果制冷压缩机吸入了带有液滴的制冷剂蒸气,就有可能产生液击而使阀片、活塞、连杆等损坏。为避免制冷压缩机吸入液体制冷剂,在压缩机的回气管上可装设气液分离器,对制冷剂蒸气中的液体分离储存。其结构如图 7-23 所示。

气液分离器的作用原理是:从蒸发器来的制冷剂蒸气由进气管进入分离器后,由于气流的突然转向和减速,把液滴分离出来留在容器的底部,而气体则从出气管被压缩机吸入。在 U 形管的底部开有一个小孔 1,能使一定量的冷冻机油随吸入气体一起返回压缩机。孔 2 为均压孔,可防止压缩机停机时由于蒸发器侧压力上升,使气液分离器中的液体通过孔 1 流向压缩机。

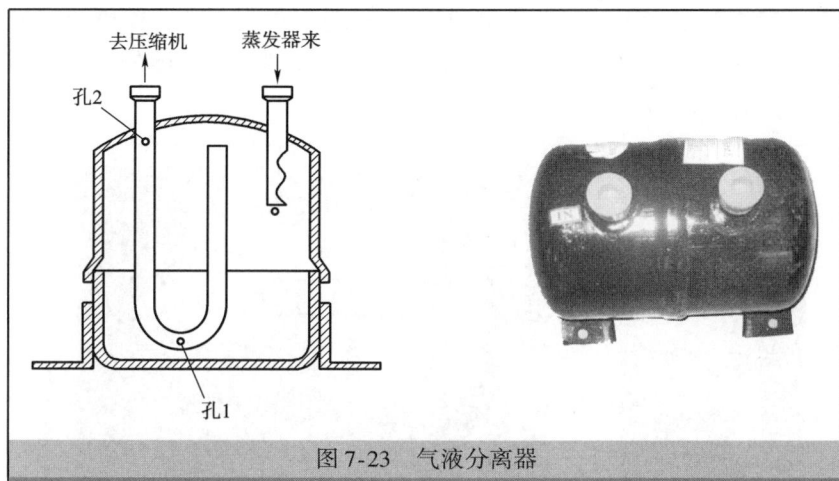

图 7-23　气液分离器

7.6 空调控制系统

空调系统的工作由微机控制,通过微机调节器可控制车内温度。每辆车均有一台微机调节器,控制两个空调机组单元,设于车辆一端的空调控制柜中。

▬ 概述

空调控制柜由通信系统通过可编程控制器 PLC 控制空调机组,实现空调客车的通风、制冷和制暖的控制,保证压缩机、风机、电热器在正常电压下可靠工作。对电气系统运行中出现的有关故障进行诊断、指示并保护,便于检修和查找故障。

二 主要特点

空调控制柜实现了客车电气控制系统的小型化、智能化和系统化,如图7-24所示。空调控制柜根据预设参数实现自动控制,减轻了操作人员的工作强度,避免由于人为误操作引起的事故,便于操作和维护。

空调控制柜对空调机组运行参数进行实时检测,出现故障时及时进行保护动作,避免了由于保护不及时引起的严重后果。

空调控制柜考虑了空调系统各部件的协调工作,整个电气系统工作更加安全可靠。

空调控制柜的控制方案以集中自动为主,同时考虑控制系统故障的应急措施,包括极端情况下的手动通风措施。

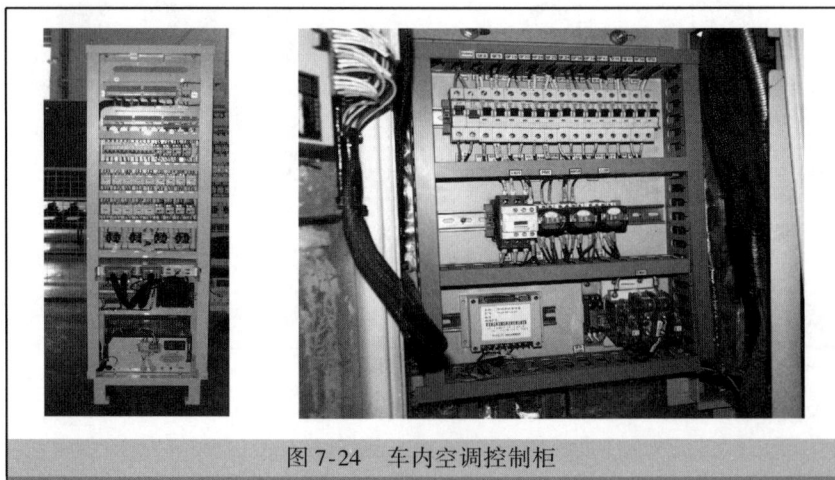

图7-24 车内空调控制柜

小贴士

在炎热的夏季,当空调在车辆开出数小时后运行,压缩机保护装置可能工作,因为客室内异常高的温度为空调运转施加负荷过多。在这种条件下开始操作空调,一定要先把车两侧拉门完全打开使车内温度降低。

三 主要技术规格

空调控制柜控制单元由 PLC 主机单元、温度扩展模块、信息显示操作屏组成。

PLC 是可编程逻辑控制器的缩写,对整个空调机组进行自动控制,实时检测运行过程中的参数,对出现的故障自动处理,通过显示操作屏实现人机对话,响应显示操作屏输入的命令、参数,将故障信息、运行状态通过显示操作屏显示等。

显示操作屏是一种微型可编程终端,采用全中文液晶显示操作屏(带背光),具有字符类型和图像类型显示,由通信接口和PLC的外设接口进行通信。主要功能有:空调机组的运行工况的控制,运行工况参数的显示,实时显示各功能的运行状态及故障现象。

空调系统由主电路向空调机组的压缩机、电热、预热器等交流负载供电,其额定工作电压为三相380V的交流电。交流控制电源取主回路的U相作为制冷和制热工况控制电源,向交流接触器等交流控制元件供电,其额定工作电压为单相220V交流电。

复习思考题

1. 城市轨道交通车辆的空调系统具有哪些特点?

2. 影响乘客舒适性的主要因素是什么?

3. 简述蒸气压缩式空调制冷系统的制冷原理。

4. 简述城市轨道交通车辆空调系统的组成及功能。

5. 通风系统主要由哪些部分构成?各部分的作用是什么?

6. 冷凝器的作用是什么?它可以分为哪几种类型?

7. 蒸发器的作用是什么?它可以分为哪几种类型?

8. 制冷压缩机的作用是什么?常用的压缩机有哪些形式?

单元 8

电力牵引装置

教学目标

1. 掌握城市轨道交通车辆电力牵引系统的功能；
2. 掌握城市轨道交通车辆电力牵引系统的组成；
3. 掌握受流装置的结构；
4. 掌握单个集电靴受流器的隔离方法；
5. 了解牵引逆变器的工作原理；
6. 掌握主电路的类型及控制对象；
7. 掌握辅助电路的功能；
8. 了解控制电路的功能。

建议学时

6 学时

8.1 电力牵引系统概述

城市轨道交通车辆电力牵引系统是指将电能经过传输和变换后,提供给电动车组的牵引电动机,转换成机械能驱动列车运行的系统。

电力牵引系统是城市轨道交通车辆的核心部分,是列车的动力来源。牵引系统在选型阶段要考虑多方面的因素,包括现代技术的运用、线路纵断面(坡度/曲线)、线路的站间距、线路设计运行速度、列车车型、编组形式等,因此牵引系统是一个非常繁杂的系统。

牵引设备一旦发生故障,轻者则造成列车失去部分牵引动力,影响了列车运行的牵引制动控制性能,造成列车控制不平稳、停车不准确、列车晚点、下线等;严重情况则造成全列车完全丧失牵引力,造成列车救援,对地铁运营产生严重的影响。作为城市轨道交通车辆相关人员,必须对电力牵引系统的组成、功能及注意事项有所了解,熟悉控制牵引装置的维修和使用,以实现列车的正常运营。本节将对列车电力牵引系统的组成及其功能、关键组成的工作原理及牵引装置的控制方式做详细阐述。

一、电力牵引系统的功能

城市轨道交通车辆牵引供电来源于国家城市电网,经过直流牵引变电所的降压、整流,将高压交流电变成 DC750V(或 DC1500V),然后通过馈电线缆将电能传递给接触网(接触轨式接触网或架空式接触网),列车通过受流装置(受电靴或受电弓)与接触网接触摩擦取电,

电动列车作为牵引电路中的用电设备,电能再通过钢轨和回流线回到牵引变电所的负极,形成一个完整的牵引回路。列车通过受流器从接触网接受电能后,通过车载的变流装置给安装在转向架上的牵引电动机供电,将电能转换为机械能,通过齿轮传动箱和轮对,驱动其运行。城市轨道交通车辆电力牵引系统原理图如图 8-1 所示。

列车电力牵引系统主要有两个工

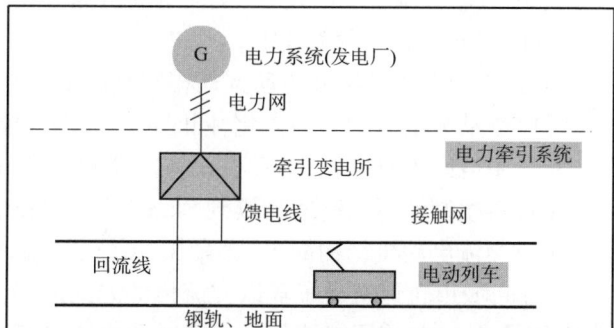

图 8-1　城市轨道交通车辆电力牵引系统原理图

况:牵引工况和制动工况。牵引工况下,列车牵引系统为列车提供牵引动力,将地铁电网上的电能转换为列车在轨道上运行的动能。制动工况可以分为再生制动工况和电阻制动工况。牵引系统再生制动就是在列车进行制动时,把列车的动能转换为电能反馈到电网可供其他列车使用或其他车站设备使用,这极大地降低了列车的实际能量损耗。若列车制动时牵引系统反馈的电能是电网电压超过了限值(如第三轨电压高于1000V,或架空接触线电压达到1800V),此时列车电制动产生的电能将会消耗在制动电阻上,列车动能转换为热能散逸到大气中,这种通过制动电阻消耗电能来实现电制动的工况叫电阻制动工况。当电制动不足或失效时,由空气制动补足。电制动与空气制动能平滑转换。

二 电力牵引系统的特点

电力牵引系统具有以下特点:
(1)牵引功率大;
(2)传动效率高;
(3)能源利用率高;
(4)污染很少;
(5)容易实现自动化控制。

三 电力牵引系统的分类

为了能够获得最好的牵引和电制动性能,城市轨道交通车辆的牵引系统都是分散地配置在列车的动车上。牵引系统功率配置的前提条件是能够满足列车在所运营线路上的设计速度及为乘客提供舒适的乘车环境以及个别动车故障时的运行需要。根据牵引系统的发展和特点,牵引系统可以从以下几个方面分类。

1 根据城市轨道交通车辆牵引电动机的种类分类

根据城市轨道交通车辆牵引电动机的种类分类,有直流传动方式和交流传动方式。直流传动方式按控制方式不同又经历了直流调阻方式到直流斩波方式的发展。随着大功率逆变技术和自动控制技术的发展,交流电动机通过变频变压技术(VVVF)已成功广泛地应用到城市轨道交通车辆牵引系统中。

交流传动方式和直流传动方式相比有以下优点:
(1)驱动电动机的大马力化,同时可实现高性能的轻便化、小型化的电动机车;
(2)主电路无触点化,电动机无换向器和电刷,提高了运行可靠性,减少了维修量;
(3)再生制动可从高速持续到8km/h以下,安全平稳、节省电能;
(4)交流电动机结构简单、寿命长,可延长检修周期等。

目前,城市轨道交通车辆以交流传动方式为主,国内近年来开通的新线路基本上均为交流传动方式,一些采用直流传动的老线路也通过车辆改造、淘汰旧车等方式逐渐转变为交流传动列车。在此主要介绍交流传动技术。

根据交流传动技术中牵引电动机形式不同,又可以分为旋转电动机系统和直线电动机系统。旋转电动机系统中,城市轨道交通车辆把从电网获得的直流电通过牵引逆变器转换为变频变压的交流电,通过安装在轴上的电动机把电能转化为动能,电动机再通过联轴节—齿轮箱—轮对的传递途径把动能传递到列车的轴上,最终实现列车的牵引功能。直线电动机系统的电动机不需要传动装置,可以通过安装在车辆上和安装在轨道上的电动机部分之间的电磁作用力直接实现牵引和电制动。城市轨道交通车辆的电力传动与控制方式如图 8-2 所示。

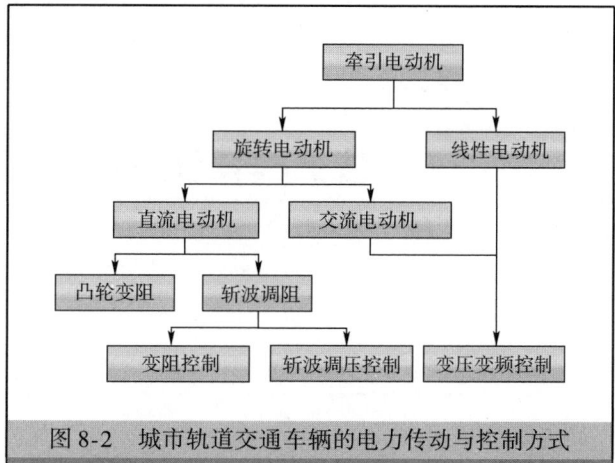

图 8-2　城市轨道交通车辆的电力传动与控制方式

② 根据列车动力配置数量分类

动力配置数量即在列车编组中的"动拖比",此配置也是受多种元素影响的,如车型、传动方式、线路的客流量、线路的站间距、线路设计的运行速度等,动力数量的选择主要根据线路的实际客流量,考虑冗余需要。目前,比较常见的列车为 A 型车和 B 型车,六节编组 A 型车一般都是四动两拖的编组方式,六节编组的 B 型车一般采用三动三拖的编组方式,随着客流量的不断攀升,有些新线路采用四动两拖编组的 B 型车。从牵引控制角度,牵引系统有 1C4M(一个逆变器向四个电动机供电)和 1C2M(一个逆变器向两个电动机供电)两种形式。

议一议

总结你所熟悉的线路的列车,讨论列车的车型、编组形式和动拖比,根据线路的实际客流状况,思考列车编组形式、动力配置数量与客流量之间的关系。

③ 根据控制单元控制类型的不同分类

牵引系统是通过司机(或信号系统)给出的指令,综合考虑列车的状态信息、牵引系统自身反馈的信息等,通过牵引系统控制单元的计算,最终得出功率部件的开关指令。简单地讲,就是通过各个环节的计算最终算出逆变器单元应该如何开通功率部件,以便把750V(或1500V)直流电压源逆变为满足要求的三相交流电压供电动机使用,再通过牵引电动机驱动列车。这个复杂的计算过程需要建立相应的数学模型来完成,数学模型建立越精确,越接近整个系统的实际情况,最终计算结果就越准确,列车的牵引制动就越接近理想状态,越能提供更舒适的乘车环境和更精确的停车精度。

在人们追求完美牵引控制方式的过程中出现了不同的控制理论,主要有直接转矩控制和矢量控制。两种控制方式各有优缺点,为了能够获得最佳的控制性能,设计人员趋向于融合两种控制方式的特点,对控制系统进行不断的优化。

📖 **查一查**

直接转矩控制和矢量控制的原理及各自的优缺点。

8.2 电力牵引系统结构及特点

总结来看,城市轨道交通车辆的牵引系统是由两大部分组成的:牵引高压系统和牵引控制系统。

牵引高压系统根据牵引系统的不同功能单元包括:主隔离开关(MS)、高速断路器(HB)、变压变频牵引逆变器(VVVF)、线路电抗器(FL)、制动电阻器(BR1 和 BR2)以及牵引电动机(M)。一个典型的牵引系统设备框图如图 8-3 所示。

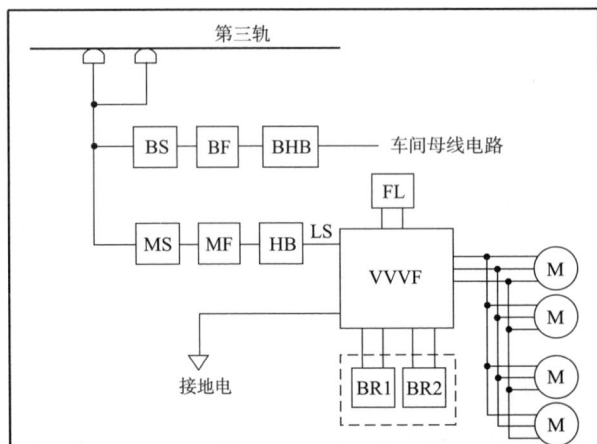

图 8-3 牵引系统设备框图

BS-母线电路开关;BF-母线电路熔断器;BHB-母线高速断路器;MS-主开关;MF-主熔断器;HB-高速断路器;LS-线路隔离开关;FL-线路电抗器;VVVF-VVVF 牵引逆变器;BR1、BR2-制动电阻;M-牵引电动机

逆变器电路是牵引系统的主要组成部分,是最关键、最复杂、最核心的部分,它采用脉宽调制的变压变频技术(VVVF),把直流电源转换为变压变频的交流电供牵引电动机使用。牵引逆变器除逆变器本身外,还有充电回路、滤波回路,滤波单元采用大的电抗器和电容器对输入牵引系统的电流进行滤波,优化逆变器电源的品质。所有牵引系统电路通过车间母线电路接通,每个牵引系统电路可以通过母线断路器(BHB)或母线开关(BS)断开。

接触网通过受流装置给直流线路供电;直流通过高压设备(MS、MF、HB)和线路电抗器(FL)滤波后,给 VVVF 牵引逆变器供电;VVVF 变直流电为变频变压交流电源,用于驱动牵引电动机。牵引电动机将电能转为机械能,驱动车轮运转。

牵引控制系统包括:司机控制器、PWM 发生器、各种继电器等。

司机控制器输出无极牵引/制动控制指令 PWM 信号(10%～90%),控制全列车的

VVVF 装置。VVVF 装置按照混合矢量控制模式进行高精度转矩控制,实现对牵引电动机的速度调节。

以下对列车电力牵引系统的关键设备进行说明。

一　受流装置

受流装置是列车将外部电源平稳地引入车辆电源系统,为列车的牵引设备和辅助设备提供电能的重要电气设备。根据线路供电方式的不同,受流装置有集电靴从第三轨受流和车顶受电弓从架空接触网受流两种方式,如图8-4、图8-5 所示。两种受流方式并存,且各具优缺点。

图 8-4　集电靴受流装置

图 8-5　受电弓受流装置

1　集电靴受流装置

由于城市轨道交通线路大多穿越城区,往往需要设在地下,且速度要求不高,从安全性、经济性和对城市景观影响等方面考虑,更倾向于集电靴从第三轨受流方式。

(1)集电靴受流装置的安装位置

集电靴受流器安装在转向架的构架侧面上,与接触轨(第三轨)形成弹性接触。受流器的布置原则是保证列车在断电区仍能满足列车的供电要求。对于三动三拖六节编组的 B 型车,每列车共装有 12 个受流器,有两种布置方式。一种是将所有受流器安装在动车转向架上,如图8-6 所示。另一种布置方式是其中 3 个动车共装有 8 个受流器,拖车 T 不安装受流器,带驾驶室的拖车 Tc 共装有 4 个受流器。受流器的布置情况如图8-7 所示。

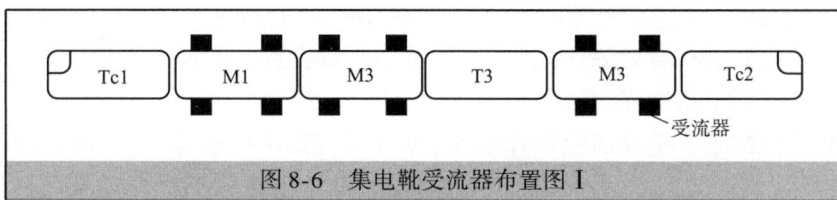

图 8-6　集电靴受流器布置图 I

显而易见,第二种受流器布置方式比第一种布置更加分散,但两种方式均能确保列车能顺利通过三轨断电区。无论哪种布置方式,受流器之间均为并联连接,当任意一个受流器接地时,只需隔离该受流器,即可解除故障。

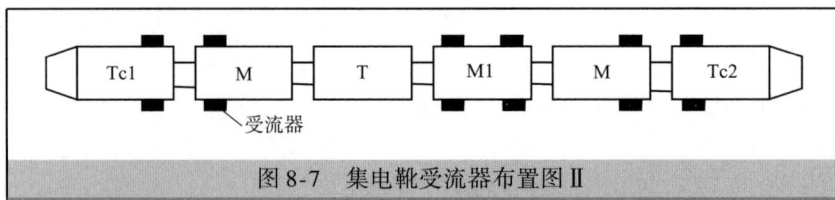

图 8-7 集电靴受流器布置图 Ⅱ

（2）集电靴受流器的结构

一个典型的集电靴受流器的结构如图 8-8，可分为以下四部分：

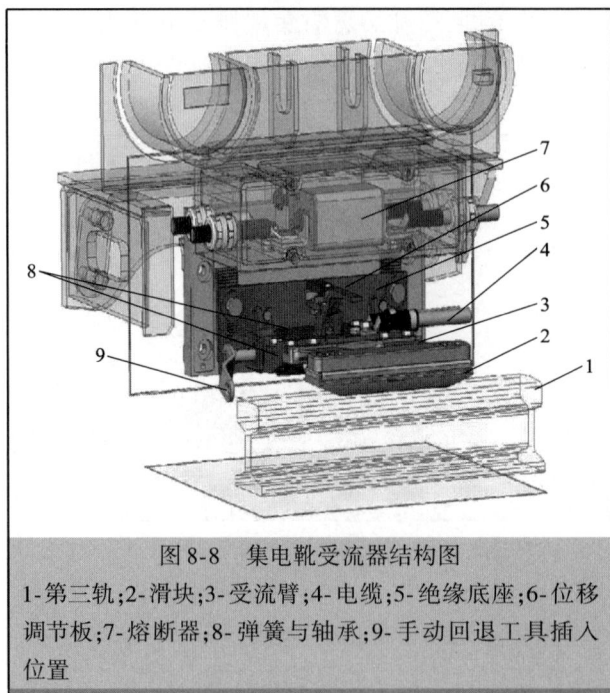

图 8-8 集电靴受流器结构图

1-第三轨；2-滑块；3-受流臂；4-电缆；5-绝缘底座；6-位移调节板；7-熔断器；8-弹簧与轴承；9-手动回退工具插入位置

①受流器主体：（包括一整套动力系统弹簧、轴承、金属底座、金属臂架、紧固件、连接熔断器与受流器 2 根电缆）；

②受流臂、滑块；

③熔断器；

④绝缘框架。

（3）集电靴受流器的特点

①受流器机械部分安装在一个绝缘支架上，该支架上设计有带锯齿状的位移调节板，每个最小调节量是 4mm，总调节量为 40mm。以配合对车轮运行后磨损镟修后的补偿。

②受流器有一套由 2 个弹簧和 2 个弹性铰键轴承组成的机构，用于保证滑块磨损后，其与三轨的压力不受影响，仍然保持恒定压力。

③受流臂采用了弱连接结构，当滑块在运行轨道上受到意外障碍时，为了保护整个受流器和与之安装的转向架，首先断裂的是集电靴靴臂，而不影响车辆的正常运行。

④为了防止短路，保护车体和转向架，受流器上都装有熔断器，如果短路电流超过熔断器的分断能力，熔断器熔丝会熔断，从而保护了其他电气部件。例如，避免由于车辆牵引系统短路造成的损坏。因此，必须经过慎重选择，避免电气设备受到安全方面的损坏。

⑤受流器具有回位和锁定功能，锁定功能是为了保证有缺陷的受流器与三轨脱离（脱靴）。列车在运行时，可能会发生各动力单元主电路对地绝缘故障或受流器故障，此时需将故障单元的各受流器进行有效隔离（脱靴），使其不影响在线其他列车正常运营，以便列车应用其他动力单元运行至检修库。

集电靴受流器配备了手动回收操作装置，可以进行集中回收操作。同时也配备了绝缘操作手柄，需要时，用户也可以手动操作。手动隔离单个集电靴的操作如图 8-9 所示，将绝缘操作手柄（快速分离钩）的钩头插入受流器手动回退工具插入位置，向上提起，完成集电靴滑块与第三轨的分离；也可通过绝缘操作手柄完成已隔离集电靴的降靴操作，集电靴受流装置的侧视图如图 8-10 所示。

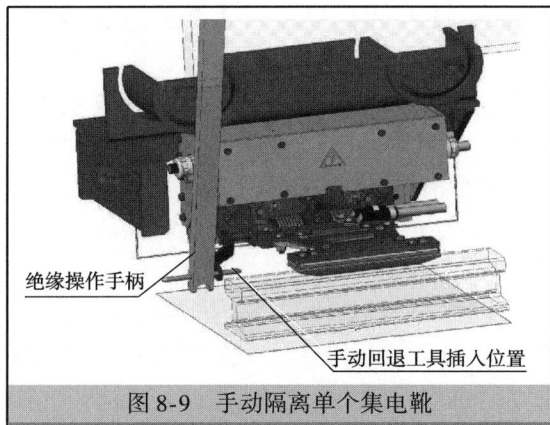

图 8-9　手动隔离单个集电靴

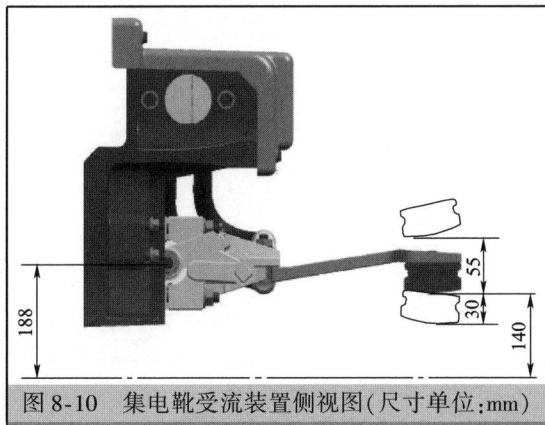

图 8-10　集电靴受流装置侧视图(尺寸单位:mm)

（4）集电靴受流器的技术参数

集电靴受流器的技术参数见表 8-1。

集电靴受流器的主要技术参数　　　　　　　　　　　　　　表 8-1

项　目	参　数	项　目	参　数
额定电压	DC750V	受流器顶面工作状态高度	160mm(图 8-10)
电压范围	DC500V ~ DC900V	受流器质量	约 39kg
额定电流	1200A(800A)	集电靴材料	碳铜合金(或铝青铜合金)
标准静接触压力	120N	环境温度	-40 ~ +40℃
静压力调节范围	120N±20%	环境湿度	≤90%
受流部件在受流器上的调节范围	-30 ~ +55mm(图 8-9)	其他环境约束	相对正常位置倾斜不大于10°
			无导电尘埃及不可能引起爆炸的地方

❷ 受电弓受流装置

受电弓是一种通过空气回路控制升、降动作的铰接式机械构件,从接触网上集取电流,并将其传送到车辆电气系统的电器设备。由于接触网方式可以实现长距离供电,受线路变化影响较小,并且能适应列车高速行驶的需要,因此,较多的地铁线路应用受电弓装置。

受电弓结构

（1）受电弓的安装位置

受电弓通过支持绝缘子安装于车辆顶部,通过弓头上的滑板与接触线接触。受电弓弓头及滑板应安装在车体中心线上尽可能靠近驱动轮的位置。在"工作"位置上,受电弓在车顶的部分都处于带电状态,仅在对车顶的机械接口和气路接口处是电气绝缘的。

受电弓一般安装在 A 车上,也有安装在 B 车上的。它的安装位置一般都是根据列车整车的设计来确定的。

（2）受电弓的典型结构和主要部件

受电弓是由碳滑板、上臂组成、下臂组成、底架、升弓弹簧、传动气缸、支持绝缘子等部件组成。目前,城市轨道交通系统多采用单臂式受电弓,具有占用车顶空间小,重量轻,弓头归算质量小的特点。典型的单臂式受电弓结构如图 8-11 所示。以下对几个关键部件进行说明。

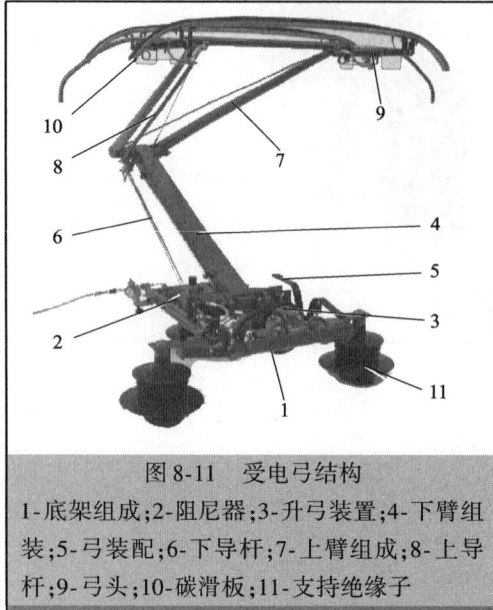

图 8-11 受电弓结构

1-底架组成;2-阻尼器;3-升弓装置;4-下臂组装;5-弓装配;6-下导杆;7-上臂组装;8-上导杆;9-弓头;10-碳滑板;11-支持绝缘子

①底架。底架安装在车顶,由四条方钢管组焊而成。它作为下臂的支持装置,包括轴承、下导杆的轴承滑轮、拉伸弹簧的悬挂和气压升弓传动装置,主要的电器连接位于底架后部的镀铜部件。

②下臂。下臂是由一个焊接钢管构成,包括中心连接支持的所有部分,支撑点有密封的重型旋转头组成。

③上臂。上臂为封闭的框架设计,由焊接铝结构组成,它由拉伸形管、环形的上臂十字管和上臂连接,他支撑下臂的旋转头和下导杆,框架由斜的不锈钢支柱支撑。

④弓头组装。弓头是与接触导线直接接触的部件。弓头的滑板、弓角和转轴间采用弓头悬挂装置连接。弓头悬挂装置的应用使得弓头具有一定的自由度,接触线高度方向上差异较小时,通过弓头悬挂装置的补偿即可保持接触压力的基本恒定,受电弓铰链系统则保持稳定,差异较大,例如通过桥梁和隧道时,才需要通过铰链系统进行补偿。滑板由碳条和铝托架粘贴而成。

⑤升弓装置组装。受电弓升弓时所需的升弓转矩由两个气囊、钢丝绳和下臂杆上的调整板产生。

⑥阻尼器组装。为防止受电弓发生不希望的运动,缓解来自相邻车辆上受电弓的干扰,以及避免受电弓降弓时对底架上的部件造成损坏,受电弓安装有阻尼器。阻尼器在受电弓出厂时已经设定好,不允许被调整。

(3)受电弓受流器的特点

受电弓在刚性接触网和柔性接触网的线路上均能适用。

在车辆运行速度范围内,受电弓有良好的动力学性能,能够保证在各种城市轨道交通车辆和速度条件下与接触网具有良好的接触状态和接触稳定性。

受电弓的框架保证了弓头相对于底架在垂直方向运动。由于弓头运动方向垂直于车辆运行方向,因此车辆的运行方向对受电弓与接触网之间的接触压力不产生影响,受电弓可以满足车辆的双向运行要求。且受电弓设置有机械止挡,可以限制受电弓在无接触网区段上的垂直运动。

受电弓采用气动工作方式。对受电弓持续供以压缩空气,压缩空气作用于受电弓的两个升弓气囊,则受电弓升起,并最终使弓头与接触导线保持在规定的接触压力。作用于气囊的控制压力要求具有很高的精度(0.01bar),它通过安装于受电弓底架上的气阀箱内的调压阀、节流阀等控制元件来调节和实现。

受电弓在气路上的特别设计保证了它降弓时有明显的迅速下降和平稳下降两个阶段。

关闭对受电弓的压缩空气供应,则受电弓靠自重降下。

受电弓气路系统有任何故障时,受电弓自动的降下。

正常工作时,受电弓持续保持升弓状态,只有当司机在驾驶室按下降弓按钮时受电弓降下。受电弓还设有 ADD 自动降弓系统,当受电弓滑板破裂等引起受电弓气路泄露时,ADD 自动降弓系统作用,受电弓迅速有效的降下,避免受电弓与接触网之间的进一步破坏。

(4)受电弓的主要技术参数

受电弓的主要技术参数见表8-2。

受电弓的主要技术参数 表 8-2

项　　目	参　数	项　　目	参　数
额定工作电压	DC1500V (DC1000V ~ DC1800V)	最大宽度(弓头处)	1550 ± 5mm
		最大长度(落弓位置)	≈2580mm
		平均静态力	100N(70 ~ 140N)
最大短时电流(70s占空因素中为5s)	3500A	运行速度	≤90km/h
最大起动电流(30s)	1600A	重量(包括支持绝缘子)	≤140kg
最大停车时电流(DC1000V 和单弓受电)	540A	额定工作气压	550kPa (500 ~ 900kPa)
折叠高度(包括绝缘子)	≤310mm		
最低工作高度(从折叠位置滑板面起)	150mm	升弓时间	≤8s
最高工作高度(从折叠位置滑板面起)	1950mm	降弓时间	≤8s
最大升弓高度(从折叠位置滑板面起)	>2550mm	滑板数量	2 块

二 牵引电动机

凡用于地铁车辆或铁路机车车辆带动列车运行的电动机通常称为牵引电动机,是城市轨道交通车辆得以实现牵引及电制动的动力机械装置。它将电能变为机械能,产生牵引力驱动列车,又可将机械能转变电能,实现电制动力。牵引电动机的种类主要有直流牵引电动机、交流牵引电动机和直线牵引电动机。旋转牵引电动机用于驱动每个动车转向架的动车轮对,而直线电动机用于驱动安装电动机的转向架。使用旋转牵引电动机的列车上,牵引电动机为三相鼠笼式感应电动机;直线电动机牵引系统的电动机一般是长转子结构。目前,最广泛应用的是旋转电动机,吊挂在动车转向架的构架上,每个动车转向架安装两个牵引电动机,牵引电动机的安装位置如图8-12 所示。

1 三相鼠笼式交流电动机

(1)三相鼠笼式交流电动机的结构

三相鼠笼式交流电动机的结构如图8-13 所示,主要由 3 部分组成:固定部分,称为定子;旋转部分,称为转子,定子和转子之间的间隙,称为气隙。

图 8-12 牵引电动机安装位置

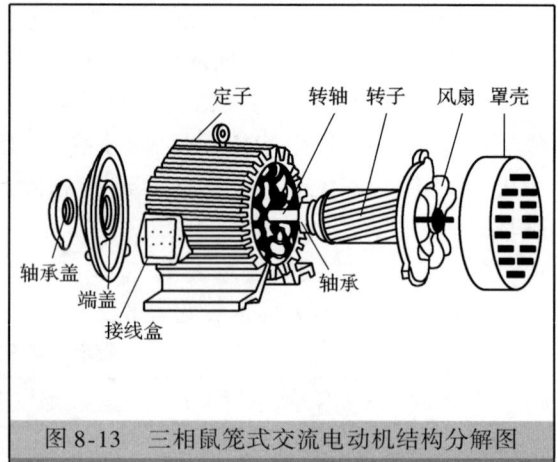

图 8-13 三相鼠笼式交流电动机结构分解图

①定子的组成。定子由机座、定子铁芯和定子绕组三个部分组成。定子铁芯内原有许多形状相同的槽,用于嵌放定子绕组,机座用于固定和支撑定子铁芯,要求有足够的机械强度和刚度。

②转子的组成。转子由转子铁芯、转子绕组和转轴三部分组成。转子铁芯是电动机主磁通磁路的一部分,用 0.35 ~ 0.5 mm 厚的硅钢片叠压而成,表面开有槽,用与放置或浇注转子绕组。转子铁芯安装在转轴上。

③气隙。异步电动机的励磁电流是由定子电源供给的。气隙较大时,磁路的磁阻较大。若要使气隙中的磁通达到一定的要求,则相应的励磁电流也就大了,从而影响电动机的功率因数。为了提高功率因数,尽量让气隙小些。但也不应太小,否则定子与转子有可能发生摩擦与碰撞。如果从减少附加损耗以及减少高次谐波磁动势产生的磁通的角度来看,气隙大点反而有好处。

（2）牵引电动机的技术参数

三相交流电动机刚性安装在底架动车转向架的中央,每个车轴一个电动机。电动机和齿轮箱柔性相连。采取自通风,整体密封设计。半磨耗齿轮在 80km/h 时电动机转速 3660rad/min,速度传感器安装在电动机上。

YQ-180-4 型三相鼠笼式异步电动机的额定参数如表 8-3 所示。

牵引电动机的主要技术参数　　　　　　　　　　　　表 8-3

项　目	参　数	项　目	参　数
定额	1h	额定电流	240A
输出功率	180kW	频率	77Hz
额定电压	550V	转速	2255r/min

（3）牵引电动机的工作原理

受流器从接触网上获得直流电流,经过列车牵引逆变器转换成三相交流电,输送给交流牵引电动机(三相异步电动机)定子上空间位置相差 120°的三相绕组,使定子三相绕组中有对称的三相电流流过,从而在气隙中产生旋转磁场。转子绕组在这个旋转磁场中感应出电动势,转子的感应电动势在自我闭合回路的转子绕组中产生电流。转子电流与旋转磁场相互作用,产生电磁力,形成使转子旋转的电磁转矩,转轴通过联轴器和齿轮箱把转矩传送给车辆转向架的车轴,带动车轮滚动,驱动列车运行。

❷ 直线感应电动机

近代新发展的直线感应电动机系统,改变了传统电动机旋转运动方式为直线运动方式,突破了车辆长期以来依靠轮轨黏着作用传递牵引力的传统技术,代表着未来车辆传动技术的发展方向。

直线感应电动机 LIM(Linear Induction Motor)技术作为一种较为成熟的技术,目前,在加拿大温哥华空中列车 Sky Train 系统、马来西亚吉隆坡格兰纳再也线、美国纽约肯尼迪国际机场线、日本大阪地铁 7 号线、东京地铁 12 号线(大江户线)、斯卡伯勒快速运输系统、底特律市区运输系统等得到了广泛应用。在我国广州地铁 4 号线、首都机场线也应用了直线电动机系统。

(1)直线电动机轮轨驱动的原理

直线电动机如同将旋转电动机沿半径方向切开展平而成,定子为初级线圈,转子为次级线圈。直线牵引电动机应用于城市轨道交通车辆时,初级可以设置在车上,也可以设置在地面,分别称为车载初级式和地面初级式。一般将电动机的定子部分(初级)安装在车辆的转向架上,将转子(次级)沿线路铺设在轨道中间,如图 8-14 所示。

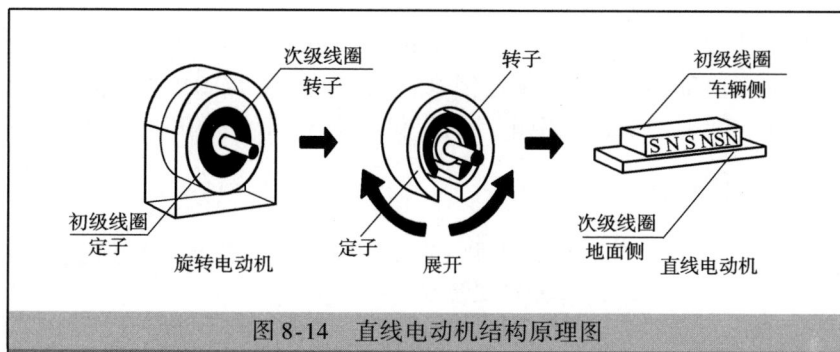

图 8-14　直线电动机结构原理图

当电流通过定子电磁铁线圈时,会产生向前方向的磁场,通过与轨道反应板的相互作用产生牵引力。列车靠车轮支撑在轨道上,由于反应板固定在轨道上,反作用力推动定子,带动转向架和列车向前运行。轨道感应板要安装在轨道道床上,其与钢轨、道床以及三轨的尺寸链关系至为重要。

(2)直线电动机轮轨驱动的特点

与其他城市轨道交通方式对比,直线电动机轮轨驱动系统具有以下优点:

①优良的动力性能。列车采用直线电动机牵引和制动。车轮仅起承载作用,牵引力不受轮轨之间黏着条件的限制,因此列车具有优良的动力性能和较强的爬坡能力(理论线路限制坡度可达100‰,目前可实现80‰)。有利于线路的纵断面设计,减少隧道及高架的过渡段,减少拆迁工作量,降低工程造价。

②通过小曲线半径的能力强。直线电动机列车采用径向转向架。列车具有较强的通过小曲线半径能力(列车在正线可通过的最小曲线半径为80m)。因此在平面选线时有利

于避开建筑物或建筑基础,减少征地拆迁费用。

③隧道断面面积小。隧道建设投资约占地铁总投资的一半左右,由于直线电动机车辆车轮只起支撑和导向作用,因此轮径较小,车辆总体高度降低。整个系统小型化,可以减小地下隧道开挖断面面积,从而降低了土建工程造价。

④车辆段占地面积小。直线电动机车辆养护维修工作量相对较少,且通过小半径曲线能力强(列车在库内可通过最小曲线半径为50m),这就可以设置小型车辆段。

⑤环保。根据国外经验比普通轮轨系统噪声低8~10dB,最大噪声在73dB左右,完全满足国家规定的环保标准。

⑥维修费用低。由于直线电动机车辆车轮仅起支撑和导向作用且采用了径向转向架,故轮缘和城市轨道交通车辆的磨耗大为减少。转向架和直线电动机结构也都比旋转电动机车辆简单,使维修工作大量减少的同时也减少了维修人员,节省运营成本。

直线电动机轮轨驱动系统的缺点在于轨道结构复杂、要求高,而且牵引能耗较大。

查一查

磁悬浮轨道交通的悬浮原理、驱动原理和导向原理。

三 VVVF牵引逆变器

VVVF牵引逆变器(Variable Voltage,Variable Frequency)是交流电动列车上的重要设备,安装在列车动车底部,其主要功能是把来自接触轨上的750V直流电转换为0~550V交流电,为动车转向架上的交流牵引电动机提供交流电,其频率和电压值是可调的。

1 牵引逆变器的技术参数

MAP-184-75V208型二级三相电压型PWM逆变器的主要技术参数见表8-4。

牵引逆变器的主要技术参数 表8-4

项　　目	参　　数	项　　目	参　　数
输入电压	DC750V	脉冲模式	异步(600Hz)、3PM、1PM
逆变器输出电压	AC0~550V	控制容量	180kW IM ×4
逆变器输出频率	0~200Hz		

2 牵引逆变器的工作原理

牵引逆变器是通过改变VVVF逆变器各开关元件(如IGBT、GTO等)的开通时间来改变负载的电压,通过改变VVVF逆变器各开关元件开通的周期来改变输出的频率。根据异步电动机的原理,电动机转矩与电动机电压和电源频率之比的平方成正比、与转差频率成正比。同时,当转差频率为负值时,转矩为负值,产生制动力。因此,在采用VVVF逆变器的电动车中,只要控制压频比和转差频率即可自由地控制牵引力和再生制动力。即只需控制3个因素:逆变器输出电压、逆变频率和转差频率,就可以实现对城市轨道交通车辆牵引系统不同工况(牵引工况和制动工况)的控制,VVVF控制装置的主线路的简略连线图如图 8-15 所示。

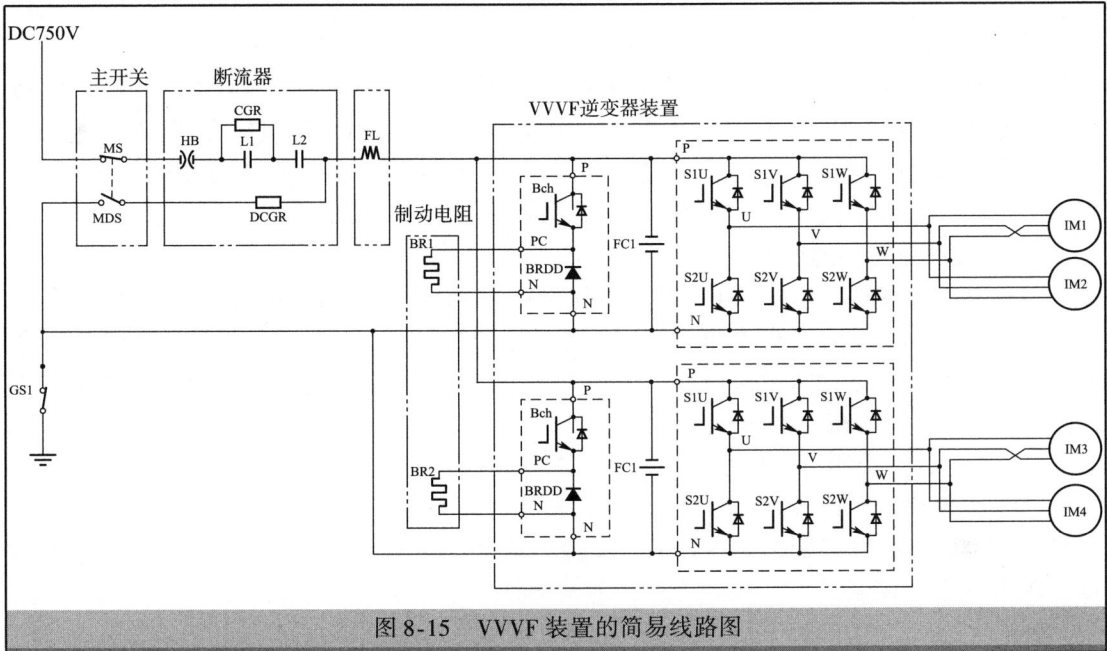

图 8-15　VVVF 装置的简易线路图

（1）主开关（MS）

主开关由电源线的闭合、切断开关（MS）和 FC 的电荷放电开关（MDS1、MDS2）组成。

（2）反相器装置

反相器装置由控制向反相器线路供电的高速断路器（HB）和单位开关（L2）、控制导入 FC（滤波电容器）电流的电阻器（CGR）和这些单位开关（L1）及 FC 放电的电阻器（DCGR1、DCGR2）、反相器线路等组成。

（3）滤波电抗器（FL）

滤波电抗器是控制从电源线流入的电流脉动，并能限制特定的周波电流，设定定数值的电抗器。

（4）滤波电容器（FC）

滤波电容器是能稳定来自电源线的直流电压的电容器。

（5）反相器线路

反相器线路是将从电源线传来的直流电压变换成交流电压，再将电力提供给主电动机（IM1～IM4）的电力转换线路（S1U～W、S2U～W）。

（6）制动断路器线路（BCH）

制动断路器线路的原理为当电气制动时，电源线的电压上升到设定值以上的场合下，制动断路器的元件（BCH）被激活，一部分从反相器线路来的再生电力被制动电阻器消耗了，电源线的电压上升便被抑制了。而且，即便是线路内的直流电压有异常上升的话，也能被激活，抑制上升的电压。

（7）制动电阻器（BR）

制动电阻器是指在电气制动时，用于电源线电压上升到设定值以上的场合下，或者检测过载电压时,接续的电阻器。

❸ 牵引逆变器的功能(以 DC 750V 第三轨受流说明)

在 DC 750V 电源与 3 相 AC 电压(需用于驱动 3 相感应电动机)之间传输电力。VVVF 逆变器进行变压变频控制,从而在较大范围内控制牵引电动机转数(即列车速度)。VVVF 逆变器通过空转频率(转差频率)控制牵引/再生操作和向前/后退操作,并且在不切换主电路的情况下输出相位排列控制(即只控制 IGBT 闸极信号)。

(1)牵引控制(加速度)

司控器的向前/后退指令和牵引指令通过列车管理系统传输线发送至 VVVF 逆变器,以确保正常操作。同时还有多条列车线路输入至 VVVF 逆变器,以便当列车管理系统网络发生故障时能够进行紧急操作。牵引扭矩根据这些司控器指令和制动控制装置负载信息通过列车管理系统传输线进行控制。

(2)再生制动控制(减速度)

司控器制动指令输入到列车管理系统,列车管理系统计算再生制动请求指令,随后通过列车管理系统传输线输入到 VVVF 逆变器。制动扭矩根据这个来自列车管理系统的制动请求指令进行控制。

逆变器执行再生控制操作,使得牵引电动机所发电力能够反馈到第三轨电路。如果第三轨电路上再生负载不能完成接受牵引电动机的再生电力,多余电力将被制动电阻消耗掉。

(3)空转/打滑和附着力控制

须对空转/打滑通过计算的电动机频率(根据 U 相和 V 相牵引电动机电流估计)进行检测。当检测至空转/打滑时,立即降低牵引电动机扭矩对空转/打滑状态进行校正。

(4)保护操作

与牵引控制系统相关的保护操作主要用于保护设备不受损坏或帮助维护作业。当 VVVF 逆变器检测到任何保护时,即将该信息传输至列车管理系统,并且列车管理系统会为司机或维护人员提供一些帮助指导,列车的管理系统如图 8-16 所示。

四 高速断路器

高速断路器是一个单极型直流(DC)断路器,双向电磁控制,采用自然冷却。发生过电流(短路、过载或故障)时,高速断路器能够迅速做出反应,它适合保护直流设备。城市轨道交通车辆中的高速断路器主要是对牵引逆变器与高压电路进行隔离,控制电车和主线路的"入"、"切"动作,同时对牵引系统进行保护。在列车牵引系统的电路出现异常的情况下(如过电流、逆变器故障或线路短路),高速断路器能够将各牵引设备从受流器线路上安全断开。而且,由于是微离子格栅状,所以在断路时不会产生电弧现象。VVVF 逆变器通过高速断路器连接到接触网上。有些牵引系统在高速断路器和受流器之间还设置了闸刀开关,必要时(例如检修)可以把高速断路器和受流器的高压线路断开,并用闸刀开关设置为接地。

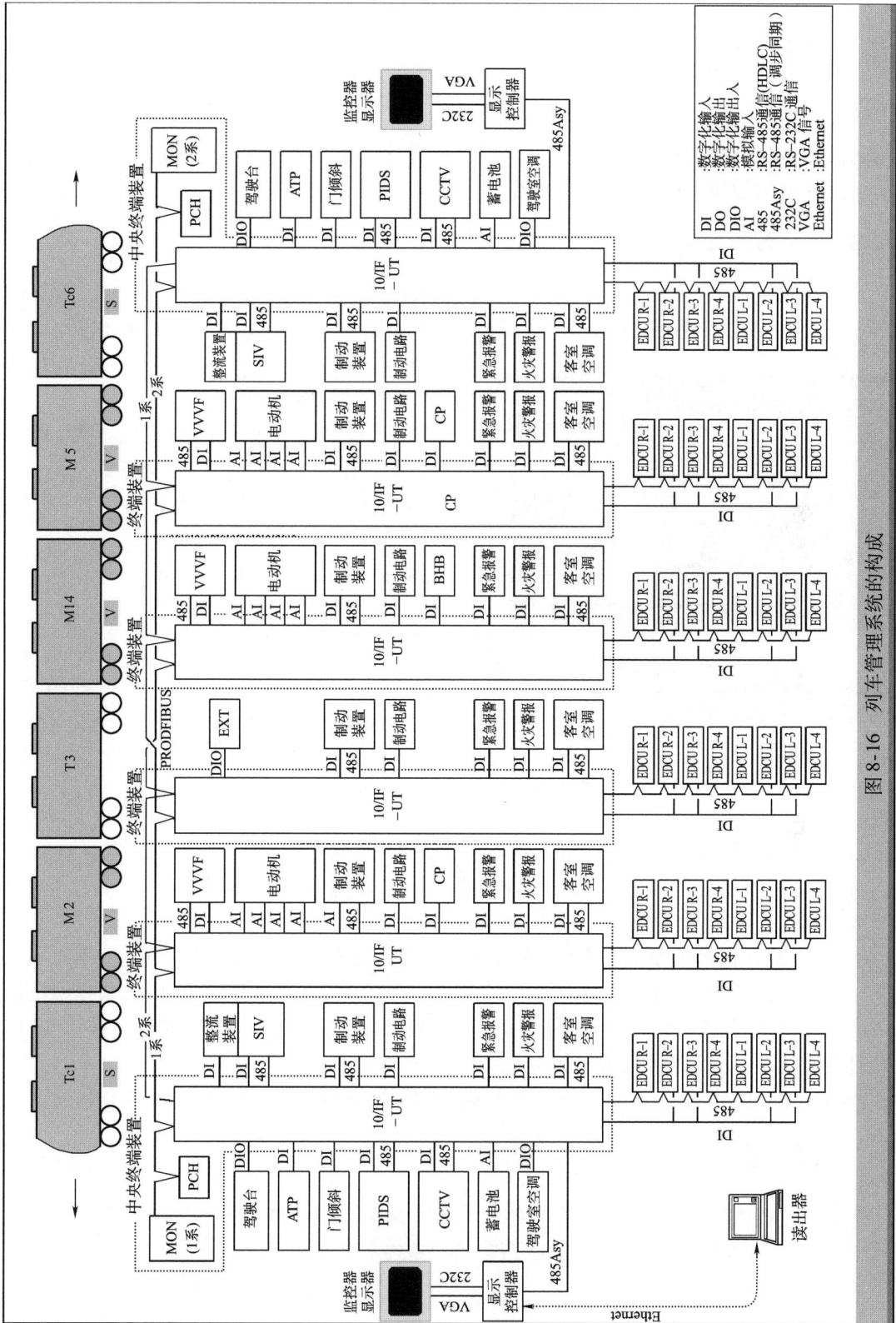

图 8-16　列车管理系统的构成

五 司机控制器

司机控制器(简称司控器)是用来操纵城市轨道交通车辆运行的控制器,它利用控制电路的低压电器间接控制主电路的电气设备,用来完成整个列车的牵引、制动功能以及列车的前进方向的控制和司机警惕等功能。

1 司控器的主要组件

每个驾驶室设有一个司机控制器,在每个司机控制器上有司机钥匙、方向手柄及牵引/制动控制手柄(带警惕按钮)。司控器的外形如图 8-17 所示,其主要组件包括:

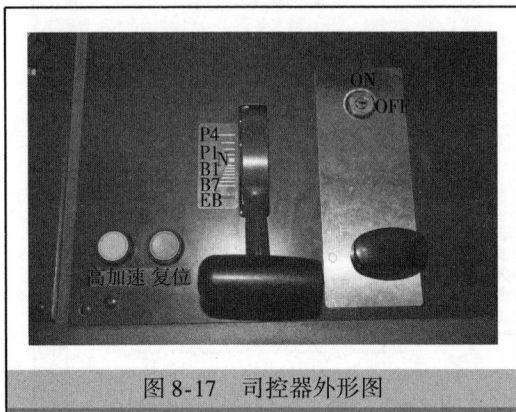

图 8-17 司控器外形图

(1)起列车驾驶操作的钥匙开关,司机钥匙有两个位置:ON、OFF。

(2)选择列车行驶方向的方向手柄,该手柄共有 F(向前)、0、R(向后)三个位置。

(3)牵引/制动控制手柄有四个位置:牵引、0、常用制动、EB。

(4)高加速按钮和复位按钮。

2 司控器的互锁逻辑

司机控制器的司机钥匙、方向手柄、牵引/制动控制手柄为机械互锁结构,其逻辑为:

(1)当司机钥匙在"OFF"位置时:方向手柄和牵引/制动控制手柄都无法动作。

(2)当司机钥匙在"ON"位置时:方向手柄可以离开零位切换到"向前"或"向后"位置。

(3)当方向手柄在"0"位时:牵引/制动控制手柄无法动作。

(4)当方向手柄在"F"或者"R"位置时:牵引/制动控制手柄可离开零位(惰行位)切换到牵引、制动以及紧急制动位。

(5)反之当司机控制器不在零位(惰行位)时,方向手柄无法动作;当方向手柄不在零位时,司机钥匙无法动作。司机控制器的牵引、制动和紧急制动状态指令通过模式选择继电器送到执行机构;牵引、制动力大小信号为 0~10V 模拟信号,送入到 TCMS 中,经过 TCMS 转换为的 PWM 信号送到执行机构中。

(6)在非 ATO 模式下,司机应按下控制器上的警惕按钮,否则列车将实施紧急制动。

想一想

除了牵引电动机之外,列车上还有哪些设备需要供电?这些设备的电源从何而来?因此,列车上除了电力牵引装置外,是否还需要辅助电源装置?

8.3

牵 引 电 路

城市轨道交通车辆上的各种电气设备通过电气线路互相连接起来,构成一个整体,实现列车的各项功能。列车电路的设计对于列车牵引、控制等各方面的性能有很大的影响,是列车电气系统中一个非常重要的组成部分。列车电路包括:主电路、辅助电路和控制电路。

一　主电路

牵引系统电路称为主电路。主电路将产生列车牵引力和制动力的各种电气设备连成一个电系统,实现牵引功率的传输。

主电路是牵引系统最重要的组成部分。它的结构不但决定牵引系统的类型,而且即使同一类型的机车或动车,如主电路的结构不同,也会在很大程度上决定该型机车或动车的基本特性。

1　主电路的结构

按照对牵引电动机控制方式的不同,主电路分为以下三种结构:

(1)车控方式(集中供电)

车控方式下动车的所有牵引电动机并联起来由一个电源(逆变器)供电。车控方式的电路结构相对比较简单,但由于多台牵引电动机并联运用,牵引电动机的特性、电路参数以及车轮的轮径均不相同,所以控制模式上需要考虑多方面的因素,而显得比较复杂,特别是在黏着控制方面难以获得理想的控制效果。

(2)架控方式(混合供电)

架控方式是一个转向架上的 2 台牵引电动机并联后由一个逆变器供电。架控方式的性能则介于车控方式和轴控方式两者之间,可以说是一个比较好的兼顾方式。

(3)轴控方式(独立供电)

轴控方式则是每一个牵引电动机均由一个独立的整流器或逆变器供电。轴控方式下,一个逆变器只对一个牵引电动机,其控制模式直接且简单,但显然电路结构复杂、使用的逆变器或整流器数量成倍增加,经济性差。

2　主电路保护

(1)主电路短路保护

主电路短路故障是指电网侧短路或接地、变压器的副边绕组或其中的一段短路、硅整流器击穿短路、中间直流环节短路、牵引逆变器可控硅(GTOI 或 GBT)击穿短路和牵引电动机短路。

交—直—交牵引系统中的中间直流环节短路也是一种严重的短路故障。

主断路器是主电路也是整台机车和动车的主要保护装置和最后的保护屏障,如图 8-18 所示。主断路器可以切断整个车辆的供电,所以是列车保护的最后屏障。

(2)主电路过载保护

过载保护本质上也是电流保护,与短路保护只是保护电流整定值的大小和程度上的差别。

过载保护主要是指牵引电动机的负载电流过大,因此在每一个牵引电动机的回路中都设置过载保护继电器。另外在交流牵引系统中还要设置交流牵引电动机的三相不平衡保护。

(3)主电路接地保护

主电路接地故障是由于主电路中的电气设备或导线的绝缘破坏,造成主电路与车体钢结构接触或者与钢结构之间发生放电。保护的手段主要是设置接地继电器,如图 8-19 所示。

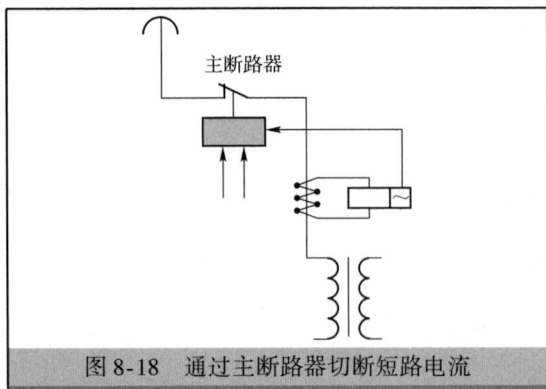

图 8-18　通过主断路器切断短路电流

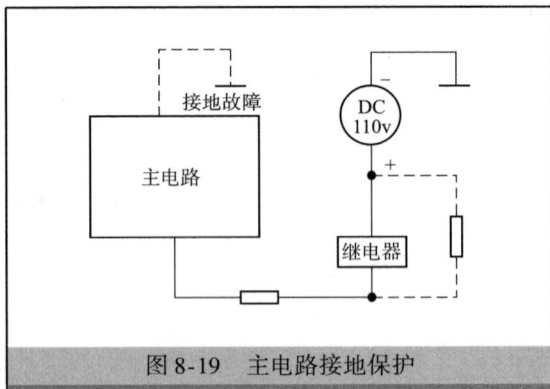

图 8-19　主电路接地保护

(4)主电路过电压保护

主电路过电压保护包括雷击过电压,操作过电压,中间直流回路过电压保护。

二　辅助电路

辅助电路将牵引系统中的各种辅助电气设备和辅助电源连成一个电系统,成为保证牵引系统正常运转不可缺少的电气装置。

辅助电路还可以包括列车照明、旅客信息系统的供电、通信设备、空调、自动门以及用来改善乘务人员和旅客的工作和生活条件的设备。

辅助电源装置包括辅助逆变器、蓄电池组和充电装置。辅助逆变器为辅助电气设备提供电源,它有 CVCF(恒压恒频)和 VVVF(变压变频)两种工作模式;多个辅助逆变器以实现分散供电和互为冗余的目的。蓄电池组为列车控制电路提供电源,充电装置作为直—直变流器应用,如图 8-20 所示。

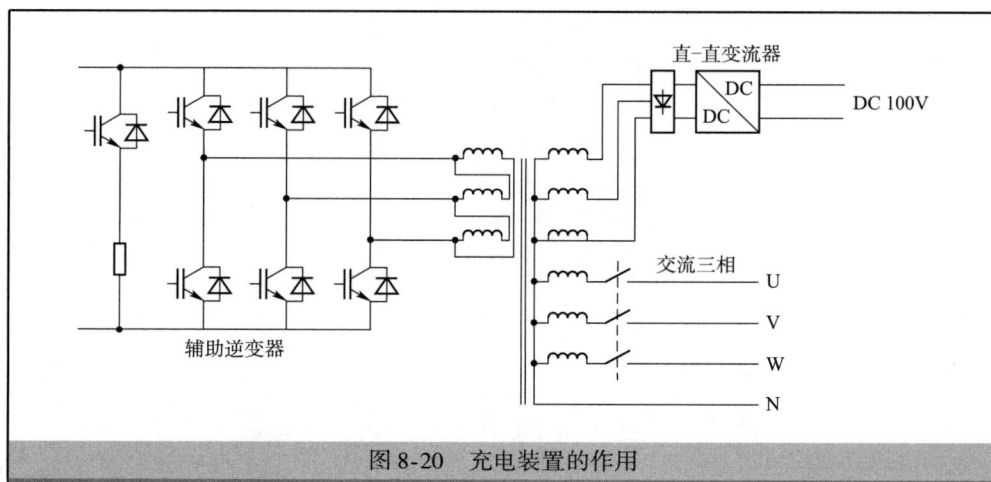

图 8-20 充电装置的作用

三 控制电路

控制电路是将主电路和辅助电路中的各电气设备的控制装置、信号装置和控制电源连成一个电系统,实现对列车的操纵和控制。

控制电路普遍采用的是间接控制,司机通过控制器操纵各种低电压的控制电器,再通过这些电器的动作去改变主电路或辅助电路的工作状态,实现对机车运行的控制。

复习思考题

1. 城市轨道交通车辆电力牵引系统由哪几部分组成? 各组成的功能是什么?

2. 在车辆运行中如果有一个集电靴接地会出现什么情况? 如何解决?

3. 通过驾驶模拟器,练习通过司控器控制列车运行。

4. 列车主电路有哪几种结构?

5. 简述辅助电路的作用。

6. 简述控制电路的功能。

列车通信系统

教学目标

1. 掌握城市轨道交通列车通信系统的组成；
2. 掌握列车广播通信系统的构成及操作；
3. 掌握乘客信息显示系统的功能及操作；
4. 了解列车监控系统的功能及构成；
5. 了解列车信息收发系统的网络结构。

建议学时

6 学时

9.1

列车通信系统概述

通信是指利用电信设备单向或双向传送消息或音讯,应用先进、成熟的多媒体信息处理技术和计算机通信网络技术,在编组列车上构建了一个多媒体信息处理与传输平台,实现多媒体列车广播通信和乘客信息显示。对于乘务人员和站务人员来说,熟练掌握列车通信系统的构成及操作是最基本的要求。本单元重点介绍列车通信设备的构成、特点及操作以及列车信息收发系统。

一 列车通信系统的功能

列车通信系统通过列车通信控制网络实现控制中心与列车、车站与列车及驾驶室司机和客室乘客之间的信息传递。列车通信系统的主要功能是:

(1)播放列车到站动态音/视频运营信息,使旅客及时了解列车的运行情况、到站信息等,方便旅客换乘其他线路,减少旅客下错站的可能性。

(2)在发生灾害或其他紧急情况下(如火灾、阻塞、恐怖袭击等),进行紧急广播,以指挥旅客疏散,调度工作人员抢险救灾,减少意外造成的损失。

(3)为了保障运行安全,在驾驶室和客室车厢内安装摄像监视系统。视频监控系统具有停站车门监视功能。

(4)提供城市轨道交通乘车须知、服务时间、列车到发时间、列车时刻表、管理者公告、政府公告、出行参考、股票信息、媒体新闻、赛事直播、财经、天气预报、娱乐、体育、消费、广告等实时动态多媒体讯息。

二 列车通信系统的构成

列车通信系统从结构上分由列车通信设备和列车通信控制网络组成。从功能上看,列车通信系统是由四个子系统构成的:列车广播通信系统、乘客信息显示系统(PIDS)、视频监控系统(CCTV)和列车信息收发系统。

列车通信网络设备主要包括:视频控制器、音频控制器、车辆网络接口、LCD 监视显示器、17″ LCD 新闻信息显示器、终点站 LED 显示器、车体外侧 LED 显示器、车门上方 LED 显示器(显示动态路线图)、乘客紧急报警器、扬声器、半球形摄像机、车载无线网桥和车载天线等。各种设备按功能分别布置在驾驶室与客室车厢,通过硬线连接成通信控制网络,实现列车通信功能。

想一想

思考以上通信网络设备分别布置在列车的什么位置?

三 术语定义

PIDS——乘客信息显示系统。

PA——列车广播系统。

TMS——列车管理系统。

LCD——媒体播放系统。

CCTV——视频监控系统。

OCC——运营控制中心。

TCN——列车控制网络。

MIC——麦克风。

SP——扬声器。

PISC——广播中央控制器。

DVA——数字信息处理器。

AMP——功率放大器。

LCU——本地控制单元。

DCP——广播控制盒(司机控制单元)。

9.2 列车广播通信系统

列车广播通信系统由音频控制器、通信网络和音频终端设备组成。

音频控制器和司机控制单元集中控制列车所有广播通信功能,实现列车驾驶室间内部通信(IC)、乘客紧急报警通信、人工语音广播(PA)、自动语音广播(DVA)、运营控制中心(OCC)对乘客广播、OCC与司机对讲的功能。

一 列车广播通信系统的功能

(1)ATC全自动播放报站信息

广播中央控制器通过 ATC 发来的距离信息和控制信号,控制数字信息处理器进行全自动数字化语音报站。

（2）TMS 逻辑自动播放报站信息

广播中央控制器通过 TMS 发来的速度结点信号,结合开关门信号控制数字信息处理器进行全自动数字化语音报站。

（3）手动控制播放预录报站信息和注意事项

司机可以手动选择广播控制盒的站名,完成数字化语音报站。

（4）控制中心（OCC）对列车进行广播

控制中心（OCC）通过车载无线电设备可与司机进行对话,并可无须司机授权直接对列车客室内乘客进行广播。当 OCC 对乘客进行语音广播时,车辆上的任何广播活动将被停止。

（5）人工广播

司机可以通过手持话筒对乘客进行广播。

（6）媒体伴音广播

广播系统可播放媒体系统的伴音信号。广播优先级最低,PIDS 工作后,默认的广播是媒体伴音广播。

（7）广播优先级设置

系统可以对广播的优先级进行设置,高优先级广播自动切断低优先级广播,默认状态下,优先级依次为:无线、人工广播、数字报站广播、媒体伴音。

（8）主从工作模式

两个列车广播中央控制器采用主从工作模式,一旦主列车广播中央控制器（在激活端驾驶室的广播控制器）发生故障,主/从广播中央控制器将自动进行转换,从广播中央控制器（另一端驾驶室的广播中央控制器）将代替主广播中央控制器进行列车广播系统的控制。

（9）驾驶室对讲

司机可以通过广播控制盒上的手持话筒与另一端驾驶室通话。

（10）司机与乘客对讲

当乘客按下客室的乘客紧急报警器时,可以呼叫激活端驾驶室进行通话。

二 列车广播终端设备及操作

1 车载电台

车载电台实现了列车调度员、车站值班员与列车司机之间随时进行通话联系,能使列车运行置于调度员的控制之下,这对提高运输效率,保证行车安全具有十分重要的作用。如遇特殊情况,也可通过车载电台得到及时处理。

车载电台布置在驾驶室操作台上,由车载无线电话筒和车载无线电控制盘组成,如图9-1所示。

❷ 司机控制单元

司机控制单元是列车通信系统的人机操作界面。它完成的功能包括:司机向客室乘客广播;司机之间对讲;司机与报警乘客对讲;司机可以手动进行数字语音报站广播、紧急广播,越站广播,以及控制车内显示屏和门区电子地图显示内容。

(1)司机控制单元(DCP)构成

司机控制单元是由 LCD 显示区、按键区、PTT 对讲话筒、备用话筒所组成的,如图 9-2 所示。

图 9-1　车载电台的构成

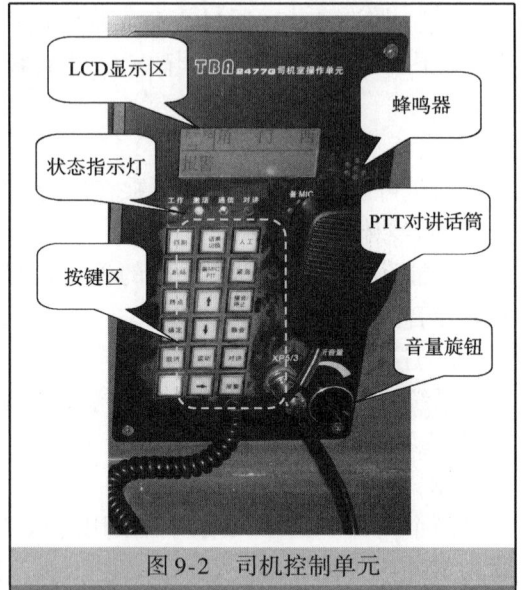

图 9-2　司机控制单元

①LCD 液晶显示屏。

上半部分为站名及紧急广播、起始站、终点站设置时的显示区域,统称为"站名显示区";下半部分为乘客紧急报警器显示区域。LCD 显示区域划分示例如图 9-3 所示。

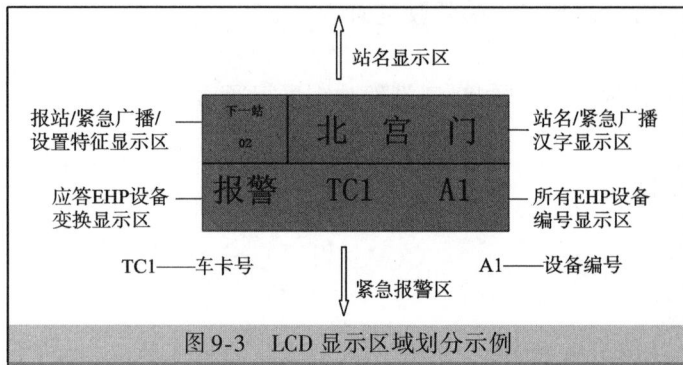

图 9-3　LCD 显示区域划分示例

LCD 开机界面显示为"从机状态,只能司机对讲",意思是由车头司机主控,车尾司机只能与车头司机实现对讲。

②工作指示灯(绿色):广播控制单元上电后此灯点亮。

③激活指示灯(黄色):广播控制单元处于激活状态时,此灯点亮。

④通信指示灯(红色):广播控制单元与受控的 PIS 系统通信正常时,此灯闪烁。当通信中断时,此灯常亮。

⑤对讲指示灯(黄色):当按下手持话筒的 PTT 键时,此灯点亮。

⑥蜂鸣器:乘客紧急报警提示用。

⑦按键区：DCP 的键盘布置如图 9-4 所示。

（2）列车广播操作。

列车广播可实现自动广播、人工广播、紧急广播、司机对讲及乘客紧急报警的功能。

①自动广播操作。

自动广播操作与"人工广播"两种工作方式形成互补，不能同时进行。当系统欲选择为自动广播工作方式时，只要在"主机"状态下按一下"自动"键，自动广播工作指示灯亮，表示系统已工作于自动广播工作状态。

广播系统便能根据列车提供的零速信号、三十公里信号和门关闭信号进行无人工参与的自动广播报站。

②人工广播操作。

在"主机"状态下，按下"人工"键，将广播工作模式切换到人工广播状态，再按下话筒旁边的"PTT"键（即按即讲），即可对客室车厢进行人工广播。

注意：当"人工"键闪烁时是不可以做广播的，灯常亮时开始广播。如果键灯一直闪烁说明系统设备有故障。

也可以使用激活端的外扩话筒（图 9-5）进行人工广播，按下外扩手持话筒旁边的"即按即讲"（PTT）即可进行广播。

图 9-4　按键区的键盘布置

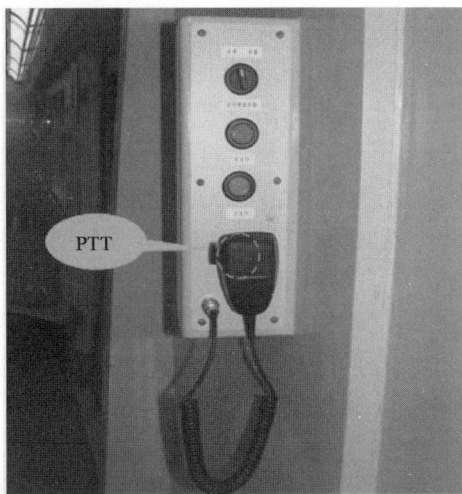

图 9-5　外扩话筒

③紧急广播操作。

紧急广播信息是事先录制好的，需要广播时，按下"F1"键，选择"紧急广播"，并通过"↑"、"↓"键选择要广播的紧急广播条目，再按下"确认"键即可自动广播。

练一练

进行常规广播和紧急广播的练习，如：列车到站、列车故障，需要区间清客。

④司机对讲操作。

按"对讲"键后，按键指示灯亮，将联络模式切换到"首尾对讲联络模式"，首尾车驾驶室便能通过话筒进行通话；一侧驾驶室点击"对讲"键后，对侧指示灯同时点亮，再次点击"对讲"键后结束通话。

⑤乘客紧急报警。

当有乘客按下车厢内的紧急报警按钮后，驾驶室的 DCP 报警指示灯闪烁，且 DCP 蜂鸣器将发出声音，同时 LCD 显示屏显示报警信息（图9-3）。

只有在"主机"状态下，才接收客室的报警；只有当客室有紧急报警发生时，"报警"键才能有效选择，否则将不起作用；当蜂鸣器告警提示时，司机按下"报警"键，蜂鸣器停止告警，按键指示灯亮，表示已将联络模式切换到"报警联络模式"，司机与客室乘客即能进行通话；报警结束后，按下"报警"键，报警通话结束，并实现对乘客紧急报警装置的远程复位。

⑥图9-4 按键区其他按钮的操作功能总结如下：

"开始"：自动广播开始按键。

"停止"：自动广播停止按键。

"监听"：系统广播播音监听选择的控制。当监听指示灯亮时，表示目前可监听客室广播播音，当监听指示灯不亮时，表示目前不能监听客室广播播音；在"主机"状态下可以选择监听或者不监听客室广播播音；选择监听或者不监听客室广播播音，只需通过按"监听"键便可反复切换监听扬声器。

"主控"：通过按"主控"键可将本驾驶室设置为主机工作模式，同时通过互控系统将对侧系统置于从机工作模式；当本驾驶室处于"主机"状态时，再点击按键可以切换首尾车"无主机"状态；当主机指示灯亮时，表示目前本驾驶室广播系统工作在主机工作模式，否则，工作于从机工作模式或者无主机状态；系统的报站信息由主机进行。在正常情况下，系统上电后，首尾驾驶室广播设备工作于主机或从机是根据列车首尾转换开关信号即广播系统控制器的 PCU 自动判断和设置的。其中，当首尾转换开关信号在首车驾驶室的广播系统时，首车驾驶室的广播系统为主机，同时尾车驾驶室的广播系统为从机。只有当首尾转换开关为首车驾驶室的广播系统有故障时，尾车驾驶室的广播系统（此时工作为从机）可通过"主控"键将本机由从机设置为主机。

"静音"：使自动广播处于静音状态。

"起点"：自动广播起点站设置操作。必须在列车广播系统开始自动运行之前，完成起点设置。

"终点"：自动广播终点站设置操作，必须在列车广播系统开始自动运行之前，完成终点设置。

"越站"：自动广播越站设置操作，当列车在运行区间，无人工参与的情况下，将实现对中途不停靠站进行提示；必须在列车广播系统开始自动运行之前，完成越站设置；按下"越站"键，液晶屏上侧中间位置将显示"越站"，液晶屏中间部分将显示上次设置的越过站；再按一次"越站"键，液晶屏上侧中间位置显示"增加越站"，利用数字键盘输入想要设置的，目标站的站代码，液晶屏上将显示相应的目标站站名和站代码，并不断闪烁；按下"确认"键，液晶屏上闪烁的区域停止闪烁，越站设置成功；最后液晶屏上显示当前站名，液晶屏上的"增加越站"将消失；重复以上操作，可以设置多个越站；如果想取消某个越过站，连续按三次"越站"键，同样重复以上操作，可以将设置过的越过站取消。

③ 乘客紧急报警装置

每节客室有两个乘客紧急报警器，如图9-6所示，该报警器具有双向通话功能，用于乘客向司机报告紧急事件。乘客报警后，在激活驾驶室内，可听到蜂鸣器的声响报警。报警通话结束后，由激活驾驶室的司机取消报警状态。

在某一乘客报警通话期间，若有其他乘客报警时，系统会自动排队存储其呼叫信息，在当前乘客报警结束后，已被存储等待的乘客报警将会自动进行音响告警。

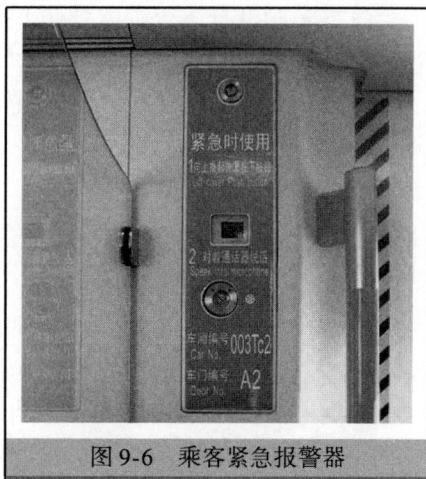

图9-6 乘客紧急报警器

小贴士

乘客紧急报警装置只是在紧急情况下才可按规定使用，不能随意使用。当列车即将进站，距离站台150m范围内，或者列车即将出站，未驶出站台150m时，此时如果有乘客按压紧急报警按钮，那么列车会自动实施紧急制动。因此，在通常情况下，若乘客随意使用，将可能引发不必要事故，还会受到罚款等处罚，情节严重者还将追究刑事责任。

9.3 乘客信息显示系统（PIDS)

乘客信息显示系统(PIDS)不仅为乘客实时地显示列车运行信息，还能通过车载的无线电视设备，接收地面的数字电视信号并进行实时的播放，提高了整体运营水平。

一 PIDS 功能

(1)运行区间信息显示

列车头部安装终点LED显示器，如图9-7所示，按列车运行要求可预置终点站，并实时显示当前的终点站。

（2）车体外侧信息显示

每节车厢设有 2 台车体外侧 LED 显示器（如图 9-8），用于向站台乘客显示运行的方向和下一站信息。

当列车处于非正常运营时，车体外侧 LED 显示器将可以通过设置，来显示运营状态"试验、调试、回库"等。

图 9-7　列车头部 LED 显示器

图 9-8　车体外侧 LED 显示屏

（3）动态电子地图显示与开门侧提示

每节车厢设有 8 台 LED 动态电子地图，位于每个车门上方，如图 9-9 所示。用于向乘客显示运行信息，并具备对下一站本侧是否开门进行提示。

LED 动态电子地图可以显示下面内容：

①运行方向；②经过的站和未达到的所有站；③下一站；④终点站；⑤下一站的开门提示；⑥换乘站及换乘线路。

（4）到站信息显示

在每个车厢配置 8 个 17 英寸 LCD 显示器（图 9-10），为客室中的乘客提供服务信息的显示，其显示内容包括如下信息：

图 9-9　门区电子地图

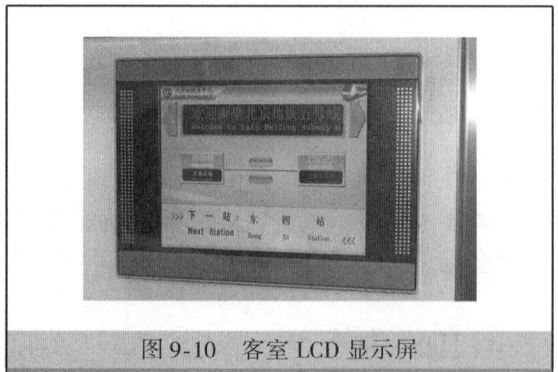

图 9-10　客室 LCD 显示屏

①线路名称；②当前的时间；③终点站名；④当前站名；⑤下一站名；⑥其他列车运营服务文字信息。

（5）预录广告片，动画片播放

播放预先录制好的媒体文件(例如广告片)。

(6)无线视频播放

系统有移动电视接口功能,可接收数字移动电视节目,包括整点实时新闻等。

二 PIDS 操作说明

客室 LCD 屏实时新闻流媒体播放:进入主控状态客室 LCD 屏自动播放地面提供的流媒体信息。

客室 LCD 屏显示当前列车运营信息:进入主控状态客室 LCD 屏侧边栏自动显示当前列车运营信息。

客室 LCD 屏播放本地视频文件:主控状态下在监控显示屏 CMON 上点击【本地播放】按钮。

9.4 视频监控系统(CCTV)

视频监视系统(简称 CCTV)是一个网络监控系统,具有提供高质量的视频监视、单路摄像机的长时间存储和方便的注释检索功能。实现在列车或地面上方便、快捷地浏览和检索存储的视频,并可以将视频转存到其他存储介质上,如存储卡等。系统加电后即开始显示和存储视频,系统还同乘客紧急报警装置相连,通过摄像机覆盖所要监视的区域。

一 CCTV 的结构

列车视频监控系统是由 CCTV 多媒体控制器、数字视频存储硬盘、LCD 触摸监视显示器(图 9-11)、驾驶室摄像机、客室网络摄像机、CCTV 车辆网络接口设备等组成的一个网络监控系统(图 9-12)。

二 CCTV 的主要功能

CCTV 系统的主要功能包括:

(1)在列车车厢内安装高性能彩色摄像机,实现无死角全方位监视;

(2)在列车驾驶室内,机车安全人员或操作人员能通过该系统实时监控列车内的情况;

（3）在列车驾驶室内,列车操作人员能监控150m距离范围内车站视频情况;

（4）地铁管理人员能通过该系统查询历史纪录,以提供相关事件调查资料;

（5）列车内监控系统能将相关信息及时提供给中央控制室,与站台监控形成一个整体。

图 9-11　LCD 触摸监视显示屏

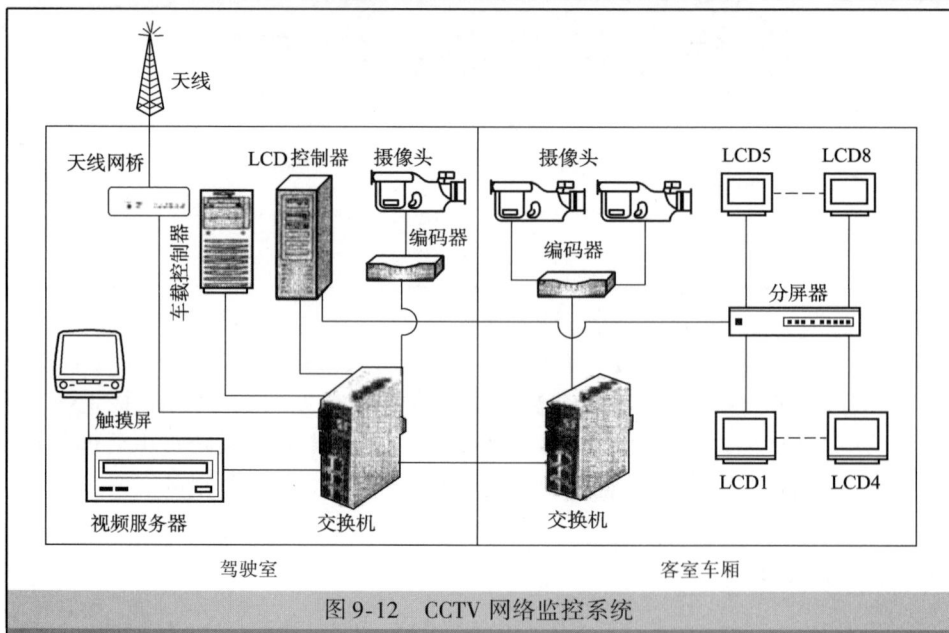

图 9-12　CCTV 网络监控系统

三　CCTV 的操作

CCTV 上电时间,从开机到显示需要 200s。CCTV 为四画面(图 9-13),14 路循环,自动定格,画面自动传输,如果画面传输不好会自动传输 10 次,10 次后不再传输。

CCTV 系统显示符合信息发布的优先级规则:后端门报警显示状态为最高级,其次为 EHP 乘客紧急情况报警显示,以后的优先级顺序依次是站台视频图像显示,司机手控选择显示,驾驶室图像显示正常显示状态。

报警时,车头车尾监控视屏出现摄像机的报警画面和报警提示信息(例:摄像机对应按钮变为红色),存储报警图像并记录报警信息,等待处理。报警信号消失(表明报警信号已经在车厢里及时处理),系统自动恢复正常监控状态。司机无权在监控屏上进行报警操作。报警信号会同时传送到地面中心。如果多个摄像机同时报警,则单画面显示报警摄像机的图像,其余报警在后面排队静待等候,画面始终显示最近报警的画面上。

可以直接通过液晶触摸屏对硬件录像机进行操作,LCD 触摸监视显示屏包括视频显示区域、功能按钮区域和摄像机图标区域,如图 9-13 所示。功能按钮区域可以选择自动切换、驾驶室图像、站台图像和向后翻转的功能;正常显示时,摄像机图标显示为绿色;EHP 报警时显示红色;站台图像为灰色;后端门报警也显示为红色。

图 9-13　LCD 触摸监视显示器界面

画面切换:视频显示区域可为单画面也可以为四画面,且四画面自动循环。当前单画面显示时,单击"画面切换"按钮,系统可以切换为四画面显示,再次单击按钮,系统切换为单画面显示,显示图像为当前选中图像画面。

视频图像轮询显示:CCTV 监控图像可以进行轮询显示,也可以进行静态图像显示,当系统为静态图像显示状态下,单击"开始轮询"按钮,系统将进行监控图像的轮询显示,同时该按钮显示为"停止轮询",再次点击,系统进行静态图像显示。

9.5　列车信息收发系统

列车通信系统的媒体视频下载及视频监控图像的上传均是通过列车的信息收发系统实

现的,列车收发系统包括车载无线网桥和无线天线。

一 列车信息收发系统的构成

列车的无线收发系统主要由车载服务器、无线宽带移动网网桥和天线、播放控制器、显示屏、摄像头等构成。负责通过车—地无线宽带网络设备接收中心下发的信息内容,并通过车载播放控制器在本列车的所有 PIDS 显示屏上实时播放,同时将车载视频监控图像实时上传至控制中心,供运营及地铁公安人员调看。

二 列车信息收发系统的原理

当上传图像时,无线网桥输出由图像转换而成的射频信号功率,通过馈线电缆输送到天线,天线再以电磁波形式发射出去,由地面设备接收并转换成视频图像;当下载媒体视频时,车载天线接收隧道和高架桥的无线 AP 发射出电磁波,并通过馈线电缆输送到无线网桥,车载设备通过接收无线传输的信息,经过处理后实时在列车车厢液晶显示屏进行音视频播放,使乘客通过正确的服务信息引导,安全、便捷地乘坐轨道交通。车—地间的信息传输网络如图 9-14 所示。

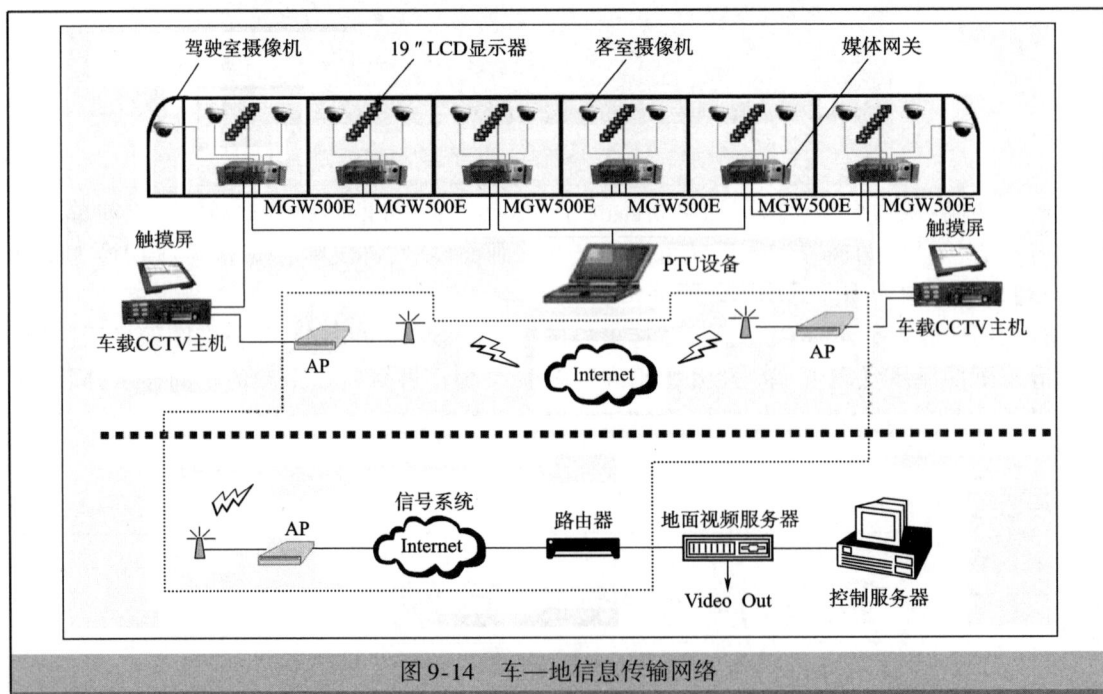

图 9-14　车—地信息传输网络

复习思考题

1. 简述列车通信系统的结构及功能。
2. 练习使用 DCP 进行人工广播。
3. 简述 CCTV 系统显示的优先级顺序。

参考文献

[1] 曾青中,韩增盛. 城市轨道交通车辆[M]. 成都:西南交通大学出版社,2006.

[2] 仇海兵. 城市轨道交通车辆及操作[M]. 北京:人民交通出版社, 2009.

[3] 王艳荣. 城市轨道交通车辆电气检修[M]. 上海:上海科学技术出版社,2010.

[4] 杨志强. 城市轨道交通车辆总体[M]. 北京:中国铁道出版社,2007.

[5] 连苏宁. 城市轨道交通车辆构造[M]. 北京:机械工业出版社,2010.

[6] 张振森. 城市轨道交通车辆[M].北京:中国铁道出版社,2007.

[7] 夏寅荪. 机车车辆及城市轨道车辆电空制动机[M]. 北京:中国铁道出版社,2007.

[8] 阳东,卢桂云. 城市轨道交通车辆检修[M]. 北京:机械工业出版社,2010.

[9] 应云飞,秦娟兰. 城市轨道交通车辆制动系统[M].成都:西南交通大学出版社,2011.

[10] 曾青中,邓景山. 车辆空调与制冷装置[M]. 成都:西南交通大学出版社. 2008.

[11] 北车集团科协和长春客车厂老年科协. 城轨车辆技术与应用[M].北京:中国铁道出版社,2009.

[12] 殳企平. 城市轨道交通车辆制动技术[M]. 北京:知识产权出版社,2009.

[13] 人力资源和社会保障部教材办公室,广州市地下铁道总公司. 车辆检修工[M]. 北京:中国劳动社会保障出版社,2009.

[14] 何宗华,汪宗滋,何其光. 城市轨道交通车辆运行与维修[M]. 北京:中国建筑工业出版社,2006.

[15] 上海申通地铁集团有限公司. 城市轨道交通建设和运营技术[M]. 上海:同济大学出版社,2008.

[16] 刘钧. 上海轨道交通5号线车门系统的 FMECA 分析和应用研究[J]. 地下工程与隧道,2010.

[17] 王建兵,朱小娟,蒲汉亮. 上海地铁车辆客室车门故障原因及整改措施[J].电力机车与城轨车辆,2006.

[18] 冷庆军. 北京地铁4号线列车空调通风和采暖系统控制方式设计[J]. 电力机车与城轨车辆,2008, 31(3).

[19] 郑徐滨. 地铁客车空调系统设计参数分析[J]. 地铁车辆,2000,12.

[20] 申永勇,陈文红,金庆华,等. 上海国产化 A 型车地铁列车牵引电传动系统设计[J].技术装备,2010.

[21] 宋朝斌,蒋晓东. 深圳地铁龙岗线车辆的牵引电气系统[J].电力机车与城轨车辆,2010.